Introduction à la psychopathologie

CHEZ LE MÊME ÉDITEUR

Du même auteur :

ADOLESCENCE ET PSYCHOPATHOLOGIE, par D. MARCELLI, A. BRACONNIER. *Collection Les âges de la vie,* 2004, 6e édition, 600 pages.

IDÉES DE VIE, IDÉES DE MORT, par A. BRACONNIER, C. CHILAND, M. CHOQUET. *Collection Ouvertures psy.* 2004, 160 pages.

SECRETS ET CONFIDENTS, par A. BRACONNIER, C. CHILAND, M. CHOQUET. *Collection Ouvertures psy.* 2001, 144 pages.

Dans la même collection :

L'ATTACHEMENT. CONCEPTS ET APPLICATIONS, par N. GUEDENEY, A. GUEDENEY. *Collection Les âges de la vie.* 2006, 2e édition, 256 pages.

L'AUTISME ET LES TROUBLES DU DÉVELOPPEMENT PSYCHOLOGIQUE, par P. LENOIR, J. MALVY, C. BODIER-RETHORE. *Collection Les âges de la vie.* 2003, 240 pages.

DÉPRESSION ET TENTATIVES DE SUICIDE À L'ADOLESCENCE, par D. MARCELLI, E. BERTHAUT. *Collection Les âges de la vie.* 2001, 272 pages.

ENFANCE ET PSYCHOPATHOLOGIE, par D. MARCELLI. *Collection Les âges de la vie.* 2004, 7e édition, 672 pages.

LA PRISE DE RISQUE À L'ADOLESCENCE, par G. MICHEL. *Collection Les âges de la vie.* 2001, 252 pages.

PSYCHOPATHOLOGIE DE L'ADULTE, par Q. DEBRAY, B. GRANGER, F. AZAÏS. *Collection Les âges de la vie.* 2005, 3e édition, 408 pages.

PSYCHOPATHOLOGIE DE LA PÉRINATALITÉ, par J. DAYAN, G. ANDRO, M. DUGNAT. *Collection Les âges de la vie.* 1999, 2003 nouvelle présentation, 576 pages.

PSYCHOPATHOLOGIE DE LA SCOLARITÉ, par N. CATHELINE. *Collection Les âges de la vie.* 2003, 336 pages.

PSYCHOPATHOLOGIE DU NOURRISSON ET DU JEUNE ENFANT, par P. MAZET, S. STOLÉRU. *Collection Les âges de la vie.* 2003, 3e édition, 448 pages.

PSYCHOPATHOLOGIE DU SUJET ÂGÉ, par G. FERREY, G. LE GOUÈS. *Collection Les âges de la vie.* 2000, 5e édition, 320 pages.

Collection Les Âges de la vie
Dirigée par Pr Daniel Marcelli

Introduction à la psychopathologie

Alain BRACONNIER

Avec la collaboration de
Éric Corbobesse, François Deschamps, Nathalie Duriez,
Nelly Gaillard-Janin, Catherine Joubert-Chain, Françoise Laugier,
Catherine Saint-Georges

MASSON

ISBN : 2-294-01501-0

978-2-294-01501-4

MASSON S.A.S. - 62, rue Camille-Desmoulins, 92442 Issy-les-Moulineaux Cedex

LISTE DES AUTEURS

BRACONNIER Alain, psychiatre, psychologue, enseignant à l'école de psychologues praticiens et à Paris V, Paris.

CORBOBESSE Eric, psychiatre, centre Marmottan, Paris.

DESCHAMPS François, psychiatre, Institut Marcel-Rivière, La Verrière.

DURIEZ Nathalie, psychologue clinicienne, enseignante à l'IED, université de Paris VIII, thérapeute familiale, formatrice, centre Monceau, Paris.

GAILLARD-JANIN Nelly, psychiatre, centre Philippe-Paumelle, Paris.

JOUBERT-CHAIN Catherine, psychiatre, centre Philippe-Paumelle, Paris.

LAUGIER Françoise, psychiatre, centre Philippe-Paumelle, Paris.

SAINT-GEORGES Catherine, pédopsychiatre, hôpital de jour Cerep, Paris.

TABLE DES MATIÈRES

INTRODUCTION

Le monde est une harmonie de tensions tour à tour tendues et détendues, comme celle de la lyre et de l'arc.

HÉRACLITE

L'interrogation du caché est primordiale.

Georges BALANDIER

Le terme « psychologie » aurait été pour la première fois utilisé par le philosophe allemand Philipp Melanchton (1497-1560), disciple de Luther. Un siècle plus tard un autre philosophe, également allemand, Christian Wolff (1679-1754) décrit deux composantes de la psychologie : la psychologie empirique et la psychologie rationnelle. Un siècle encore plus tard, en 1874, Frantz Brentano écrit dans son livre célèbre, *Psychologie du point de vue empirique* : « Combien de maux pourraient trouver leur remède, sur le plan social comme sur le plan individuel, soit par un diagnostic psychologique, soit par la connaissance des lois qui permettent de modifier un état psychique ! ». Mais n'oublions pas que l'étymologie grecque du mot psychologie manifeste l'origine occidentale d'une discipline née tardivement (Evelyne Pewzner-Apeloig, 2005).

La psychopathologie était née, issue de la psychologie, elle-même issue de la philosophie.

À la fin du XIXe siècle un débat épistémologique surgit à propos des sciences humaines, et en particulier de la psychologie : l'opposition entre l'explication qui relève des sciences de la nature, et l'interprétation qui reviendrait aux sciences de l'homme.

De nos jours, la psychologie demeure étymologiquement la science de l'âme, mais elle s'est scindée en deux champs : une science du comportement et une science des états mentaux qui s'appuie sur la description supposée des événements intérieurs du sujet.

L'unité de la psychologie, chère à Daniel Lagache, et plus encore de la psychopathologie se heurte donc dans les faits à la diversité des approches et plus fondamentalement à la diversité des théories. Ces dernières tentent de rendre compte du fonctionnement humain normal ou pathologique. Aucune approche psychopathologique contemporaine dont le but est de soulager la souffrance du sujet humain ne peut refuser cette diversité.

Au niveau clinique, la distinction entre *Névroses* et *Psychoses* a constitué pendant de nombreuses années la base de la psychopathologie aussi bien pour l'enfant que pour l'adulte. Les États Limites, les Troubles Narcissiques de la Personnalité, les Perversions, les Organisations Psychosomatiques, tous les états psychopathologiques qui ne peuvent être classés dans l'une ou l'autre structure, névrotique ou psychotique, n'ont vu la découverte de leurs caractéristiques que dans la deuxième moitié du XXe siècle. Plus récemment encore les classifications internationales multi-axiales ont démembré ces grandes entités pour en extraire de multiples syndromes relevant de l'une ou de l'autre des grandes entités précédentes mais voulant apparemment se détacher de tout point de vue explicatif.

Dans les deux premiers chapitres de cet ouvrage, nous aborderons les questions soulevées par l'entretien clinique et les théories qui peuvent le sous-tendre.

Dans les trois chapitres suivants, nous aborderons les grandes entités psychopathologiques, en établissant des ponts avec les classifications multi-axiales contemporaines et en résumant pour chaque trouble les points de vue explicatifs théoriques différents.

Ce livre destiné aux étudiants et aux jeunes praticiens veut rendre compte le plus clairement possible de ces différentes questions et fait suite à l'Abrégé *Psychologie dynamique et psychanalyse* qui n'était centré que sur le modèle psychanalytique.

1 L'ENTRETIEN CLINIQUE

La demande du sujet peut être explicite, confuse, déplacée, implicite, déguisée. En retour chaque clinicien a un point de vue, une expérience personnelle, une grille de lecture qui lui est propre. Le point de vue psychopathologique repose sur la rencontre, l'interaction, l'échange verbale, l'intersubjectivité du clinicien et du sujet.

Les liens entre l'entretien et les modèles théoriques qui le dirigent doivent répondre à une éthique : celle de respecter la liberté de penser et de choisir du sujet en difficulté psychologique.

QUATRE PRINCIPAUX MODÈLES DE COMPRÉHENSION

– Le *behaviorisme*, dont l'objet d'investigation est le comportement humain, a pour ambition de se débarrasser d'une quelconque référence aux entités mentales et donc à la démarche introspective. L'entretien clinique reposera donc ici sur la demande par le clinicien de la description la plus précise possible par le sujet de ses comportements, pour lui permettre de repérer les ensembles psychopathologiques (par exemple : un trouble phobique) qu'il se proposera de modifier en accord avec le sujet.

– La *psychologie cognitive* cherche à déterminer la nature et l'organisation des représentations mentales ainsi que les systèmes cérébraux qui les encodent physiquement. Le système cerveau/esprit est ici assimilé à un système de traitement de l'information. On postule également que ces représentations mentales sont des symboles analogues à ceux d'un langage formel, auquel est appliquée une syntaxe, sémantiquement évaluable. L'entretien clinique reposera donc sur une recherche des schémas conscients de pensée, répétitifs et contraignants, dont le sujet souffre (par exemple : des schémas de pensée dépressifs).

– Le *modèle psychanalytique* cherche à découvrir et à faire découvrir le sens intime des pensées et des comportements en s'appuyant sur une « grammaire particulière » des états mentaux : la métapsychologie. L'entretien clinique reposera sur l'écoute de la description des comportements et des pensées. Il y recherche des liens avec l'histoire du sujet et s'appuie sur la narrativité associative qu'il en fait. Il cherche à en saisir la fonction et le sens caché (préconscient et inconscient) dans le type de relation que le sujet établi plus ou moins consciemment avec celui à qui il se confie (le transfert).

– Le *modèle systémique* puise ses racines dans la théorie générale des systèmes (von Bertalanffy, 1937), la première cybernétique (Wiener, 1948) et les théories élaborées par l'École de Palo Alto (Bateson, Watzlawick, etc.). Elle constitue une nouvelle façon d'envisager les hommes et le monde car elle prend en compte non seulement la personne mais aussi son appartenance à un environnement familial, professionnel, social, etc. Elle s'intéresse davantage aux interactions entre les membres d'un système qu'aux personnes considérées isolément. L'intérêt que porte le thérapeute à chacun des membres de la famille doit permettre de mieux les relier entre eux, afin d'avoir une perception globale de la situation. Le mode de pensée systémique est une pensée qui relie et envisage les comportements selon une causalité circulaire. Cette logique conjonctive, holistique et circulaire refuse la distinction entre vrai et faux, bon et mauvais, normal et pathologique, et propose de repérer les différents niveaux de logique selon lesquels les personnes et les systèmes agissent.

L'ENTRETIEN CLINIQUE ET LES DÉMARCHES DIAGNOSTIQUES

Il y a donc de nos jours plusieurs théories des comportements humains et des phénomènes mentaux. Les diverses méthodes contemporaines d'entretiens cliniques et de diagnostics en sont la conséquence. Nous pouvons en fait distinguer quatre démarches de référence.

LA DÉMARCHE MÉDICALE ET PSYCHIATRIQUE

Le poète grec Pindare (Ve siècle avant Jésus-Christ) désignait les médecins par trois symboles : le couteau (chirurgie), les plantes (pharmacie) et les incantations (maladies de l'esprit). Dès l'Antiquité, la médecine mentale semble individualisée, même si le terme de psychiatrie (*psyché* = âme et *iatros* = médecin) n'apparaît qu'au début du XIXe siècle. Cette émergence précoce d'une médecine de l'âme constitue l'alliage originaire de la psychiatrie entre la médecine, le cerveau, l'esprit et la culture. La formulation actuelle d'une compréhension biopsychosociale du comportement humain et du fait psychique a, en fait, caractérisé de tout temps la psychiatrie. Il faut néanmoins souligner que, davantage encore que les autres spécialités médicales, la médecine de l'âme a évolué au gré de l'histoire des idées et des idéologies politiques, parce qu'elle s'intéresse principalement à la nature de l'homme. La psychiatrie s'est adaptée constamment au progrès des sciences humaines et des sciences de la vie. Mais la médecine mentale n'a jamais pu se départir des préjugés et des idées fausses la concernant. Son histoire n'échappe pas aux polémiques et aux anathèmes car elle se nourrit aussi de remises en question, de mythes et de modes.

Le diagnostic psychopathologique repose aujourd'hui sur deux socles solidement établis :

– la description des affections mentales issue de l'observation fine et précise des « aliénistes » de la fin du XIXe et du début du XXe siècle. Ces aliénistes sont à l'origine de la reconnaissance des principaux troubles mentaux aussi bien en ce qui concerne les différentes névroses qu'en ce qui concerne les différents troubles psychotiques;
– les classifications axiales diagnostiques contemporaines issues soit de consensus d'experts (classification en France de l'Inserm ou classification actuelle de l'OMS, ICD-10), soit de travaux de recherche descriptive, épidémiologique ou statistique, sur des populations pathologiques (classification américaine, actuellement DSM-IV-TR).

Ces deux types de descriptions des troubles mentaux reposent sur le modèle médical cherchant à déterminer des troubles (source pour le sujet de souffrance), sur le constat de signes cliniques repérables, répétés et comparables d'un individu à l'autre, permettant de parler de syndrome (associations stables de symptômes) ou de maladie.

LA DÉMARCHE EN PSYCHOLOGIE CLINIQUE

Historique de la démarche en psychologie clinique

Qu'est-ce que la psychologie clinique? Elle fait évidemment partie du vaste champ de la psychologie. Mais qu'est-ce que la psychologie?

La réponse ne peut être univoque. Étymologiquement science de l'âme (du grec *psukhê*, âme et *logos*, science), la psychologie en tant que discipline indépendante a en fait un long passé et une courte histoire.

Un *long passé*, car l'esprit humain a été de tout temps une source d'intérêt, de débat passionné et de théories contradictoires. Aristote définissait déjà la psychologie comme une science de l'âme mais n'établissait pas de division entre celle-ci et la biologie. La conception dualiste de l'homme, d'un côté l'âme qui se manifeste par la pensée, de l'autre le corps qui est accessible par les sciences naturelles, a été débattue depuis les premiers philosophes. Elle reste l'objet de multiples controverses (voir le livre récent de A. Damasio : *L'erreur de Descartes*).

Une *courte histoire*, car la naissance de la psychologie comme discipline indépendante remonte en fait à la fin du dix-neuvième siècle. Ce n'est que lorsque les empiristes britanniques entreprirent d'esquisser pour l'esprit le programme que Newton avait réalisé pour la science de la matière, que se forma l'idée d'une science de l'esprit, qui établirait pour les idées dans l'esprit humain des lois comparables à celles que le physicien avait formulées pour les choses de la matière. Celui qui peut être considéré comme un des pères de la psychologie moderne, William James, définissait la psychologie comme « la science de la vie mentale, à la fois dans ces phénomènes et dans leurs conditions »; en 1867, il écrivit : « Il me semble que le moment est venu pour la psychologie de commencer à être une science. »

Donnons aujourd'hui une des définitions possibles : « La psychologie humaine a pour objet l'étude de l'homme dans la double perspective de ses comportements et de ses conduites d'une part, de ses états de conscience d'autre part. Elle cherche à formuler les lois de ces phénomènes et à en expliquer la genèse afin de pouvoir éventuellement les modifier » (J. Delay, P. Pichot, 1967).

Il existe plusieurs approches de la psychologie : générale, expérimentale et bien évidemment clinique. La psychologie clinique désigne à la fois l'étude subjective des sentiments, des émotions, des états intérieurs mais aussi l'étude objective de l'ensemble des comportements et des phénomènes mentaux ainsi que des lois qui les régissent. De plus, la psychologie clinique s'intéresse tout autant aux structures produites qu'aux problèmes de production. Le clinicien doit aussi tenter de répondre à la difficile question de la différence ou de l'écart entre ce qui peut être considéré comme des phénomènes normaux et ce qui peut être considéré comme des phénomènes pathologiques. Les questions du continuum entre les deux, du poids du culturel, du risque d'entreprise de normalisation sociale ont été à ce propos maintes fois soulevées. En fait, la psychologie clinique relève à la fois de l'analyse du journal intime et de la démarche scientifique.

La psychologie clinique est descriptive. Par « descriptive » nous n'entendons pas une psychologie qui ne mettrait l'accent que sur les signes, les symptômes et les comportements. Ce serait réduire la psychologie clinique descriptive à la seule psychologie naturaliste et *behavioriste*. Par descriptive on entend une psychologie qui s'intéresse aussi aux associations, à la contiguïté, à la similarité des idées; une psychologie qui s'interroge sur la description et la causalité des émotions; une psychologie qui se penche sur l'accès au mental par l'expérience de la réflexion et de l'introspection. Une psychologie clinique descriptive ne dénie pas la notion de connaissances implicites ou tacites. Le développement contemporain par exemple de la psychologie cognitive implique qu'il existe un niveau intermédiaire de représentations entre le contexte ou le niveau sensoriel et le niveau comportemental. Ces représentations peuvent être conscientes mais elles peuvent aussi ne pas être conscientes.

Mais la psychologie clinique n'est-elle que descriptive? D. Anzieu, reprenant en cela la position de D. Lagache constate que la psychologie clinique s'intéresse aux réactions de l'ensemble de la personnalité. Or celles-ci ne pourront s'éclairer qu'à la lumière d'une compréhension, celle de l'histoire de la vie. Le psychologue clinicien cherche donc à comprendre et à expliquer l'ensemble des réactions d'un être humain aux prises avec une situation; il replace les conduites qu'il observe, normales ou pathologiques, dans l'unité dynamique de la personne totale.

Au final, comme pour la psychologie en général, la psychologie clinique est pour certains une « science de l'âme », pour d'autres « une science du comportement », et pour d'autres encore « une science du sens intime ». N'est-elle pas tout cela?

La démarche diagnostique en psychologie clinique

Elle repose sur un « un ensemble de procédures :

– description approfondie du comportement du sujet;

– description et interprétation des modes d'interaction du sujet avec le monde qui l'entoure;

– analyse du fonctionnement intrapsychique du sujet» (E. Schmid-Kitsikis, 1999).

Selon le sujet concerné et l'appartenance à tel ou tel courant de pensée du psychologue clinicien, l'accent sera plus mis sur un aspect que sur un autre.

Il est utile de différencier les deux sources immédiates d'observation du psychologue clinicien : le comportement et la conduite :

– le *comportement* désigne des attitudes les plus manifestes, celles qui sont extériorisées et agies : comportement moteur, comportement verbal. Il est donc directement observable et totalement accessible à la description. Il ne repose pas pour autant sur une absence d'arbitraire : c'est de manière conventionnelle que nous l'isolons comme un objet de description; nous l'isolons par rapport au temps et à l'espace. Le découpage dépend de l'action que nous décrivons pour le définir. Pour reprendre le fameux aphorisme de Wittgenstein : « quand je lève mon bras, mon bras se lève. Et voici né le problème. Qu'est-ce que la chose qui reste après que j'ai soustrait le fait que mon bras se lève, de celui que je lève mon bras? ». Le sens ne réside pas dans la nature du comportement mais dans la description que l'on donne du même événement;

– la *conduite*, ou l'action humaine, qui sont en fait les termes dans lesquels nos descriptions isolent les actes, est définie comme « un type de comportement, qui est (en partie au moins) conscient, dirigé vers un but, planifié et intentionnel » (M. von Cranach et coll., 1982). La conduite ou l'action n'est pas directement observable. Elle est accessible à une description qui s'appuie également sur une explication ou une interprétation de celui qui l'observe mais aussi de celui qui la réalise.

LA DÉMARCHE PSYCHOPATHOLOGIQUE

Dans la première moitié du XIXe siècle, les psychiatres ont développé une psychiatrie dynamique. Leur intérêt s'est alors porté sur l'origine et le sens des manifestations psychiques. Avec le développement de la science du système nerveux et le prestige des sciences naturelles et physiques au cours de ce siècle, ces conquêtes se sont pour une grande part perdues. Une vue descriptive des phénomènes de surface, leur dénomination et leur classification ont dominé les travaux de l'époque. C'est avec J.M. Charcot s'intéressant à l'hypnose et à l'hystérie et dont P. Janet, S. Freud et A. Binet furent les élèves que naquit la psychopathologie contemporaine. Avec ces élèves nommés ci-dessus et de multiples successeurs, il éveilla l'intérêt pour le sens des phénomènes et leurs relations dynamiques et profondes. Une nouvelle forme de démarche diagnostique associant la démarche psychiatrique à la démarche de la psychologie clinique s'est alors développée et a dominé la scène jusqu'à maintenant.

LA DÉMARCHE PSYCHODYNAMIQUE

La psychologie dynamique ou psychodynamique est l'observation et la compréhension de la spécificité de tout être humain, voire de tout être vivant, d'être en perpétuelle évolution mais aussi d'être en conflit avec le monde, avec les autres, avec lui-même.

Ce terme appartient au champ de la psychologie clinique et de la psychopathologie. De nos jours, le terme de psychodynamique qualifie des conceptions généralement dérivées de la psychanalyse.

Historiquement, la psychodynamique n'a pas appartenu au seul champ de la psychanalyse, elle s'est inscrite initialement dans le champ de l'histoire de la psychiatrie. Dès la fin du XIXe siècle, en réaction aux notions d'entité morbide et contre les conceptions classiques du célèbre aliéniste Kraepelin dont l'approche était essentiellement classificatoire et syndromique, une forte réaction « psychodynamiste » voit le jour, en particulier dans la psychiatrie allemande; elle a pour point de départ à nouveau les travaux de Charcot sur l'hystérie traumatique, origine de la majeure partie du courant psychodynamique européen. Les premiers travaux des psychiatres Bleuler et Jung, sur la démence précoce pour le premier et sur la paranoïa pour le second, s'inspirent en 1906 des premières percées qu'aient effectuées les travaux de Freud dans le milieu psychiatrique, c'est-à-dire sur l'importance de l'affectivité dans la régulation de la vie psychique. Si la psychologie dynamique ne peut se résumer aux seuls travaux psychanalytiques, à l'inverse, la psychanalyse ne pourrait se résumer à la seule psychologie dynamique : « Si la psychologie dynamique fonde son explication sur une disposition générale qui motive l'acte de penser conscient, la psychanalyse, en posant que l'acte inconscient n'est motivé que par lui-même, nous fait retrouver la question de la pulsion » (D. Widlöcher, 1986).

Qu'apporte la psychologie dynamique à la clinique? Nous pouvons donner la définition d'une « psychologie clinique dynamique » : il s'agit d'un type de psychologie qui privilégie le sens intime sur le comportement et même la cognition. Elle s'intéresse avant tout à l'« intériorité » des sujets et surtout aux conflits conscients et inconscients qui s'y déploient et ceci dès la naissance. Une psychologie clinique dynamique serait avant tout une étude de l'homme cherchant à résoudre ses conflits. La psychologie clinique dynamique s'appuie sur la thèse que le sujet, son fonctionnement mental, le déroulement des traitements sont marqués par une conflictualité inhérente à l'être humain habité dès sa naissance par des forces, de nature différente, qui s'opposent.

En tant que méthode d'investigation diagnostique, elle implique que l'on définisse la manière dont les forces psychiques se lient ou s'opposent et la manière dont ces forces et leur équilibre structuralement établi résistent au changement.

La psychologie clinique dynamique ne néglige pour autant ni les différentes formes de relations humaines, ni les modalités de communications langagières et affectives entre les individus et dans les groupes. Elle prend également en compte les interactions fantasmatiques, cognitives et sociales qui éclairent la compréhension des phénomènes en jeu.

Son champ d'étude, de recherche et de pratique reste néanmoins centré sur la subjectivité et l'individualité. À ce titre les activités humaines telles qu'aimer, haïr, comprendre, « percevoir », juger, pour ne citer qu'elles, sont l'objet de la psychologie clinique dynamique. Mais ces activités sont appréhendées sous un jour différent de celui de la psychologie descriptive qui distingue généralement les raisons psychiques de ces activités de leurs causes neuronales.

Le clinicien devient alors un architecte d'imaginaire, de symbole et de sens renvoyant à la théorie d'un sujet en « tension »; un spécialiste des processus internes conscients et surtout inconscients le renvoyant à une théorie dynamique du fonctionnement mental; enfin un thérapeute qui, par l'introspection, celle de son patient et la sienne propre, est à la recherche des entraves à la liberté de penser ou d'agir dans un but de soins ou de guérison. Personne en se connaissant mieux soi-même ne reste celui qu'il était. La psychodynamique de ce point de vue s'appuie totalement sur la théorie psychanalytique, mais n'en représente qu'un des moyens d'accès.

2 LES QUATRE PRINCIPALES THÉORIES CONTEMPORAINES

La curiosité concernant l'esprit humain, ce qu'il est et comment il fonctionne, commença bien longtemps avant la psychologie moderne. Mais de nos jours quatre théories dominent dans la compréhension psychopathologique du fonctionnement humain.

LA PSYCHANALYSE

Même si ses rapports à la philosophie, à la médecine ou surtout à d'autres approches psychologiques contemporaines, en particulier à la psychologie cognitive, sont parfois complexes, la psychanalyse reste, surtout en France, une théorie privilégiée pour comprendre les organisations psychopathologiques. La psychanalyse dans sa nécessaire complexité ne peut être totalement identifiée ou résumée ni à une psychologie, ni à une thérapeutique. À la fois théorie du sujet, théorie du fonctionnement mental et théorie d'un mode de traitement reposant sur un modèle : la cure type, la psychanalyse met en valeur le fait que l'esprit et ses processus se dérobent facilement à la compréhension de ceux qu'ils habitent et doivent donc souvent être décrits en termes de métaphore; de nos jours les principaux concepts psychanalytiques sont d'abord et avant tout des métaphores.

La psychanalyse constitue un courant théorique et pratique dont l'originalité repose essentiellement sur l'idée que la conscience ne constitue qu'une partie infime de la vie psychique dont le centre est à chercher dans l'inconscient. « Le premier point de la définition de la psychanalyse, celui qui se subordonne et la clinique et la théorie, c'est d'être : un procédé pour l'investigation de processus animiques qui sont à peine accessibles autrement » (J. Laplanche, *Œuvres complètes, Psychanalyse XVI*, p. 183).

Parler de psychanalyse au singulier est une erreur. Il convient de distinguer au moins trois corpus théoriques distincts qui ne se recouvrent que très partiellement. Le premier peut être défini comme une théorie de la subjectivité. Il concerne l'édification de l'individualité psychique et repose sur les processus conscients et inconscients de la psyché. Ils s'organisent, prenant la forme de mythes ou de fantasmes fondamentaux : Œdipe, complexe de castration, pulsions de vie et de mort. Le second est une théorie de la cure. Il concerne les processus associatifs qui opèrent chez le psychanalyste et l'analysant, les processus de changement et de résistance au changement. Le troisième concerne la description du fonctionnement mental inconscient et de ses lois d'organisation. Ce troisième corpus théorique constitue la métapsychologie. Celle-ci doit, contrairement aux théories des mythes sur la construction de la subjectivité, proposer un modèle qui aspire à un statut de vérité, de cohérence et de réfutabilité. C'est essentiellement ces deux derniers corpus qui permettent à la psychanalyse d'être une source de dialogue entre les sciences humaines et la médecine. « Sa contribution majeure est de substituer à une psychologie descriptive et explicative des faits mentaux, une analyse logique des programmes d'action qui ordonnent l'agir humain » (D. Widlöcher, 1986).

L'interdisciplinarité captive actuellement les cercles psychanalytiques. Ce souci n'est pas nouveau. Il est, dès l'origine, présent dans la pensée de Freud, tant par les emprunts faits pour bâtir la théorie, par exemple au physicalisme de l'époque, que pour l'application de la méthode. Les emprunts sont venus surtout de la biologie alors que les applications s'adressaient plutôt aux sciences humaines. Par la suite, la théorie étant fortement assurée, un rejet se développa vis-à-vis des modèles psychobiologiques sur lesquels s'appuya la « psychologie du Moi » de l'école américaine. L'application de la psychanalyse hors du champ de la clinique demeura, en revanche, une démarche constante. La nouvelle interdisciplinarité a ceci de particulier qu'elle se déroule à l'initiative des psychanalystes dans un souci d'information, avec deux réponses qui ne sont pas sans risque. La première expose à des comparaisons ou à des analogies de surface, tel un trop facile recours à la latéralité hémisphérique pour justifier la distinction entre l'affect et la représentation. Quant à la seconde, refusant toute confrontation, rassurant l'esprit d'autarcie, elle risque à terme de ruiner l'idée d'une démarche de recherche psychanalytique ouverte aux nouvelles connaissances du monde et de réduire la théorie et la pratique à un art d'initié.

La psychologie de l'inconscient constitue incontestablement une rupture avec la psychologie classique de la volonté qui par évidence est une psychologie de l'inconscience. Mais il faut reconnaître que certains peuvent défendre l'idée que la découverte de Freud, l'inconscient, n'est pas la découverte de Freud. Elle est un moment d'un processus culturel s'étendant sur plusieurs siècles : une tradition qui s'enrichit progressivement et qui continue à s'enrichir après Freud.

La psychanalyse n'est pas restée figée à la seule réflexion du père de la psychanalyse, elle reste vivante grâce aux apports successifs de ses disciples et de ses successeurs même si les grands concepts fondamentaux de la psychanalyse, bases essentielles de la métapsychologie freudienne permettent d'attribuer sans équivoque à Freud l'origine de la psychanalyse.

SIGMUND FREUD

Historique

Freud est né à Freiberg, en Moravie, en 1856. En 1860, sa famille part à Vienne, et Freud y fait ses études. En 1873, il entre à l'université. De 1876 à 1882, il est attaché au laboratoire de Brucke (histologie du système nerveux). En 1881, il est docteur en médecine. En 1882, il quitte le laboratoire pour la médecine interne et la neurologie. En 1884, faisant des recherches sur la cocaïne, ce sont ses fiançailles qui l'arrêtent, au moment d'en découvrir les propriétés anesthésiantes. En 1885, privat-docent de neuropathologie, il fait un premier séjour en France auprès de Charcot. Après un séjour à Berlin, il publie des travaux importants sur les encéphalopathies infantiles. En 1886, il s'établit comme médecin à Vienne, et abandonne l'électrothérapie pour l'hypnose et la suggestion. En 1889, un séjour à Nancy auprès de Bernheim et Liébault l'instruit davantage sur les limites de la suggestion hypnotique. C'est vers la fin de la décade qu'il commence à appliquer la méthode de Breuer. En 1893, il publie son premier travail sur le mécanisme psychique des phénomènes hystériques. En 1895, il publie avec Breuer les *Études sur l'hystérie*.

Dans la dernière décade du XIXe siècle, l'aboutissement des essais de Freud dans le traitement psychologique des névrosés et particulièrement des hystériques aboutit à l'invention de la psychanalyse. Initialement, avec Breuer, il applique la *méthode cathartique*, consistant à mettre le patient dans un état hypnotique, le médecin lui posant alors des questions relatives à l'origine des symptômes et destinées à permettre une décharge émotionnelle. Ils montrent ainsi que les symptômes hystériques ont leur source dans des perturbations émotionnelles appartenant au passé, qui peuvent être totalement rejetées par la conscience et être retrouvées et évoquées dans l'état hypnotique.

Freud, considérant les limites de la catharsis, procédé « incertain » et qu'il ne pouvait utiliser chez tous ses patients, recourt pendant une brève période (1895-1899) à la *suggestion* à l'état de veille. Par ce procédé, il montre que les événements traumatiques ne sont pas réellement oubliés; mais toutefois, la limite de cette technique, par les résistances du malade auxquelles se heurte le thérapeute, lui fait penser que cette *résistance*, il faut la supprimer.

Ainsi naît la technique de la *libre association* qui « prescrit » au patient de tout exprimer, même si une idée lui paraît désagréable, absurde, futile ou sans rapport avec le sujet. C'est à l'interprétation de ce matériel que Freud donna le nom de psychanalyse. La découverte du *transfert* devait bientôt en compléter les bases essentielles et on en trouve la première expression dans les *Études sur l'hystérie* (1895) et dans *L'analyse du cas Dora*, achevée en 1899 et publiée en 1905.

Premières théories

Pendant plus de dix ans, jusque vers 1906, Freud fut pratiquement l'unique pionnier de la psychanalyse. Il publie quelques œuvres fondamentales : *L'interprétation des rêves* (1899), *Psychopathologie de la vie quotidienne* (1901), *Trois essais sur la théorie de la sexualité*, *Le mot d'esprit et sa relation avec l'inconscient* (1905). La coordination de ses observations et de ses vues prend forme dans une conception d'ensemble de la vie mentale : la base est représentée par la dualité des pulsions sexuelles, tendant à la conservation de l'espèce, et des pulsions du Moi, tendant à la conservation de l'individu. L'appareil psychique a pour fonction la réduction des tensions déplaisantes, soit par leur décharge, soit par un processus intrapsychique de défense et de *refoulement*. Le conscient ne représente ainsi que la surface de l'*appareil psychique*, inconscient en sa majeure partie.

Les tendances refoulées dans l'inconscient cherchent à se frayer un chemin par exemple dans les symptômes des névroses. Elles ont été refoulées au cours du développement de la *sexualité infantile*, développement qui commence dès la naissance et culmine entre trois et cinq ans avec le *complexe d'Œdipe*, c'est-à-dire l'attirance de l'enfant pour le parent du sexe opposé avec hostilité corrélative pour le parent du même sexe.

Développement de la psychanalyse (1906-1920)

Dès 1902, quelques médecins s'étaient groupés autour de Freud.

Vers 1906, l'activité psychanalytique prend de l'ampleur : Bleuler et Jung à Zurich, Karl Abraham à Berlin, Sandor Ferenczi à Budapest. Ce n'est qu'après la seconde guerre mondiale qu'elle se développe sur un plan international. Du point de vue technique, cette période est marquée par la prise de conscience croissante de l'importance des résistances et du transfert. La plupart des écrits techniques de Freud ont été publiés entre 1912 et 1919.

Les indications de la psychanalyse se précisent et la nécessité de l'analyse didactique s'impose.

L'organisation du savoir donne une importance centrale, dans la pathogénie des névroses, aux anomalies évolutives du complexe d'Œdipe. Mais c'est aussi le début de la psychologie du Moi (Freud, *Introduction au narcissisme*, 1914).

Deux défections ont lieu en 1911 : Adler, qui souligne le rôle de l'agression aux dépens de la sexualité et du Moi aux dépens de l'inconscient; Jung, avec des préoccupations morales et religieuses, promeut l'inconscient collectif contre l'inconscient individuel, et une interprétation symbolique du complexe d'Œdipe contre son interprétation sexualiste.

Du point de vue technique, l'accent se déplace du conflit passé au conflit actuel, les interventions sont plus volontiers moralisatrices, aux dépens de l'analyse des résistances et du transfert.

Modifications de la théorie (1920)

Annoncées par des travaux antérieurs, des modifications capitales sont formulées à partir de 1920. Elles portent principalement sur la théorie des pulsions et la théorie de l'appareil psychique. La nouvelle théorie freudienne des pulsions oppose aux pulsions de vie (sexualité, *libido*, *eros*) les pulsions de mort (*thanatos*).

Dès ses origines, la psychanalyse avait reconnu l'importance de la haine et de l'ambivalence, mais l'agression était considérée comme secondaire à la frustration. Elle était subordonnée à la sexualité.

Les progrès de l'investigation clinique, en particulier les découvertes relatives aux obsessions et à la mélancolie, ont montré que leur rôle était sous-estimé. Dans *Au-delà du principe de plaisir* (1920) Freud, s'appuyant sur les phénomènes de répétitions (jeu infantile, névroses traumatiques, névrose de destinée, transfert) et sur des conditions biologiques, admet une tendance primitive à la destructivité : plus fondamentales que les pulsions de vie, les pulsions de mort tendent, par la réduction des tensions, au rétablissement d'un état antérieur, l'état inorganique, et à la répétition. Difficiles à identifier en elles-mêmes, elles s'expriment à travers des défenses, leur projection au dehors (paranoïa), leur fusion avec les pulsions libidinales (sadisme, masochisme), leur retournement contre le Moi (mélancolie).

La nouvelle théorie de l'appareil psychique distingue trois systèmes : le *Ça*, le *Moi*, le *Surmoi*. Jusque-là on s'était contenté de distinguer le système inconscient, qui comprenait le refoulé, et le système préconscient, à la disposition duquel était la conscience. Entre les deux systèmes jouait la censure.

Or les mécanismes de défense, c'est-à-dire les forces refoulantes, agissent d'une manière inconsciente. Tout ce qui est inconscient n'est donc pas du refoulé.

Dans la nouvelle conception, le Ça est le siège des pulsions et des désirs refoulés. Le Moi, différenciation du Ça au contact de la réalité, contrôle l'accès à la perception et à l'action. Le Surmoi, différenciation du Moi, se forme par l'intériorisation des images idéalisées des parents, primitifs objets d'amour, au décours du conflit œdipien. Cette identification est à l'origine de la conscience morale. Elle est à la base de l'estime de soi et des sentiments de culpabilité.

Le jeu combiné du Moi et du Surmoi assure la défense contre les pulsions et les désirs refoulés.

Ces modifications ont eu des effets considérables sur la pratique et la théorie de la psychanalyse. Que l'on considère le développement de la personnalité ou la dynamique des conflits, les deux principales implications en sont les suivantes :

– les explications psychanalytiques ne sont plus conçues en terme de conflits de pulsions mais en terme de défense du Moi contre les pulsions et les émotions ;

– les pulsions en cause ne sont plus les seules pulsions sexuelles mais aussi les pulsions agressives.

La découverte de la psychanalyse se situe dans une double histoire : celle de l'interrogation sur une origine cachée de certains de nos comportements et celle de l'action de nature psychologique qu'un homme ayant le statut de guérisseur peut exercer sur un autre. Freud s'inscrit lui-même dans une histoire où, personnellement, l'étude qu'il fait des effets de l'hypnose par Charcot à la Salpêtrière en 1885, des effets de la suggestion hypnotique par Bernheim à Nancy en 1889, et des effets de la cure par la parole de Breuer en 1895, l'amène à utiliser une nouvelle technique de soins. Cette technique repose sur :

– une consigne : la recherche de souvenirs oubliés;

– une méthode : les associations libres du patient;

– un levier : les relations qui s'établissent entre le patient et son thérapeute.

L'ensemble de ces éléments permet donc à Freud de développer une nouvelle théorie et une nouvelle pratique concernant le psychisme humain et son fonctionnement qu'il désigne pour la première fois en 1896 sous le terme de « psychoanalyse ». Le point central de cette nouvelle science et de ce nouvel art est l'inconscient.

Principaux concepts freudiens

L'inconscient

De l'Antiquité à 1880, il ressort que le concept d'inconscient n'est pas sorti du cerveau de Freud (ce que Freud a toujours refusé d'admettre, s'en attribuant seul la paternité) mais qu'il a été l'objet d'une élaboration collective au sein de la culture européenne. Cette élaboration s'est faite en plusieurs étapes : d'abord constatation de l'existence de phénomènes mentaux involontaires et incontrôlés (même si le terme d'inconscient n'était pas alors utilisé). À titre d'exemple, nous retrouvons ce constat chez Montaigne, au XVIe siècle, mais aussi chez Saint Thomas d'Aquin au XIIIe siècle. Citons également l'ancêtre spirituel de Jung à la renaissance, Paracelse (1493-1541), médecin suisse dont un grand nombre de conceptions suppose l'existence d'influences biologiques et spirituelles qui guident l'homme et dont il est rarement conscient. Pour ce précurseur, l'imagination est un pouvoir créateur qui prime toutes les autres facultés. Paracelse a également su reconnaître le rôle joué par l'esprit dans la maladie. En fait, le divin et l'aspect mystique de l'homme ont été de tout temps assimilés à ce qui est à la fois présent et inaccessible.

Au milieu du XVIIe siècle, avec l'essor de la pensée cartésienne, cette élaboration subit néanmoins un coup d'arrêt. Le *cogito ergo sum* définit l'esprit par l'inconscience. C'est pourtant au même moment que Pascal (1623-1662), renonçant aux mathématiques pour se consacrer à la vie religieuse, écrit : « Le cœur a ses raisons que la raison ne connaît point. »

« Car il ne faut pas se méconnaître : nous sommes automates autant qu'esprit; et de là vient que l'instrument par lequel la persuasion se fait n'est pas la seule démonstration. Combien y a-t-il peu de choses démontrées ! Les preuves ne convainquent que l'esprit. La coutume fait nos preuves les plus fortes et les plus crues, elle incline l'automate, qui entraîne l'esprit sans qu'il pense »... « jamais la raison ne l'emporte sur l'imagination, tandis que l'imagination souvent désarçonne la raison ».

Arrivent alors, en cette fin du XVIIe siècle et au début du XVIIIe siècle, des penseurs comme Malbranche, et surtout Leibniz qu'on a souvent considéré comme le premier penseur européen qui ait clairement formulé l'idée d'une activité mentale inconsciente. Il soutient que les perceptions ordinaires sont la sommation d'innombrables petites perceptions et nous ne pouvons être conscients de chacune d'elles parce qu'elles se trouvent au-dessous d'un seuil quantitatif. Ainsi, aux alentours de 1700, plusieurs des contenus du concept actuel d'inconscient ont déjà été abordés : la mémoire, la perception, les représentations, le sommeil, les rêves, l'origine cachée de la pensée, l'intuition, la notion de seuil, l'extension importante des activités inconscientes, des activités machinales.

Au cours du XVIIIe siècle, le mouvement s'amplifie et on ne peut plus dénombrer les auteurs qui étudient l'inconscient. Notons que ce sont surtout des philosophes. Von Hartmann, philosophe allemand, publie en 1868 une *Philosophie de l'inconscient*, somme de plus de 1100 pages rassemblant toutes les connaissances de l'époque sur ce sujet. Le livre connaît neuf éditions en Allemagne, il est traduit en français en 1877 et en anglais en 1884. Antérieurement, Herbart, psychologue allemand (1776-1841), reprenant des éléments des traditions égyptiennes, hébraïques et hindoues, élabore cinquante ans avant Freud une théorie de la structure du psychisme inconscient constituée de différentes parties hiérarchisées et introduit les notions d'inhibition, de représentation repoussée dans l'inconscient et de conflit entre le conscient et l'inconscient. Les médecins eux-mêmes ont établi, au cours de cette fin du XVIIIe siècle et de ce début du XIXe siècle, des relations entre la maladie et l'inconscient. En France, Cabanis (1757-1808) ébauche la théorie sexuelle de l'inconscient : « Souvent l'énergie ou la faiblesse de l'esprit, l'élévation du génie, l'abondance et l'élan de ses idées, ou bien leur absence presque totale et l'impuissance des organes intellectuels, dépendent entièrement et directement de l'état d'activité, de langueur ou de désordre excessif où se trouvent les organes de la génération. » Erei, médecin allemand (1759-1813), écrit : « Les passions exercent une action puissante sur l'organisme, elles peuvent le rendre malade et le tuer. Mais en vertu de la même puissance, elles peuvent aussi dans certaines conditions le guérir ». « Quelles sont les maladies qui ont une origine psychique ? Parmi celles-ci, lesquelles doit-on traiter par des méthodes psychiques et lesquelles par des méthodes physiques ? ».

Dans le domaine de la création, le rôle de l'inconscient est également reconnu. Citons ici, Schiller, Goethe, Rousseau, puis au XIXe siècle

Schelling, puis tout le mouvement romantique, et à nouveau les philosophes : Hegel, Schopenhauer, Mendebiran, Nietzsche. La littérature devient l'un des lieux privilégié d'exploration de l'inconscient avec Dostoïevski, ou à travers certaines fulgurances politiques (Rimbaud : « Je est un autre »). G. von Schubert (1780-1860) publie un essai sur « Le symbolisme des rêves ». Dans *Le monde comme volonté et comme représentation*, Schopenhauer expose la plupart des aspects de l'inconscient tels qu'ils sont connus en 1860.

À cette histoire de la philosophie et de la littérature, il faut ajouter les avancées scientifiques dans ce XIXe siècle sur la structure et la marche de l'appareil cérébrospinal et en particulier sur la neurophysiologie qui met en évidence la fonction réflexe du système cérébrospinal dans son ensemble, obligeant à postuler l'existence d'un « inconscient cérébral » (M. Gauchet, *L'inconscient cérébral*, Paris : Seuil, 1992). La neurophysiologie, en mettant en évidence la fonction réflexe du système cérébrospinal dans son ensemble, oblige à postuler l'existence de l'inconscient. Dès 1833, la possible extension de l'action réflexe, au-delà d'un phénomène spinal purement mécanique, à d'autres modes de l'activité nerveuse, va renouveler la compréhension de « la machine vivante » (M. Hall et J. Müller). Autour de 1850-1951, l'extension du modèle réflexe au processus automatique du cerveau (délire, somnambulisme, folie) se lie à la recherche d'un modèle pathogénique pour les maladies mentales avec la vogue du magnétisme et de l'hypnose qui constituent plus classiquement les origines de la découverte freudienne.

Au total, quatre aspects de l'inconscient étaient généralement reconnus de tout temps et dans toutes les cultures :

– l'*aspect mystique* : le divin, *L'homme caché est l'être même de Dieu* (Boeheme, mystique allemand, 1595-1624);

– l'*aspect collectif* : De Vico (1668-1744) trace un tableau théorique des premiers stades de l'humanité primitive et introduit le concept de récurrence de l'histoire de l'homme civilisé, loi d'un éternel retour dans la naissance, la maturité et le déclin dans toute civilisation;

– les *effets de la mémoire*;

– l'*origine* et le *sens des rêves*.

Freud va inscrire la psychanalyse dans le champ plus général de l'étude de la psychologie humaine. Il s'agira là de la découverte, ou plutôt de la poursuite d'une quête de la connaissance de certains mystères de l'âme humaine. Freud fait des activités inconscientes le centre de la vie psychique et s'assignera l'étude des processus inconscients. Le scandale de la psychanalyse, comme de toute découverte scientifique, est précisément qu'elle a introduit dans le monde commun des faits, des idées qui ne faisaient pas partie de ce monde commun.

L'inconscient freudien se définit par « un système… constitué de contenus refoulés qui se sont vus refuser l'accès au système préconscient/conscient par l'action du refoulement… Ces contenus cherchent à faire retour dans la conscience et dans l'action (retour du refoulé) ». Ce sont particulièrement les désirs de l'enfance qui connaissent une fixation dans l'inconscient. Ils ne peuvent avoir accès au système préconscient/conscient que dans des formations de compromis après avoir été soumis aux déformations de la censure.

Le refoulement se définit donc par « une opération par laquelle le sujet cherche à repousser ou à maintenir dans l'inconscient des représentations (pensées, images, souvenirs) liées à une pulsion ».

La censure se définit par « la fonction qui tend à interdire aux désirs inconscients et aux formations qui en dérivent l'accès au système préconscient/conscient ». La censure est une fonction permanente : elle constitue un barrage sélectif entre les systèmes inconscients d'une part, préconscient ou conscient de l'autre et se trouve donc à l'origine du refoulement.

La démarche du psychanalyste consiste avant tout à déceler, dans le cours des actes ou des propos du patient, des interférences qui révèlent l'existence de phénomènes inconscients. L'inconscient peut se laisser découvrir par de nombreuses voies d'accès. Pour le psychanalyste, si une idée involontaire fait irruption, c'est qu'elle est mobilisée par une représentation inconsciente. Pour le clinicien à orientation psychodynamique, le poids de l'inconscient existe, il n'est pas possible d'en faire l'impasse; l'inconscient ne représente pas néanmoins, d'un point de vue psychodynamique, la seule source d'intérêt, ni d'action.

Rappelons qu'à l'époque où Freud, à la suite de Breuer, s'intéresse aux traitements de l'hystérie, deux grands courants dominent la pratique psychothérapique : la thérapeutique morale et l'hypnose. Ces deux écoles se sont affrontées avec violence mais, du point de vue qui nous intéresse, elles présentent un trait commun; le symptôme est considéré comme une production de l'esprit, supplémentaire et inutile, que l'on doit chercher à supprimer, et le processus de changement consiste en l'effacement du symptôme.

Dans la suggestion hypnotique, il s'agit de persuader le malade de la fausseté et du caractère « imaginaire » de son symptôme en profitant de la suggestibilité que crée l'état hypnotique. C'est ainsi que pratiquent Bernheim et l'école de Nancy.

Dans la psychothérapie morale, le but est de transformer les croyances et les sentiments du malade afin de lui faire renoncer aux illusions qui créent les symptômes. La pression de ces symptômes n'est plus visée directement, on compte sur une transformation de l'ensemble des traits de la personnalité. Soulignons à ce propos que les thérapies cognitives actuelles s'inscrivent en ligne directe dans l'histoire de ce courant.

Deux découvertes vont exercer une influence décisive sur Freud. À Vienne, Breuer découvre que sous hypnose, la remémoration d'événements traumatiques provoque la disparition des symptômes hystériques. À Paris, Charcot montre que si la suggestion hypnotique permet, sur un terrain prédisposant, de créer des symptômes hystériques, la thérapeutique doit forcer le patient à percevoir le fonctionnement normal de l'appareil malade. Le symptôme hystérique résulte d'un refus accidentel et *inconscient* de la perception du fonctionnement normal de l'organe.

Freud retiendra de l'observation de Breuer le rôle du souvenir traumatique et la méthode cathartique, et de l'enseignement de Charcot le rôle de la représentation dans la formation du symptôme. Mais dans ces deux perspectives complémentaires, le symptôme disparaît parce que se substitue à lui une représentation différente dont il prenait la place.

Si on peut appeler, comme le propose D. Widlöcher, « équation fondamentale » le principe de réversibilité découvert par Breuer et repris par Freud, la découverte de l'inconscient freudien a reposé en fait sur trois équations fondamentales élaborées par l'inventeur de la psychanalyse.

L'équation étiologique : le symptôme est le substitut d'une pensée (représentation), d'une émotion (affect), d'une signification (signifié) qui peuvent être considérées comme des éléments constitutifs d'une partie de l'appareil psychique : l'inconscient. Le symptôme se substitue aux souvenirs (comme le montre le récit de la cure d'Anna O. ou celui d'Emma qui sera détaillé plus loin) ou il se substitue aux fantasmes (comme le montre l'interprétation des rêves). La raison de cette substitution en est que le souvenir ou le fantasme renvoie à un « désir interdit ». Une barrière psychique, la *censure*, en empêche l'accession à la conscience.

Cette équation repose sur le fait que lorsqu'en situation clinique et thérapeutique on demande à un patient de faire part sans aucune critique de tout ce qui lui vient à l'esprit, il éprouve de grandes difficultés à le faire et demeure souvent silencieux. Une force s'oppose donc à l'expression de toutes les pensées et à la remémoration; c'est ce qui est désigné sous le terme de résistance. Il devient alors nécessaire d'inférer l'existence d'un processus qui, en ce qui concerne le souvenir, a provoqué l'oubli. Ce processus est désigné sous le terme de *refoulement*.

La seconde équation est thérapeutique : la suggestion hypnotique, la verbalisation par association libre permettent d'accéder aux souvenirs refoulés ou aux fantasmes qui, à condition qu'ils soient accompagnés de décharge émotionnelle adéquate, déclenchent par *catharsis* ou *abréaction* l'apaisement ou la disparition des symptômes.

Une troisième équation peut également être mise à jour : celle du *déplacement* sur le thérapeute d'images, de représentations ou de sentiments identiques à ceux éprouvés à l'égard des personnes présentes dans les souvenirs et dans les fantasmes. Ce déplacement est une des raisons des aveux difficiles, des ruptures de l'activité associative. Lorsque le sujet prend conscience de ces difficultés et a acquis une confiance dans le thérapeute, il peut alors extérioriser ses propres désirs à l'égard de ce thérapeute ou entendre l'interprétation que le thérapeute peut lui en faire, favorisant la prise de conscience du poids de ses souvenirs et de ses fantasmes et source de changement.

Les deux types d'inconscients :
l'inconscient descriptif et l'inconscient dynamique

Si les expériences thérapeutiques de Breuer puis de Freud ont rendu manifestes les liaisons entre symptômes, paroles, guérison, transfert et processus inconscient, si la suggestion post-hypnotique, la verbalisation par association libre peuvent permettre, à condition qu'elles soient accompagnées de décharge émotionnelle, la disparition des symptômes, on peut admettre que ceux-ci sont les substituts d'une pensée (une représentation), d'une émotion (un affect), d'une signification (un signifié) qui peuvent être considérées comme des éléments constitutifs d'une partie de l'appareil psychique : l'inconscient. Il s'agit d'un inconscient descriptif, mais alors comment expliquer la difficulté des patients à se remémorer. Freud a affaire à alors à l'existence d'un processus dynamique et économique qui a provoqué l'oubli : le *refoulement*. Ses pensées, ses émotions, leur signification ne peuvent avoir accès au système préconscient/conscient que dans des formations de compromis, c'est-à-dire devant satisfaire à la fois un désir inconscient et les exigences défensives de la censure. Freud en trouve la preuve lorsqu'il constate que si l'on demande à un patient de faire part, sans aucune critique, de tout ce qui lui vient à l'esprit, il arrive qu'il éprouve les pires difficultés à le faire et demeure souvent silencieux. Une force s'oppose à la remémoration : la résistance. Ainsi naît le concept de refoulement. Ces deux concepts : résistance (la force qui s'oppose à la remémoration) et refoulement (le mécanisme qui a provoqué l'oubli) permettent de passer d'une conception descriptive de l'inconscient (ce qui n'est pas conscient) à une conception dynamique et économique : sont inconscients les représentations, les affects et les signifiés qui ont été expulsés du champ de la conscience et qui ne peuvent y être réintégrés parce qu'une force s'y oppose. Ce qui a été refoulé n'est pas détruit mais continue à faire pression sur la conscience.

On comprend dès lors comment les hystériques peuvent « souffrir de réminiscence » puisque leurs symptômes constituent des traces, des formations de ce qui a été refoulé mais dans un langage qui leur est incompréhensible et dont ils perçoivent le caractère étrange, si ce n'est étranger.

Les trois équations évoquées ci-dessus sous-tendent en définitive qu'il existe en fait deux types d'inconscient :

– un inconscient descriptif répondant à la question du lieu où sont stockés les désirs inconscients et les souvenirs et les fantasmes qui y sont associés;

– un inconscient qui ne répond plus à la question où siège ce qui est expulsé de la conscience mais pourquoi et comment cette expulsion a lieu et se maintient. Le contenu refoulé n'est pas détruit mais il est soumis à une force qui s'oppose à sa prise de conscience en raison des exigences défensives de la censure.

Le conscient, le préconscient, l'inconscient

La question est celle de l'homogénéité, voire de la similitude qualitative, entre ce qui est conscient et ce qui est inconscient.

Un texte de Freud emprunté à *Note sur l'inconscient en psychanalyse*, est formel : « Ici nous est offerte l'opportunité d'apprendre ce que nous n'aurions pas pu deviner par la spéculation ni par quelque autre source d'information empirique, à savoir que les lois de l'activité consciente diffèrent largement de celles de l'activité inconsciente » (Freud, 1912). Même si le *processus primaire* et le *principe de déplaisir/plaisir* ne sont pas sans infiltrer l'activité préconsciente, leur domination est presque entière sur l'organisation et le fonctionnement du psychisme inconscient.

Si donc l'organisation et le fonctionnement du psychisme inconscient et du psychisme conscient sont différents, à les considérer dans leurs formes les plus pures, le psychisme inconscient en tant que tel ne peut passer dans le psychisme conscient, c'est-à-dire y trouver une transcription parfaitement adéquate; ce qui est inconscient ne trouve dans ce qui est préconscient et conscient que des représentants représentatifs.

Freud est donc formel sur l'hétérogénéité du psychisme conscient et du psychisme inconscient.

La conscience. — La conscience elle-même ne comporte pas de structures établies. Elle est faite de processus ou de mouvements qui se traduisent dans l'expérience vécue par des états et par des actes sans cesse en changement. Les processus conscients sont structurés par les structures mnésiques préconscientes et inconscientes; et, pour les premières, notamment par le langage. C'est une des raisons pour lesquelles le champ de la conscience est infiltré par les structures et les processus de l'inconscient. Dans le champ de l'expérience vécue comme dans le champ de la psychanalyse, les mouvements de la conscience traduisent une incessante interaction entre le *principe de plaisir/déplaisir* et le *principe de réalité, le processus primaire et le processus secondaire*. Mais la conscience possède des propriétés qui lui sont propres : elle peut surinvestir les idées susceptibles de développer du déplaisir, contrairement aux formations inconscientes ou préconscientes qui cherchent le plaisir ou évitent le déplaisir; elle est incompatible avec la mémoire, en ce sens que l'expérience vécue est sans cesse changeante. Telles sont en résumé les vues qu'expose Freud dans le septième chapitre de *L'interprétation des rêves*, vues empruntées en partie à J. Breuer, mais si originales et si fécondes que l'on peut s'étonner que Freud ait pu ensuite les négliger et parler de façon si dérisoire de l'apport de la psychanalyse à la théorie de la conscience.

Le préconscient. — Le préconscient peut être entendu dans deux sens :

– soit comme une *instance psychique*, c'est le sens « topique » qui fait du préconscient une instance plus proche de la conscience que de l'inconscient; on en voit pour preuve la place que Freud attribue à la censure : la frontière entre l'inconscient et le système Pcs/Cs. Au sens topique, ce qui est proprement inconscient ne peut devenir conscient sans la médiation de ce qui est préconscient; le préconscient est une instance intermédiaire entre l'inconscient et la conscience; à un autre titre il met en liaison le matériel inconnu de l'inconscient avec les représentations de mot;

– soit au *sens descriptif*. Au sens descriptif, ce qui est préconscient est inconscient mais est capable de conscience. Il est nécessaire de citer ici la phrase de Freud : « un acte psychique passe en général par deux phases d'étapes, entre lesquelles est intercalée une sorte d'examen (censure) ». Dans la première phase, il est inconscient et appartient au système Ics; si, lors de l'examen, il est écarté par la censure, le passage à la seconde phase lui est refusé; il est alors dit refoulé et doit nécessairement resté inconscient. Mais s'il soutient cet examen, il entre dans la seconde phase et appartient au second système que nous nommerons le système Cs… Il n'est pas encore conscient mais bien plutôt capable de conscience… Eu égard à cette capacité de conscience, nous appelons aussi le système Cs le « préconscient ». Les structures et les processus du psychisme préconscient échappent largement à l'introspection; ils sont latents descriptivement mais ils ne sont pas refoulés et proprement inconscients, ils peuvent passer dans la conscience; c'est à ce titre que les processus préconscients sont des intermédiaires entre l'activité inconsciente et l'activité consciente de l'appareil psychique. Comme le rappelle D. Lagache, « les structures préconscientes ne sont pas autre chose que celles de l'apprentissage (*learning*), des gnosies et des praxies acquises au cours du temps, comme le langage, les catégories de la pensée comme le temps, l'espace, l'objet. Ces structures sous-tendent les processus de la pensée préconsciente et consciente… le cours de la pensée elle-même échappe pour une large part à la réflexion; le penseur ressent bien plus vivement les impressions d'effort ou de facilité qui l'accompagnent » (D. Lagache, 1964). À ce titre, la pensée préconsciente, même appréhendée d'un point de vue descriptif, ne peut être assimilée à une pensée inconsciente, elle aussi lorsqu'elle est appréhendée d'un point de vue descriptif; la pensée inconsciente est toujours régie par les processus primaires, la pensée préconsciente (comme la pensée consciente) est régie par les processus secondaires.

L'inconscient. — Quant aux processus inconscients, si l'interprétation nous fait admettre leur existence, leur nature est difficile à saisir. C'est cependant aux mouvements inconscients de la pensée que s'appliquent électivement les notions freudiennes de principe de plaisir/déplaisir, c'est-à-dire de l'évitement du déplaisir et de la recherche du plaisir; et du processus primaire, c'est-à-dire de la prédominance du désir le plus fort sur la discrimination qualitative, laissant la place aux déplacements, condensations, compromis. Le système inconscient a des propriétés particulières :

– absence de contradiction entre les représentants de l'impulsion;
– processus primaire (mobilité des intensités d'investissement par le déplacement, la compensation) donc énergie libre;
– intemporalité;
– inexistence de la négation, du doute, de degré de certitude, de contradiction;
– substitution à la réalité externe de la réalité psychique.

L'inconscient se prolonge dans ces rejetons que l'on trouve dans le préconscient. Ils sont les seuls à passer la censure entre inconscient et préconscient. Ils sont organisés et dépourvus de contradiction. Les rejetons sont refoulés par la censure, la cure psychanalytique essayant de surmonter cette censure pour avoir accès aux rejetons de l'inconscient et abolir ainsi le refoulement. À titre d'exemple de rejetons nous pouvons citer les formations fantasmatiques, les formations substitutives, les symptômes.

De cet ensemble nous pouvons dire qu'il existe une ambiguïté sur la façon de concevoir l'inconscient selon la position freudienne. L'inconscient peut à la fois être considéré comme la création, au cours de chaque existence individuelle, d'un réceptacle grâce au processus du refoulement (1915) mais aussi comme un élément premier primordial soit :

– dans un point de vue psychologique : « Tout ce qui est conscient a d'abord été inconscient »;
– d'un point de vue biologique : « Le Ça est le grand réservoir des pulsions »;
– d'un point de vue phylogénétique par le biais des fantaisies originaires qui constitueraient le noyau de l'inconscient, ou sous l'effet d'une spéculation qui ramène le pulsionnel inconscient à un atavisme immémorial.

Les voies d'accès à l'inconscient freudien

En préambule il est utile d'éclairer ce que l'on entend par voie d'accès. Voie d'accès ne veut pas dire moyen de pénétrer ou d'aller voir mais veut plutôt dire moyen d'être à l'écoute, d'être informé, d'être éclairé. L'image la plus ade serait celle du hublot d'un bateau à travers lequel le sujet regarderait attentivement ce qui se dévoile du nouveau continent vers lequel le bateau se dirige ou celle, comme Freud l'a proposée, de la fenêtre du train devant laquelle se déroule le paysage. Freud et la psychanalyse nous apprennent que les voies d'accès à l'inconscient sont multiples.

La voie royale : le rêve. — *L'interprétation des rêves* paru en 1900 constitue un ouvrage fondamental dans la découverte de l'inconscient psychanalytique. Le rêve ne constitue donc pas la seule voie d'accès à l'inconscient mais en est la voie royale par les mécanismes qui s'y font jour, constituant le « travail du rêve », et par l'utilisation du rêve dans chaque traitement analytique comme voie d'accès à la vie des profondeurs. Freud en écrivant en 1900 *L'interprétation des rêves* permet d'expliciter à la fois sa première conception d'un modèle théorique de l'appareil psychique et par là même l'intérêt central de la psychanalyse. Le rêve est ainsi une *représentation hallucinatoire de désir* dans laquelle le rêveur est représenté par plusieurs personnages où les relations du rêveur sont représentées par plusieurs relations plus ou moins déguisées. Il apparaît de plus qu'un personnage du rêve peut en cacher un autre ou plusieurs autres. Le rêve est ainsi l'accomplissement (déguisé) d'un désir (refoulé, réprimé par la censure). Il est donc à la fois au service du système inconscient par le désir qu'il réalise et du système préconscient/conscient en préservant le sommeil par le traitement d'un désir issu d'un inconscient de manière à ce que le sujet ne soit pas réveillé. Si le processus de rêve heurte trop le système préconscient/conscient, il y a réveil. Le contenu du rêve proprement dit est la réalisation *déguisée* d'un désir inconscient *refoulé*. Pour être apparemment cohérent au rêveur, le rêve doit être soumis à un travail psychique. À partir d'un matériel déterminé, les restes diurnes, c'est-à-dire les pensées préconscientes de la veille, s'effectue pendant le sommeil un « travail psychique » qui renvoie entre autres à des éléments d'origine infantile. Cela appelle à une reconstitution de *l'élaboration du rêve* : les mécanismes de *condensation* et de *déplacement*, la prise en compte de la figurabilité, l'expression symbolique constituent la logique propre du rêve qui permet d'en saisir l'analogie avec d'autres formations inconscientes normales (comme par exemple les actes manqués) ou pathologiques (comme les symptômes). C'est ce travail qui, correctement analysé, révèle le mystère et le sens inconscient du rêve. « Le rêve au sens psychanalytique du terme comprend le travail du rêve proprement dit, élaboration inconsciente d'un matériel préconscient et l'élaboration secondaire du résultat de ce travail » (Freud, 1913). Le travail du rêve et de l'élaboration secondaire est de transformer un contenu latent déguisé et refoulé en contenu manifeste. Le travail de l'interprétation de l'analyste est de transformer le contenu manifeste en compréhension du contenu latent. Le *contenu manifeste* est le récit descriptif que le sujet fait du souvenir qu'il a de son rêve. Les associations de pensée de l'analysé et les interprétations de l'analyste amènent à une compréhension qui se dévoile progressivement, que l'on désigne sous le terme de « *contenu latent* ». « Une fois déchiffré le rêve n'apparaît plus comme un récit en images mais comme une organisation de pensée, un discours exprimant un ou plusieurs désirs » (Laplanche et Pontalis). Il s'est donc au moment du rêve effectué un chemin inverse, celui de la pensée vers l'image qui s'impose au sujet de façon quasi hallucinatoire. Ce chemin permet de rendre compte de ce qu'en psychanalyse on appelle régression; nous y reviendrons ultérieurement. On retrouve dans la transformation du contenu latent en contenu manifeste qui ainsi le déguise, les mécanismes essentiels propres au fonctionnement inconscient et au processus primaire; c'est donc ce qu'on appelle généralement le travail du rêve : le déplacement (voir *Le rêve des hannetons*), la condensation (voir *Le rêve d'Irma*), le refoulement (voir *l'ensemble des rêves*), l'absence de contradiction, l'intemporalité, la figurabilité. Les différentes caractéristiques du travail du rêve exigent donc une conception topique du grec *topos,* c'est-à-dire un point de vue théorique qui suppose une différenciation des appareils psychiques en un certain nombre de systèmes doués de caractères et de fonctions différents. Il justifie cette distinction entre l'inconscient caractérisé par le principe du plaisir et le processus primaire, le préconscient et le conscient caractérisés par le principe de réalité et le processus secondaire. Nous y reviendrons dans le chapitre sur l'appareil psychique.

En ce qui concerne maintenant l'interprétation des rêves, Freud ne connaît en fait qu'une seule méthode : elle consiste à laisser parler le rêveur selon la technique de l'association libre, de telle sorte qu'au fil de son discours, il puisse énoncer le récit du rêve, contenu manifeste, puis repérer les désirs inconscients qui s'y expriment à son insu dans le discours qu'il tient après le rêve.

Il faut néanmoins ajouter que Freud fait appel à deux autres méthodes qu'il nomme auxiliaires :

– l'*interprétation symbolique* comme il l'explique dans le rêve intitulé « Le chapeau, symbole de l'homme (des organes génitaux masculins) » où il s'agit du fragment du rêve d'une jeune femme atteinte d'agoraphobie et à laquelle Freud dit que le chapeau qu'elle décrit dans son rêve « doit être un organe génital mâle, avec son centre dressé et ses côtés qui pendent » ;

– une autre méthode d'interprétation consiste à *comparer le récit du rêve à d'autres récits analogues trouvés dans la littérature*, la poésie ou le théâtre, etc. Ainsi les rêves de mort de personnes chères s'éclairent en référence à la tragédie de Sophocle, *Œdipe Roi* (c'est entre autres en faisant se rapprochement que Freud a découvert le complexe d'Œdipe et qu'il a pu le nommer).

Cette explication du travail du rêve et de l'interprétation exige une conception topique, c'est-à-dire un point de vue théorique qui suppose une différentiation de l'appareil psychique en un certain nombre de systèmes doués de caractères et de fonctions différents. À partir de l'interprétation des rêves, Freud propose un premier modèle théorique de l'appareil psychique allant du percepteur au moteur. La perception donne une première couche de traces mnésiques dans un système externe superficiel qui ne sont pas retenues puis ces traces mnésiques par association se constituent et s'associent à d'autres traces mnésiques qui, elles, sont des traces durables constituant le fond de l'inconscient. Ces traces ont des caractéristiques et des fonctions particulières. Elles constituent le processus primaire et répondent au principe de plaisir. Elles surgissent sous forme d'images au cours du rêve, elles ne sauraient accéder à la conscience, si ce n'est en passant par le préconscient, c'est-à-dire par un système critique, une censure, un écran à l'origine du refoulement. Franchie cette barrière, l'appareil psychique est constitué d'un deuxième système, le préconscient et le conscient qui permettent en bout de chaîne d'accéder à l'expression motrice. Il y a un processus de régression allant du moteur au perceptif, c'est-à-dire du conscient à l'inconscient. Ce schéma correspond à ce que l'on appelle la première topique freudienne.

La question du cauchemar. — Ici les représentations pénibles, source de déplaisir sont encore reconnaissables même si elles sont déjà plus ou moins transformées dans le contenu manifeste. Paradoxalement dans les cauchemars, il faut y rechercher également un désir inconscient. Les cauchemars sont en effet des rêves :

– soit avec un contenu sexuel dont la libido s'est transformée en angoisse ;

– soit ils accomplissent un désir inconscient, celui d'un châtiment infligé au rêveur par un désir accompli, jusqu'alors réprimé mais ayant quand même écarté plus ou moins la censure. L'exemple en est donné dans le rêve de la mort de personnes chères, dans lequel le désir refoulé a trouvé un moyen d'échapper à la censure et à la déformation qu'exige celle-ci. Le rêveur éprouve alors toujours des impressions pénibles, angoissantes. Le cauchemar n'apparaît donc que lorsque la censure est vaincue entièrement ou en partie.

La voie psychopathologique : le symptôme. — Comme nous venons de le voir, les symptômes sont une voie d'accès à l'inconscient par la formation de compromis qu'ils représentent entre le désir inconscient et la censure et par l'équivalence qu'ils peuvent permettre d'établir avec des souvenirs et des fantasmes refoulés. Ils structurent notre résistance consciente, ils permettent également d'organiser une représentation inconsciente. L'histoire d'Anna O., ou d'Emma, ou de bien d'autres cas cliniques que Freud dévoilera au fur et à mesure de ses découvertes représente ce point de vue. Les symptôme apparaît donc comme « l'effet d'un conflit » entre deux forces auquel il tient lieu de « compromis ». Les deux forces se réunifient dans le symptôme et apparemment se réconcilient par le compromis de la formation de symptôme. Celui-ci permet donc d'accepter le renoncement à la satisfaction pulsionnelle et de réaliser une satisfaction. En psychanalyse et d'un point de vue psychodynamique, le symptôme ne peut être compris comme un simple comportement, il représente un véritable processus : conflit, refoulement, remplacement par une formation de compromis qui fait retour dans tous les symptômes psychonévrotiques. Ce processus donne la clé pour la compréhension de la formation de symptôme. La difficulté de résolution du symptôme montre son caractère « résistant » et mène ainsi logiquement à la complexité de sa formation. Il s'agit bien là d'une théorie de la réalisation de désir et des exigences de la défense inconsciente qui posent des conditions à la réalisation de désir. Le sujet souffre donc à la fois — et de façon violemment contradictoire — pour se punir et soutenir son désir. Il satisfait du même coup quelque chose comme un « besoin de punition », une « méfiance », voire une haine de soi et un désir. Ceci signifie clairement qu'un symptôme, tout en relevant d'une pathologie conflictuelle, est ici déchiffrable comme témoignant d'une signification inconsciente. Le symptôme représente donc une voie d'accès privilégié à l'inconscient.

Les autres voies. — D'autres voies d'accès à l'inconscient sont classiquement évoquées :

– l'*oubli des noms propres*. Freud a consacré tout un ouvrage aux voies dites « fragmentaires » involontaires : *La psychopathologie de la vie quotidienne* écrit en 1901 et publié en 1905. Nous y trouvons : l'oubli des noms propres, les lapsus, les actes manqués, l'oubli des mots appartenant à des langues étrangères, le mot d'esprit;

– le *mot d'esprit*. Pour Freud le processus du mot d'esprit est descriptible comme une condensation avec formation de remplacement. Le processus de condensation à l'œuvre dans le travail du rêve qui permet de transformer un « contenu latent » (pensée du rêve) en « contenu manifeste » (forme) trouve son répondant dans le mot d'esprit. Pour autant l'« inconscient » n'est pas la cause du mot d'esprit, pas plus que du rêve : ce qui est en jeu, c'est bien plutôt le travail inconscient, nuance déterminante. C'est donc à travers le mot d'esprit que Freud met en évidence cette notion de « travail du mot d'esprit ». Il va trouver l'« humour », une série de mécanismes qui spécifient le « travail » à l'œuvre et qui se retrouvent dans le « travail du rêve » : déplacement, faute de pensée, absurde, représentation indirecte, représentation par le contraire. Tout se passe comme si l'humour s'employait à mimer le rêve, le rêve étant lui-même l'expression nocturne quotidienne d'un humour du rêveur ! Mais comme dans le rêve, derrière le « mot d'esprit anodin » se profile le motif : le jeu de mots s'avère « tendancieux » dans la mesure où il tend à produire un effet. Or dans la technique comme dans la tendance, se profile un effet économique : il s'agit d'épargner un certain déplaisir. Que faut-il entendre par là? Le mot d'esprit réalise un plaisir spécifique justement en épargnant une dépense. Nous voici ainsi dans une nouvelle voie d'accès à l'inconscient;

– le *lapsus*. Freud distingue trois types de lapsus :

- le lapsus langue, le plus connu. Par exemple le président de la Chambre des Députés qui accueille tous les nouveaux députés en commençant ses discours en disant : « la séance est close » (condensation entre ouverte et comble) au lieu de la séance est ouverte,
- le lapsus d'écriture, exemple cet ami qui écrit : « Je t'évite » au lieu de « je t'invite »,
- le lapsus de lecture, exemple : « les crampes de l'athlète » au lieu de « les jambes de l'athlète ». Le lapsus exprime ainsi à demi-mots un désir interdit. Il témoigne d'une présence parasite plus profonde inconnue d'une sorte de personnage interne dont l'intention est différente de celle que la personne externe, sociale veut exprimer, écrire ou lire. Freud parle de « l'interférence de deux intentions » (*Introduction à la psychanalyse*). Grâce à un autre mécanisme : la condensation, un mot apparaît formé à partir de deux ou plusieurs autres qui se ressemblent à un titre ou un autre. Une représentation unique est investie des énergies qui, attachées à différentes représentations, s'additionnent sur

elle. Nous en verrons ultérieurement un exemple dans une autre voie d'accès à l'inconscient, la voie royale du rêve dans « Le rêve du hanneton » ou dans « L'injection faite à Irma » qui représente une personne empruntant des traits à plusieurs autres ;

– les *actes manqués*. Il s'agit d'actes à travers lesquels se manifeste l'inconscient, c'est-à-dire des actes qui sur un plan paraissent représenter une erreur et sur un autre sont réussis. Le désir inconscient s'y accomplit souvent d'une façon très manifeste. Nous pourrions donner l'exemple classique d'une erreur d'étage par désir de ne pas voir la personne que l'on souhaite ?

– il existe d'autres voies fragmentaires comme par exemple l'*oubli des mots appartenant à des langues étrangères* ou autres ratages de la pensée ou de la parole.

L'appareil psychique

La théorie psychanalytique repose sur une conceptualisation du fonctionnement psychique selon trois aspects : topique, dynamique et économique. Tout phénomène psychique doit être analysé selon ses trois aspects. Freud échafaude et construit la représentation d'un appareil psychique comme un instrument dont les parties composantes sont appelées instances ou systèmes. L'appareil constitué de ces différents systèmes s'engage dans une direction qui part d'une extrémité sensitive vers une extrémité motrice : le premier modèle de l'appareil psychique (*Interprétation des rêves*) est ainsi construit sur celui de l'appareil réflexe. Cependant, à l'intérieur des systèmes, un certain nombre de différenciations doivent être introduites, compte tenu des différentes fonctions qui leur sont attribuées. Les perceptions laissent des traces, conservées grâce à la mémoire; il faut donc envisager l'existence de deux systèmes : l'un est essentiellement perceptif et donne à la conscience la multiplicité et la variété des qualités sensibles mais il ne retient rien. L'autre au contraire conserve fidèlement les traces grâce aux souvenirs qui sont inconscients mais ne témoigne que faiblement des qualités sensibles. Les deux systèmes assurent des tâches très différentes et par conséquent la mémoire et la qualité qui caractérisent la conscience s'excluent l'une de l'autre dans les systèmes psychiques. Le passage d'un système à l'autre se fait grâce aux censures qui exercent un contrôle et renforcent l'aspect spatial de la théorie de l'appareil psychique.

Les principes fondamentaux

Ce sont les principes qui gouvernent la vie mentale.

Le principe de constance

Il désigne la tendance de l'appareil psychique à maintenir la quantité d'excitation au niveau le plus bas ou tout au moins aussi constant que possible.

Il rend compte aussi bien des processus de décharge que des processus de défense contre un excès d'excitation.

Le principe de plaisir/déplaisir

C'est la conséquence du principe de constance. Toute conduite a pour origine un état d'excitation pénible et tend à aboutir à une réduction de cette excitation avec évitement du déplaisir et le cas échéant avec une production de plaisir. Le principe de plaisir gouverne les processus inconscients, résidus d'une phase de développement où ils étaient les seuls processus mentaux (processus primaire).

Le principe de réalité

Au développement progressif de l'individu correspond l'emprise croissante du principe de réalité, c'est-à-dire une modification du principe de plaisir qui tend aux mêmes buts, mais en s'accommodant des conditions imposées par le monde extérieur.

En ce qui concerne l'appareil mental, la substitution du principe de réalité au principe de plaisir se traduit par le développement des fonctions conscientes d'ajustement à la réalité, l'attention, la mémoire, le jugement, qui se substitue au refoulement, l'action adéquate à la réalité qui se substitue à la décharge motrice.

L'emprise progressive du principe de réalité est loin d'être uniforme et générale et les pulsions lui échappent pour une large part (par exemple : pulsions sexuelles, dont la maturation est plus tardive. Longtemps elles se satisfont d'une manière auto-érotique, sans s'ajuster aux objets réels).

Freud rattache au principe de réalité le développement de diverses formes de la culture : les religions (renoncement au plaisir dans cette vie par une promesse de compensation dans la vie future), la science (supplantation du principe de plaisir), l'éducation (tend à former le Moi en remplaçant le principe de plaisir par le principe de réalité), l'art (réconciliation des deux principes).

La compulsion de répétition

Tendance à la répétition des expériences fortes quels que soient les effets, favorables ou nocifs de ces répétitions.

Principe de fonctionnement mental qui agit au-delà du principe de plaisir. Les faits psychologiques sur lesquels Freud s'appuie sont principalement empruntés aux névroses traumatiques, au jeu infantile, à la névrose de destinée et au transfert.

Les pulsions

Freud opère trois distinctions majeures en définissant :

– les pulsions sexuelles (1905) qui correspondent au désir et à la recherche du plaisir, se rattachant à la notion de bien-être, de bonheur, de jouissance. Elles sont appelées libido. Il ne s'agit plus de vivre ou de survivre mais d'agrémenter son existence. Elles sont propres à l'homme. Elles s'étayent sur la pulsion d'auto-conservation ;

– les pulsions d'auto-conservation, ou pulsions du Moi (1910) qui correspondent aux instincts dans la mesure où elles poussent l'individu à satisfaire ses besoins vitaux (se nourrir, se protéger, se reproduire). Rappelons néanmoins qu'en 1905, Freud opposait les pulsions sexuelles à ce qu'il nommait « besoins » ou fonctions d'importance vitale ;

– la pulsion de mort (1920), que Freud oppose dans sa deuxième théorie des pulsions à la pulsion de vie, elle-même regroupant alors les pulsions sexuelles et les pulsions d'auto-conservation. La pulsion de mort donc, représente l'agressivité, la destructivité, et pose le problème de savoir si elle est spécifiquement humaine ou s'inscrit dans l'instinct agressif du monde vivant.

Quand Freud parle de pulsion, c'est dans le sens d'une poussée énergétique et motrice qui fait tendre l'organisme vers un but.

On peut distinguer trois moments dans le déroulement du processus pulsionnel : la source, état d'excitation à l'intérieur du corps ; le but, suppression de cette excitation ; l'objet, instrument au moyen duquel la satisfaction est obtenue.

Bien que les psychanalystes se démarquent donc clairement du concept d'instinct, ils n'en posent pas moins la question des rapports entre le champ analytique et le champ biologique. Freud, d'emblée, a posé ainsi une question depuis régulièrement débattue : celle du biologisme pulsionnel. Biologique, le modèle l'est doublement : il emprunte la plupart de ses traits à la physiologie nerveuse ; l'excitation somatique périphérique vient stimuler l'appareil nerveux, des frayages s'établissent et la représentation se trouve investie. Il l'est aussi par le type d'explication qu'il offre au motif de l'activité dans la mesure où c'est une exigence issue du corps qui impose à l'esprit l'initiative et le sens de la représentation et de l'action. Comme l'a fait remarquer D. Widlöcher, il faut noter une différence fondamentale entre la définition d'un processus inconscient et celle de la pulsion. Quand, en 1905, dans les *Trois essais sur la théorie de la sexualité*, le concept de pulsion est pour la première fois introduit, il revêt d'emblée la forme que nous lui connaissons. Sa définition canonique est d'emblée posée par référence à l'objet, au but et à la source. Alors que le terme d'investissement dénote une réalité clinique observable, directement ou indirectement, celui de pulsion correspond à une idée abstraite dont Freud a besoin pour construire son modèle. Le concept de pulsion est à la fois fondamental et conventionnel.

Le narcissisme

Une première modification de la théorie des pulsions a son origine dans la découverte du narcissisme (1911-1914), c'est-à-dire dans la nature libidinale ou sexuelle de certaines tendances attribuées jusque-là aux pulsions du Moi.

La thèse est qu'une partie de l'égoïsme, de l'amour de soi, est de la même nature que la libido investie sur les objets extérieurs. La libido est l'énergie générale des pulsions sexuelles investie sur le Moi, sur autrui ou sur les choses.

La preuve repose sur le déplacement de la libido, du Moi aux objets, et vice versa. La somme d'intérêt investie sur les objets et sur le Moi est constante : plus on s'aime, moins on aime les objets, et inversement.

C'est ainsi que dans la fatigue, le sommeil, la douleur, la maladie, la tristesse, une partie plus ou moins grande de la libido investie sur les objets extérieurs et sur les personnes se replie sur le Moi.

Bien que pouvant entrer ultérieurement en conflit, la libido du Moi et la libido objectale sont de même nature et de même origine.

Le progrès dialectique de la pensée de Freud ramenait ainsi les pulsions à l'unité.

Freud faisait déjà usage du concept de narcissisme avant de « l'introduire » dans son ouvrage de 1914 *Pour introduire le narcissisme*. Dans ce texte, c'est dans l'ensemble de la théorie psychanalytique qu'il introduit ce concept, en envisageant tout particulièrement les investissements libidinaux.

Freud adopte, dans un premier temps une conception selon laquelle le narcissisme est défini comme une perversion (P. Nacke, 1899) : « l'individu traite son propre corps de façon semblable à celle dont on traite d'ordinaire le corps d'un objet sexuel ». Pour Sadger « on observe des traits particuliers du comportement narcissique chez (...) les homosexuels ». Freud va adopter et développer les points de vue de Sadger quant au choix d'objet chez les homosexuels (1910).

Ces premières conceptions du narcissisme sont abandonnées au profit d'une approche selon laquelle le narcissisme devient un phénomène libidinal de portée générale (1910-1911) qui occupe une place capitale dans le développement sexuel normal : « le narcissisme (...) ne serait pas une perversion mais le complément libidinal à l'égoïsme de la pulsion d'auto-conservation attribuée à tout être vivant ».

Narcissisme primaire, narcissisme secondaire

Freud a observé deux traits de caractère fondamentaux chez les paraphrènes : le délire des grandeurs et le fait qu'ils détournent leur intérêt du monde extérieur. Les névrosés ont, eux aussi, une relation perturbée à la réalité, mais ils n'ont pas abandonné leur « relation érotique » aux personnes et aux choses étant donné que celle-ci est encore maintenue dans le fantasme.

En revanche, les paraphrènes semblent avoir retiré la libido des objets sans avoir pu remplacer ces derniers dans le fantasme. C'est dans l'observation du délire des grandeurs que la réponse est donnée quant au destin de la libido qui est soustraite aux objets de la réalité : elle s'est reportée sur le Moi du sujet.

Mais Freud pense alors que le délire des grandeurs n'est pas créé de rien; il existerait un état précurseur à cette manifestation pathologique qui ne serait autre chose que l'agrandissement et la manifestation la plus claire de cet état originel. Freud est ainsi amené à émettre l'hypothèse d'un narcissisme primaire à l'œuvre à une période précoce du développement, il serait responsable d'un état équivalent au délire des grandeurs. On peut donc considérer que le retrait de la libido des objets sur le Moi chez les paraphrènes est « un état secondaire construit sur la base d'un narcissisme primaire que de multiples influences ont obscurci » (*narcissisme secondaire*). La notion de narcissisme primaire introduit ainsi la conception d'un investissement libidinal primaire du Moi. Au cours du développement, une partie de cette libido est cédée aux objets. Ce détachement de la libido du Moi, afin de la rendre disponible pour les objets, n'est que partiel et instable : l'investissement du Moi persiste. Cette reconnaissance de la permanence d'un investissement libidinal du Moi conduit Freud à une définition structurale du narcissisme qui ne doit pas être considéré comme une étape transitoire mais comme une stase normale de la libido qu'aucun investissement objectal ne permet de dépasser complètement.

Les instances idéales

C'est surtout à propos de la théorie des psychoses que Freud fait intervenir le Moi, esquisse le développement de ses relations avec les objets, introduit le concept de narcissisme, c'est-à-dire de l'amour que le sujet éprouve pour sa propre personne et le concept d'Idéal du Moi, formation devenue relativement indépendante du Moi et inconsciente, régulateur des sentiments d'estime de soi et de certaines activités du sujet (auto-observation, conscience morale, censure).

L'Idéal du Moi procède à la fois du narcissisme originel et de l'intériorisation d'apports extérieurs, par la voie de l'identification aux parents ou à leurs substituts. Comparée à la première théorie de l'appareil psychique, cette conception prend ainsi un tour moins naturaliste et plus « personnaliste » : l'Idéal du Moi est le reliquat d'anciennes relations interpersonnelles.

Idéal du Moi et Surmoi, les quatre étapes :

– *Le terme d'Idéal du Moi n'a pas chez Freud un sens univoque*. Il apparaît dans *Pour introduire le narcissisme* pour désigner une formation intrapsychique d'évaluation liée spécifiquement au narcissisme. Au cours donc du développement et au contact de la réalité, la mégalomanie narcissique infantile s'affaiblit en même temps que la libido se tourne vers l'extérieur pour investir les objets. Mais la libido du Moi n'est pas totalement reportée sur les objets. Quel est donc le destin de ce reste de libido du moi ? Une partie de la libido narcissique se tournera vers un idéal (la distinction entre les concepts de Moi Idéal et d'Idéal du Moi ne se fait pas chez Freud où ils sont confondus) auquel le sujet mesure son Moi : il s'agit d'une formation intrapsychique qui s'élabore au cours de l'évolution et qui permet de s'assurer l'amour de soi-même. Avec l'apparition de cette nouvelle formation psychique, le narcissisme se trouve modifié. L'état de narcissisme primaire est abandonné du fait notamment de la critique des parents qui véhicule les limitations imposées par la société et la culture. La mégalomanie ne disparaît pas entièrement sous la pression de la réalité étant donné que : « l'homme ne veut pas se passer de la perfection narcissique de son enfance ». Cette perfection se trouve donc déplacée dans sa conversion en Idéal du Moi : l'être humain « projette devant lui comme son idéal, le substitut du narcissisme perdu de son enfance ; en ce temps-là il était lui-même son propre idéal ». Étant donné que l'origine de l'Idéal du Moi est narcissique, il est possible d'affirmer qu'il s'agit de l'héritier du narcissisme. L'Idéal du Moi agit en faveur du refoulement dans la mesure où il peut augmenter les exigences du Moi. Il peut inciter à la sublimation mais son accomplissement reste indépendant. En revanche, la sublimation représente une issue qui permet de satisfaire les exigences du Moi sans donner lieu au refoulement. Il existe donc à cette époque pour Freud un système global comprenant lui-même deux structures partielles : l'Idéal du Moi proprement dit et une instance critique (précurseur du futur Surmoi) ;

– sept ans plus tard la fonction de l'*Idéal du Moi* est mise au premier plan dans *Psychologie collective et analyse du Moi* (1921) et constitue une formation nettement différenciée du Moi qui rend compte de situations où une personne extérieure est mise par le sujet à la place de ses idéaux comme on le rencontre dans l'état amoureux, la dépendance affective, la soumission aux leaders, etc. ;

– en 1923 le terme de Surmoi est introduit. Cette instance, formée rappelons-le par identification aux instances correspondantes des parents, réunit les fonctions d'interdiction et d'idéal. Freud rattache le Surmoi aux instances idéales. Si le Surmoi contient une fonction interdictrice, il est également à l'origine du système de valeur. Freud introduit donc en 1923 dans *Le Moi et le Ça*, la notion d'une instance psychique particulière qu'on nomme, dans le langage courant, la conscience morale. Si on reconnaît cette instance, on comprend mieux le délire d'observation qui présente cette formation qui nous observe « sous sa forme régressive dévoilant ainsi sa genèse ». « Ces personnes… sont averties du fonctionnement souverain de cette instance par des voix qui leur parlent… ». Il est possible, par conséquent, de situer l'origine de cette formation intrapsychique dans l'attitude éducative des parents, dans un premier temps, et de la société par la suite, critique qui a été intériorisée sous la forme de cette instance de censure et d'auto-critique. On peut observer des indices de l'activité de cette instance dans plusieurs domaines, notamment, dans l'introspection et la censure du rêve. Dans *Le Moi et le Ça* (1923), où figure donc pour la première fois le terme de Surmoi, celui-ci est ainsi synonyme de l'Idéal du Moi ;

– enfin, en 1932 (nouvelle conférence sur la psychanalyse) Freud distingue trois fonctions au Surmoi : « auto-observation, conscience morale et fonction d'idéal ». Comme le soulignent Laplanche et

Pontalis : « La distinction entre ces deux dernières fonctions s'illustre notamment dans les différences que Freud cherche à établir entre sentiment de culpabilité et sentiment d'infériorité. Ces deux sentiments sont le résultat d'une tension entre le Moi et le Surmoi, mais le premier est en rapport avec la conscience morale, le second avec l'idéal du Moi en tant qu'il est aimé et redouté ».

Moi idéal différencié de l'Idéal du Moi

À la suite de Freud, certains psychanalystes ont introduit une distinction conceptuelle entre d'un côté l'Idéal du Moi, tel que nous venons de le décrire, et une autre instance qui correspondrait à l'idéalisation, c'est-à-dire à un processus psychique reposant sur une identification à un « objet » idéalisé dont les qualités et les valeurs seraient portées à la perfection. Il s'agirait d'une formation intrapsychique génétiquement antérieure au Surmoi définie comme un idéal de toute puissance narcissique trouvant, pour Lacan, son origine dans le stade du miroir, c'est-à-dire entre six et dix-huit mois et appartenant au registre de l'imaginaire.

L'estime de soi

Le sentiment d'estime de soi est défini comme « l'expression de la grandeur du Moi… Tout ce qu'on possède et qu'on atteint, tout reste du sentiment primitif d'omnipotence que l'expérience a confirmé contribue à augmenter le sentiment d'estime de soi ».

Le sentiment d'estime de soi semble être composé de trois parties :

– une patrie primaire qui est le reste du narcissisme infantile ;

– une partie qui provient de la confirmation de la toute-puissance infantile par l'accomplissement de l'idéal dans la réalité ;

– une partie qui s'alimente de la satisfaction de la libido d'objet.

Il est clair que, pour Freud, le sentiment d'estime de soi dépend de la libido narcissique « de façon tout à fait intime ».

L'investissement de libido sur les objets en lui-même n'élève pas le sentiment d'estime de soi étant donné que « celui qui aime a payé amende d'une partie de son narcissisme ». Néanmoins, il est possible que l'estime de soi s'alimente du fait d'être aimé. En tout état de cause, la satisfaction de la libido d'objet augmente le sentiment d'estime de soi tandis que « ... quand la libido est refoulée, l'investissement d'amour est ressenti comme un sévère amoindrissement du Moi ».

Stades successifs du développement libidinal

Constatant que tous ses patients ou patientes hystériques font état presque systématiquement de violences sexuelles exercées par un adulte très proche, leur père bien souvent, Freud commence à douter de la réalité de ce que rapportent ses patients (Lettre à Fliess du 21 septembre 1897). Après avoir supposé qu'un traumatisme ou qu'une série de traumatismes sexuels survenus dans l'histoire réelle de ses patients correspondant à des événements vécus est à l'origine des symptômes (Emma), Freud s'interroge sur la réalité de ces événements et de ces traumatismes. Mais où donc alors se situe la cause des souvenirs évoqués par ses patients ? La cause doit-elle être cherchée ailleurs. Qu'est-ce qui peut faire croire à un sujet qu'il a été victime d'un traumatisme alors même qu'il n'en a pas été ainsi dans la réalité ? Ainsi surgie l'hypothèse du fantasme, d'un scénario imaginaire qui figure l'accomplissement d'un désir et en dernier ressort d'un désir inconscient.

La stabilité, l'efficacité du caractère relativement organisé de la vie fantasmatique d'un sujet doit-elle être la préoccupation centrale que le psychanalyste doit comprendre, être amené à en rechercher les origines et à déclencher un processus de changement ?

Freud en arrive ainsi à l'existence d'une sexualité infantile qui « ne désigne pas seulement les activités et le plaisir qui dépendent du fonctionnement de l'appareil génital, mais toute une série d'excitations et d'activités, présentes dès l'enfance, qui procurent un plaisir irréductible à l'assouvissement d'un besoin physiologique fondamental (faim, fonction d'excrétion, miction) (mais qui s'étaye sur lui) et qui se retrouve à titre de composante dans la forme dite normale de l'amour sexuel » (Laplanche et Pontalis).

L'organisation psychique s'articule alors autour de fantasmes heureux représentant les accomplissements des désirs sexuels de l'enfance.

Les quatre notions clés

La mise en évidence de la sexualité infantile, et au-delà de l'importance de l'enfance, dans la structuration mentale et ainsi la reconnaissance du rôle fondamental que jouent les expériences affectives, psychiques, somatiques, sensorielles faites pendant l'enfance dans la structuration de la personnalité.

L'élaboration d'une organisation de la libido (d'une énergie qui permet de mesurer les processus de transformation dans le domaine de l'excitation sexuelle prégénitale et génitale avec la formulation des stades correspondants).

Une extension des stades à la théorie des caractères. L'organisation libidinale prégénitale ou génitale n'est plus considérée comme appartenant uniquement au monde de l'enfance mais comme pour être réactivée chez l'adulte par des mécanismes de régression et des fixations à différents stades.

La sexualité ne peut être séparée du psychisme.

Les étapes du développement libidinal

Le terme de développement libidinal a ici une valeur descriptive et recouvre l'ensemble des transformations qui affectent certaines conduites infantiles, certains intérêts ou pulsions, jusqu'à leur intégration dans la sexualité génitale.

Ces stades successifs, initialement décrits par Freud, ont été enrichis, dans leur description et leur théorisation, par les réflexions théoriques des différents auteurs contemporains de Freud et par ceux qui lui ont succédé.

De manière synthétique et très schématique, chaque stade peut être source de points de fixation empêchant un passage harmonieux au stade suivant. C'est en fonction de ces stades de fixation que convergeront éventuellement les régressions ultérieures suscitées par les conflits.

La notion de fixation représente donc un attachement libidinal excessif au mode de satisfaction caractéristique du stade.

Chaque stade est caractérisé par : une zone érogène (source pulsionnelle), un type de relation d'objet, la mise en place de mécanismes de défense et des instances intrapsychiques, et un mode de satisfaction prévalent (tableau 2-I).

La maturation du corps détermine une maturation des pulsions :

– *stade oral primitif (succion).* Premier semestre de vie. La bouche est foyer d'un mode d'approche dominant mais non exclusif, l'incorporation.

Succion du sein maternel, absorption par tous les organes sensoriels et la peau de toutes les stimulations qui entrent dans le champ accessible à l'enfant.

S'accompagne d'une satisfaction libidinale intense, dite orale.

Dans la frustration, l'attente, l'enfant apprend vite à sucer une partie de son propre corps, se donnant ainsi une satisfaction auto-érotique ;

– *stade oral tardif.* Second semestre. L'incorporation par morsure se substitue à la succion.

Si adéquate que soit l'attitude de l'entourage, un conflit ne peut être évité. La douleur dentaire, la colère contre la mère (retrait du sein), la rage impuissante engage l'enfant dans des expériences sadomasochistes confuses, laissant l'impression qu'est détruite l'unité avec la mère.

Enfant ambivalent et narcissique ;

– *stade sadique anal.* S'étend sur les deuxième et troisième années. Les tensions se déchargent principalement sur la défécation. La satisfaction libidinale est liée à l'évacuation et à l'excitation de la muqueuse anale. L'excitation peut être augmentée par la rétention.

Les matières fécales susceptibles d'être rejetées ou retenues, deviennent des objets ambivalents. Issues du corps pour se transformer en objet extérieur, elles représentent la possession.

L'association du sadisme à l'analité est due notamment au sens destructif de l'élimination et au fait que, dans l'apprentissage de la propreté, le contrôle sphinctérien devient un instrument d'opposition aux adultes.

Le stade sadique anal est caractérisé par l'ambivalence et la bisexualité ;

TABLEAU 2-I. – *Approche psychanalytique du développement.*

Âge	*Zone érogène*	*Mode de plaisir*	*Relation d'objet*	*Mécanismes de défense*	*Organisation*
Premier semestre	Orale, passive	Sucer, incorporer	Mère comme premier objet non identifié	Introjection puis premières identifications Projection Régression Fixation	Ça Émergence du Moi encore très faible et passif
Second semestre	Orale active (dentaire)	Mordre, déchiqueter	Ambivalent vis-à-vis du premier objet différencié	Idem	Idem
De 1 à 3 ans	Anale précoce et tardive	Expulser, rejeter puis retenir, contrôler, posséder	Ambivalence maximum	Projection Identification (en particulier à l'agresseur) Régression/fixation (Dé)négation	Le Moi se renforce (Moi Idéal mégalomane, narcissique) Surmoi archaïque très agressif sadique
De 3 à 5 ans	Urétrale, phallique clitoridienne chez la fille	Expulser, retenir, toucher, regarder, s'exhiber	Narcissique puis relation triangulaire œdipienne (complexe d'Œdipe)	Tous les mécanismes de défense du Moi apparaissent et en particulier le refoulement, les formations réactionnelles, les déplacements et la sublimation	Ça, Moi et Surmoi définitif (œdipien) Les identifications secondaires se font avec l'Idéal du Moi
Jusqu'à la puberté	Phase de latence. Pas de nouvelle zone	Tous les modes antérieurs sont utilisés à bas bruit	Extension à l'extraparental : famille, école, société	Formations réactionnelles Sublimation +++	Les conflits se stabilisent entre les trois systèmes et le milieu. Moi
Adolescence	Génitale. Organes sexuels	D'abord reviviscence des modes infantiles puis modes adultes (orgasme)	Réactivation de la relation d'objet infantile puis nouvelles relations d'objets hétérosexuelles et exogamiques	Intellectualisation et ascétisme, en plus des autres mécanismes	Rupture avec éclatement structural faisant réapparaître l'éventuelle névrose infantile Puis réorganisation définitive de l'adulte

– stade phallique et complexe d'Œdipe. Entre 3 et 5 ans. Les organes génitaux deviennent zone érogène dominante. Les tensions se déchargent principalement sur la masturbation génitale.

Chez le garçon, le complexe d'Œdipe positif consiste dans le fait que, intensifiant son amour pour sa mère, il ressent un conflit entre son amour pour son père (basé sur l'identification au père) et sa haine contre le père (basé sur les privilèges paternels qui lui sont refusés). L'angoisse de castration l'amène à renoncer à la possession exclusive de la mère.

On parle de complexe d'Œdipe négatif lorsque c'est la mère qui est ressentie comme gênant l'amour pour le père.

Chez la fille, l'évolution plus complexe vers le père est préparée par les déceptions dans la relation avec la mère, principalement l'absence du pénis. L'envie du pénis est remplacée par le désir d'avoir un enfant du père.

Le lecteur, l'auditeur, le spectateur sont aujourd'hui constamment interpellés par la presse, la radio, le cinéma, le théâtre, la télévision par le terme d'Œdipe. Il n'est guère de critiques d'art, de théâtre, de cinéma qui ne fassent de temps à autre quelques interprétations sémantiques ou symboliques des œuvres dont ils rendent compte.

Le complexe d'Œdipe occupe certes une place centrale dans la théorie psychanalytique, et cela dans la perspective de Freud lui-même.

La découverte

Dans une lettre à Fliess du 15 octobre 1897 Freud écrit : « Il ne m'est venu à l'esprit qu'une seule idée ayant une valeur générale. J'ai trouvé en moi, comme partout ailleurs, des sentiments d'amour envers ma mère et de jalousie envers mon père, sentiments qui sont je pense communs à tous les jeunes enfants… ». Du début de son travail de recherche à la fin, Freud a hautement investi cette découverte du complexe d'Œdipe. Peu avant sa mort, en 1938, dans l'*Abrégé de Psychanalyse*, il écrit : « Je m'autorise à penser que si la psychanalyse n'avait à son actif que la seule découverte du complexe d'Œdipe refoulé, cela suffirait à la faire ranger parmi les précieuses acquisitions nouvelles du genre humain ». L'intérêt accordé au complexe d'Œdipe figure parmi les critères d'obédience et de dissidence à son œuvre. Il représente une des controverses fondamentales avec des disciples de Freud comme Jung, Adler ou Otto Rank. Pour Freud : « La légende grecque a saisi une compulsion que tous reconnaissent parce que tous l'ont ressentie. Chaque auditeur fut un jour en germe, en imagination un Œdipe et s'épouvante devant la réalisation de son rêve transposé dans la réalité. Il frémit suivant toute la mesure du refoulement qui sépare son état infantile de son état actuel ».

Dans *L'interprétation des rêves,* Freud développe l'idée que le mythe, comme le rêve et le fantasme, est réalisation de désir, « souhaits passés, dépassés, refoulés auxquels nous ne pouvons attribuer une sorte de survivance que lorsqu'ils réapparaîtront dans le rêve ». Freud évoque alors le rêve de la mort de personnes chères et s'interroge sur le souhait qui peut exister chez le sujet qui rêve de la mort de parents. Il écrit alors : « Nous trouverons la solution de ce problème si nous observons que le rêve de mort du parent a le plus souvent pour objet celui des deux qui est du même sexe que le rêveur; l'homme rêve de la mort de son père, la femme de la mort de sa mère. Je ne peux pas poser cela comme une règle absolue, mais le nombre des cas de cette sorte l'emporte si nettement qu'il faut bien l'expliquer par un facteur ayant une portée générale ». Dans une note Freud ajoute : « Ce fait est fréquemment voilé par l'apparition de tendances auto-punitives qui par une réaction morale menace le rêveur de la perte du parent aimé ».

Ce que Freud introduit dans les sciences humaines c'est que le mythe, comme catégorie universelle, permet de comprendre spécifiquement les faits.

C'est en 1910 seulement, après tout un travail d'élaboration, que Freud aura recours à l'expression « complexe d'Œdipe ». Le complexe peut se définir comme une structure fondamentale des relations interpersonnelles constituées dans l'histoire infantile. Ce terme de complexe d'Œdipe apparaît pour la première fois dans *Les contributions à la psychologie de la vie amoureuse* (1910) mais l'exposition de sa découverte du mythe d'Œdipe se trouve dans un article bien antérieur datant de 1898, intitulé *La sexualité de l'étiologie des névroses*. C'est dans ce travail qu'il reprend le rêve de la mort des personnes chères : « L'Antiquité nous a laissé, pour confirmer cette découverte, une légende dont le succès complet universel ne peut être compris que si l'on admet l'existence universelle de semblable tendance dans l'âme de l'enfant. Je veux parler de la légende d'Œdipe Roi et du drame de Sophocle ». Le complexe d'Œdipe est donc : « L'ensemble organisé de désirs amoureux et hostiles que l'enfant éprouve à l'égard de ses parents ». Sous une forme positive le complexe se présente comme dans l'histoire d'Œdipe Roi, désir de la mort de ce rival qui est le personnage du même sexe, et désir sexuel pour le personnage du sexe opposé. Sous la forme négative il se présente à l'inverse : amour pour le parent du même sexe et haine jalouse du parent de sexe opposé. En fait les deux formes se retrouvent à des degrés divers, dans la forme dite complète du complexe d'Œdipe. D'où la notion proposée par Freud en 1923 d'« Œdipe complet » regroupant les formes positives et inversées et qui s'observent dans les deux sexes, la forme positive l'emportant évidemment en intensité et jouant un rôle décisif dans l'évolution ultérieure de la sexualité.

Ainsi selon Freud, le complexe d'Œdipe et l'angoisse de castration qui lui est étroitement liée sont vécus dans leur période d'acmé, entre trois et cinq ans, lors de la phase phallique. Leur déclin marque l'entrée dans la période de latence.

La question de l'universalité du complexe d'Œdipe

Qu'en est-il de l'Œdipe :

– dans les sociétés où la famille n'est pas nucléaire?
– dans les sociétés où le père n'exerce aucune répression sur l'enfant?

Certains anthropologues ont avancé l'idée que, si on laisse toute liberté sexuelle aux enfants, il ne se développe aucun complexe d'Œdipe. L'Œdipe peut ainsi être considéré comme une invention répressive familiale et sociale, à la limite invention applicable uniquement aux sociétés occidentales contemporaines. Ce sera la thèse de Wihelm Reich, de Gilles Deleuze et de Felix Guattari.

La question de l'identité du complexe d'Œdipe chez le garçon et la fille

Dans une première période Freud considère que le complexe d'Œdipe est identique chez le garçon et chez la fille, puis il reviendra sur cette position et différenciera le déroulement de ce complexe dans l'un et l'autre sexe. Chez la fille il existe un important attachement pré-œdipien à la mère qui amène celle-ci à changer d'objet d'amour, passant de l'objet maternel à l'objet paternel, ce qui n'est pas le cas chez le garçon. De même les facteurs qui provoquent le déclin du complexe d'Œdipe sont différents chez la fille et chez le garçon :

– chez le garçon, c'est la « menace de castration » par le père qui est déterminante dans cette renonciation à l'objet incestueux;

– chez la fille, c'est l'entrée dans l'Œdipe.

***Période de latence.* —** Entre la sixième année et la puberté. Correspond à une décroissance de la poussée pulsionnelle, déterminée par la culture plutôt que par la croissance biologique. L'enfant oublie la « perversité » polymorphe des années antérieures (amnésie infantile) et développe contre les pulsions les digues de la moralité.

***Puberté.* —** La poussée instinctuelle se heurte à des obstacles qui n'existaient pas lors du développement de la sexualité infantile. Les tendances partielles qui ont caractérisé celles-ci ne disparaissent pas mais s'intègrent et se subordonnent sous le primat de la génitalité. C'est l'inauguration du *stade génital.*

Freud note dans *Les trois essais sur la théorie de la sexualité* : « avec le commencement de la puberté, apparaissent des transformations qui amèneront la vie sexuelle infantile à sa forme définitive et normale ».

La puberté, caractérisée par l'apparition de la capacité orgastique et l'avènement de la capacité reproductive, entraîne une explosion libidinale, une éruption pulsionnelle génitale et un mouvement de régression vers les pulsions prégénitales. D'un point de vue économique, l'apparition brusque d'énergie libre (énergie non liée) conduit l'individu de façon incoercible à la recherche d'une décharge tensionnelle. Cette explosion libidinale avec ses aspects économiques et dynamiques fragilise le Moi dans son rôle de pare-excitation. La puberté est une période de poussée libidinale; les exigences pulsionnelles y sont particulièrement renforcées.

Pour Freud, la pulsion va dorénavant découvrir l'objet sexuel chez autrui, les diverses zones érogènes dites partielles (orale, anale, urétrale) vont se subordonner au primat de la zone génitale (organe sexuel). La jouissance sexuelle liée à l'émission des produits génitaux permet d'accéder au « plaisir terminal », opposé en cela aux plaisirs préliminaires liés aux zones érogènes partielles citées plus haut.

Malgré cet apport incontestable de Freud, la place qu'il a accordée à l'adolescence reste discutée (F. Marty et O. Ouvry, 1996); n'a-t-il pas surtout envisagé le processus pubertaire comme un point terminal à la sexualité infantile ?

Si le sujet est empêché de réaliser pleinement une des étapes du développement de ses instincts, il peut soit progresser prématurément, soit régresser à une position antérieure plus sûre, réalisant ainsi une fixation pulsionnelle. Une telle fixation constitue une prédisposition pour le retour des tendances qui la caractérisent, par exemple à l'occasion d'une frustration. Ce « retour du refoulé » joue un rôle capital dans la genèse des névroses et des perversions.

Description des principaux mécanismes de défense

Les mécanismes de défense, d'un point de vue psychanalytique, « désigne toutes les techniques dont se sert le Moi dans ses conflits » (*Inhibition, symptômes, angoisse*, 1926). La défense et donc ses techniques peuvent conduire à une réaction normale, à une névrose ou une psychose. Le concept de défense désigne donc toutes les techniques dont se sert le Moi, pour se protéger contre les exigences pulsionnelles, lorsqu'il a appréhendé une situation de danger.

Ce sera vingt ans plus tard qu'Anna Freud, en 1946, dans son livre *Le moi et les mécanismes de défense* reprendra les différents travaux de son père sur ce sujet, et en arrivera à l'idée qu'il existe dix techniques de défense « bien connues en pratique comme en théorie psychanalytique » : le refoulement, la régression, la formation réactionnelle, l'isolation, l'annulation rétroactive, la projection, l'introjection, le retournement contre soi, la transformation en contraire, et enfin la sublimation. « Ainsi d'après nos connaissances actuelles nous pouvons affirmer que le Moi, dans sa lutte contre les représentants de la pulsion et contre les affects, dispose de dix méthodes différentes. C'est aux praticiens qu'il appartient d'observer quelles en peuvent être les conséquences, dans chaque cas particulier, au cours des processus de résistance du Moi et de formation des symptômes » (Anna Freud, 1946).

La sublimation

Le champ de la sublimation ne comprend pas seulement la créativité artistique ou scientifique, mais aussi les activités adaptatives du sujet, travail, loisirs, etc. La sublimation se définit classiquement par la dérivation de l'énergie d'une pulsion sexuelle ou agressive vers des activités valorisées socialement artistiques, intellectuelles, morales, etc. La sublimation se caractérise par les manifestations d'une autonomie secondaire de la pensée et de l'action vis-à-vis des conflits inconscients. La sublimation est donc directement liée à ce que l'on peut idéaliser comme une issue heureuse d'un traitement analytique : établir ou élargir la communication et la symbolisation entre le fantasmatique inconscient et le discours analytique. C'est la même chose, mais dite autrement, que de considérer l'issue favorable d'un traitement analytique comme une implantation meilleure et plus heureuse de l'analysé dans son entourage, c'est-à-dire dans la réalité manifeste de son monde personnel qu'il partage avec les autres, dans les activités adaptatives et créatrices du scientifique, de l'artisan, du sportif ou de l'artiste. Seul reste vrai que « les désirs inconscients sont le cœur de notre être » (Freud, 1900).

Le refoulement

Freud, après avoir envisagé un temps l'équivalence refoulement/défense, conclut plus tard (1926, 1995) que le refoulement n'est pas l'unique procédé destiné à protéger le Moi, mais qu'il n'en est qu'un cas particulier. Dans un des derniers textes qu'il ait écrits, après avoir fait allusion au livre de sa fille A. Freud, il revient sur le sujet des mécanismes de défense en précisant que le refoulement est « plus nettement séparé des autres mécanismes que ceux-ci ne le sont entre eux » et développe cette affirmation par une image : un texte interdit par la censure peut être tout simplement détruit (ce sera le refoulement). Mais sa suppression peut être moins absolue; le texte sera alors biffé, déformé, falsifié, ce qui correspondrait à des défenses moins complètes que le refoulement, comme l'isolation, la dénégation, l'annulation (1937).

Définition : rejet dans l'inconscient de représentations conflictuelles liées à la pulsion et qui demeurent actives, tout en étant inaccessibles à la prise de conscience. Rappelons que ce n'est pas le refoulement lui-même qui a des effets morbides, mais seulement le retour du refoulé, dû à l'insuffisance ou à l'échec du refoulement, et sans doute aussi à une vulnérabilité de la personne (Freud, 1894). Ces effets pathologiques seront avant tout les symptômes hystériques.

La régression

Au cours de la quatrième édition de *L'interprétation des rêves* parue en 1914, Freud distingue plusieurs types de régression :

– la régression topique qui constitue le mécanisme à l'origine de la transformation de la pensée en images qui s'impose au sujet de façon quasi hallucinatoire;

– la régression temporelle qui suppose une succession de différentes problématiques au cours du développement s'observant là aussi dans le rêve par le chemin inverse que le sujet prend vers un retour à des étapes dépassées;

– la régression formelle qui représente en fait le passage à des modes d'expression du comportement de niveau inférieur du point de vue de la structuration et de l'indifférenciation, caractéristiques en définitive du mouvement là aussi rétrograde des processus secondaires aux processus primaires.

La régression en tant que mécanisme de défense se présente avec une diversité de configurations notoire puisque les trois instances de la personnalité (Ça, Moi, Surmoi/Idéal du Moi) peuvent inconsciemment y avoir recours.

La formation réactionnelle

La formation réactionnelle est une attitude psychique de sens opposé à un désir refoulé et constituée en réaction contre celui-ci. La formation réactionnelle évoque ce que Freud a désigné sous le terme de « contre-forces psychiques », ou encore de « digues psychiques » contre les tendances sexuelles perverses du jeune enfant. Il s'agit du dégoût, de la pudeur et de la morale, ainsi que des traits liés au « caractère anal », soit de la « triade de propreté », ainsi décrite par Freud (1908) : certaines personnes « sont particulièrement ordonnées, économes et entêtées (...) Le caractère économe peut croître jusqu'à l'avarice, l'entêtement tourne au défi auquel se rattachent aisément la tendance à l'emportement et l'esprit vindicatif (...) Ces trois traits de caractère se tiennent d'une façon ou d'une autre ». Dans certains cas, les sentiments sociaux remplacent les « penchants de rivalité jalouse à l'égard des frères et sœurs » (Freud, 1908a, 1974). Cette rivalité peut aboutir à un autre trait de caractère : le sens de la justice. L'altruisme est aussi considéré par Freud comme une formation réactionnelle, puisqu'il y a transformation de l'égoïsme en altruisme, et de cruauté en compassion. Une bonne part d'ambivalence entre également dans la formation réactionnelle. Enfin, plus largement, selon Freud (1925), « la conscience morale elle-même est une formation réactionnelle contre le mal qui est perçu dans le Ça ». Tous les traits qui viennent d'être cités concernent des attitudes permanentes de la personne, intégrées dans son caractère. Freud emploie d'ailleurs fréquemment le terme caractère à propos de la formation réactionnelle. Il précise, par exemple, que les formations réactionnelles « ne manquent jamais à la formation du caractère » (1933).

L'isolation

Le terme isolation recouvre deux sens. Il peut désigner :

– une disparition dans le conscient de l'affect lié à une représentation (souvenir, idée, pensée) conflictuelle, alors que la représentation en question reste consciente ;

– une séparation artificielle entre deux pensées ou deux comportements qui en réalité sont liés, leur relation ne pouvant être reconnue sans angoisse par la personne. L'isolation est un mécanisme souvent lié à la névrose obsessionnelle.

Plus généralement on parle d'isolation face à une rupture des connexions associatives d'une pensée ou d'une action.

L'annulation rétroactive

Processus défensif actif qui consiste à faire que des représentations gênantes évoquées dans des actes, des pensées ou des comportements du sujet soient considérés par le sujet comme n'ayant pas existé. Pour cela le sujet met en jeu d'autres actes, pensées ou comportements destinés à effacer magiquement, « magie négative », tout ce qui était lié aux représentations gênantes.

C'est ce qui se passe dans les actes expiatoires, dans les rites religieux, dans l'animisme, dans certains besoins de vérification et en général dans tout mécanisme obsessionnel : une attitude est annulée par une seconde attitude destinée à supprimer non seulement les conséquences de la première attitude mais cette attitude en soi du fait même qu'elle constitue un support pour la représentation interdite.

La dénégation

La dénégation est considérée comme un mécanisme plus archaïque que le refoulement : le représentant pulsionnel gênant n'est pas refoulé, il apparaît donc dans le conscient mais le sujet s'en défend en refusant d'admettre qu'il puisse s'agir d'une pulsion qui le touche personnellement. Par exemple, un patient déclare : « Cet homme qui apparaît dans mon rêve, non ce n'est pas mon père ». Une représentation peut donc ainsi devenir consciente à condition que son origine soit niée : « je n'ai pas pensé cela » vaut souvent plus qu'une affirmation. Dans l'œuvre de Freud, le terme de dénégation recouvre deux sens :

– un refus de reconnaître comme siens, immédiatement après les avoir formulés, un sentiment, un désir, une pensée qui sont sources de conflit ;
– un refus par le sujet d'une interprétation exacte le concernant, formulée par le thérapeute.

Freud fera une étude approfondie de ce mécanisme dans deux articles : *La négation* (1925) et *Constructions dans l'analyse* (1937). Les aléas de la traduction ont entraîné parfois une équivalence entre les termes déni et (dé) négation. Cette erreur a été relevée par Laplanche et Pontalis (1967), dans la traduction de l'ouvrage d'A. Freud (1936).

Le déni

Il convient de bien différencier ce mécanisme de la dénégation : il s'agit ici d'éliminer une représentation gênante non en refusant de la reconnaître comme nous concernant comme dans la dénégation, mais en niant ici la réalité même de la perception liée à cette représentation. Le déni est donc un mécanisme jouant essentiellement dans les psychoses (déni de toute réalité gênante sans spécificité) et dans les perversions : mais dans ces dernières organisations, le déni ne porte que sur une partie très focalisée de la réalité : le sexe de la femme comme chez le tout jeune garçon ; le reste du champ perceptif du pervers demeure intact et il s'y ajoute un surinvestissement narcissique compensateur du phallus, alors que chez le psychotique les altérations de la réalité par les dénis perceptifs peuvent porter sur n'importe quel domaine et que, si nécessaire, le délire vient surinvestir une néoréalité compensatrice.

La forclusion

De même que le déni concerne sélectivement le sexe de la femme, Lacan a décrit sous le nom de forclusion une forme de rejet de la représentation, sans refoulement qui concernerait en particulier « le Nom-du-père ». Mais nous ne nous trouvons pas dans l'un et l'autre mécanisme le même niveau élaboratif : ici la démarche s'avère plus génitale et fantasmatique que narcissique et perceptive. Ce rejet hors du sujet serait lié également à l'impossibilité de symboliser et très voisin de certains processus psychotiques puisqu'une partie de la réalité se trouve ainsi désinvestie et rejetée vers l'extérieur. Mais la forclusion ne peut faire le lit des processus délirants que si le Moi est poussé à une désorganisation encore plus régressive, ce qui n'est pas habituel.

Le clivage (clivage du moi, clivage de l'objet)

Action de division du Moi (clivage du Moi), ou de l'objet (clivage de l'objet) sous l'influence angoissante d'une menace, de façon à faire coexister les deux parties ainsi séparées qui se méconnaissent sans formation de compromis possible. Que ce soit au sein du Moi ou par rapport à l'objet, le mécanisme de clivage répond au besoin de maîtriser l'angoisse par deux réactions simultanées et opposées, l'une cherchant la satisfaction, l'autre tenant compte de la réalité frustrante. Ce procédé sert d'issue en cas d'ambivalence conflictuelle. Il est généralement réversible et temporaire et normalement présent dès les débuts de la vie psychique. Il joue alors un rôle organisateur important mais, poussé à l'extrême, il peut présenter un caractère déstructurant et dangereux.

Plus que d'autres mécanismes de défense, son rôle est éminemment positif dans la structuration de la psyché comme dans l'instauration des modes relationnels. Il a sa place tout au long de la vie, par exemple dans la possibilité de faire attention à une émotion ou de la mettre de côté afin de pouvoir simplement penser ou se forger un jugement. Compte tenu de la complexité des différentes références à ce mécanisme, nous reprenons ici de façon détaillée l'historique de ce concept telle que l'ont très bien reconstruit Ionescu, Jacquet et Lhote :

« La question du sujet divisé », est abordée, d'une part, par Janet en 1889, d'autre part, par Freud et Breuer en 1895, à propos de l'hystérie ou de l'hypnose, auxquelles ces derniers imputent un clivage de la conscience pour expliquer la résistance à la remémoration des souvenirs ainsi que les fameux dédoublements de personnalité. Selon Freud et Breuer, « le clivage des contenus de conscience est la conséquence d'un acte de volonté du malade ». Dans une conception différente, la psychiatrie, avec en particulier Bleuler, s'appuie sur le concept de Spaltung pour décrire la dissociation propre aux schizophrénies. Mais c'est à la fin de sa vie que Freud conceptualise la notion de clivage et plus précisément de clivage du Moi, défini, dans une perspective structurelle, comme un processus par lequel le Moi peut se scinder pour faire face à une réalité dangereuse...

Freud étudie précisément le mécanisme du clivage dans un article intitulé *Le fétichisme* (1927), où il montre que ce mécanisme apparaît aussi bien dans la névrose obsessionnelle que dans la psychose. En 1938, son article *Le clivage du moi dans le processus de défense* porte sur le sujet qu'il traite aussi dans l'*Abrégé de psychanalyse* (1940). Dans le texte de Freud intitulé *Le clivage du moi dans le processus de défense* (1938), il est souligné que le clivage se produit sous l'influence d'un traumatisme psychique, lorsque le Moi de l'enfant se trouve en butte à une revendication pulsionnelle trop puissante, à l'acmé des angoisses de castration notamment. Les deux réactions contradictoires que sont la réalisation de désir masturbatoire, d'une part, et la reconnaissance d'une menace, d'autre part, « se maintiennent comme noyau d'un clivage du moi ». Freud souligne l'efficacité de cette défense, dont pourtant « le succès a été atteint au prix d'une déchirure dans le moi, déchirure qui ne guérira jamais plus, mais grandira avec le temps ». On peut remarquer au passage que Freud (1938), partagé, se trouve lui-même inconsciemment en position clivée lorsqu'il introduit son propos sur le clivage : « Pour un moment, je me trouve dans cette position intéressante de ne pas savoir si ce que je veux communiquer doit être considéré comme connu depuis longtemps et allant de soi, ou comme tout à fait nouveau et déconcertant. Tel est, je crois, plutôt le cas ». Dans l'*Abrégé de psychanalyse* (Freud, 1940), c'est à la psychose qu'est appliquée cette méthode de défense, du fait que, même délirant, le psychotique tient en partie compte de la réalité. L'une des positions est le fait du Ça (le délire), tandis que l'autre est le fait du Moi (le contact maintenu avec la réalité). Selon Freud, « même quand il s'agit d'états hallucinatoires confusionnels, les malades, une fois guéris, déclarent que dans le recoin de leur esprit, suivant leur expression, une personne normale s'était tenue cachée, laissant se dérouler devant elle, comme un observateur désintéressé, toute la fantasmagorie morbide ».

Si le clivage du Moi appartient selon Freud à une réalité topique, dans le prolongement des travaux freudiens sur la deuxième théorie des pulsions, M. Klein (1946) rendra compte d'une autre modalité de clivage qui est à l'origine de la relation sujet/objet, qu'elle nomme clivage de l'objet. C'est le mécanisme de défense le plus primitif contre l'angoisse, destiné à rendre le Moi cohérent et à stabiliser les turbulences relationnelles qui l'agitent. Selon M. Klein, les relations objectales existant d'emblée, le premier objet, le sein de la mère, se cliverait pour l'enfant en « bon objet », source de gratifications gardé à l'intérieur, et en « mauvais objet », source de frustration projeté au dehors. De là découlent l'idéalisation et la persécution qui accompagneraient la vie fantasmatique du bébé, plus spécialement lors de la position schizoparanoïde. Klein considère aussi que ce clivage de l'objet est concomitant au clivage du Moi de

Freud : « Je crois que le Moi est incapable de cliver l'objet — interne et externe — sans qu'un clivage correspondant se produise à l'intérieur de lui-même. C'est pourquoi les fantasmes et les sentiments concernant l'état de l'objet interne influencent fondamentalement la structure du moi ». Ce sont essentiellement les auteurs post-kleiniens (Bion, 1950; Bick, 1964; Meltzer, 1972; Tustin, 1986) et Winnicott (1962, 1980) qui développeront, à partir de la clinique individuelle et groupale, l'« étude du clivage de l'objet ».

La projection

Opération d'extériorisation, la projection relève avant tout d'une mise en œuvre défensive qui soulage le Moi d'un déplaisir et se manifeste dans bien des modes de pensée ou de fonctionnement non pathologiques. C'est ainsi que la mythologie ou la superstition (Freud, 1901) sont directement des productions imaginaires individuelles et collectives inconsciemment transposées dans des réalités extérieures. La projection peut donc se définir comme une opération par laquelle le sujet expulse dans le monde extérieur des pensées affects, désirs qu'il méconnaît ou refuse en lui et qu'il attribue à d'autres, personnes ou choses de son environnement.

La projection est le mécanisme psychique qui est mobilisé lorsqu'il est question de l'investigation de la personnalité, objet des épreuves projectives. Il suffit de rappeler, pour s'en convaincre, comment Rorschach évoque la naissance de son épreuve à base de taches d'encre.

Dans la clinique de l'adulte, il est aisé de comprendre pourquoi c'est à travers une psychose, la paranoïa du président Schreber, que Freud décrit la projection comme mécanisme de défense, dans la mesure où l'intensité de celle-ci est telle que s'y révèle l'échec du refoulement.

Il faut remarquer que la haine n'a pas le monopole de la projection; l'amour peut tout aussi bien en être l'objet, comme c'est le cas dans l'érotomanie (Kestemberg, 1962), ou la jalousie délirante (Lagache, 1947). On peut y reconnaître une ultime mesure de protection, sorte de réparation narcissique et tentative de restauration d'une certaine réalité, de communication avec le monde, en un mot un essai d'auto-guérison. C'est pourquoi certains auteurs ont pu aller jusqu'à considérer le délire comme une défense mobilisée pour réduire la dimension inévitablement conflictuelle de l'existence humaine. Segal (1974) parle « d'un système délirant comme défense contre la résurgence d'une situation catastrophique ». La fonction « défensive » et réparatrice de la projection délirante mériterait d'être en partie, mais en partie seulement sauvegardée par les médecins qui se hâtent parfois trop de prescrire un traitement.

C'est le propre de la relation thérapeutique que d'être le réceptacle de ces matériaux projectifs dont l'enfant ou le patient cherche à se débarrasser — en vertu de la compulsion de répétition — ici et maintenant, et ce d'autant plus qu'il ressent le cadre analytique comme un contenant enfin possible et résistant. On peut avancer que toute la pratique thérapeutique d'inspiration psychanalytique portant sur l'enfant ou l'adulte, le névrosé ou le psychotique, s'étaye sur ce processus de projection. Le transfert, en particulier, repose sur cette potentialité projective puisqu'il est la reproduction du vécu infantile, réveillé pour être remanié dans la cure. Ainsi, le transfert comme le rêve s'inscrivent dans la tendance primordiale à ramener le présent au passé, le dedans au dehors, le sujet à l'objet. Après tout, projeter, c'est aussi se projeter en avant et faire des projets.

L'introjection

Action de jeter à l'intérieur, l'introjection est un mécanisme décrit par S. Ferenczi qui répète dans un but défensif et régressif chez l'adulte le mouvement alors élaboratif rencontré au cours du développement infantile, mouvement qui consistait à faire entrer dans l'appareil psychique une quantité de plus en plus grande du monde extérieur. Mais alors que chez l'enfant le Moi s'en trouvait enrichi, chez l'adulte il crée ainsi toute une série de fantasmes intérieurs inconscients organisant une image mentale intime que le sujet va finir par traiter comme s'il s'agissait d'un objet réel extérieur. L'introjection serait une défense contre l'insatisfaction causée par l'absence de l'objet (Ajuriaguerra, Diatkine); l'introjection y porte un remède par une présence incorporée. C'est l'exemple du deuil et surtout celui de la mélancolie où les reproches que le sujet s'adresse (Freud) sont ceux-là mêmes qui en réalité n'ont pas le droit d'être adressés à l'être aimé. Pour les auteurs kleiniens il existe un jeu d'interactions constantes entre les mouvements projectifs et introjectifs de même qu'entre les mondes objectaux interne et externe, ce qui contribue au maintien de bonnes relations objectales, vitales pour le sujet.

Il existe au niveau de l'introjection un certain nombre de confusions possibles :

– avec l'incorporation orale se caractérisant par un type d'activité pulsionnelle ayant classiquement comme source la zone buccale ou décrite par M. Klein essentiellement comme un fantasme lié des représentations plus corporelles que psychiques et non comme un mécanisme psychique proprement dit;

– avec l'identification secondaire dont nous parlerons dans le paragraphe consacré au processus d'identification;

– avec l'internalisation (ou intériorisation pour Laplanche et Pontalis) qui concerne le mode de relation à autrui, par exemple rivalité œdipienne au père, alors que l'introjection comporte l'établissement à l'intérieur de soi d'une image paternelle remplaçant le père manquant;

– avec l'introversion décrite par Jung et reprise par Freud qui porte sur les phénomènes de retrait de la libido par rapport aux objets réels. Un tel retrait peut s'effectuer de deux façons : vers le Moi (narcissisme secondaire) ou vers les objets imaginaires internes, les fantasmes (introversion). Pour Freud la psychose est une « névrose narcissique », pour Jung c'est une « névrose d'introversion » ; la différence reste notable. En réalité le névrosé aime un être extérieur, objet œdipien déformé par les conflits ; le psychotique ne peut que chercher à tourner son amour sur lui-même mais sans succès ; quant à l'état limite, lui, il aime un être imaginaire, ressemblant à son Moi Idéal et ressemblant en même temps à un être réel mais choisi parce que justement éloigné et inaccessible. Il semble que ce soit là le véritable domaine de la défense par introversion, c'est-à-dire un retrait non strictement autistique mais constitué par des fantasmes intérieurs.

Le renversement dans le contraire

C'est le mécanisme où une pulsion conflictuelle est, non seulement refoulée, mais aussi remplacée par la pulsion opposée. Il est en général étroitement lié au retournement sur soi où la pulsion remplace un objet par la personne propre (sadisme/masochisme) et au couple activité/passivité.

Trois synonymes ont été utilisés, le premier par Freud, les deux autres par A. Freud, pour désigner ce mécanisme de défense :

– renversement dans le contraire (1915, 1968) ;

– transformation en contraire (1936, 1993) ;

– retournement en contraire (1936, 1993).

Il existe de nombreuses relations avec d'autres mécanismes de défense : le renversement est un contre-investissement qui intervient dans d'autres mécanismes de défense. Tout d'abord, le retournement sur soi-même est un mode particulier du renversement, puisque la transformation porte sur l'objet des pulsions agressives, qui se déplacent d'autrui sur la personne elle-même. La formation réactionnelle a aussi des liens très étroits avec le renversement. C'est lorsque le renversement aboutit à une modification globale de la personnalité, lorsqu'il devient habituel, qu'on parle de formation réactionnelle. L'identification à l'agresseur est aussi un renversement de la pulsion : on s'est senti agressé, et l'on agresse en retour.

La rationalisation

La pensée normale recherche la cohérence et la logique, et la découverte d'une explication rationnelle aux phénomènes observés est un des buts de l'intelligence. Il ne faudrait donc pas attribuer à la rationalisation/défense tout raisonnement explicatif. Chacun d'entre nous estime qu'en tant que créature raisonnable, il faut être capable de justifier en permanence ses conduites et ses opinions par des arguments logiques. Mais le cas échéant, de bonnes raisons seront inventées par notre inconscient pour plaquer une apparence de raison à toute action irrationnelle.

En tant que mécanisme de défense, la rationalisation se définit par l'utilisation d'une justification logique, mais artificielle, qui camoufle, à l'insu de celui qui l'utilise, les vrais motifs (irrationnels et inconscients) de certains de ses comportements, de ses conduites, de ses sentiments, car ces motifs véritables ne pourraient être reconnus sans anxiété.

L'utilisation de la rationalisation couvre un champ très large, depuis l'absence de pathologie jusqu'au délire, en passant par la névrose obsessionnelle. Freud (1909) cite, à plusieurs reprises, le mécanisme de la rationalisation dans son étude de la névrose obsessionnelle, à propos du cas de « L'homme aux rats ». Il signale, d'autre part, que l'on a tenté d'expliquer par ce mécanisme le développement de la mégalomanie, à partir du délire de persécution. Le malade, pour expliquer sa certitude d'être persécuté, fait l'hypothèse qu'il est un personnage important. Mais Freud récuse cette explication : l'origine de la mégalomanie est, selon lui, encore inconnue. Nunberg (1935) relève la fréquence de la rationalisation dans la schizophrénie, le malade ne pouvant supporter les lacunes dues à la scission du Moi. « Plus une personne est jeune, primitive ou malade, moins elle est logique, et plus elle trouvera facilement des causes ».

Les mécanismes de défense, tels qu'ils sont précisés dans les différentes structures psychopathologiques, permettent donc de distinguer :

– le refoulement, mécanisme privilégié dans les névroses, s'applique aux tendances instinctuelles et l'effet est de maintenir l'organisation du Moi ;
– le déni, la projection et la régression risquent d'être le signe d'un effet ou d'une menace de désorganisation du Moi ;
– la sublimation, mécanisme qui dérive la libido vers l'acquisition intellectuelle, artistique et plus généralement les activités socialement valorisées.

Transfert et résistances

Dans les définitions courantes, le transfert est défini par la répétition dans l'analyse et en dehors de l'analyse, d'attitudes émotionnelles inconscientes acquises au cours de l'enfance dans l'entourage du patient et en particulier dans ses relations avec ses parents. Les particularités du transfert au sens psychodynamique ont trait à ses rapports avec la résistance et la compulsion de répétition. Quelles sont les relations du transfert et de la résistance ? Le point de vue psychodynamique prend ici toute sa valeur : chaque pensée, chaque acte mental d'un sujet est un compromis entre les forces qui poussent au changement et les forces qui s'y opposent. Dans les traitements psychanalytiques que se passe-t-il lorsque le thérapeute s'efforce de poursuivre un complexe pathogène depuis ses représentants conscients jusqu'à ses racines inconscientes ? « On arrive forcément à un point où l'association d'idées suivantes est un compromis entre la résistance et l'exploration ; l'expérience montre que c'est alors que le transfert entre en scène, c'est-à-dire que le contenu complexuel se transfert sur la personne du psychanalyste ; souvent l'arrêt des associations peut être levé en assurant au patient qu'il a une pensée concernant le psychanalyste. L'idée transférée est apte à forcer son chemin à travers la conscience, de préférence à toutes les associations possibles, justement parce qu'elle satisfait la résistance ». Quelles sont les relations du transfert et la *compulsion de répétition*? Ce que nous avons décrit précédemment, la clinique, nous apprend qu'au cours d'un traitement cette séquence se répète de multiples fois. Les sentiments inconscients en particulier d'amour excessif, d'agressivité ou de haine, sont les sources majeures de résistance du Ça; ils cherchent à éviter la reconnaissance par le sujet, ce que recherche la cure; ils tendent au contraire à la reproduction inconsciente dans le transfert. Dans le transfert le patient agit bien en effet sur son passé au lieu de se le remémorer. Si quelque chose émerge, c'est l'insistance sur le caractère compulsionnel de cette répétition qui ne produit aucun fait nouveau. L'analyse a en fait réveillé brusquement quelque chose qu'il aurait mieux valu laisser dormir. Soulignons que le caractère compulsionnel de la répétition dans le transfert ne fait pas de la répétition même la cause du transfert. Le déterminisme du transfert se rattache à la résistance du Moi et du Ça. C'est le développement des résistances du Ça qui détermine celui des répétitions : le patient s'*abandonne* à sa compulsion à répéter, qui remplace maintenant l'impulsion à se souvenir. Pour Freud, à partir de ses études sur la névrose traumatique et sur le jeu chez l'enfant, c'est-à-dire à partir de 1920, cette compulsion à répéter dans le transfert se rattache alors à l'automatisme de répétition qui transcende dorénavant le principe de plaisir/déplaisir. L'expérience sexuelle infantile est devenue pour Freud une expérience douloureuse, un échec et une blessure narcissique; son refoulement par le Moi était donc conforme au principe de plaisir; sa répétition dans le transfert, qui engage les pulsions refoulées, est donc contraire au principe de plaisir, et relève donc d'un principe transcendant : celui de la compulsion de répétition.

Les différents types d'identification

Le langage ordinaire de la psychologie établit-il une différence sémantique précise entre « il imite son père » et « il s'identifie à son père » ?

Mais au sens psychanalytique, comme Freud le précise dans *L'interprétation des rêves*, l'identification diffère de l'imitation : l'identification n'est pas une simple imitation, elle constitue une véritable appropriation; elle exprime un « comme si » et se réfère à une communauté qui demeure en permanence dans l'inconscient. L'identification est appropriation, mise en soi de quelque chose d'extérieur, le sujet est devenu ce qu'était l'autre. Les processus d'identification résultent d'un travail de l'inconscient et de l'investissement de fantasmes où représentations de soi et d'autrui sont confondues. Pour prendre un exemple, tiré de la correspondance de Freud avec Fliess, dire que les jeunes filles de la bourgeoisie s'identifient souvent aux servantes courtisées par leur père exprime un fantasme inconscient qui signifie à la fois la relation de la fille avec le père et celle de la servante avec une autre figure du père. C'est la condensation des deux scènes qui constitue le fantasme, résultat de l'identification. Le fantasme d'identification est constitué par cette formation commune, il fait pression sur l'appareil psychique pour se réaliser par un acte, qu'il s'agisse d'un rêve, d'un symptôme, d'une conduite accidentelle ou permanente.

Aujourd'hui plus généralement dans le vocabulaire de la psychologie clinique, largement diffusé hors des cercles professionnels, le terme identification semble avoir remplacé celui d'imitation.

Identification primaire, identification secondaire

Il est classique de distinguer l'identification secondaire de l'identification primaire.

Dans l'identification secondaire, le désir est d'être comme l'autre. L'identification secondaire pose par évidence l'existence d'un sujet et d'un objet. Il s'agit ici de « s'identifier à ».

Dans l'identification primaire le désir est d'être l'autre. A et B appartiennent à la même classe « d'objets ». Il s'agit ici de « tenir pour même ». L'identification primaire apparaît donc comme l'effet d'un rapport à autrui qui ne doit rien à la relation objectale de complémentarité. Cette identification, nous dit Freud dans *Le Moi et le Ça*, ne semble pas être « le résultat ou l'issue d'un investissement d'objet, c'est une identification directe, immédiate, plus précoce que tout investissement d'objet ». Le modèle en est l'état amoureux dans lequel la surestimation narcissique de l'autre est projetée en soi et inversement. Être l'autre c'est faire faire à l'autre ce que l'on fait ou c'est faire ce que l'autre nous fait faire. Faire sourire la mère en souriant, ou sourire par son sourire ou sa parole, dans une interaction où sujet et objet peuvent tenir des positions symétriques, constitue la matrice à partir de laquelle des représentations d'identification primaire sont possibles. Une des questions habituellement posées est la relation entre la notion d'identification primaire et le concept de narcissisme primaire. Nous suivrons D. Widlöcher qui précise qu'en fait le narcissisme primaire n'est qu'un mythe, celui du retour aux origines, tel que nous le donnent à voir les fantasmes, conscients ou inconscients.

Cet auteur nous permet aussi de mieux comprendre la différence entre identification primaire et identification secondaire : dans l'identification primaire nous retrouvons la relation spéculaire, l'enfant découvre son image dans le miroir en la rendant semblable à son acte ou en cherchant à la mimer. L'imitation n'est pas contemplation mais jeu actif qui fonde la transitivité de la relation identificatoire primaire à autrui. Dans ses jeux avec autrui, l'enfant s'exerce à copier l'autre et à éprouver son propre pouvoir en le forçant à imiter sa propre action; dans la relation primaire d'identification, si l'action se fonde sur une différence, son intentionnalité est de l'abolir.

« On voit bien que cette relation d'identification réciproque est fondamentalement différente de la relation objectale ». Cette dernière, au contraire est marquée par une complémentarité des rôles. L'action (par exemple : le jeu de deux enfants) qui lie les deux protagonistes se soutient certes de leurs différences mais le résultat de l'action, loin d'abolir cette différence, l'institutionnalise. « Si, dans la relation d'objet, l'action se joue entre les deux protagonistes, dans la relation primaire d'identification, elle confond ceux-ci : le faire est celui de l'un à travers l'autre et les deux rôles sont interchangeables ».

Identification hystérique, identification narcissique

Dans la mesure où elle présuppose dans l'inconscient la représentation d'une scène, c'est-à-dire une relation objectale de complémentarité, l'identification hystérique et l'identification narcissique apparaissent bien l'une et l'autre comme des identifications secondaires, c'est-à-dire posant l'existence d'un sujet et d'un objet.

En revanche, d'un point de vue psychodynamique, l'identification hystérique et l'identification narcissique se différencient nettement.

L'*identification hystérique* est au service de la sexualité, le sujet joue à lui seul tous les rôles du drame, le modèle est le rêve dans lequel le rêveur est représenté par les différents personnages du rêve. Dans l'identification hystérique, le sujet établit une équivalence inconsciente entre une représentation de soi avec un ensemble de représentations d'objets. Plusieurs parties de personnages, habités par des désirs différents voire opposés, se condensent en une seule représentation de soi.

L'*identification narcissique* est au service de la conservation de l'objet disparu, il s'agit ici de devenir le même pour conserver l'autre, le modèle est le travail du deuil. Dans l'identification narcissique, le sujet établit une équivalence inconsciente entre l'ensemble des représentations de soi avec la représentation de l'objet. Une réplique de l'objet perdu constitue les différentes parties du sujet.

Fantasmes

En anglais, en espagnol, en allemand, *fantasy*, *fantasia*, *phantasie* ont conservé un sens voisin du sens grec original, c'est-à-dire celui d'une activité créatrice de l'esprit aboutissant à des productions plus ou moins fantasmatiques, relativement indépendantes du jugement rationnel et de la réalité perceptive. En français courant, le sens de fantaisie désigne volontiers un caprice, une boutade ou un désir fantasque, bizarre ou passager. En psychanalyse, on emploie en France le terme de fantasme (ou parfois phantasme), sans décider s'il s'agit d'activités conscientes ou inconscientes avec pour certains une préférence pour désigner par phantasmes des productions inconscientes.

Le terme «*fantasme conscient*» désigne un certain type d'activité créatrice de l'esprit, fictions, fantaisies, fantasmes produits par cette activité. Le fantasme conscient remplit une fonction de substitution à la matérialité des réalités psychiques mais il n'exclut pas une modalité de croyance : le sujet peut croire ou ne pas croire à ses fantasmes conscients. On peut aller jusqu'à établir une différence entre le fantasme et l'imagination : dans le fantasme il y aurait une complaisance à l'égard de l'objet, dans l'imagination il y aurait une soumission à l'objet (D. Lagache).

Le concept de «*fantasme inconscient*» repose, pour le psychanalyste, sur l'idée que la psyché est habitée par des désirs ou des craintes qui ne se révèlent pas en tant que tels, au point que si le patient reconnaît que l'implication de la fantaisie inconsciente, par exemple d'une fantaisie d'homosexualité, est logique, elle lui apparaît d'abord comme étrangère à lui-même, il n'en éprouve aucune émotion. Le fantasme inconscient est l'objet/but du désir inconscient. Il reçoit donc sa forme et son contenu des structures mnésiques inconscientes issues de l'expérience individuelle. Le concept de «*fantasmes originaires*», renvoie à la mémoire de l'espèce et à la phylogenèse. Nous le trouvons déjà chez Freud, mais il a été particulièrement mis en valeur par K. Jung avec la notion «d'archétypes» de l'inconscient collectif, et dans un autre esprit par M. Klein. Chez Freud, le fantasme originaire central est évidemment le complexe d'Œdipe, événement préhistorique par excellence, placé aux origines de la société et de la culture de la religion et de la morale.

Aucun «remaniement fantasmatique» n'est purement intrasystémique. Toute l'évolution de la fantasmatique au cours de la vie (comme le montrent les traitements psychanalytiques) est intersystémique, et c'est pourquoi elle retentit non seulement sur l'attitude du Moi par rapport à la fantasmatique inconsciente ou sur le Moi inconscient, c'est-à-dire les structures et les processus de l'appareil défensif, mais sur les structures et les processus du Moi préconscient et conscient, en particulier dans le caractère.

Les représentations

La pensée, comme la parole, rencontre le monde, soit pour le représenter, soit pour le modifier. Le terme de représentation correspond volontiers de nos jours à la fois à l'acte psychique, dans le sens d'activité représentative, et à l'action intentionnelle décrite, dans le sens de contenu de la représentation. Dans la représentation, c'est quelque chose qui est représenté. Elle exprime le sens de l'événement et diffère de ce fait du concept d'image mentale. Freud, dans le concept de représentation, voyait plus un objet mental qu'un acte. En suivant D. Widlöcher dans sa distinction entre l'acte et l'action, on peut dire que l'acte de représentation définit la fonction de l'acte mental, le contenu de la représentation décrit l'intention de l'acte, c'est-à-dire l'action réalisée par l'acte. Dit autrement, l'enchaînement entre deux actes qui se succèdent est fonction de l'action qui implique ces deux actes.

Représentations conscientes/préconscientes, représentations inconscientes

La différence fondamentale entre représentations consciente/préconscientes et inconscientes tient à la modalité selon laquelle elles s'énoncent. Le principe de réalité nous oblige en effet à ce que nous décrivions la représentation conscientes/préconsciente selon deux grandes modalités, celles de la croyance et du désir. La croyance correspond à l'assertion, les désirs et les intentions à la volonté. Croyance et désir recouvrent l'ensemble de nos états intentionnels. Le système conscient/préconscient est constitué par des représentations qui s'expriment sur ces deux modes. Souvenirs et anticipations procèdent de la croyance; la représentation consciente/préconsciente vise des objets fictifs ou réels, mais elle est « motivée » par le désir ou par la crainte. En revanche, la représentation (comme le fantasme) inconsciente s'exprime sur le seul mode de sa réalisation « hallucinatoire », c'est-à-dire dans le registre de la certitude; il s'accomplit sans égard pour les modalités de la croyance. C'est en ce sens que l'on peut tenir les processus inconscients pour dénués d'égards vis-à-vis de la réalité. Ils sont soumis à leur seule force et à leur conformité aux exigences de la régulation du principe de plaisir/déplaisir.

Le passage de la représentation inconsciente à la représentation consciente dans la cure et le passage inverse dans le processus de refoulement s'éclairent également de cette distinction entre l'acte, événement temporel brut et inobservable, et l'action, contenant une intention, qui nous permet de le décrire. Décrire une action, c'est envisager l'association et la succession des actes, c'est lui donner un sens, c'est-à-dire un but dirigé vers un objet.

Représentation de mot, représentation de chose

Cette distinction entre les modalités de la croyance et du désir et celle de la réalisation « hallucinatoire » correspond sans doute, en première approximation, à celle proposée par Freud entre représentation de mots et représentation de choses.

MÉLANIE KLEIN (1882-1960) ET LES THÉORIES KLEINNIENES

Historique

Mélanie Reizes est née à Vienne en 1882 dans une famille juive, érudite, tolérante et relativement aisée. Son enfance et une partie de sa vie adulte sont dominées par la figure imposante de sa mère, Libussa Deutsh, femme intelligente et vive, de 25 ans plus jeune que son époux et dont l'ombre plane sur la théorie klénienne des relations précoces à la mère. Le père de Mélanie était médecin généraliste, études qu'il avait entreprises contre la volonté de sa propre famille qui le destinait à devenir rabbin. Sa réussite sociale est relative (il exerce comme médecin d'un music hall) et sa femme doit soutenir financièrement le foyer en tenant une boutique de plantes et de reptiles. Le couple eut quatre enfants, et Mélanie est la cadette de la fratrie. Elle est très proche de sa sœur

Sidonie, née quatre ans avant elle et préférée de la mère, qui meurt à 8 ans de la tuberculose. C'est le premier d'une longue série de deuils qui l'ébranleront profondément. À l'adolescence, elle développe une complicité étroite et ambiguë avec son frère Emmanuel, atteint d'une maladie cardiaque à la suite d'une scarlatine infantile. Celui-ci se sait condamné et décède à 25 ans, peu de temps après son père, et six mois avant que Mélanie n'épouse Arthur Steven Klein, arrière-petit-cousin de sa mère et qui lui avait été présenté par son frère. Elle abandonne son projet de faire des études médicales pour suivre son mari ingénieur mais regrettera toute sa vie de ne pas être médecin pour imposer plus facilement ses idées. Elle se consacre sans enthousiasme à son foyer, où sa mère vient s'installer. Elle élève ses trois enfants, Melitta, née en 1904, avec laquelle elle aura des relations difficiles, puis Hans en 1907 et Erich en 1914. Souffrant volontiers « des nerfs », voire totalement abattue, Mélanie entame une analyse avec Sandor Ferenczi peu de temps après la mort de sa mère. Elle se passionne pour la technique psychanalytique et Ferenczi l'encourage dans son intérêt. En 1919, elle présente sa première communication à la société hongroise de psychanalyse sur le « développement d'un enfant » basé sur l'observation de son propre fils, et acquiert rapidement une certaine reconnaissance pour la qualité de ses travaux. Elle est invitée à Berlin par Karl Abraham et s'y installe pour poursuivre ses travaux. Elle reprendra pendant un temps une analyse avec Abraham qui sera interrompue par la mort de celui-ci. Elle développe la technique du jeu dans l'analyse de l'enfant, qui ouvre un champ nouveau dans l'exploration du psychisme infantile. Le jeu de l'enfant s'apparente pour elle aux associations libres des adultes dans la cure. Elle s'intéresse au début de la vie psychique et aux premières relations d'objet des nourrissons, détaillant des positions précoces, la position schizoparanoïde et la position dépressive. Elle découvre cette dernière en 1934, alors qu'elle est elle-même ravagée par le deuil de son fils Hans, mort accidentellement à l'âge de 26 ans.

De 1926 à 1960, Mélanie Klein vit à Londres où ses théories ont fortement influencé la pensée psychanalytique anglaise. Elle se heurte à des oppositions, dont la principale est celle d'Anna Freud, propre fille de Freud, qui pense que l'analyse des enfants, plutôt que de développer leur créativité, doit avant tout être normative et renforcer leur Surmoi. Sa propre fille, Melitta, devenue médecin et analyste, prendra position contre elle. Son œuvre suscita engouement et rejet, rarement indifférence. Elle s'éteint à Londres en 1960, âgée de soixante-dix-huit ans.

Principaux concepts kleiniens

M. Klein pense qu'il existe dès le début de la vie un Moi primitif, immature, en relation avec des « objets » plus ou moins différenciés de lui. Une première distinction s'établit progressivement entre dedans et dehors, intérieur et extérieur, en fonction des expériences de plaisir/déplaisir, sous le jeu des pulsions qui prennent le « bon objet » (celui qui provoque du plaisir) à l'intérieur, ou rejettent « le mauvais objet » à l'extérieur.

Le Moi précoce du nourrisson est soumis très tôt à des angoisses très fortes dues à ses relations avec l'objet, et dont la nature détermine en partie le stade de maturité du psychisme.

Ainsi, la position schizoparanoïde est dominée par l'angoisse de persécution, et couvre la naissance jusqu'au 4e mois environ. Puis, la position dépressive prend le relais jusqu'à la fin de la première année avec la prédominance de l'angoisse de perte d'objet. Pour M. Klein et ses successeurs, le complexe d'Œdipe est plus précoce que chez Freud.

Le terme de position souligne le fait qu'il ne s'agit pas simplement de phases ou de stades de développement à dépasser mais plutôt de modalités de relations objectales, d'angoisses et de défenses qui persistent tout au long de la vie.

La position schizoparanoïde

Bien qu'antérieure à la position dépressive dans le développement de l'enfant, la position schizoparanoïde est décrite par M. Klein postérieurement et en opposition avec la phase dépressive. Il s'agit de décrire le vécu de l'enfant en référence aux mouvements pulsionnels qui le traversent.

Dans la position schizoparanoïde des premiers jours de vie du bébé, le Moi rudimentaire va réagir à l'angoisse qui l'étreint. Désir inassouvi, faim non comblée, frustration, déplaisir, tout peut être à l'origine de ce sentiment d'angoisse du bébé que Klein place à la base de sa théorie du psychisme. Elle reconnaît également la précocité de la haine et de l'agressivité chez l'enfant et parle d'une pulsion de mort qui n'est pas comme chez Freud une force de désintrication pulsionnelle et de réduction complète des tensions, mais plutôt une « peur de l'anéantissement de la vie » (*Sur la théorie de l'angoisse et de la culpabilité*, 1948) qui s'inscrit dès le départ dans un dualisme fondamental des pulsions de vie et des pulsions de mort, différentes quant à leurs buts mais pas quant à leurs principes de fonctionnement. L'enfant ressent une peur d'anéantissement insupportable et se défend en projetant la pulsion de mort vers l'extérieur, sur l'objet, le sein dans un premier temps. L'objet se clive en un « bon objet », support des vécus agréables et un « mauvais objet », support des vécus désagréables. Le prototype de cette division est le « bon sein » satisfaisant et le « mauvais sein » frustrant. Le Moi établit alors des relations aux objets partiels : il introjecte le « bon sein », en fait une partie de lui-même et s'identifie à lui. Le « bon sein » devient le noyau du Moi et garantit sa solidité, pour l'aider à lutter contre le « mauvais sein » devenu persécuteur. Le clivage de l'objet est un des premiers mécanismes de défense utilisé contre l'angoisse et permet au Moi de s'organiser. L'idéalisation du bon objet offre au Moi la possibilité de former en lui l'image d'un sein idéal, omnipotent, intarissable, tandis que le mauvais objet est isolé, éloigné, voire son existence déniée. Le déni s'étend à toutes les situations douloureuses mais aussi aux relations et au Moi qui les subit : une partie de la réalité psychique se trouve ainsi évacuée. Parallèlement, l'omnipotence et le contrôle de l'objet par tous les moyens (sadique anal, oral, urétral) sont recherchés.

Cependant, déni et omnipotence ne protègent pas totalement le Moi d'un clivage en miroir du clivage de l'objet. Le Moi se fragmente et des parties peuvent être projetées vers l'extérieur, par le biais de l'identification projective vers un objet extérieur. Ces parties du Moi, bonnes ou mauvaises, une fois détachées et projetées dans l'objet, le contrôlent, le possèdent mais peuvent à leur tour exercer une influence sur le Moi, en tant qu'objet idéal ou objet persécuteur.

Pour que progressivement et sans trop de trouble, cette position cède peu à peu la place à la prochaine étape de l'évolution, c'est-à-dire la position dépressive, la condition préalable est que les bonnes expériences l'emportent sur les mauvaises. À cette prédominance contribuent des facteurs internes aussi bien qu'externes. Le Moi acquiert alors une confiance en la supériorité de l'objet idéal sur les objets persécuteurs et s'identifie à l'objet idéal, acquérant ainsi plus de force et de capacité pour faire face à ses angoisses.

Ainsi, durant toute cette période, grâce aux bonnes expériences vécues, le Moi va s'unifier, en s'appuyant sur la confiance établie dans le bon objet. Si, au contraire, les bonnes expériences sont trop rares ou trop fragiles, ou que les expériences destructives dominent, le Moi ne peut pas suffisamment se défendre contre l'angoisse et court le risque de se désintégrer.

La position dépressive

Qu'est ce que la position dépressive

Organisatrice de la vie psychique, la position dépressive apparaît dans l'œuvre de M. Klein en 1934 et constitue la pierre angulaire de sa théorie. Selon elle, à partir de 6 mois, l'enfant est capable d'éprouver la perte d'un objet total. Cela suppose que la position dépressive est précédée d'une phase d'intégration et d'unification durant laquelle les objets partiels se rassemblent pour former un objet total. La mère est perçue dans son ensemble comme un tout séparé du Moi du nourrisson, source unique de ce qui est à la fois bon et mauvais. Cette reconnaissance de la mère comme personne entière va de pair avec l'intégration corrélative du Moi. Il reconnaît sa dépendance à son égard et éprouve des sentiments d'agressivité mélangés à des sentiments d'amour. Il découvre l'ambivalence à l'égard de l'objet et la principale source d'angoisse qui était l'angoisse de persécution au stade précédent se transforme en angoisse de perte d'objet. Selon Klein, le tout petit enfant ne fait pas la distinction entre absence passagère de la mère et perte définitive. Il se comporte à chaque fois comme s'il ne devait plus jamais la revoir. C'est la répétition des expériences de retour de la mère après une absence qui lui permet de surmonter peu à peu son sentiment de perte, et lui assure une sécurité suffisante.

Cette angoisse de perte d'objet est alimentée de plus par les fantasmes destructeurs de l'enfant qui croit avoir endommagé et détruit l'objet total. Il devient peu à peu sensible au sentiment de culpabilité et découvre la possibilité de la réparation, autre mécanisme qui favorise la résolution du deuil dans la position dépressive.

La toute-puissance de la pensée disparaît au profit de la distinction entre les choses réelles et leurs symboles, prémices de l'acquisition du langage. La douleur ressentie de la perte et le processus de deuil qui s'ensuit amène à la reconstruction (et à la symbolisation) de l'objet perdu. Klein met l'accent sur l'aspect créateur de la position dépressive, fondement de la créativité et de la sublimation. C'est en réparant, reconstruisant, recréant l'objet perdu que le petit homme s'organise, développe l'activité de symbolisation, découvre sa créativité. Les fantasmes de réparation sous-tendent la plupart des activités de l'enfant et lui permettent de lutter contre l'angoisse dépressive et la culpabilité.

À travers la position dépressive, le Moi s'approfondit, au lieu de cliver et de dénier, il perlabore, refoule, répare et crée.

Le rôle de la position dépressive : les points de vue kleiniens et post-kleiniens

Pour Klein, une position domine dans l'évaluation et la prévision du devenir du sujet : la position dépressive. La position dépressive apparaît déjà, en 1934, comme la croisée des chemins entre les points de fixation des névroses et ceux des psychoses.

Klein montre la nécessité, dans le traitement de tous les enfants, de mettre au jour et d'analyser les traits « psychotiques » en relation avec les premiers mois de la vie. Il est vrai que tout thérapeute d'enfants se trouve fréquemment confronté à un matériel très archaïque qu'il utilisera plus ou moins, selon la technique qui est la sienne mais que certains enfants lui imposeront envers et contre tout. Ici, la nosographie classique perd sa spécificité. Klein, pour sa part, n'utilise la nosographie que comme un repère indiquant le champ phénoménologique dans lequel apparaît le patient objet de son investigation analytique. Ainsi parle-t-elle d'Erna dans son livre *La psychanalyse des enfants* comme d'une névrose obsessionnelle, alors que l'on penserait plutôt dans ce cas à une psychose infantile ou, à tout le moins, à un « état prépsychotique ».

La tâche centrale de la position dépressive est l'établissement de l'alliance entre les bonnes parties de l'objet et les bonnes parties du sujet, permettant d'établir au cœur du Moi un objet interne complet suffisamment bon et suffisamment fort. À partir de cette alliance et de la croissance du Moi en identification à ses bons objets, une réintégration progressive des parties clivées se fera peu à peu, tout au long du développement. Ainsi se construit la personnalité de l'enfant, progressivement mieux intégrée.

Au contraire, l'échec de la position dépressive expose l'enfant à la maladie mentale. Klein indique tout d'abord que le point de fixation de la paranoïa se situe avant la position dépressive et celui de la mélancolie dans les premières phases de cette position. Le point de fixation de la schizophrénie est antérieur encore à celui de la paranoïa, ses caractères ne pourront être décrits que lorsque Klein aura pénétré plus avant dans la structure de la position schizoparanoïde.

L'étude des phobies, chez l'enfant, permet de suivre l'évolution, depuis les angoisses précoces psychotiques jusqu'aux angoisses névrotiques, telles les phobies d'animaux généralement admises comme l'indice d'une structure névrotique. M. Klein rappelle que, dès le stade oral de succion, peuvent se voir certaines phobies liées aux toutes premières angoisses persécutrices et pouvant entraîner, par exemple, des difficultés alimentaires. L'angoisse de l'étranger est en fait une phobie du visage de l'étranger, de l'objet non-mère terrifiant, menace qui ne peut être évitée ni surmontée à ce stade précoce. Les phobies d'animaux comportent encore des représentations très effrayantes. Elles sont liées à l'expulsion (premier stade anal) de l'objet primitif terrifiant et au déplacement sur un animal de la menace inspirée par cet objet. Au cours du stade suivant (second stade anal et ligne de partage, selon K. Abraham, entre névrose et psychose) et davantage encore avec le stade génital, ces objets anxiogènes subissent une importante transformation, liée, pour M. Klein en 1932, aux mécanismes obsessionnels qui commencent à entrer en action dès le second stade anal. La névrose obsessionnelle lui apparaît comme destinée à « guérir l'état psychotique qu'elle recouvre et les névroses infantiles comporteraient à la fois des mécanismes obsessionnels et des mécanismes propres à un état antérieur du développement ». Ainsi M. Klein oppose-t-elle le cas du « petit Hans », où les angoisses précoces ont été considérablement atténuées par les progrès et le développement de la libido, au cas de « l'Homme aux loups » dans lequel les angoisses psychotiques persistaient non suffisamment modifiées, et entraînaient un renforcement des pulsions homosexuelles, comme cela se produit généralement chez le paranoïaque.

Après la description de la position dépressive, Klein relia les mécanismes obsessionnels à certains éléments de la défense maniaque : l'obsessionnalité est un essai d'atteindre une stabilité relative par l'équilibre et la neutralisation des opposés, ce qui est obtenu par la séparation et le contrôle omnipotent des objets, pouvant aller jusqu'à les maintenir en « état d'animation suspendue », entre la vie et la mort. Le stade ultime de l'emploi sadique de la défense obsessionnelle serait ainsi réalisé par la catatonie.

Ici Klein, comme l'ont fait remarquer J. Begoin et F. Guignard-Begoin, montre qu'elle utilise la notion de mécanisme de défense dans une direction assez différente de celle de Freud. Ce dernier avait cherché à relier le mécanisme de défense au problème du choix de la névrose. M. Klein a une vue plus développementale et moins psychopathologique et, en outre, elle situe les débuts du conflit œdipien plus précocement. Pour elle, un même mécanisme de défense, par exemple le mécanisme obsessionnel — et nous avons vu que c'était aussi le cas pour le mécanisme phobique — peut être utilisé à des stades différents de développement, en relation avec des problèmes de développement eux-mêmes différents et avoir ainsi des conséquences très variables selon la nature du conflit en cause. Il peut aussi être utilisé selon un spectre très large, allant d'une utilisation extrêmement sadique à des finalités réparatrices et restauratrices. Enfin, M. Klein unit de plus en plus le mécanisme de défense au fantasme inconscient, qui devient la défense par excellence contre l'angoisse, et qu'elle décrit à la manière dont Freud décrit le travail du rêve, c'est-à-dire comme ayant certaines fonctions opératoires : transformation du contenu latent en contenu manifeste, et modification de la nature de l'angoisse.

Le complexe d'Œdipe selon Mélanie Klein

Les investigations de M. Klein sur le fonctionnement psychique des très jeunes enfants l'amène à revoir les premiers stades du complexe d'Œdipe, en s'éloignant de la théorie freudienne. En effet, en même temps que l'enfant parvient à la constitution d'un objet total, pendant la position dépressive, il devient attentif aux relations nouées entre les personnes autour de lui, et en particulier entre son père et sa mère. Il attribue à ceux-ci ses propres pulsions et il fantasme entre ses parents des échanges de gratifications orales, mais aussi anales, urétrales, génitales qui font naître sa jalousie et son envie. L'enfant organise ainsi un fantasme central dans lequel la mère s'est appropriée le pénis du père par incorporation orale.

L'enfant se détourne alors du sein pour se tourner vers le corps de la mère afin de s'emparer de ce qu'il contient, notamment le pénis du père et les bébés. Étant donné l'ambivalence des fantasmes, le contenu du corps de la mère y compris le pénis peut être perçu comme très bon ou très mauvais.

M. Klein a dès le début différencié le déroulement du complexe d'Œdipe chez la petite fille et chez le petit garçon.

Pour la petite fille, ce mouvement vers le pénis paternel sur un mode d'incorporation orale est un mouvement hétérosexuel qui fraye la voie à la situation génitale. Selon M. Klein, la fillette a très tôt conscience de son vagin et l'attitude orale passive se déplace de la bouche au vagin. Parallèlement au désir d'être alimenté par le pénis se développe un mouvement d'identification au père basé sur le désir de posséder un pénis qui lui soit propre. Ce mouvement d'identification au père est à la base d'une position homosexuelle vis-à-vis de la mère.

De la même façon, le petit garçon se détourne très tôt du sein pour se tourner vers le pénis et c'est ce qui constitue la base de la position féminine du petit garçon. Mais en même temps, l'incorporation du pénis paternel l'aide à s'identifier avec son père et renforce son hétérosexualité.

À mesure que se poursuit le développement, le but génital devient prédominant, le choix entre les deux parents oscillera de moins en moins et il se fera un choix plus défini et plus durable du parent de sexe opposé comme objet de désirs libidinaux, tandis que se renforceront l'identification et la rivalité avec le parent du même sexe, rejoignant en cela la théorie freudienne classique de l'Œdipe.

L'identification projective

L'identification projective consiste dans le clivage par le patient d'une partie de sa personnalité et la projection de celle-ci dans un objet où elle s'installe, parfois en tant que persécuteur, laissant la psyché appauvrie d'autant.

Ce mécanisme de défense crée l'illusion de maîtrise de l'objet et permet au sujet d'affirmer qu'il a un pouvoir sur l'objet.

La partie projetée représente les parties mauvaises de sa personne propre. Cette identification d'un objet avec les parties haïes du patient contribue à intensifier la haine dirigée contre elles, et à vivre l'objet comme un persécuteur.

Apport à la psychopathologie

M. Klein et les « kleiniens » ont largement permis une meilleure compréhension du fonctionnement du très jeune enfant et du fonctionnement psychotique indépendamment de l'âge du sujet.

Comme on le sait, Klein et ses élèves sont allés plus loin et ont cherché à « imaginer » ce que pouvait éprouver le nourrisson dans ses rapports oraux, construction qui s'appuie sur l'étude des fantasmes observés à travers le jeu d'enfants sensiblement plus âgés. S. Isaac en a donné une description devenue classique : « Le nourrisson affamé ou en détresse éprouve des sensations réelles qui signifient pour lui qu'on lui fait certaines choses ou qu'il fait ceci ou cela comme il le désire ou le craint. Il se sent comme s'il faisait ceci ou cela, par exemple comme s'il touchait ou tétait ou mordait le sein qui est en fait hors de sa portée. Ou bien il a le sentiment douloureux d'être privé du sein de force, ou le sentiment que le sein le mord et ceci au début probablement sans images visuelles ou plastiques ». Il ne s'agit donc pas d'images visuelles ou plastiques, mais de représentations très indifférenciées, d'émois corporels qui véhiculent une intention. Très tôt l'expérience de satisfaction orale et celle du désir insatisfait s'accompagnent de représentations. Celle de satisfaction est ressentie comme la présence en soi d'un objet comblant, d'un *bon objet*, l'autre non comme une absence, mais comme la présence à l'intérieur de soi ou venant de l'extérieur (au départ la distinction n'est pas possible) d'un objet source de douleur, d'un *mauvais objet*. L'existence à ce stade d'une activité fantasmatique, aussi peu différenciée soit-elle, est cependant mise en doute par beaucoup d'auteurs, pour des raisons qui tiennent au degré d'inachèvement des structures nerveuses.

De même pour M. Klein et ses élèves, l'envie du pénis, de la position phallique qui apparaîtrait très tôt chez la petite fille ne correspond pas au désir de s'approprier le pénis masculin pour compenser une quelconque blessure narcissique et pour s'identifier au garçon, mais répond au désir de faire entrer en soi un « bon objet », à l'instar du sein maternel. Dans les deux sexes la position génitale infantile est donc symétrique : il s'agit pour le garçon de pénétrer dans le corps de la mère et pour la fille de dérober à la mère le pénis du père.

WILFRED R. BION

Historique

Wilfred R. Bion naît le 8 septembre 1897 en Inde, à Muttra, dans la région du Penjab. Il est le premier enfant d'une famille de fonctionnaires anglais, installée dans les colonies depuis une génération. Il fait très tôt l'expérience de la pension en Angleterre, période qu'il décrit comme douloureuse et frustrante faisant naître en lui une profonde nostalgie de ses années d'enfance en Inde. Il y teste pourtant avec succès sa capacité à s'intégrer dans un groupe étranger, notamment à travers le sport, et y acquiert, selon lui, une « éducation de gentleman ». Dès la fin de ses études, il est précipité dans la Grande Guerre, où il est envoyé combattre comme officier sur le front. La guerre le submerge par la violence et la destructivité qu'il y rencontre, tout en stimulant sa résistance au danger, sa volonté de compréhension du chaos qui l'entoure, et sa capacité à créer des liens avec ceux qui l'entourent. À la fin de la guerre de 14-18, il passe sa licence de lettres et enseigne un temps avant de se tourner vers des études de médecine, avec, en tête, l'idée de devenir psychanalyste. Il entame une première démarche analytique qui tourne rapidement court. Dès la fin de ses études, il ouvre son cabinet et participe aux activités de la clinique Tavistock, l'un des premiers centres de consultation à offrir des psychothérapies d'orientation psychanalytique à des patients n'ayant pas les moyens de payer.

W. Bion entreprend alors sa formation de psychanalyste, et reçoit parmi ses premiers patients un jeune écrivain irlandais talentueux, S. Beckett qu'il suivra pendant deux ans. Ce dernier mettra fin à l'analyse de son propre chef, et retournera vivre auprès de sa mère à Dublin. Bion reprendra son analyse personnelle en 1937 avec J. Rickman pour peu de temps, puis après guerre, avec M. Klein.

Il participe pendant la Seconde Guerre mondiale aux services psychiatriques de l'armée et commence alors son travail sur la psychologie des petits groupes.

Peu à peu, son élaboration théorique, étroitement articulée sur son expérience de psychanalyste et son observation clinique des schizophrènes, s'oriente vers l'activité de penser, la naissance de l'appareil psychique.

Entre 1962 et 1965, W. Bion préside la Société Britannique de Psychanalyse et publie de nombreux ouvrages.

En 1968, il part s'installer en Californie et participera jusqu'à sa mort à de nombreux échanges psychanalytiques internationaux, tout en poursuivant son œuvre écrite. W. Bion s'éteint à Oxford le 8 novembre 1979 à l'âge de 82 ans.

Principaux concepts bionniens

La pensée de Bion a été profondément marquée par celle de M. Klein. Comme elle, il s'intéresse de près aux premières années de la vie l'enfant, aux différents stades de développement du psychisme dans les premiers mois de la vie et au rôle primordial de l'affect à ce moment-là. Mais son objet d'investigation se recentre de plus en plus sur la pensée, ses prémisses, sa mise en place, son développement, ses achoppements. Il prolonge la réflexion kleinienne en cherchant à définir le lien de la pensée à l'expérience affective. En s'appuyant sur la description freudienne de l'appareil psychique, Bion développe peu à peu une théorie psychanalytique de la genèse de la pensée, à partir de l'observation clinique des schizophrènes, et de ses connaissances théoriques non seulement dans le domaine psychanalytique mais aussi dans le domaine artistique et de la pensée mathématique. Comme Lacan, il propose un essai de systématisation théorique rigoureuse de l'appareil de penser, mais là où Lacan désaffective totalement le langage pour en faire un système symbolique support de la pensée, Bion, au contraire, ancre profondément la pensée aux formes élémentaires de la vie psychique que sont les données des sens et le vécu émotionnel. Il fait de la conscience comme organe de perception le point de départ de la vie psychique, régissant le contact avec la réalité interne et externe, traitant les expériences émotionnelles précoces du nourrisson avec plus ou moins de succès.

Son œuvre théorique étant extrêmement riche et complexe, il ne s'agit pas ici de la résumer, mais d'en donner un aperçu à travers quelques notions clés qu'il a développées.

La personnalité psychotique

Le concept de personnalité psychotique décrit un état mental plutôt qu'un diagnostic psychiatrique. Selon Bion, toute personnalité contient une part psychotique. Celle-ci est plus ou moins importante selon chaque individu, et coexiste avec une part non psychotique. Bion pense, contrairement à Freud, que l'individu conserve toujours une part non psychotique de sa personnalité en lien avec la réalité extérieure, quel que soit le stade d'envahissement de sa psychose.

La part psychotique se manifeste à travers certains traits dominants :

– l'intolérance à la frustration;

– la violence des pulsions destructrices et la lutte active menée par ces pulsions contre la réalité, les perceptions sensorielles, la conscience et ses capacités cognitives. Cette attaque vise en particulier tout ce qui a fonction d'établir des liens au sein du psychisme;
– la crainte de l'anéantissement;
– la prévalence de mécanisme de défense comme le clivage et surtout l'*identification projective* dans son utilisation pathologique.

Le sujet, soumis à la violence des pulsions destructrices, cherche à expulser par le biais de l'identification projective les ressentis de déplaisir comme la frustration ou la douleur. La fonction de l'appareil mental capable de percevoir ces affects sera à son tour attaquée.

La projection à l'extérieur vide l'appareil psychique de son contenu et attaque les liens qui tentent de s'y établir. Il en résulte parfois une véritable amputation des capacités de penser.

Sous l'effet de la violence projective, le Moi peut aller jusqu'à se dissocier et se fragmenter et des particules clivées sont expulsées à l'extérieur, dans les objets environnants, menant alors « une vie indépendante et incontrôlée ». L'individu se sent alors entouré par des « *objets bizarres* » terrifiants, animés, qui menacent de l'envahir en retour.

La fonction alpha

La fonction alpha, terme emprunté aux mathématiques, peut être définie comme une fonction de liaison symbolique des impressions sensorielles et, des ressentis émotionnels très primitifs.

Cette fonction est assurée à l'aube de la vie psychique par la mère qui reconnaît et accueille en elle les ressentis violents de son bébé, les contient et les lui restitue « détoxifiés ». Pour assumer cette tâche de « digestion psychique », la mère utilise sa *capacité de rêverie*, qui offre un contenant aux projections du nourrisson et y introduit des liens. Il faut souligner là le rôle central attribué par W. Bion, à la suite de M. Klein, à la mère dans la mise en place de l'activité de penser du nourrisson. Peu à peu, l'enfant intériorise la fonction assumée par l'autre vis-à-vis de lui-même.

La fonction alpha rend compte du travail de transformation en activité de pensée des données des sens jusque-là non élaborées. Ces données non intégrables par le psychisme de l'enfant transitent par le psychisme maternel pour être transformées en éléments alpha, possiblement réintégrables.

La fonction alpha fait intervenir alors une fonction d'*identification projective normale*, non pathologique qui permet la projection et l'introjection de l'élément « après que le séjour dans le sein l'aura rendu plus tolérable », dans un mouvement de va-et-vient.

Bion décrit ensuite dans le psychisme une *barrière de contact* formée par la prolifération des éléments alpha, qui fournissent le matériel des rêves, des souvenirs, des éléments d'expériences acquises puis refoulés dans l'inconscient. Cette barrière de contact, qui s'apparente au modèle freudien du Préconscient, sépare au sein du psychisme les fantasmes et les émotions d'origine interne des perceptions de la réalité et permet au sujet d'osciller entre son monde interne et la réalité sans perdre le contact avec l'un ou avec l'autre.

Les éléments bêta

Au contraire, si la fonction alpha est défaillante, les impressions sensorielles et les ressentis émotionnels ne peuvent être transformés en éléments alpha et deviennent des éléments non intégrés, des « choses en soi » ou éléments bêta, dont le sujet cherchera à se débarrasser en les expulsant à l'extérieur par le moyen de l'identification projective.

L'accumulation des éléments bêta forme « l'écran bêta » caractéristique de la personnalité psychotique, entraînant une non-différenciation entre conscient et inconscient, et une incapacité à créer du lien symbolique, à l'origine des troubles de la pensée.

L'appareil à penser les pensées

Bion pense que les pensées, ou tout au moins leurs prototypes, préexistent à la capacité de penser. C'est pour faire face à ces pensées que se met en place un appareil à penser. En effet, les pensées ont besoin d'un appareil à penser pour être pensées, faute de quoi elles ne peuvent qu'être qu'évacuées par identification projective.

Les pensées apparaissent d'abord selon Bion sous la forme de *protopensées* qui sont les impressions sensorielles avant leur traitement par la fonction alpha maternelle. Ces impressions nées de l'expérience concrète du manque et de la frustration se transforment grâce à l'expérience de satisfaction du bon sein de la mère en pensée. Ce mécanisme suppose pour son bon déroulement deux conditions : d'une part que l'enfant soit capable de *tolérer la frustration* et d'autre part que la mère offre un *contenant* grâce à une disponibilité psychique et une capacité de rêverie suffisante. Le lien psychique se tisse alors à travers le voyage de certaines parties du Moi au cœur de l'autre, par différents moteurs tels l'Amour, la Haine ou la Connaissance. Bion étudie au plus près le processus qui mène à la Connaissance (qu'il nomme le lien C) à travers le couple formé par la mère et l'enfant d'une part et le couple de l'analyste et de l'analysant d'autre part. Toute connaissance s'enracine pour Bion dans les pulsions d'amour et de vie. Il y a un investissement affectif fondamental à la base de la mise en place de l'appareil à penser les pensées. La fonction principale de l'appareil à penser est d'établir des liens non seulement entre chose et représentation formant ainsi des idéogrammes mais aussi entre les idéogrammes mêmes, sur la base de leur ressemblance ou de leur différence, créant ainsi des symboles.

Au contraire, la psychose se définit par sa capacité de déliaison et d'attaque des liens en particulier au sein de l'activité de penser, expulsant dans l'acte ou dans la réalité extérieure le matériel psychique non intégré. Pour préciser et décrire au plus près le fonctionnement de la pensée, Bion utilise une formalisation et des abstractions qui lui sont propres afin d'essayer d'objectiver les phénomènes qu'il observe. Il insiste sur l'importance d'une dimension religieuse présente dans la pensée, en parallèle de la dimension sexuelle. Cet immense travail de défrichage progressif du fonctionnement psychique a conduit Bion au plus près d'une zone d'incommunicable, d'inconnaissable de la pensée et circonscrit une partie inaccessible du fonctionnement psychique et particulièrement du fonctionnement psychotique ou créatif. Il pousse sa recherche vers « l'ombilic » du rêve, sorte de « noyau maternel » où se rejoignent créativité et folie.

JACQUES LACAN

Jacques Lacan a tenu à marquer son enseignement sous le sceau du « retour à Freud ». Il n'en reste pas moins que, sous l'apparente clarté de cette expression, les critiques répétées, souvent sévères de Lacan vis-à-vis de la plupart des auteurs post-freudiens et ses positionnements théoriques tranchés le situe à part. On ne peut parler à son sujet de développement de la pensée freudienne comme on pourrait le faire en parlant par exemple de Mélanie Klein. L'œuvre de Jacques Lacan se situe avant tout en rupture avec celles de ses contemporains tout en se référant constamment aux écrits de Freud, dont il a donné souvent une lecture différente, originale et très personnelle.

Il n'est pas inutile de préciser ici que cette vision particulière s'appuie sur un travail de lecture et de relecture considérable, qui autorisera par exemple régulièrement Lacan à pointer les erreurs et contresens dans la traduction française des écrits de Freud, et finalement à réinterpréter de manière différente la pensée de ce dernier.

Pensée en rupture donc, et œuvre de rupture, y compris dans son style. Il convient ici de rappeler que l'œuvre de Jacques Lacan s'est faite principalement sous la forme parlée : enseignement lors des séminaires à Sainte-Anne puis à l'École normale supérieure et interventions lors de colloques principalement, dont la retransciption a été faite soit par lui-même, soit par son gendre Jacques-Alain Miller.

Pratique psychanalytique en rupture enfin, qui aura des conséquences non négligeables dans l'histoire du mouvement psychanalytique français et international (voir *Historique*, ci-après).

L'objet de ce chapitre n'est pas de prétendre résumer en quelques pages une œuvre aussi riche et complexe que celle de Jacques Lacan, mais de préciser, voire de se familiariser avec certains concepts lacaniens. Il s'agit déjà en soi d'un objectif délicat, voire périlleux et ce pour plusieurs raisons.

Jacques Lacan, d'un point de vue historique, est à situer dans un mouvement intellectuel qui dépasse largement le champ de la psychanalyse et qui croise notamment le mouvement du structuralisme. De fait, ses références, même si elles restent principalement les textes de Freud, emprunteront souvent à des concepts extérieurs à la psychanalyse, qui recouvrent quasiment tout le champ de ce qu'on appelle les sciences humaines : philosophie, anthropologie, linguistique. Il n'est d'ailleurs pas anodin de remarquer que les quelques auteurs qui se sont essayés à une lecture critique de la pensée de Lacan ont souvent une formation philosophique plus que psychanalytique, ces derniers se contentant d'une tentative d'explicitation ou d'éclaircissement d'une œuvre réputée difficile d'accès.

Qualifier l'œuvre de Jacques Lacan de complexe est — après tout pourquoi ne pas le dire ? — un euphémisme, tant certaines parties, notamment à partir de 1970, apparaissent obscures, voire ésotériques tant sur le fond que sur la forme, et apparaissent ainsi très éloignées de toute référence psychanalytique commune aux autres élèves de Freud.

De fait, extraire de l'ensemble de son œuvre quelques concepts psychopathologiques se heurte à deux réserves :

– dénaturer ces mêmes concepts qui s'inscrivent pour certains dans un cheminement de la pensée de Lacan qui s'étend sur plusieurs dizaines d'années et qui ont été ainsi constamment remaniés par celui-ci ;

– penser que ces concepts puissent être intégrés, assimilés ou mis en application dans la thérapeutique, dans le courant de la pensée « freudienne orthodoxe ». On peut dire qu'il y a une topique lacanienne, au même titre que l'on considère qu'il y a deux topiques freudiennes qui ne sont pas (en tout cas pas facilement) superposables. On comprend alors que la division historiquement passionnée entre les « lacaniens » et les « non-lacaniens » ne se résume pas à se positionner face à une œuvre (et un personnage) controversés et qu'elle reste d'actualité.

Historique

Jacques Lacan est né le 13 avril 1901, à Paris. Il s'oriente vers la médecine, puis vers la psychiatrie. Il fut l'élève d'Henri Claude à la Clinique des maladies mentales et de l'encéphale à l'hôpital Sainte-Anne. Parmi les médecins dont Jacques Lacan a bénéficié des enseignements, il faut accorder une place particulière à Gaétan Gatian de Clérambault, qui a décrit l'automatisme mental, syndrome qui fera l'attention d'une analyse minutieuse dans le séminaire sur les psychoses. En 1932, il publie sa thèse *De la psychose paranoïaque dans ses rapports avec la personnalité*, finalement le seul véritable écrit de Jacques Lacan. Dans cet ouvrage apparaît l'intérêt clinique de Lacan pour les psychoses en général et la paranoïa en particulier ainsi que ses aspirations freudiennes.

Lacan fut en analyse pendant environ six ans (1932-1938) avec Loewenstein, rencontre que l'on peut qualifier d'orageuse. Il fut titularisé en 1938 sans le consentement de Loewenstein et grâce à l'appui d'Édouard Pichon. La première scission de la Société psychanalytique de Paris (créée en 1926) intervient en 1953 et Lacan rejoint les démissionnaires de la SPP (Dolto, Lagache, Favez-Boutonnier) qui créent un nouveau groupe : la Société Française de Psychanalyse. À l'origine de la crise se pose la question de la formation des futurs psychanalystes ainsi que, pour ce qui concerne plus spécifiquement Lacan, la contestation des séances à durée variable que pratiquait celui-ci. C'est à ce moment-là que débutent les séminaires, enseignement tenu par Lacan à l'hôpital Sainte-Anne pendant dix ans. La deuxième scission intervient fin 1963, à un moment ou l'Association de psychanalyse internationale refuse la reconnaissance et l'affiliation de la SFP (qui s'était exclue probablement sans le savoir de L'API lors de la première scission). Au cœur de cette désapprobation, il y a toujours la question de la pratique des séances à durée variable. La crise se résolut ainsi : Lacan (ainsi que Dolto d'ailleurs mais pour d'autres raisons) se voit interdire par la SFP elle-même le droit de former des psychanalystes. Celui-ci quitte La SFP en 1964 et fonde L'École freudienne de Paris. La SFP se rebaptise Association psychanalytique de France et obtiendra ensuite rapidement sa reconnaissance auprès de l'API au même titre que la SPP. Le séminaire de Lacan se déplace et est accueilli à l'école normale supérieure.

Principaux concepts lacaniens

Le stade du miroir

Lacan décrit le stade du miroir comme un moment important, constitutif dans le développement de l'enfant, qui se déroulerait sur une période assez longue (et imprécise) entre 6 et 18 mois. Avant ce stade, l'enfant n'aurait pas une perception unifiée de son corps, ce qui expliquerait d'ailleurs les angoisses « archaïques » de morcellement que l'on peut retrouver dans les rêves ou chez les patients psychotiques. Mais, pour lui, le stade du miroir n'est pas que cela : c'est aussi une « identification primordiale », dans le sens ou il s'agit finalement d'acquérir une identité par la perception d'une image totale de son corps. Cette acquisition, pour Lacan, va promouvoir la structuration du « je » (à ne pas confondre avec le « moi »), sous une forme primordiale, c'est-à-dire avant qu'« il ne s'objective dans la dialectique de l'identification à l'autre », et avant l'accession au langage. Dans ce texte relativement court, on aperçoit l'importance de la subjectivité (le sujet, « je »), pour Lacan, notion bien sûre qui n'est pas étrangère à la psychanalyse et à Freud, mais qui n'avait pas été spécialement développée par les auteurs post-freudiens.

Le signifiant et sa primauté sur le signifié

Lacan introduit dans son œuvre les apports de la linguistique, se référant au « cours de linguistique générale » de Ferdinand de Saussure. Ce dernier définit le signe linguistique comme l'association d'un concept (le signifié) à une image acoustique (le signifiant).

Toujours pour ce dernier, le langage doit être compris comme l'articulation d'une langue parlée par un sujet.

Deux notions sont à retenir :

– la langue est un système dans lequel chacun des éléments n'est définissable que par les relations d'équivalence ou d'opposition qu'il entretient avec les autres, d'où la notion de structure;
– la langue est un système au sein duquel les signes se combinent et évoluent d'une façon qui s'impose aux acteurs et selon des lois qui leur échappent. On comprendra facilement l'attrait que peut avoir cette notion pour la psychanalyse, qui s'attache à décrire (dans un autre domaine) les processus inconscients du sujet.

Quels sont les mécanismes ou les opérations fondamentales qu'implique le fait de parler?

– la sélection, c'est-à-dire le choix d'un terme parmi d'autres possibles, donc la possibilité de substitution d'un terme à l'autre, dans un rapport de similarité;
– la combinaison, dans un rapport de contiguïté.

À l'extrême, ces deux opérations trouvent leur expression la plus formalisée dans :

– la métaphore pour ce qui concerne la similarité;
– la métonymie pour ce qui concerne la contiguïté.

Le développement de Lacan à partir de la linguistique :

– à partir de la distinction saussurienne signifiant/signifié, Lacan introduit une vision personnelle du fait de parler : il le conçoit comme deux flux, ou deux réseaux de relations qui, et c'est sur ce point que s'attachent les critiques des linguistes, ne se recouvrent pas;
– il développe les concepts de métaphore et de métonymie décrits ci-dessus et, fait essentiel, (car jusque-là les rapports entre la linguistique et la psychanalyse ne sont pas évidents), il fait une analogie entre :
  - processus métaphorique et condensation,
  - processus métonymique et déplacement.

C'est à partir de cette analogie que fait Lacan qu'est compréhensible une phrase maintes fois répétée : « L'inconscient est structuré comme un langage ».

La métaphore paternelle et l'accès au symbolique

À partir du développement des notions de signifiant et de signifié, Lacan donne son interprétation de la période œdipienne :

– la nécessité du « retour à Freud » comme ligne directrice de Lacan est particulièrement éloquente quand il s'agit de préciser des termes comme phallus, castration, complexe de castration… Lacan rappelle la confusion entretenue par les auteurs post-freudiens (par exemple : E. Jones) sur la définition du phallus. Le phallus ne se réduit pas au pénis (ou au clitoris) qui le symbolise, il n'est pas non plus l'objet imaginairement attribué à la femme (ce qu'on appelle la mère phallique). Le phallus est un objet imaginaire dans le sens ou il répond à la constatation de la différence des sexes (dans le réel) sous le mode du manque;

– ainsi, le « primat du phallus » que soutient Freud (plus qu'un « primat génital ») est un objet imaginaire qui va jouer un rôle fondamentalement structurant dans la problématique œdipienne. Cette problématique œdipienne est sous-tendue ou corrélée à une opération symbolique qui se résout avec l'accession de la métaphore paternelle (voir chapitre 5) ou pas : nous sommes ici dans la définition lacanienne des psychoses;

– au sortir de la phase identificatoire du stade du miroir, l'enfant qui s'est ébauché comme sujet n'en reste pas moins dans une relation d'indistinction quasi fusionnelle à la mère. L'enfant s'identifie à ce qu'il croît être le désir de sa mère, c'est-à-dire le phallus. Il est donc aliéné à la problématique phallique qui peut se formuler ainsi : être ou ne pas être le phallus. C'est la dimension de la castration.

Le second moment de l'Œdipe correspond à l'intrusion paternelle ou médiation qui va jouer un rôle prépondérant sur la relation imaginaire mère/enfant. La présence paternelle est vécue sur le mode de la privation, de l'interdiction, de la frustration (selon les trois registres RSI : Réel, Symbolique, Imaginaire). Le père lui fait sentir que le désir de la mère est soumis à la loi du désir de l'autre, désir lui-même d'un objet que l'autre, le père, est supposé avoir ou pas (le phallus). Ainsi, par sa présence privatrice, le père est celui qui supporte la loi. Pour accéder au déclin du complexe d'Œdipe, l'enfant doit accéder à la symbolisation de la loi. Le père réel, « représentation de la loi », est élevé à la dignité de « père symbolique », car supposé soutenir l'objet du désir de la mère. C'est ainsi qu'est instaurée la métaphore paternelle, dont l'assomption de la castration symbolique par laquelle l'enfant échappe à la relation duelle quasi fusionnelle. Dans les psychoses, il y aurait échec de la mise en place de la métaphore paternelle, du fait de la forclusion du Nom-du-père, c'est-à-dire lorsque ce signifiant est dévié dans le discours de la mère, mais aussi il y a manque de place du père symbolique dans le discours de la mère. Or ce qui est forclos rend à revenir dans le réel, c'est-à-dire dans le délire et l'hallucination.

Dans cette direction, un souvenir de « l'Homme aux loups » prend tout son relief. Il s'agit de la conviction initiale horrible d'avoir vu son doigt sectionné. Après un effondrement sidéré, le patient de Freud découvre avec surprise que son doigt est normal. L'émergence sur ce mode hallucinatoire du fantasme de la castration témoigne d'un défaut de symbolisation et de subjectivation typique de la psychose. Lacan y reviendra souvent pour y voir la forclusion du Nom-du-père.

Objet a, autre et Autre

L'objet a, que Lacan désignera à plusieurs reprises comme la marque majeure de son apport à la psychanalyse, « son invention » en quelque sorte, n'en reste pas moins difficilement appréhendable, d'autant plus que sa définition, souvent volontairement imprécise, a varié plus d'une fois au gré des avancées conceptuelles de l'auteur.

Source de confusion, Lacan utilise au début de son enseignement la lettre a pour désigner le petit autre, en opposition à la lettre A du grand Autre.

Fortement inspiré de la phénoménologie de l'esprit d'Hegel, relu par Kojève, Lacan s'attache à décrire la relation humaine selon l'axe sujet/altérité. Cet axe n'est ni celui « objectivant » de la relation d'objet freudienne (le Moi instaure une relation d'objet), ni celui de l'intersubjectivité (un sujet rapporté à un autre sujet). Cette altérité est certes tout ce qui aliène le sujet à un autre dans le registre imaginaire (le Moi et ses représentations, les identifications imaginaires), mais c'est aussi et surtout une aliénation plus radicale, première, et symbolique. Cet ordre symbolique, auquel tout sujet est soumis car pris dans le langage et son réseau de signifiants fait qu'à tout sujet parlant correspond un grand Autre.

Quant à la destinée ultérieure de l'objet a, par essence irreprésentable chez Lacan, il n'est pas question ici de résumer en quelques lignes ce qui mériterait un ouvrage entier. Disons simplement qu'il a, au fil du temps correspondu à « l'objet cause du désir, le plus-de-jouir, l'objet de la psychanalyse… ».

La topique lacanienne

Il reste très difficile de comprendre ces concepts sans se référer à ce qu'on peut appeler la « topique lacanienne » (définition de la topique : théorie qui suppose une différenciation de l'appareil psychique de systèmes doués de caractère différents et disposés dans un certain ordre les uns par rapport aux autres).

Dans les textes de Lacan reviennent de façon constante, à partir de 1953, parfois clairement, souvent de façon allusive, à trois registres différents : symbolique, imaginaire et réel qui forment ensemble une structure psychique.

Le registre symbolique

Le terme de symbolique n'est pas absent des écrits de Freud, mais dans une acceptation différente de Lacan. Par exemple, dans *L'interprétation des rêves*, Freud évoque les symboles à signification constante qui peuvent être retrouvés dans diverses productions de l'inconscient, se rapprochant ainsi de la définition courante, mais néanmoins vague du symbolisme. Au regard des développements linguistiques de Lacan, le terme de symbolique renvoie de façon indéfinie mais constante au langage et plus spécialement au signifiant.

De même que Claude Lévi-Strauss décrit un ordre symbolique structurant la réalité inter-humaine, Lacan définit le sujet humain comme nécessairement inséré dans un ordre préétabli, lui-même de nature symbolique.

On peut parler chez Lacan d'une fonction du symbolique, comportant une part consciente et inconsciente, qui est liée à celle du langage et du signifiant, dont la défaillance serait par exemple particulièrement repérable dans les psychoses (voir *Forclusion*, *Nom-du-père*).

Le registre imaginaire

Là encore, Lacan emploie le terme d'imaginaire de façon particulière : il est à comprendre à partir de l'image, et résulte de la constitution de l'image du corps (voir *Le stade du miroir*). Il s'agit du registre du leurre, de l'identification et du lieu par excellence du moi (et non pas du je).

Il se conçoit aussi comme un type de rapport qui peut-être intersubjectif (rapport narcissique du sujet à son Moi), et/ou intrasubjectif sous le mode de l'illusion et de la captation.

Le réel

Il s'agit probablement du terme le plus ambigu chez Lacan.

Cette ambiguïté vient du fait que sa définition a été remaniée à plusieurs reprises. En premier lieu, il y place la notion de réalité psychique de Freud dans sa définition la plus rigoureuse, c'est-à-dire le désir inconscient et le fantasme qui lui est lié (en opposition à la réalité matérielle), mais aussi un « reste » : une réalité désirante, inaccessible à toute pensée subjective.

À partir de 1955, qui correspond au *Séminaire sur les psychoses*, Lacan donnera une autre définition du réel; il est ce que le symbolique a expulsé de la réalité, en supposant qu'une partie de la réalité est soumise à l'ordre du symbolique (la représentation du monde extérieur). Tributaire de la définition lacanienne de la psychose, le réel est notamment le lieu ou apparaît l'hallucination : « ce qui n'est pas venu au jour du symbolique réapparaît dans le réel ».

LE DÉVELOPPEMENT DU *SELF* ET LA THÉORIE DE L'ATTACHEMENT

Le modèle développemental est en plein essor. Il reste aujourd'hui encore dans le domaine de la recherche. L'idée générale est d'étudier la façon dont le psychisme humain se construit progressivement.

Nous présenterons ici un de ces modèles, partant des interactions précoces pour comprendre comment se construit le *self* : processus qui conduit au sentiment d'être soi; sentiment d'être une personne unique, différenciée des autres, avec son histoire, ses choix, etc. L'idée générale est que le *self* n'est pas un acquis inné, et ne dépend pas uniquement de déterminants biologiques ou génétiques. Au contraire, le *self* se construit dans la relation aux figures d'attachement précoce.

Ce modèle tente cependant d'intégrer l'ensemble des connaissances scientifiques et psychodynamiques sur le fonctionnement humain et d'en dépasser les aspects en apparence contradictoires. Il bâtit ainsi une théorie du développement psychique qui tient compte à la fois des apports de la génétique, de la neurophysiologie, de la neuroanatomie (ces deux derniers aspects ne seront pas développés ici, dans un souci de synthèse), du cognitivo-comportementalisme, de la psychanalyse, des théories de l'attachement, et des théories de la relation d'objet. En cela, c'est un modèle intégratif.

Ses auteurs (Fonagy et coll., 2002) proposent une description chronologique du développement du *self*; puis, ils tentent de montrer que ce développement prend racine dans l'attachement sécure, et dans la capacité de la mère à réfléchir les expériences du bébé au sein de leurs interactions mutuelles. Ce sont ces trois grands thèmes qui sont présentés ci-dessous.

PRINCIPAUX CONCEPTS

Le développement du *self*

Il est progressif, et on peut distinguer plusieurs niveaux d'organisation du *self* :

– *self physique* : c'est l'acquisition par le bébé au plus tard à six mois, d'une représentation primaire de son corps comme distinct de l'environnement, et comme capable de provoquer des changements dans cet environnement à proximité (par exemple : quand mon pied touche le mobile, le mobile bouge);

– *self social* : le bébé prend conscience du fait que ses interactions avec la personne qui s'occupe de lui ont des effets sur cette même personne (par exemple : quand je hurle, on vient me voir et on me parle). Cela commence dès trois mois;

– *self téléologique* : vers huit-neuf mois, le bébé comprend que certaines actions sont des moyens pour atteindre un but. Il commence aussi à comprendre que les actions des autres sont rationnelles et dirigées vers des buts. C'est le tout début de la capacité à interpréter les actions d'autrui;

– *self intentionnel* : vers l'âge de deux ans, l'enfant devient capable de comprendre ses états psychiques et ceux d'autrui : capable d'attribuer des désirs et des intentions à lui-même et aux autres pour expliquer et prévoir des actions futures;

– *self représentationnel* et *self autobiographique* : vers trois-quatre ans, l'enfant comprend que ses désirs et croyances sont des représentations. Il devient capable de relier ses souvenirs en un ensemble cohérent, organisé à la fois sur le plan des relations de causalité et de temporalité.

Mais comment se déroule ce développement? C'est à travers les interactions entre le bébé et la personne qui s'occupe de lui que s'organise le *self*. Afin de décrire le fonctionnement de ces interactions, nous évoquerons tout d'abord la relation d'attachement, puis la relation en miroir mère/bébé.

La relation d'attachement *sécure*

Pour Bowlby et les théoriciens de l'attachement, il existe un besoin universel de l'être humain à former des liens étroits d'affection. Les comportements d'attachement du bébé (sourire, recherche de proximité, etc.) sont rendus réciproquement par ceux de l'adulte (portage, toucher, etc.), et ces réponses renforcent le comportement d'attachement du bébé envers cet adulte particulier. Pour Bowlby, ce système d'attachement a pour but de procurer à l'enfant une expérience de *sécurité affective*. (Pour les concepts et les applications de la théorie de l'attachement, nous renvoyons le lecteur au livre *L'attachement : concepts et applications* de Nicole et Antoine Guedeney, 2e édition, Masson, Paris, 2006.)

Pour les développementalistes, une relation d'objet primaire évoluée, par le biais du système d'attachement, a pour buts, *au-delà de la sécurité affective* :

– d'aider le bébé à *réguler ses affects* (en situation désagréable, le bébé cherche la proximité de son objet d'attachement afin d'y trouver de l'apaisement). L'attachement procure progressivement une autonomie au bébé dans ce domaine : la confiance dans l'objet d'attachement devient ensuite la confiance dans le *self* en présence de cet adulte, puis la confiance en soi. Il y a passage d'un système de corégulation à un système d'autorégulation;
– d'équiper le bébé d'une capacité à percevoir, interpréter et comprendre ses états psychiques et ceux d'autrui : cette capacité, que les développementalistes nomment « *mentalisation* », est au cœur de l'organisation du *self* et de la capacité ultérieure à gérer les relations interpersonnelles avec tout ce qu'elles génèrent de bouleversements émotionnels. Ce concept rejoint celui de « théorie de l'esprit » décrit par les cognitivistes.

Mais quelles attitudes spécifiques de l'adulte en charge du bébé génèrent l'attachement sécure et en même temps la mentalisation?

La relation en miroir mère/bébé : ou comment les affects du bébé lui sont-ils réfléchis par le comportement maternel?

La pierre d'angle d'un attachement sécure et d'un maternage sensible, est le fait que la mère (ou l'adulte maternant) *traite le bébé comme un être intentionnel* : c'est-à-dire qu'elle lui prête des états psychiques élaborés, au quotidien, dès qu'il manifeste une émotion (par exemple : tu pleures, tu ne voulais plus rester tout seul, tu étais mouillé, tu voulais que je te change, etc.). Le bébé développe ainsi sa perception de ses propres états psychiques et de ceux d'autrui, en observant le monde psychique de sa mère.

La réflexion des affects par le « miroir maternel »

C'est le fait que la mère (ou l'adulte maternant) utilise l'expression faciale ou vocale pour représenter au bébé les sentiments qu'il pense que le bébé ressent, dans le but de le calmer et le rassurer. L'image du parent reflétant l'expérience interne du bébé vient organiser l'expérience émotionnelle de ce dernier. Pour Freud, le bébé percevait d'abord l'autre comme une extension de lui-même. Pour les développementalistes, le bébé se perçoit plutôt, au départ, comme une extension de l'expérience de l'autre. Ce « *biofeedback* social » de la réflexion des affects par les parents a deux conséquences :

– le bébé associe le contrôle qu'il a sur les manifestations en miroir de ses parents avec l'amélioration qui en résulte de ses propres états émotionnels : il fait ainsi l'expérience de sa capacité à s'autoréguler (expérience d'un *self acteur* de sa propre régulation);

– grâce à l'élaboration que lui propose le parent, le bébé accède à des représentations de second ordre de ses états affectifs : le développement de ce système représentationnel joue un rôle majeur dans la régulation des affects et le contrôle des impulsions.

Caractéristiques précises de cette réflexion en miroir

Cependant, pour jouer son rôle constructeur du *self* et régulateur des affects, la réflexion en miroir des affects du bébé par le parent doit avoir deux caractéristiques fondamentales :

– être congruente à l'état affectif du bébé : c'est-à-dire que le parent doit être capable de reconnaître la réalité de ce qu'éprouve son bébé y compris s'il s'agit d'affects négatifs ou angoissants;

– être « marquée » : le parent n'est pas un miroir au sens propre du terme, c'est-à-dire que, ne ressentant pas lui-même cet état affectif débordant du bébé, il le lui renvoie sous une forme atténuée, nuancée par son propre calme, intermittente, légèrement caricaturée, alternant avec des expressions rassurantes et souriantes. Le bébé peut ainsi progressivement comprendre que le parent n'éprouve pas la même émotion que lui (différenciation des réalités internes et externes); que son émotion n'est pas « contagieuse » (différenciation *self-autrui*). Par ailleurs, comme nous l'avons dit plus haut, le bébé ressent une expérience agréable d'apaisement du fait que le parent n'est pas débordé par ses émotions et les « contient » par son élaboration interprétative : il fait ainsi l'expérience de la régulation des affects et du rôle qu'il y joue.

Une réflexion en miroir marquée mais non congruente (par exemple : face à un bébé qui pleure de douleur : « mais non, tu n'as pas mal ») conduira l'enfant à étiqueter ses états internes de façon inadéquate, à méconnaître ses émotions.

Une réflexion en miroir congruente mais non marquée (par exemple : face à un bébé qui pleure, une mère débordée, paniquée, gagnée par l'angoisse) conduira le bébé à un débordement émotionnel, à une expérience de contagion ou d'universalité de ses émotions. L'effet sera traumatique au lieu d'être contenant.

Ces deux types de réflexion en miroir dysfonctionnantes se retrouvent chez des parents ayant eux-mêmes vécu des traumatismes qu'ils n'ont pas pu gérer. Dans le premier cas (réflexion non congruente), le parent se défend de l'affect angoissant du bébé en le déniant; dans le deuxième cas (réflexion non marquée), le parent, envahi par l'affect angoissant du bébé, le ressent pleinement.

Fonction finale de cette réflexion en miroir : la mentalisation

Le but ultime de la réflexion en miroir des affects du bébé par la mère est de permettre au bébé d'internaliser la fonction « affect/régulatrice » de la mère, à travers l'établissement de représentations secondaires des états internes. En d'autres termes, alors que pour les psychanalystes, c'est le bon objet contenant qui doit être internalisé, pour les développementalistes, c'est le « *self pensant* », issu du bon objet, qui doit être internalisé.

Au final, l'attachement sécure et la réflexion en miroir des affects du bébé par sa mère doivent permettre à l'enfant d'acquérir la capacité de mentalisation : capacité de percevoir et interpréter ses états psychiques et affectifs et ceux d'autrui, ce qui permet de gérer les relations interpersonnelles. La mentalisation agit en effet comme un « filtre », un « amortisseur défensif » (P. Marty, 1968) : elle connecte les excitations et les représentations mentales, créant ainsi fluidité et constance, permanence et stabilité, par la liberté de l'usage des associations.

Ces conceptions rejoignent certaines élaborations psychanalytiques :

– Freud développe les concepts de processus primaires *versus* processus secondaires : dans ce dernier type de processus, il existe un travail de représentation des états internes;

– Bion décrit la « fonction alpha » : fonction qui permet la transformation d'événements internes expérimentés comme concrets (éléments bêta) en expériences pensables et tolérables. Il insiste sur la capacité de la mère à contenir l'état affectif que le bébé ressent comme intolérable, et à y répondre physiquement de manière à reconnaître cet état psychique tout en permettant au bébé de le gérer. Bion voit aussi dans la relation mère/bébé, la racine de la capacité symbolique;

– Winnicott insiste sur l'importance de la compréhension psychologique du bébé par l'adulte qui s'en occupe, pour la construction du *self*. Il considère que le *self* se développe à travers la perception de soi dans l'esprit d'un autre être pensant et ressentant des émotions;

– un certain nombre d'études génétiques récentes tendent à montrer que les gènes seraient plus déterminants que les facteurs environnementaux pour le développement psychique. Mais ces études (études de jumeaux ou d'adoption) prennent comme critère d'analyse l'environnement physique et objectif des enfants. Or c'est l'environnement psychologique et l'expérience qu'en fait l'enfant qui, comme développé plus haut, sont importants. Loin de dénier la part qui revient à la génétique dans le développement de l'être humain, Fonagy et ses collègues l'étudient au regard de leurs découvertes concernant les interactions parents/bébés. Ils ont ainsi pu montrer qu'il existe des interactions gènes/environnement : les gènes étant des potentialisateurs et non des déterminants;

– pour synthétiser cette approche développementale intégrative, on peut présenter ces hypothèses de la manière suivante : les expériences précoces déterminent la qualité de la mentalisation, qui elle-même, dans sa fonction de « filtre », jouerait un rôle de modérateur de l'expression génétique. Ainsi, une vulnérabilité génétique pourrait ne pas s'exprimer si la mentalisation est de bonne qualité.

Ce modèle, qui s'appuie sur de nombreuses études et de nombreux travaux, tente de pénétrer au cœur du psychisme naissant des bébés et des enfants. Il comporte des implications cliniques[1] (études des différents types d'attachement pathologiques) et thérapeutiques (il est possible de faire des liens entre ce que l'on observe d'une interaction mère/bébé favorable au développement psychique, et le fonctionnement d'une psychothérapie. Une psychothérapie doit permettre la création d'un univers développemental, où le thérapeute admet l'expérience psychique que vit le sujet, et la lui renvoie en lui montrant que cette expérience consiste en représentations qui peuvent être partagées, jouées, et modifiées).

LE MODÈLE COGNITIVO-COMPORTEMENTAL ET LE MODÈLE DE LA NEUROPSYCHOLOGIE COGNITIVE

Nous distinguerons à l'intérieur du modèle « cognitif » deux entités finalement bien distinctes, même si elles entretiennent quelques rapports historiques et épistémologiques. Nous verrons que le courant *cognitivo-comportementaliste* a participé à la naissance du mouvement cognitiviste, avec lequel il partage globalement un goût pour la méthode expérimentale appliquée à l'étude du comportement humain. Cependant, le cognitivisme est né d'une convergence d'intérêt de chercheurs de différents domaines, certains appartenant aux sciences dites dures (neurosciences, informatique), d'autres appartenant aux sciences humaines (psychologie, linguistique, philosophie). C'est dans l'effort d'échange, de dialogue, et d'intégration de ces différents domaines que réside l'identité et l'originalité des sciences cognitives. En leur sein, la psychologie cognitive et la psychopathologie cognitive s'intéressent plus particulièrement à la cognition humaine et sont

1. Nous renvoyons ici les lecteurs aux excellents ouvrages consacrés à ce sujet et en particulier à celui de Nicole et Antoine Guedeney (Masson, Paris, 2002, nouvelle édition 2006).

nées d'une opposition radicale au mouvement comportementaliste, qui s'était lui-même érigé sur le refus de spéculer sur la conscience, la représentation et l'intention, toutes notions subjectives et inobservables. La psychologie cognitive bénéficie pour s'attaquer à ces notions, à la fois du questionnement issu d'autres disciplines (informatique, neurosciences, linguistique, philosophie, etc.) et d'outils nouveaux amenés par les avancées technologiques (potentiels évoqués, imagerie fonctionnelle, etc.). Au contraire, les « thérapies cognitives » appartiennent au modèle cognitivo-comportemental puisqu'elles dérivent directement des thérapies comportementales, en considérant les cognitions comme des comportements internes susceptibles de conditionnement et de déconditionnement.

LE MODÈLE COGNITIVO-COMPORTEMENTAL

Définition et historique

Les civilisations ont de tout temps utilisé des systèmes de récompense et de punition sans savoir qu'elles faisaient du conditionnement opérant. On peut ainsi trouver de nombreux précurseurs aux comportementalistes ou *behavioristes*; parmi les psychiatres, citons Leuret et son traitement moral de la folie, Itard, Legrand du Saulle, et surtout Janet, dont les idées ont influencé aussi bien la psychanalyse que le cognitivo-comportementalisme.

Le terme de *behaviorism* a été créé par Watson en 1913 puis importé de l'anglais par Naville, qui a implanté en France les idées de Watson dans les années quarante. Au début du XXe siècle, la psychologie, discipline récente plus ou moins rattachée à la philosophie, vouait ses efforts à la découverte de la conscience, en pratiquant la méthode de l'introspection. Il s'agissait, par l'auto-observation, de distinguer divers états de conscience et de percevoir les mécanismes élémentaires de la perception, de l'imagerie mentale… bref les « atomes » de la conscience. Rompant radicalement avec cette psychologie associationniste et la méthode de l'introspection, Watson propose d'écarter la conscience du champ d'étude de la psychologie et de décrire, prévoir et contrôler les comportements humains, à la manière dont on étudie le comportement animal, uniquement par l'observation extérieure de celui-ci en réponse à des stimuli. La psychologie « telle que la considère le comportementaliste est une branche purement objective de la science. Son objectif théorique est le contrôle et la prévision du comportement ». Selon le *modèle de la « boîte noire »*, la cognition, incluse dans la boîte noire, est scientifiquement inaccessible et seule la réponse comportementale est accessible à l'observateur; le schéma S-R, négligeant la conscience, analyse donc le comportement comme étant une réponse R à un stimulus S. Ainsi le comportementaliste « ne reconnaît aucune ligne de séparation entre l'homme et la bête ».

La parole peut cependant être prise en compte, mais en tant que comportement : « Le comportement, c'est ce que l'organisme fait et dit ».

Il comprend les réponses externes (ouvertes : motrices et verbales) et internes (couvertes : réponses physiologiques, émotions, images mentales, pensées). La pensée peut s'inclure dans le comportement en tant qu'elle consiste à se parler à voix basse, d'où l'idée de dialogue interne (comme chez Platon).

Le comportementalisme représente pour Watson aussi bien une psychologie scientifique, qu'*une conception philosophique de l'homme*, avec un projet d'améliorer la vie au quotidien grâce aux applications pratiques du *behaviorisme*. Dans la littérature, *Le meilleur des mondes* d'Aldous Huxley (1932) puis *1984* de George Orwell (1948) témoignent des fantasmes angoissants produits par cette nouvelle conception de l'homme, comme pouvant être soumis à un conditionnement des actes et de la pensée. De fait, bien que heurtant ses contemporains par une inversion radicale de l'abord du psychisme, présentant la conscience comme un épiphénomène sans conséquence et les pensées et sentiments comme plutôt des conséquences que des causes des comportements, Watson va peu à peu influencer et marquer toute la psychologie contemporaine. Malgré les accusations de réduire le psychisme humain de façon outrancière, Watson a eu le mérite de souligner les liens existant entre le comportement humain et le comportement animal et d'introduire scientifiquement le rôle du conditionnement dans le développement humain.

Si Watson a posé les bases d'une étude comportementale de l'homme, Skinner est le théoricien des thérapies comportementales (1937). Soulignant le rôle des « *renforcements* » dans le conditionnement, il distingue « conditionnement pavlovien » et « conditionnement opérant ». Dans le conditionnement opérant, c'est l'environnement qui façonne l'organisme, lequel s'adapte passivement en renforçant les comportements qui réussissent et en éliminant ceux qui échouent. Cette conception d'un apprentissage entièrement soumis à un modelage externe sera très contestée : les éthologues mettent en évidence l'influence du programme génétique propre à chaque espèce sur la nature et la période des apprentissages; la psychologie cognitive soulignera le rôle du traitement (interne) de l'information (polémique avec Chomsky).

Malgré la poursuite des recherches en laboratoire, les thérapies comportementales ne se développent qu'à partir des années 50, peut-être du fait de la forte implantation des théories psychanalytiques dans les milieux psychologiques et psychiatriques. Mais Eysenck en 1952, dans une étude comparative, remet en question l'efficacité des psychothérapies d'inspiration analytique, ouvrant le champ à d'autres méthodes psychothérapiques comme les thérapies comportementales. Wolpe, après avoir réalisé en 1952 des névroses expérimentales chez l'animal, sera le premier à mettre au point un traitement des phobies par désensibilisation (*Psychothérapie par inhibition réciproque* en 1958).

Les thérapies cognitives (ou thérapies cognitivo-comportementales) naîtront ensuite à partir des travaux de Beck (1959). Psychanalyste à l'origine, puis étudiant les cognitions conscientes et préconscientes dans la dépression, il développe des techniques visant à modifier les pensées automatiques et le dialogue interne dépressogènes. Ces thérapies s'étendent ensuite, abordant le traitement des phobies, des obsessions, de l'anxiété généralisée, des troubles de la personnalité… Ce courant sera renforcé par les théories de Bandura (1969) sur l'apprentissage, en particulier social, par imitation de modèle : il souligne le rôle des phénomènes cognitifs dans la transformation des comportements.

Enfin le courant de la *médecine comportementale*, à partir des années 1975, utilisera le modèle comportemental pour traiter des problèmes médicaux et psychosomatiques : douleur cancéreuse, anxiété ou dépression réactionnelles, hypertension, tabagisme…

Pour conclure cet historique, il faut souligner le mérite du comportementalisme de partir de faits et d'expériences concrètes, scientifiques, pour proposer un modèle explicatif de certains mécanismes de conditionnement ou d'apprentissage, assorti d'un modèle thérapeutique basé sur des techniques concrètes de modification de symptômes ciblés. Les critiques essentielles à l'encontre de ces modèles concernent leur extension abusive à l'ensemble du psychisme humain, alors réduit à une machinerie simpliste ne rendant pas compte des productions les plus riches (et gratuites) de l'homme : art, idées philosophiques, passions… tout ce qui échappe à une logique utilitaire et dont Freud a peut-être tenté de rendre compte en créant le concept de pulsion, et même de pulsion de mort (au-delà du principe de plaisir…). Le libre jeu du fonctionnement psychique est-il nécessaire à l'avènement et l'épanouissement d'un sujet, le reconditionnement du comportement ou de la pensée portant au contraire le risque d'un assujettissement à une norme sociale appauvrissante ? Et Watson franchit-il ce pas au moment où, contraint de quitter la psychologie, il se reconvertit dans la publicité pour y développer le marketing…

Le conditionnement classique (pavlovien) : le modèle « réflexe »

Il concerne les réflexes végétatifs et l'acquisition de nouveaux réflexes par simple association. Watson s'est beaucoup appuyé sur les travaux de Pavlov. Dès 1902, Pavlov, s'inspirant de Sechenov (qui considérait les événements mentaux comme des réflexes) et de Darwin (théorie évolutionniste), s'est intéressé aux réflexes conditionnels. Il a réussi à créer un réflexe conditionné chez un chien affamé, en faisant succéder régulièrement à un son de cloche la présentation de nourriture : une fois l'apprentissage terminé, le chien avait « appris » à saliver au simple son de la cloche, même en l'absence de nourriture.

Ce mode de conditionnement est représenté par les schémas suivants (où S = stimulus, R = réponse, I = inconditionnel, C = conditionnel) :

– à partir d'un réflexe inconditionnel : SI → RI ;

– l'association répétée SI + SC → RI réalise un conditionnement ;

– dont la résultante est un réflexe conditionné SC → RC.

Le réflexe inconditionnel RI en réponse à un stimulus inconditionnel SI (ici le réflexe de salivation devant la nourriture), est inscrit dans le patrimoine génétique de l'espèce. Un stimulus originellement neutre (la cloche) devient stimulus conditionnel SC par association répétée avec un stimulus inconditionnel SI (la nourriture). Il en résulte un nouveau réflexe, appris, conditionnel (salivation au bruit de la cloche).

Pavlov a aussi étudié les lois qui régissent ce conditionnement :

– la séquence temporelle : elle est optimale quand SC précède SI d'une demi-seconde;
– la généralisation : extension spontanée du réflexe conditionné à de nouveaux SC proches du premier;
– l'inhibition : elle peut être soit interne (par extinction naturelle en l'absence de renforcement, soit externe (par association de nouveaux SC au SI).

Pavlov a également créé le concept de « névrose expérimentale » et noté que si des facteurs extérieurs (stimuli contradictoires) pouvaient entraîner des névroses expérimentales, celles-ci dépendaient en grande partie de la « personnalité » de l'animal : le même traitement pouvant entraîner des névroses très différentes selon les chiens. Ceci a alors amené Pavlov à s'intéresser à la génétique du comportement. Bien que Pavlov n'ait jamais voulu généraliser ses découvertes sur les réflexes conditionnés chez l'animal à l'explication de l'ensemble du comportement humain, les premiers comportementalistes, reprenant et prolongeant ses travaux, ont tenté d'en faire une science générale du comportement humain.

Les *behavioristes* ont donc réalisé des expériences de conditionnement et déconditionnement chez l'homme. Dans une expérience éthiquement très discutable, Watson a ainsi créé une phobie chez le petit Albert (9 mois) en associant un bruit violent à la présentation d'un rat blanc inoffensif. Il a observé que la phobie se généralisait ensuite : coton blanc, lapin blanc, masque blanc… ; en revanche, les réactions anxieuses diminuaient lorsque l'enfant suçait son pouce. Mary Cover Jones (célèbre professeur américain de psychologie, pionnière des thérapies comportementales) a répété l'expérience avec Peter et lui a appris à se déconditionner de sa peur en suçant une glace; elle a découvert également le déconditionnement par imitation (la phobie s'estompe si l'enfant observe d'autres enfants qui jouent sans peur avec le rat). Quant à Joseph Wolpe (psychiatre américain d'origine sud-africaine), il a développé le concept d'inhibition réciproque chez l'animal : si l'anxiété inhibe la prise de nourriture, réciproquement la prise de nourriture inhibe l'anxiété. Chez l'homme, il a donc proposé (non pas la nourriture mais) la relaxation associée à des images mentales de l'objet phobique pour déconditionner l'anxiété.

Le conditionnement opérant (skinnérien)

Il concerne des comportements réflexes plus élaborés mettant en jeu le système musculaire squelettique et appris par renforcement (conséquences positives ou négatives d'une action). Skinner élargit ainsi le conditionnement pavlovien (extension par association de stimuli, à partir des réflexes végétatifs) à un conditionnement des comportements en général. Le conditionnement opérant a pour modèle la boîte de Skinner : un chien, enfermé dans une boîte, découvre qu'en appuyant sur un levier il obtient de la nourriture. Appuyant d'abord par hasard, il va progressivement accroître ce comportement, au fur et à mesure qu'il « apprend » le lien de causalité.

Il s'agit d'une réponse conditionnée par apprentissage des conséquences positives (renforcement positif) ou négatives d'une action. À la différence du conditionnement « classique », le conditionnement « opérant » ne s'appuie pas sur un réflexe préexistant, il ne passe pas par le système nerveux végétatif mais par le système musculaire squelettique. Le schéma est le suivant :

SD → R → renforcement positif ⟶ SD → RC

En présence d'un stimulus discriminatif SD (le levier), parmi toutes les réponses R possibles, une sélection s'opère en faveur de la réponse (appuyer) qui amène des renforcements positifs (nourriture). *C'est le renforcement qui conditionne la réponse conditionnée RC* (ultérieure). Au contraire lorsque le comportement ou la situation entraîne des conséquences négatives (aversives), la réponse conditionnée sera l'évitement du comportement ou de la situation. Enfin, lorsque le comportement n'amène aucune réponse positive ni négative, il se produit progressivement une « extinction » du comportement.

Skinner, contesté pour son extrapolation de certaines expériences à l'ensemble du comportement humain, a finalement nuancé sa théorie radicale de conditionnement du comportement (individu passif entièrement façonné par l'environnement) en introduisant la notion de transmission interhumaine des expériences par l'intermédiaire de la culture (notion qui sera développée par Bandura). Par ailleurs, la notion de conditionnement couvert (renforcement ou élimination des images internes suivant les mêmes lois d'apprentissage que le conditionnement ouvert) annonce les modèles cognitifs, qui redonnent une place à la pensée.

L'apprentissage vicariant (Bandura)

S'opposant simultanément aux écoles psychodynamiques (plaçant la motivation à l'intérieur de l'individu) et au *behaviorisme* strict (plaçant la motivation à l'extérieur), Albert Bandura a élaboré dans les années soixante-dix une théorie de l'apprentissage s'éloignant du modèle animal en prenant en compte l'importance de la composante sociale dans le comportement humain. *L'apprentissage social par imitation passe par des processus symboliques et cognitifs.* De plus, la personne ne subit plus seulement passivement l'environnement comme dans le modèle skinnérien; à partir de ses cognitions et émotions, elle initie aussi des comportements qui agissent sur l'environnement : c'est donc un modèle bidirectionnel, dans lequel la personne et l'environnement sont en constante interaction.

Albert Bandura et Richard Walters ont montré que de jeunes enfants pouvaient apprendre des comportements agressifs en observant des modèles réels ou des films. Il s'agit alors d'un apprentissage vicariant, c'est-à-dire dans lequel le sujet apprend non pas en expérimentant lui-même un comportement mais en observant un autre sujet qui reçoit un renforcement (récompense ou punition) en réponse à un comportement. Bandura a détaillé les étapes nécessaires à cet apprentissage vicariant, dont chacune peut être en cause dans un trouble de l'apprentissage : motivation à apprendre par observation, attention, rétention mnésique, réalisation du comportement à imiter. Ces différentes étapes cognitives sont donc des facteurs internes au sujet.

D'autres expériences ont démontré le rôle des processus cognitifs dans l'apprentissage : lorsqu'on soumet un sujet à une expérience de conditionnement verbal (visant à renforcer l'expression de certains mots), on constate que l'efficacité est bien supérieure lorsque le sujet a conscience du programme de renforcement de l'expérimentateur. En d'autres termes, ce n'est pas tant la récompense elle-même qui conditionne le sujet que le fait d'avoir réalisé une inférence concernant une récompense à venir. De fait, l'anticipation d'un renforcement serait d'une efficacité supérieure au renforcement réel, et serait finalement suffisante dans l'autorégulation du comportement humain.

Le modèle cognitif et les thérapies cognitives

Le modèle cognitif, tout en conservant le principe de l'apprentissage, a dépassé les limites du modèle comportemental, en s'intéressant, au-delà du comportement visible « ouvert », au comportement interne « couvert », et à son influence sur le comportement externe. Si Bandura, par le biais de l'apprentissage vicariant, a abordé le rôle des représentations dans la régulation du comportement, l'approche cognitive s'intéresse plus spécialement aux pensées. Les thérapeutes cognitifs se penchent donc sur les systèmes de croyance, les représentations, l'imagerie mentale consciente ou inconsciente. L'individu traiterait l'information en fonction de schémas inconscients, acquis par apprentissage au travers d'une somme d'expériences individuelles, de la pression familiale, de l'éducation, de l'apprentissage social… Ces *schémas cognitifs inconscients* (définissant alors un individu, sa représentation du monde, des autres et de lui-même) seraient stockés en mémoire à long terme et activés par certains stimuli externes, donnant lieu à des pensées automatiques facilement accessibles à la conscience, orientant l'interprétation des situations et les réponses affectives qui y sont liées. Ainsi, selon J. Cottraux, « chaque syndrome psychiatrique pourrait correspondre à des structures et à un dysfonctionnement cognitif spécifique ». Les thérapies cognitives visent donc à « modifier les croyances, les postulats irrationnels et les schémas cognitifs qui traitent inconsciemment l'information ».

Applications thérapeutiques

Elles sont nombreuses : les thérapies cognitivo-comportementales sont bien implantées dans le champ thérapeutique psychiatrique et reconnues au sein des milieux universitaires et des médias, tout en poursuivant un âpre débat avec les thérapies d'inspiration analytique. Ces thérapies « brèves » (présentant donc un rapport coût/efficacité intéressant) peuvent être couplées à d'autres approches, en particulier pharmacologiques.

Selon les indications, diverses techniques sont proposées. La désensibilisation par exposition *in vivo*, utilisant le principe de l'extinction spontanée en l'absence de renforcement négatif, confronte réellement le sujet à l'objet ou la situation phobogène. Les méthodes de relaxation permettent une exposition en imagination, la réponse anxieuse étant combattue par l'institution d'un nouveau réflexe, celui de la détente (déconditionnement par inhibition). Les thérapies cognitives reposent sur l'identification des pensées automatiques (pessimistes, anxieuses, etc.) afin de les remplacer par des pensées rationnelles (plus conscientes et réfléchies).

Les thérapies cognitivo-comportementales sont utilisées dans les *troubles anxieux* : phobies simples et agoraphobie (désensibilisation par exposition *in vivo*), attaques de panique (thérapie cognitive), phobies sociales (désensibilisation par exposition en groupe et thérapie cognitive d'affirmation de soi), troubles obsessionnels compulsifs (désensibilisation par exposition avec prévention de la réponse). Dans la *dépression*, la thérapie cognitive semble avoir une efficacité égale aux antidépresseurs. Pour la *réhabilitation des états psychotiques*, la méthode des économies de jeton est proposée en vue de développer les habiletés sociales et prévenir ainsi les rechutes. Face à l'*anorexie* et aux *troubles addictifs*, l'abord comportemental fait appel à des systèmes de « contrat » et de récompenses. En pédopsychiatrie, la méthode TEACCH utilise aussi un système de récompenses et de punitions pour éduquer les *enfants autistes* et développer leurs habiletés sociales.

Les critiques, issues des milieux analytiques, portent essentiellement sur les limites d'un traitement s'attaquant au seul symptôme : si ce symptôme constitue un mécanisme de défense au sein d'une organisation affective complexe et subtile, marquée par le développement infantile du sujet, inscrit dans une histoire personnelle et familiale qui le dépasse, les psychanalystes insistent sur la nécessité d'une prise de conscience et d'une réappropriation de ces déterminants internes inconscients pour pouvoir s'en détacher et atteindre à une liberté psychique plus grande. Le fait de rééduquer le symptôme apparent n'aboutirait qu'à un « déplacement » de celui-ci.

LE MODÈLE COGNITIVISTE (OU MODÈLE DE LA NEUROPSYCHOLOGIE COGNITIVE)

Ainsi que nous l'avons vu en introduction, le terme « cognitif » est un mot ambigu qui recouvre des théories distinctes, aux champs de recherche et aux niveaux d'observation très éloignés. Alors que la part cognitive des théories cognitivo-comportementales, s'inscrivant dans les théories de l'apprentissage, étudie des contenus de pensée (conscients ou inconscients) et leurs modalités d'expression, la *neuropsychologie cognitive*, inscrite au sein des sciences cognitives, s'intéresse aux mécanismes élémentaires de la pensée (qui permet d'agir, de communiquer, de ressentir des émotions) et à l'articulation entre cerveau et conduite. C'est en partie face et à partir du *behaviorisme* (courant dominant à l'époque) que va naître la psychologie cognitive, mais aussi en empruntant à des théories extérieures telles que la théorie de l'information, la linguistique, la cybernétique et ce qui allait devenir l'intelligence artificielle avec l'avènement de l'ordinateur.

Les *sciences cognitives* désignent l'analyse scientifique moderne, pluridisciplinaire, de l'esprit et de la connaissance sous toutes ses dimensions (F. Varela, 1996). On peut trouver de nombreux précurseurs (de Socrate à Piaget, en passant par Montaigne ou Merleau-Ponty) à cette révolution cognitive qui débuta dans les années quarante, en interaction avec les développements de la technologie (en particulier la naissance de l'ordinateur) et fut particulièrement développée au sein du MIT (États-Unis). Elles constituent un hybride de plusieurs disciplines toutes inter-résonantes : intelligence artificielle, neurosciences, psychologie cognitive, épistémologie, linguistique… Le cerveau a d'abord été considéré comme une entité logique, constituée de neurones incarnant des valeurs logiques binaires (vrai/faux) interconnectés de façon à former une machine déductive (Warren McCulloch, 1943); ces idées catalyseront l'invention de l'ordinateur, sous l'impulsion de John von Neuman. L'*hypothèse cognitiviste* naît alors dans les années cinquante (Herbert Simon, Noam Chomsky, Marvin Minsky, John McCarthy…), énonçant que la cognition humaine (ou artificielle) consiste à agir sur la base de *représentations* qui ont une réalité physique sous forme de code symbolique dans un cerveau (ou une machine). En plus du niveau de la physique ou de la neurobiologie, il existe donc un niveau symbolique distinct irréductible (celui du code). De plus, puisque les symboles sont des éléments sémantiques, les cognitivistes postulent un troisième niveau proprement sémantique ou représentationnel (F. Varela, 1996).

La psychologie cognitive part ainsi d'un postulat (issu des sciences de l'information) selon lequel les manifestations psychiques observables n'ont pas d'inscription directe dans le cerveau mais peuvent être décomposées en composants élémentaires qui ont eux une inscription cérébrale. Ces processus cognitifs élémentaires ne sont pas observables cliniquement mais peuvent être mis en évidence artificiellement, dans des conditions expérimentales (lors de tâches cognitives). Il existerait donc un niveau fonctionnel d'analyse, intermédiaire, entre le niveau clinique et le substratum neuroanatomique cérébral. Seuls des examens « fonctionnels » (tels que potentiels évoqués cognitifs, imagerie fonctionnelle... au niveau cérébral; performances, temps de réaction… au niveau comportemental) peuvent témoigner de ce niveau intermédiaire, cognitif.

Il s'agit alors de s'interroger sur l'architecture du système cognitif (G. Tiberghien et coll., 2002). L'approche modulariste de Fodor en est la conception la plus répandue : la cognition serait organisée en sous-systèmes spécifiques (« modules »). La distinction entre processus cognitifs automatiques (échappant au contrôle du sujet et peu coûteux en ressources attentionnelles) et processus contrôlés (nécessitant une intention et une attention de la part du sujet) est également cruciale dans notre compréhension des modalités de la cognition humaine, ainsi que dans les tentatives d'explication psychopathologiques. La psychopathologie constitue en retour un guide intéressant pour la question générale de la cognition humaine.

La *psychopathologie cognitive* se propose d'identifier les dysfonctionnements cognitifs spécifiques d'un trouble mental et de les articuler de manière explicative, d'une part à notre connaissance clinique, et de l'autre à notre savoir concernant les processus cérébraux. Par exemple dans la psychopathologie de la schizophrénie, Hardy-Baylé a montré le défaut d'utilisation de certains mécanismes cognitifs (prise en compte du contexte de la situation et attribution d'intention à l'interlocuteur et à soi-même) qui sous-tendrait le pattern clinique de la dissociation mentale. Ces difficultés cognitives peuvent être mises en évidence expérimentalement lors de tâches spécifiques, au niveau comportemental (échec à ces tâches spécifiques) et au niveau cérébral (absence d'activation cérébrale des « réseaux neuronaux » en lien avec ces processus cognitifs). Par exemple lorsqu'un mot ambigu est inséré dans une phrase, le schizophrène semble ignorer le contexte et interprète le mot dans son sens dominant (exemple : « tous les matins je prends ma *serviette* pour aller travailler au bureau »). Notons que ces anomalies cognitives se normalisent avec l'amélioration symptomatique. De même, les anomalies « frontales » observées au *Wisconsin Card Sorting Test* s'améliorent lors d'un dialogue avec un interlocuteur (qu'il reprécise la consigne ou qu'il écoute les verbalisations du sujet sur ses stratégies), à la différence des patients authentiquement « frontaux ». C'est pourquoi M.-C. Hardy-Baylé (2003) souligne que « ce modèle ne dit rien quant à l'étiologie de ce pattern de dysfonctionnement. Il constitue un modèle fonctionnel pathogénique permettant de décrire finement *comment* la communication *dysfonctionne*, d'un point de vue *neurocognitif*, mais non les raisons de ce dysfonctionnement ni les facteurs susceptibles de l'influencer». L'existence d'un substrat cérébral des processus élémentaires de pensée n'implique donc en rien une causalité organique des troubles psychiatriques.

Dans un autre champ clinique, les altérations des processus de communication qui constituent un des signes majeurs de l'autisme ont été opérationnalisées grâce à la «théorie de l'esprit». Celle-ci a été définie comme la capacité, acquise au cours du développement cognitif de l'enfant, de s'attribuer et d'attribuer à autrui des états mentaux, des intentions et des croyances. Simon Baron-Cohen, professeur de psychopathologie développementale et directeur du *Autism Research Centre* à l'université de Cambridge, a montré dans des expériences réalisées chez des enfants autistes la spécificité du déficit de la théorie de l'esprit chez ces sujets, comparés à des enfants normaux ou retardés mentaux : dans l'expérience de « Sally et Anne », les autistes sont incapables d'attribuer à Sally une croyance fausse concernant l'emplacement d'une bille déplacée par Anne *en l'absence de Sally* : ayant assisté eux-mêmes au déplacement de la bille, ils pensent que Sally va aller chercher la bille à son nouvel emplacement, alors que les enfants normaux répondent que Sally va aller chercher la bille dans son ancienne place (S. Baron-Cohen, 1985).

Un des obstacles auxquels se heurte cette psychopathologie cognitive est celui du manque de cohérence probable des entités cliniques telles qu'elles sont définies par les classifications contemporaines, fondées sur des regroupements statistiques et des critères diagnostiques choisis pour leur objectivité et leur facilité à être observés et reconnus. Ces critères ne sont donc pas toujours les plus pertinents pour définir une catégorie homogène, bien que l'homogénéité du groupe de patients soit indispensable à la mise en évidence expérimentale d'un trouble cognitif spécifique. Ceci rend nécessaire, par exemple dans l'étude cognitive de la schizophrénie, la délimitation d'un sous-groupe particulier, défini par la dissociation et la désorganisation de la pensée (déterminées par une nouvelle échelle diagnostique). D'où l'idée que la psychopathologie cognitive pourrait (comme toute théorie explicative, peut-être) se donner comme moyen, mais aussi comme but de repenser autrement la nosographie psychiatrique, non plus à partir de symptômes cliniques mais à l'aide d'une psychopathologie explicative (M.-C. Hardy-Baylé, 2003).

Par ailleurs si les troubles psychopathologiques sont reliés à des altérations cognitives, celles-ci peuvent devenir la cible des traitements, qu'ils soient pharmacologiques, ou psychodynamiques. Si les troubles sont la conséquence d'altérations des niveaux les plus élevés de la programmation de l'action (intégrant les représentations et les procédures), l'approche thérapeutique devrait concerner les niveaux les plus abstraits de la sémantisation et de la régulation de l'action. Les thérapies psychodynamiques seraient alors les plus adaptées. Besche souligne que les schizophrènes possèdent un potentiel cognitif à condition de les aider à l'exploiter de façon optimale. En revanche dans le cas de la dépression (que nous n'avons pas développé ici) où l'approche cognitive met en cause les mécanismes gérant le tempo de l'activité psychomotrice (Widlöcher), un traitement activateur serait plus justifié…

Enfin, selon M.-C. Hardy-Baylé, l'approche cognitive, en recentrant le questionnement sur le niveau pathogénique et non sur le niveau étiologique, permet de se dégager des raisonnements trop simplistes et des querelles d'écoles sur l'organogenèse ou la psychogenèse des troubles mentaux, tout en offrant un niveau d'étude fonctionnel pour penser et organiser les troubles mentaux dans une clinique explicative, au-delà de la clinique symptomatique catégorielle du DSM.

Néanmoins, à partir du questionnement sur la conscience et de la prise en compte de processus cognitifs inconscients, un dialogue tente de s'instaurer avec la psychanalyse (Besche, 2000). L'inconscient cognitif, constitué de processus qui échappent à la prise de conscience, diffère bien sûr de l'inconscient psychanalytique, système dynamique fait de représentations refoulées qui peuvent émerger (sous forme de rêves, lapsus, symptômes…). Mais des psychologues cognitivistes tentent de valider des hypothèses freudiennes ou par exemple des postulats issus de la théorie de l'attachement. Daniel Widlöcher (1994) considère d'ailleurs que l'*Esquisse d'une psychologie scientifique* de Freud est une des premières œuvres de psychologie et de psychopathologie cognitives. Dès 1963, K.M. Colby tente une modélisation informatique du processus névrotique, conçu comme un conflit entre des croyances contradictoires. Le programme cherche à partir des énoncés ceux qui sont sources de conflit (je hais mon père/je dois aimer mon père) et procède alors à des transformations de ces énoncés selon des « mécanismes de défense » : négation, projection (inversion du sujet et de l'objet), etc. Une des nombreuses critiques adressées à cette simulation informatique est de se cantonner à un niveau syntaxique sans accéder au niveau sémantique (lien sémantique par exemple entre un père, un mari, un cheval…). Il est intéressant de noter que K.M. Colby a ensuite conçu une modélisation d'un processus plus circonscrit : la pensée paranoïaque, dans un système informatique plus complexe baptisé « PARRY », achevé dans sa version définitive en 1981, et doté d'affects (peur, colère, honte, désespoir, intérêt, joie). Il s'appuie sur la théorie des affects de Tomkins (1962), avançant le rôle prépondérant de la honte dans la genèse de la paranoïa : le sentiment de sa propre inadéquation, activé par un *input* pertinent, génère une procédure symbolique de traitement de l'information destinée à supprimer l'émergence de l'affect négatif. Il a pu valider ce modèle dans des entretiens *via* téléscripteurs menés par un psychiatre, comparés aux mêmes entretiens *via* téléscripteurs avec 3 vrais patients paranoïaques (test d'indistinction de Turing). Les psychiatres ne pouvaient discriminer les vrais patients du modèle PARRY (Monique de Bonis, 1994).

Cependant, à l'heure actuelle, malgré des débuts prometteurs, l'approche cognitive se heurte encore à un certain nombre de limites, telles que la réduction de son champ d'investigation et de compréhension à des domaines restreints de la pathologie psychiatrique. Une autre limite concerne la difficulté de définir le rôle des psychotropes dans les dysfonctionnements observés à l'intérieur d'une catégorie de patients. D'autres critiques ont été formulées (souvent de l'intérieur) comme celles de sous-estimer l'intrication affective dans le traitement de l'information, ou de ne pouvoir rendre compte de notions plus profondes tels que le sujet, la conscience… dont l'étude est remise toujours à une date ultérieure, à laquelle les sciences cognitives auront atteint une maturité suffisante.

Les applications thérapeutiques à attendre dérivent surtout des avancées dans la compréhension des mécanismes psychopathologiques, dont dépendent un meilleur diagnostic, une meilleure prévention et une meilleure prise en charge thérapeutique, quelle qu'en soient les modalités (familiale, cognitivo-comportementale, analytique, médicamenteuse, institutionnelle, etc.). Par exemple, la mise en évidence de compétences cognitives très précoces chez le nouveau-né et même chez le fœtus a permis de penser autrement la communication avec celui-ci et donc la prévention des traumatismes psychologiques ou des troubles de la relation mère/enfant.

LE MODÈLE SYSTÉMIQUE

Depuis les années 1950, un ensemble de cliniciens élabore une approche thérapeutique originale et novatrice par rapport aux démarches classiques (psychiatriques ou psychanalytiques) : l'approche systémique.

Le thérapeute essaie de comprendre ce qui fonde la famille. Il s'intéresse aux règles et au mythe familial, aux processus de rétroactions à l'œuvre dans les transactions, aux buts recherchés, aux mécanismes d'équilibre et aux pressions vers le changement. Il observe les modalités de communication, la congruence, le niveau de différenciation et d'engagement au sein du système. Il s'intéresse au niveau de remise en question permis, à la flexibilité des rôles ainsi qu'à leur degré d'adaptation à l'état actuel du système. L'approche systémique part de l'hypothèse qu'il faut « moins un changement dans le système qu'un changement du système » ou qu'il faut « moins une thérapie dans le système qu'une thérapie du système » (Kourilsky-Belliard, 1999).

La différence avec les autres modèles présentés dans ce livre, est que le thérapeute familial ne va pas se focaliser sur le symptôme. Même s'il existe de nombreux travaux sur les transactions schizophréniques, addictives, anorexiques ou psychosomatiques, il n'existe pas de profil familial unique pour une symptomatologie déterminée. Don Jackson mettait en garde les thérapeutes dans ce sens : « Il est cependant essentiel de ne pas perdre de vue la précarité fondamentale d'un recours au symptôme comme point de départ d'une recherche sur l'interaction familiale. Des familles de schizophrènes, de délinquant, de névrosés peuvent avoir entre elles plus de points communs que de différence, tant en ce qui concerne leur structure formelle que la façon dont elles réagissent lorsque la société s'aperçoit qu'un de leur membre est déviant» (Jackson, 1981). L'approche systémique est également appropriée avec un patient seul en thérapie individuelle. Cependant dans ce chapitre, nous présenterons les thérapies familiales systémiques.

HISTORIQUE

Développement du modèle systémique

Aux États-Unis, le travail avec les familles a commencé dès la fin du XIXe siècle, sous l'impulsion des travailleurs sociaux (*the social-work movement*), du planning familial (*the sexual-reform movement*), des éducateurs (*the family-life-education movement*) et des acteurs du mouvement de *guidance* infantile (*Child Guidance movement*).

Ernest Burgess est un des premiers à considérer la famille comme un système dynamique constitué de personnes interagissant les unes sur les autres : « Quel que soit le niveau d'observation, l'unité réelle de la vie familiale provient non pas d'une conception légale ou d'un contrat formel, mais de l'interaction des membres entre eux… Parce que la famille ne dépend pas pour sa survie des relations harmonieuses entre ses membres, elle ne se désintégrera pas non plus nécessairement s'il y a un conflit entre ses membres. La famille est vivante aussi longtemps que l'interaction existe et disparaît seulement lorsque l'interaction cesse » (Burgess, 1926/1972).

En 1937, paraît le premier article sur la famille écrit par Nathan Ackerman (1908-1971), le « grand-père de la thérapie familiale », *The Unity of the Family*. Pédopsychiatre et psychanalyste à New York, il fut l'un des tous premiers à inclure l'ensemble de la famille dans le traitement de problèmes émotifs d'un individu. Il était particulièrement intéressé par les transferts, les projections entre les membres de la famille ainsi que les rôles tenus par chacun. Il a créé en 1960 un institut de formation à la thérapie familiale, le *Family Institute*, renommé l'*Ackerman Institute for the Family* en 1971, après le décès d'Ackerman.

Deux autres figures ont marqué les débuts de la thérapie familiale : Harry Stack Sullivan (1892-1949) et Frieda Fromm-Reichmann (1889-1957). Harry Stack Sullivan (1953) a défini la psychiatrie comme l'« étude du comportement interpersonnel » et a mis l'accent sur les schémas comportementaux observables dans le domaine interpersonnel. Il a montré que l'angoisse, terme pris dans un sens richement élaboré, est le pivot autour duquel les relations humaines s'organisent. Il a développé une compréhension particulièrement riche de la manière dont les structures familiales servent de défenses contre les affects douloureux. De son côté, après ses études de médecine, Frieda Fromm-Reichmann a entrepris un type particulier de thérapie psychanalytique avec des psychotiques, qu'elle explicite dans son livre *Principes de psychothérapie intensive* (1950). Tous les deux conçoivent la schizophrénie, non comme l'aboutissement d'un organisme malade, mais comme la résultante d'une série d'interactions pathogènes dans laquelle un individu est pris.

Ces deux psychiatres ont beaucoup influencé Don D. Jackson (1920-1968) qui fut leur élève à tous les deux. Don Jackson collabore avec Gregory Bateson à partir de 1954 et c'est en 1956 que l'article *Vers une théorie de la schizophrénie* sera publié par Bateson, Don Jackson, Weakland et Haley. Cet article qui propose une nouvelle compréhension de la schizophrénie est considéré comme le fondement des thérapies familiales systémiques. En 1959, Don Jackson crée le *Mental Research Institute* (MRI), qu'on appelle aussi l'École de Palo Alto. Il s'entoure d'une équipe dynamique composée de Paul Watzlawick, linguiste, spécialiste en communication et psychothérapeute, Virginia Satir, enseignante et travailleuse sociale, Jules Riskin, psychiatre puis en 1962 Weakland et Haley. L'École de Palo Alto a une activité importante de recherche et de pratique clinique avec la création en 1967 du Centre de thérapie brève. Leur approche est centrée sur la résolution du problème, celui-ci apparaissant comme une tentative inefficace de résolution d'un problème antérieur. Les règles familiales empêchent de chercher de nouvelles modalités plus efficaces. Le thérapeute n'explore pas le passé pour trouver les causes du problème, il s'intéresse au fonctionnement actuel de la famille et l'aide à changer les règles auxquelles obéissait jusque-là la recherche de solution dans la famille. Puisque des boucles de *feedback* maintiennent des schémas de réponses inadaptés, l'intervention consiste à établir des boucles différentes de *feedback*, pour arriver à des modalités efficaces de résolution des problèmes. Le processus de recherche de solutions s'effectue en quatre étapes :

– mettre en évidence la boucle d'interaction qui représente le problème;
– identifier les tentatives de solutions réalisées jusqu'à présent;
– comprendre les règles communes à l'ensemble de ces tentatives;
– préparer une intervention vraiment différente à mettre en œuvre dans la famille.

L'approche de l'équipe du Centre de thérapie brève est active et utilise surtout des techniques verbales indirectes et paradoxales pour réaliser le changement. C'est une approche essentiellement stratégique, mais ce qui en a été retenu est l'aspect d'intervention brève, sous lequel d'ailleurs elle se faisait connaître. Le thérapeute a un grand pouvoir, il ne peut éviter d'influencer le patient et a une responsabilité éthique face aux effets de ses interventions sur la vie de ses patients. Le MRI est probablement le centre qui a le plus marqué l'application de la théorie des systèmes dans le domaine de la recherche, de la formation et de l'intervention auprès des familles. Il organise un congrès annuel sur différents thèmes. Les travaux effectués par le MRI ont suivi trois grandes directions de recherche : une théorie de la communication, une méthodologie du changement et une pratique thérapeutique. Ils se sont intéressés à l'axe appelé « ici-et-maintenant » (*hic et nunc*), par opposition à l'axe transgénérationnel. Pour eux, le passé se retrouve dans le présent.

Les pionniers de la thérapie familiale

La démarche de l'École de Palo Alto est aussi celle d'autres équipes, à différents endroits dans les États-Unis et dans le monde entier. Ces équipes vont développer leur propre approche et il serait en fait plus judicieux de parler des thérapies familiales plutôt que la thérapie familiale de manière générale, tant les approches sont diverses. Nous pouvons distinguer trois axes de travail dans ces modèles : l'axe synchronique de l'ici-et-maintenant, l'axe diachronique transgénérationnel et l'axe écosystémique. Selon les approches, les auteurs mettront davantage l'accent sur l'un ou l'autre de ces axes. Certains des pionniers de la thérapie familiale ont été très marqués par le courant psychanalytique : Stierlin, Richter, Murray Bowen, Ivan Boszormenyi-Nagy. D'autres comme Virginia Satir et Carl Whitaker ont développé un modèle très personnel : Satir a conçu un modèle humaniste tandis que Whitaker a élaboré la thérapie familiale symbolique/expérientielle. Jay Haley, issu de l'École de Palo Alto, a développé l'approche stratégique. Salvador Minuchin est le chef de file de l'approche structurale. L'École italienne est à l'origine de plusieurs modèles : l'École de Milan avec Mara Selvini-Palazzoli, l'École de Rome avec Maurizio Andolfi et son approche trigénérationnelle et Luigi Onnis qui travaille avec les sculptures. Nous ne ferons pas ici une présentation exhaustive de toutes ces approches. Le lecteur pourra se reporter au *Panorama des thérapies familiales*, de Mony Elkaïm (1995) et au livre de Karine et Thierry Albernhe (2000), *Les thérapies familiales systémiques*. Nous indiquons ci-après quelques-uns des principaux courants ayant marqué la réflexion et la pratique des thérapeutes familiaux.

LES PRINCIPAUX COURANTS

La théorie bowenienne (*Bowen Family Systems Theory*)

Le psychiatre Murray Bowen (1913-1990), né dans un village du Tennessee, est l'aîné d'une fratrie de cinq. Il a travaillé comme chirurgien à New York avant de servir dans l'armée pendant la seconde guerre mondiale puis s'est orienté vers la psychiatrie et a suivi une formation à la Fondation Menninger à partir de 1946 où il a travaillé ensuite jusqu'en 1954. Il a participé à une recherche sur les familles de schizophrènes au *National Institute of Mental Health* dans le Maryland jusqu'en 1959 puis a enseigné à l'université. En 1975, il a fondé le *Georgetown Family*

Center qu'il a dirigé jusqu'à sa mort en 1990. Murray Bowen est l'un des pionniers de la thérapie familiale bien qu'il ait travaillé davantage avec l'individu ou les couples. Son approche se situe à l'intersection de l'intrapsychique et du systémique. M. Bowen conçoit la famille comme un système émotionnel : ses membres sont liés de telle sorte que le fonctionnement de l'un influe automatiquement sur le fonctionnement de l'autre. Il a créé la BFST (*Bowen Family Systems Theory*), une théorie des « systèmes émotionnels » qui comporte neuf concepts essentiels que nous allons détailler : la différenciation du soi, l'angoisse, les triangles, le système émotif familial nucléaire, le processus de projection familiale, la mise à distance émotive ou *cut-off*, le processus de transmission sur plusieurs générations, la position dans la fratrie, et la régression de la vie en société.

La « différenciation du soi » est la pierre angulaire de la BFST. Après avoir longuement médité sur les différences de fonctionnement interindividuelles, Bowen s'intéresse plus spécifiquement aux processus de différenciation du soi qu'il situe sur une échelle selon trois niveaux :

– le bas niveau de différenciation : de 0 à 25 ;
– le niveau moyen de différenciation : de 25 à 50 ;
– le niveau moyen à bon : de 50 à 75.

En fonction de leur niveau de différenciation, les sujets seront plus ou moins autonomes. Le niveau de différenciation d'une personne est en grande partie déterminé au moment où elle quitte sa famille parentale et tente d'avoir une existence propre ; parce qu'elle ne peut s'empêcher de reproduire le style de vie de sa famille parentale. En résumé dans la conception bowenienne, lorsque plusieurs individus d'une même famille ont tendance à fusionner, à se mélanger, comme dans certaines familles très immatures, M. Bowen parle de « fusion moïque, d'unité émotionnelle familiale, de masse moïque familiale indifférenciée ou encore de masse indifférenciée de l'ego familial ». À l'autre extrémité de l'échelle, le sujet adulte en parfaite santé mentale, a une pleine maturité émotionnelle, s'exprimant par le fait qu'il n'a aucun problème à maintenir les frontières de son Moi. Et entre les deux se situe l'enfant, dont l'autonomie consiste en un détachement progressif du Moi parental, mais celle-ci est entravée par l'angoisse des parents, et surtout par le degré personnel d'autonomie de chacun d'eux par rapport à ses propres parents, et il en déduira que l'attachement émotionnel irrésolu témoigne du reste d'attachement subsistant entre l'enfant et ses parents et représente un vecteur de différenciation.

L'angoisse est une variable essentielle du système émotionnel. La définissant comme la peur d'une menace réelle ou imaginaire, M. Bowen la divise en deux types qu'il qualifie d'aigu ou chronique. Dans une même famille, chaque génération hérite du niveau d'angoisse chronique des générations précédentes et l'intensification ou la réduction de ce seuil d'angoisse dépend autant des efforts des individus concernés que des difficultés auxquelles doit faire face la famille.

Les relations familiales duelles (couple parental le plus souvent) sont instables en situation de conflits et les membres cherchent à diluer la tension en introduisant une troisième personne, formant ainsi un triangle. Le triangle serait « le plus petit système relationnel stable » mais pas nécessairement le plus efficace à moyen et long terme pour résoudre les conflits et permettre un développement harmonieux des membres. Le *concept de triangle* décrit un système d'interaction à trois participants : globalement, le processus de triangulation implique une dyade, plus un tiers qui fait figure d'*outsider*. En règle générale, tout accroissement de l'angoisse à l'intérieur d'une dyade provoquera un malaise qui incitera ses membres à rechercher un interlocuteur extérieur. C'est donc l'angoisse qui conduit à la formation du triangle, elle peut aussi déborder et activer des triangles additionnels : M. Bowen parle dans ce cas de triangles imbriqués, et cette imbrication est parfois si poussée qu'il devient presque impossible de distinguer les différents triangles impliqués. Le triangle n'est ni statique ni figé ; il se modifie au fil du temps.

Le système émotif familial nucléaire diffère selon la façon dont le couple parental et la famille nucléaire gèrent les difficultés entraînées par l'attachement émotionnel irrésolu, ce que M. Bowen nomme le processus émotionnel dans la famille nucléaire. Plus le niveau de différenciation du soi sera élevé dans une famille donnée, plus les individus seront en mesure de maintenir leur fonctionnement quand l'angoisse s'accroîtra et moins les écarts de fonctionnement porteront à conséquence quand ils se manifesteront. M. Bowen a remarqué que quatre configurations manifestement liées aux attachements émotionnels irrésolus sont typiques des couples angoissés :

– la distance émotionnelle : quand l'angoisse montera, les conjoints impliqués réagiront en limitant leurs contacts ;

– le conflit conjugal : on observe une réaction en chaîne émotionnelle qui empêche en général la résolution du problème et peut déboucher sur des actes de violence :

– le dysfonctionnement d'un des conjoints qui démissionne en quelque sorte de son rôle, laissant les responsabilités à l'autre et pouvant parfois présenter un grave dysfonctionnement émotionnel, physiologique ou social ;

– la projection du problème sur un enfant : c'est un processus qui commence avec l'angoisse de la mère. L'enfant y répond aussi par de l'angoisse qu'il perçoit de manière erronée comme étant un problème existant chez lui. L'enfant devient alors de plus en plus fragile tout en ayant des exigences de plus en plus nombreuses.

Le *concept de transmission* multigénérationnelle exprime comment la répétition transgénérationnelle du processus de projection familiale peut amener à la longue les diverses branches d'une même famille à présenter des niveaux de différenciation différents, qui induiront une plus ou moins grande vulnérabilité aux dysfonctionnements.

La position occupée dans la fratrie influe aussi bien sur les processus familiaux que sur les attitudes particulières qu'adoptent les individus angoissés. M. Bowen s'appuie sur les travaux de Walter Toman (1961).

Le *concept bowenien de coupure émotionnelle* (*emotional cut-off*) s'applique aux situations qui se caractérisent par une mise à distance émotionnelle maximale, à la façon de se séparer de son passé pour s'engager dans la vie au niveau de sa propre génération. Il peut s'agir d'une coupure physique ou d'une coupure intériorisée, les effets de ces stratégies n'étant pas identiques.

Dernier concept : la *régression de la vie en société*; pour M. Bowen, les processus qui sont à l'œuvre dans la famille opèrent également au niveau social et amplifient les dysfonctionnements familiaux et les problèmes individuels.

La thérapie contextuelle

La thérapie contextuelle a été élaborée à la fin des années 1950 par l'équipe de l'Institut psychiatrique de Pennsylvanie Est (*Eastern Pennsylvania Psychiatric Institute*) où Ivan Boszormenyi-Nagy, James Framo, David Rubenstein, Geraldine Spark et Gerald Zuck ont développé leurs théories et donné des conférences pour expliciter leur démarche. Ivan Boszormenyi-Nagy, psychiatre hongrois, né en 1920 à Budapest, apparaît comme le fondateur de la thérapie contextuelle et l'un des pionniers du mouvement des thérapies familiales. En 1957, il est nommé directeur de l'unité de recherche pour le traitement de la schizophrénie de l'*Eastern Pennsylvania Psychiatric Institute* et écrit en 1973 avec Spark, *Invisible loyalties. Reciprocity in intergenerational family therapy.*

I. Boszormenyi-Nagy développe son approche à partir des acquis de la psychanalyse classique, des théories de la relation d'objet, de la philosophie existentielle de type hégélien, de la théorie des systèmes. La thérapie contextuelle propose un schéma conceptuel qui permet l'inclusion de nombreux aspects significatifs des autres approches psychothérapiques, dans la mesure où elles ont un intérêt éthique. C'est autour de la notion de contexte que s'est construite la thérapie contextuelle : le contexte correspond à « l'ensemble des personnes qui sont potentiellement concernées par le travail thérapeutique » (Boszormenyi-Nagy, Grunebaum et Ulrich, 1991) et fait référence à « l'ensemble des individus qui se trouvent dans un rapport d'attente et d'obligation ou dont les actes ont un impact sur l'autre » (Ducommun-Nagy, 1995). Ce terme de « contexte » indique donc l'importance de l'éthique dans les relations humaines.

I. Boszormenyi-Nagy définit quatre dimensions de la réalité relationnelle. La dimension des faits recouvre la réalité dans ses différents aspects biologiques, médicaux, sociaux ou historiques qui ont une conséquence sur la balance éthique des relations. La dimension de la psychologie individuelle sera comprise à partir des acquis de la psychanalyse freudienne ou jungienne et des théories de la relation d'objet ainsi que les théories cognitives et celle du développement intellectuel de Piaget. La dimension transactionnelle des relations interpersonnelles prend en compte les transactions et la communication au sein de la famille. Enfin, la dimension de l'éthique relationnelle exprime l'idée que chacun donne en fonction de ce qu'il a reçu. I. Boszormenyi-Nagy propose l'image du « livre des comptes » et celle de la « balance de l'équité » pour décrire ce rapport d'obligation ou de mérite entre deux personnes. Les relations interpersonnelles peuvent être explorées par le thérapeute ou le chercheur à partir des idées de justice, de loyauté, de confiance, de fiabilité, de légitimité, d'équité, car elles engagent une dimension de responsabilité, au sens éthique.

C'est cette dimension éthique qu'il va explorer plus particulièrement, essayant de comprendre les motivations qui nous poussent à agir de telle ou telle façon. L'approche contextuelle réintroduit l'histoire et principalement l'histoire relationnelle car chacun garde en mémoire ce qu'il a donné et ce qu'il a reçu. Nous pouvons ainsi faire la balance entre le donner et le recevoir. Entre ce que chacun donne et reçoit, se crée dans une relation, un équilibre indispensable pour sauvegarder la qualité essentielle de la relation : la fiabilité. En fonction de l'équilibre des plateaux de la balance ou du bilan du Livre des Comptes, deux types de motivations vont caractériser la dimension éthique des relations : la légitimité constructive et la légitimité destructrice selon laquelle la personne lésée attend une compensation de la part des autres afin de réparer les injustices du passé. Les disputes, les passages à l'acte, les choix, etc. ne sont plus la conséquence linéaire d'une cause identifiable (entraînant l'illusion que supprimer la cause fera disparaître la conséquence), et les comportements des individus trouvent leur sens dans le réseau dense et complexe d'interactions passées et actuelles qui les ont engendrés.

Pour comprendre comment il est possible d'amener une personne à se décentrer de sa légitimité destructive pour s'appuyer sur sa légitimité constructive et redevenir capable d'agir positivement, il faut introduire un autre concept : la reconnaissance. Celui qui est crédité pour son mérite, reconnu par les autres, pourra utiliser sa légitimité positivement. En travaillant sur les injustices ressenties, le thérapeute pourra faire renaître chez les membres de la famille la perspective d'être reconnu dans le futur pour ce qu'il fait, ce qui donne l'envie de donner davantage aux autres.

I. Boszormenyi-Nagy s'appuie sur les écrits de Martin Buber (1958) et introduit dans le champ de la thérapie familiale le concept de loyauté qui désigne le besoin existant chez chaque individu de répondre aux attentes d'ordre relationnel du groupe dans lequel il est engagé. Toute relation entre personnes implique des mouvements de loyauté chez les protagonistes. « Le contexte de loyauté est issu soit d'un rapport biologique de parenté, soit d'attentes de réciprocité résultant d'un engagement relationnel. Dans les deux cas, le concept de loyauté est de nature triadique. Il implique que l'individu choisisse de privilégier une relation au détriment d'une autre ».

Tous les membres d'une famille sont enveloppés dans un réseau de loyautés mutuelles consistant en un ensemble de droits et de redevances réciproques. C'est ainsi que chaque membre est amené à internaliser les expectatives du groupe, chaque membre est censé adopter un comportement permettant de se conformer aux injonctions internalisées et d'honorer les attentes inscrites dans le patrimoine. L'enfant doit sa venue au monde à ses parents. Ayant reçu la vie, l'enfant va éprouver le besoin de s'acquitter d'une obligation éthique à l'égard de ses géniteurs. Quels que puissent être les événements survenus depuis sa naissance, ce lien de loyauté en tant qu'obligation existentielle et éthique va perdurer toute sa vie. Par exemple, si nous observons Rudy, 8 ans, qui se fait beaucoup remarquer à l'école par son comportement perturbateur et mobilise l'attention de ses parents convoqués sans arrêt par la maîtresse, nous pouvons voir dans ce comportement l'expression de sa loyauté envers son père si celui-ci avait été lui-même un enfant perturbateur ou une loyauté envers ses deux parents si son comportement permet ainsi de les détourner d'un conflit conjugal imminent.

La loyauté serait cette dette que chaque enfant porte envers ses parents. Une fois que les parents ont acquis leur légitimité aux yeux de l'enfant, ce dernier devra se montrer loyal pour, en quelque sorte, rembourser sa dette envers eux. Les parents ayant des histoires et des familles d'origine différente, parfois il faut choisir entre être loyal à la mère ou loyal au père. D'autres situations peuvent amener des conflits de loyauté comme celle que vivent en général les enfants adoptés. L'enfant doit prendre en considération à la fois la loyauté primitive envers ses parents naturels et sa loyauté acquise envers ses parents adoptifs. La compétition entre ces deux loyautés peut engendrer un conflit de loyauté plus ou moins important. L'enfant est tiraillé entre deux forces d'attraction, justifiées, concurrentes mais non mutuellement exclusives. Il s'agit là de loyautés verticales, mais lorsqu'il s'agit de relations entre pairs, des loyautés horizontales s'instaurent de la même façon.

Des conflits de loyautés peuvent émerger entre loyautés verticales et loyautés horizontales. Inhérents au cycle de vie de chacun, ils ne sont pas en eux-mêmes pathogènes. I. Boszormenyi-Nagy introduira alors la notion de loyauté clivée pour définir le processus dans lequel l'enfant est pris lorsqu'il ne peut être loyal à un parent sans être déloyal au second parent. Il s'agit là d'un phénomène destructeur car l'enfant est coincé entre deux loyautés et il est contraint de choisir l'une au détriment radical de l'autre. Dans une telle situation intenable, la confiance de base de l'enfant ne peut être que fragmentée et sa capacité relationnelle future sera fortement entravée. Pour Jean-François Le Goff (2000) le suicide serait souvent une tentative de résolution du clivage de loyauté. Dans un cas de rupture violente entre les deux parents, Lucie, 14 ans, n'est pas autorisée par sa mère à revoir son père. Mme H. dresse un tableau très noir de son ex-mari devant sa fille. Lucie est prise dans un clivage de loyauté. Si elle tente d'adoucir le tableau, elle est déloyale envers sa mère. Si elle cautionne le discours de sa mère, elle est déloyale envers son père. De même ses tentatives pour voir son père en cachette de sa mère seront vécues comme des trahisons. Quoi qu'elle fasse, elle se sentira mal. Ce concept de loyauté nous semble très pertinent dans la compréhension des familles qui viennent consulter. L'approche de I. Boszormenyi-Nagy a fait école dans de nombreux pays européens : France, Belgique, Pays-Bas, etc.

L'approche stratégique

Jay Haley et Cloé Madanes sont à l'origine de l'approche stratégique qui s'est développée à partir de la démarche thérapeutique ericksonienne, des travaux du *Mental Research Institute* à Palo Alto et de l'influence de Minuchin (Haley, 1981).

Jay Haley est entré à l'âge de 29 ans dans le groupe de Palo Alto en 1952. Il a participé activement aux recherches sur le double lien mais il a surtout été influencé par Milton H. Erickson qui, à travers ses techniques d'hypnose, l'a amené à s'intéresser aux paradoxes de la communication. Tout son intérêt demeurera centré autour du changement et de la dynamique du changement. À partir de 1967, il a rejoint Minuchin à Philadelphie et depuis 1975, il s'est installé à Washington où il a fondé le *Family Therapy Institute* avec Cloé Madanes, son épouse. J. Haley a été le premier rédacteur en chef de la revue *Family Process*. La thérapie stratégique est un modèle pragmatique tourné uniquement vers l'intervention clinique. Elle se compose de deux axes théoriques : l'un tente de rendre compte de ce qui entretient un problème, l'autre du changement.

J. Haley insiste sur le caractère symétrique ou complémentaire des échanges visant le contrôle des relations, et sur les paradoxes inévitables dans les communications. Il a une approche active, élabore des plans et des stratégies adaptées à chaque situation, déséquilibre systématiquement les familles par des paradoxes. Nous pouvons dire qu'une thérapie est stratégique lorsque le praticien provoque ce qui se passe au cours de la thérapie et prévoit une approche particulière pour chaque problème. C'est lui qui prend l'initiative : il identifie les problèmes, fixe les objectifs, prévoit les interventions, apprécie les réponses et corrige son approche. En dernier lieu, il vérifie le résultat.

La connaissance du problème et du contexte, la sympathie, la compétence et l'empathie sont autant d'éléments qui contribuent à instaurer une relation de coopération entre le thérapeute et ses clients. Nous voyons là que si J. Haley ne met pas le concept d'affiliation en avant, des exigences de coopération sont présentes dans la thérapie directive qu'il propose. Cloé Madanes apporte de la spontanéité, de la créativité, une chaleur et une attention ouverte au vécu des membres de la famille. Elle rejoint Satir par la compassion qu'elle témoigne aux familles et au pouvoir de l'amour qu'elle met en avant dans sa pratique.

La thérapie stratégique se définit comme une thérapie qui respecte l'individu, conforme à l'éthique, mais aussi une thérapie efficace, pratique sur le plan du temps et des ressources du client. J. Haley et C. Madanes ont élaboré une théorie simple, tant à enseigner qu'à acquérir et une approche thérapeutique qui propose une vision positive du potentiel humain. En tenant compte de ces principes, quatre variables semblent pertinentes pour le travail thérapeutique avec la famille :

– la *protection* : il s'agit de trouver une lecture positive de la manière dont certains membres dans une famille essaient d'en aider d'autres de diverses façons inefficaces (Madanes, 1981);

– l'*unité* : le triangle est l'unité de construction fondamentale en thérapie stratégique car il est à la fois suffisamment important pour permettre de décrire une coalition ou d'autres types d'interaction complexes (J. Haley, 1980) et assez simple pour constituer un outil pratique en thérapie;

– la *séquence* : il s'agit là de s'intéresser à l'ordre séquentiel des interactions impliquées dans le problème présenté afin de remplacer des séquences où le problème est exacerbé par des séquences au contraire apaisantes;

– la *hiérarchie* : parler de hiérarchie, c'est décrire, dans un contexte générationnel, l'expression de l'amour, de la protection et du pouvoir dans une famille. Une hiérarchie adéquate résulte non seulement de la capacité d'imposer des règles et ce qui en découle, mais encore de celle de protéger, d'apaiser et de rendre heureux. Là où cela devient dysfonctionnel, c'est lorsqu'on observe des coalitions intergénérationnelles car elles peuvent faire obstacle à un changement positif, par exemple un enfant et un grand-parent ligués contre un parent, ou encore un père et un fils qui font bloc contre la mère. On retrouve là l'influence de Minuchin avec la notion de perméabilité des frontières et d'enchevêtrement des sous-systèmes.

Comme S. Minuchin, J. Haley insiste sur la hiérarchie et le pouvoir relié aux positions familiales, l'importance des conditions sociales et matérielles de vie. Il étudie les hiérarchies familiales, les séquences de comportement et les *patterns* de communication, dans l'ici-et-maintenant. Selon lui, toute communication fait partie d'une lutte de pouvoir. Cette idée concerne les relations entre les membres de la famille mais aussi les relations entre la famille et le thérapeute.

La thérapie structurale de Minuchin

Né en Argentine en 1921 dans une famille juive commerçante, Salvador Minuchin, le chef de file de l'École structurale, travaille d'abord comme pédopsychiatre avec des enfants qui ont survécu à l'Holocauste. Il commence sa carrière de thérapeute familial aux alentours de 1958 ou 1959 à Witwyck avec des adolescents délinquants issus des ghettos. Ses expériences personnelles et professionnelles l'ont sensibilisé à l'impact des conditions environnementales sur les familles et les jeunes. Avec ses collègues Edgar Auerswald, Braulio Montalvo, Bernard Guerney, Bernice Rosman, Harry Aponte, il développe une vision empirique qui va prendre forme progressivement et être reconnue comme «l'approche structurale».

Sa contribution concernant l'étude des familles anorexiques et des familles en situation précaire a beaucoup influencé le champ des thérapies familiales.

L'approche structurale de S. Minuchin repose sur quatre concepts essentiels : la structure, les règles, les sous-systèmes et les frontières. La structure de la famille comprend un certain nombre de sous-systèmes : le couple conjugal, le couple parental et la fratrie. Ces sous-systèmes sont séparés par des frontières, lesquelles sont définies par des règles très précises indiquant qui peut participer aux différentes transactions intrafamiliales. « La fonction des frontières, écrit S. Minuchin, est de protéger la différenciation du système ». Les frontières des sous-systèmes peuvent être claires, diffuses ou rigides. Lorsqu'elles sont diffuses, nous avons un système familial enchevêtré; lorsqu'elles sont rigides, nous avons un système familial désengagé. Ces termes d'enchevêtrement et de désengagement se rapportent à un style transactionnel ou à une préférence pour un type d'interaction, et non à une différence qualitative entre fonctionnel et dysfonctionnel.

Afin de pouvoir évaluer la famille, le thérapeute laisse agir chacun comme il le fait à la maison ou met en acte les conflits. De cette façon, il peut percevoir les transactions entre les différents membres de la famille. Autour de ces transactions, nous pouvons distinguer trois aspects du travail du thérapeute structural :

– la compréhension des *patterns* transactionnels qui définissent les relations entre les membres de la famille;

– le *joining*, traduit en français par le mot affiliation, qui consiste à ne pas disqualifier les règles de fonctionnement du système familial afin de se faire accepter par la famille;

– la restructuration des *patterns* transactionnels : le thérapeute met en question ces patterns transactionnels, non pas verbalement mais en amenant les membres de la famille à jouer ici et maintenant les alternatives dont ils sont capables (Aponte and Van Dusen, 1981). Trois techniques sont essentielles lors de cette étape : la définition de ces patterns transactionnels en terme de structure, la promulgation d'encouragements et l'assignation de tâches. Les tâches permettent d'évaluer l'habileté du système ou des sous-systèmes pour changer, et du coup d'inciter activement les membres de la famille à continuer leurs efforts pour un changement en profondeur.

Nouvelles perspectives

À partir des années 1980, nous observons un véritable tournant épistémologique. Les travaux d'Heinz von Foerster (1974) et de la seconde cybernétique ont montré qu'on ne pouvait pas séparer l'observateur et le système observé. Ces recherches, auxquelles se sont ajoutées celles d'Humberto Maturana et de Francisco Varela sur la perception (1980; 1987) sont à l'origine de nouvelles approches qui constituent la seconde systémique. Les perspectives actuelles tiennent compte de cette situation de paradoxe autoréférentiel lorsqu'on décrit un système dont on fait partie et proposent de travailler avec les familles d'une façon beaucoup plus souple. La position du thérapeute ne sera plus celle d'un expert qui sait et qui se doit d'être directif afin que le processus thérapeutique se mette en place. Ces approches vont au contraire favoriser une relation plus égalitaire entre le thérapeute et la famille et insister sur le non-savoir du thérapeute et la non-imposition de ses valeurs, de ses normes et de ses connaissances.

L'histoire personnelle et sociale du thérapeute ne peut être détachée de la relation thérapeutique et constitue un outil d'analyse et d'intervention au service du système thérapeutique lui-même. Les questions qui émergent pour comprendre ce qui est vécu dans le système thérapeutique sont alors de ce type :

– est-ce que ce que je vois dans telle ou telle famille me met à l'aise pour les accompagner ?
– comment concilier mes valeurs personnelles et sociales avec celles de la famille qui parfois posent problème (par exemple : abus physique ou sexuel, négligence, inceste, etc.) ?
– comment aménager une certaine distance face à ces problèmes tout en montrant une certaine ouverture et empathie dans le processus thérapeutique et de résolution des conflits ?

Le constructivisme

Le constructivisme représenté par des auteurs comme Mony Elkaïm, Robert Neuburger, Philippe Caillé repose sur cinq postulats (Albernhe et Albernhe, 2000) :

– le fait de percevoir modifie au fur et à mesure la perception elle-même ;
– la réalité perçue est interprétation construite par et travers la communication ;
– la perception de la réalité est différente selon les individus ;
– l'affectivité conditionne l'interprétation de la réalité ;
– chacun est enfermé dans sa propre construction de la réalité.

Les tenants du constructivisme tiennent compte du problème complexe de l'autoréférence : l'observateur n'est pas indépendant du système qu'il observe. Mony Elkaïm (1990) insiste sur le paradoxe autoréférentiel du système thérapeutique, constitué par le couplage structurel entre le système thérapeute et le système de la famille. Le thérapeute fait partie du système thérapeutique. Il ne peut être ni extérieur, ni neutre car « notre perception de ce qui se passe dans les systèmes auxquels nous appartenons est indissociable des divers assemblages dans lesquels nous sommes pris : notre propre construction du réel dépend de l'intersection de ces assemblages ». Le concept de résonances rend compte de cette intersection : « J'appelle résonances ces assemblages particuliers, constitués par l'intersection d'éléments communs à différents individus ou différents systèmes humains, que suscitent les constructions mutuelles du réel des membres du système thérapeutique ; ces éléments semblent résonner sous l'effet d'un facteur commun, un peu comme des corps se mettent à vibrer sous l'effet d'une fréquence déterminée» (Elkaïm, 1995). Ce qui va émerger du travail thérapeutique ne se situe pas du côté des thérapeutes ou du côté de la famille mais dans la rencontre des deux systèmes. La résonance nécessite une lecture circulaire. Le thérapeute doit considérer qu'il est lui aussi concerné par le changement amené par le processus thérapeutique.

Le constructionnisme social

Le constructionnisme social, apparu à la suite des travaux de Kenneth Gergen (1971/1985), avance que nous construisons notre identité par les récits que nous faisons de nous-mêmes, et que ces récits se constituent à travers les relations sociales. Pour les constructivistes, ce sont les systèmes de perception, de croyance dans lesquels nous sommes pris qui génèrent la souffrance psychique et conduisent à des comportements spécifiques qui la renforcent. Pour les constructionnistes, ce sont les narrations que nous faisons de nous-mêmes au sein des relations avec les autres qui construisent la vision douloureuse du monde dans laquelle nous sommes emprisonnés. Selon Gergen, « le constructivisme est encore lié à la tradition occidentale de l'individualisme dans la mesure où il décrit la construction du savoir à partir de processus intrinsèques à l'individu, alors que le constructionnisme social s'attache au contraire à faire remonter les sources de l'action humaine aux relations sociales». C'est en ce sens qu'il affirme : « La construction du monde ne se situe pas à l'intérieur de l'esprit de l'observateur, mais bien à l'intérieur des différentes formes de relation» (Gergen, 1994) (Elkaïm, 1995). Du point de vue clinique, le souci du thérapeute n'est pas d'avoir une parole vraie, mais une parole productive. Il s'interroge sur le contexte relationnel dans lequel émergent les problèmes et tente d'orienter la famille vers d'autres formes de « conversations ». Pour Harry Goolishian et Harlene Anderson (1988), le thérapeute participe à la conversation en adoptant une « position de perplexité ».

L'approche narrative

L'approche narrative est représentée par Michael White et David Epston (1990) qui considèrent que « tout individu organise son vécu sur un mode narratif, c'est-à-dire sous formes d'histoires, et ce sont ces histoires qui donnent un sens à l'expérience». Le thérapeute « narrativiste constructionniste» s'efforce de transformer l'histoire personnelle de l'individu en mettant en évidence des aspects qui ne font pas partie de cette histoire officielle ou dominante. Il propose ainsi une construction restructurante de l'histoire du patient, fondée sur la recherche obstinée des moindres éléments positifs et de la moindre trace d'une évolution favorable. La tâche du thérapeute consiste donc à aider le patient à former un autre récit de son existence, moins contraignant et moins répétitif, afin qu'il s'ouvre des nouvelles portes. L'alliance thérapeutique se transforme en véhicule de déconstruction de narrations anciennes qui auront été ainsi extériorisées, aidant de cette façon la famille à prendre une distance nouvelle avec « ses récits » intériorisés auparavant. Ainsi des narrations alternatives seront envisageables, le thérapeute et la famille ensemble pourront élargir le champ des possibles. Par exemple, dans le cas d'un vécu délirant, le thérapeute va interroger le patient de façon à concrétiser et mettre en histoire l'origine des hallucinations. Michael White a été influencé par l'œuvre de Foucault : les techniques d'assujettissement et d'objectivation des personnes et les liens entre pouvoirs et connaissance décrits par Foucault sont les notions qui fascinent les thérapeutes narratifs et leur permettent d'élaborer le processus d'externalisation du discours internalisé.

L'approche de l'équipe réfléchissante

Tom Andersen travaille comme psychologue en Norvège, à l'*Institute of Community Medicine*, à l'Université de Trons Breivika. Dans son travail clinique, il s'inspire de certains travaux philosophiques, en particulier de ceux du Cercle Herméneutique liés à Martin Heidegger et Hans George Gadamer. Heidegger montre que, plutôt que de posséder une essence préalable, l'être humain existe d'une manière herméneutique : l'existence est un processus par lequel on parvient à être en se projetant dans l'avenir. Ces projections sont des interprétations du passé. Pour Heidegger, le cercle herméneutique n'est pas spatial mais temporel.

Andersen reprend cette idée en disant que « nos vies sont vécues à l'intérieur des cadres de ce que nous avons déjà vécu (…) Les présupposés qui nous conduisent à prêter attention à telle ou telle chose sont mis en forme par nos modes de vie » (Andersen, 1996). Être au monde constitue une recherche constante de significations sur la compréhension de soi-même et de son environnement. Ce que nous sommes ainsi amenés à comprendre influencera notre façon d'être avec notre environnement. L'approche de l'équipe réfléchissante de Tom Andersen (1987; 1991) met l'accent sur l'impact des mots et du langage qui influencent notre compréhension et ont le pouvoir de créer de nouvelles réalités. Andersen met en garde contre le danger de voir les choses à travers les théories, ce qui aboutit à une vision normative : « Je trouve qu'il est plus intéressant de s'extirper de ce mouvement connu et d'y rester extérieur. (…) Les processus réfléchissants peuvent être décrits comme des passages entre des dialogues avec d'autres sur un certain nombre de sujets, puis un mouvement consistant à se retirer, se mettre en dehors, à l'écart, et à écouter les autres, pour échanger sur ces mêmes sujets. Dans un cas il s'agit de dialogue externe avec les autres, et dans l'autre de dialogue interne avec soi-même » (Andersen, 1996). Par extension, Andersen pense que le langage de la pathologie est contraignant et oppressif.

« Dans toute situation il y a toujours, étant donné la richesse de la vie, bien plus à voir et à entendre que nous ne sommes capables de le faire. Il nous faut choisir et nous effectuons cet acte de simplification en tant que personnes, mais aussi en tant que thérapeutes… Gadamer dit que cet acte de simplification, c'est-à-dire le choix ou le rejet, est guidé par nos préjugés » (Andersen, 1996). Heidegger parle de présupposés. Les présupposés qui nous conduisent à prêter attention à telle ou telle chose sont mis en forme par nos modes de vie. Comme ils sont différents les uns des autres, nous constatons des conceptions multiples de la vie.

Pour ne pas enfermer les patients dans les conceptions du thérapeute, ce qui pourrait avoir pour effet d'entraîner une bataille, voire une rupture avec la famille, Tom Andersen propose un dispositif particulier, qu'il nomme « processus réfléchissants ». Il nous dit : « Le langage de la pathologie est contraignant, oppressif. Ce qui m'amène à dire que la psychothérapie faite avec ce langage est également oppressive » (Andersen, 1996). Ainsi nous avons tendance à utiliser des mots qui indiquent la résistance et la déficience des patients. Andersen va donc mettre en place un dispositif qui va induire un langage moins oppressif et permettre l'intersection de plusieurs dialogues, dialogues externes avec la famille et écoute imposée qui permet un dialogue interne. L'idée principale de ce modèle est d'éviter une notion hiérarchique entre thérapeute et famille qu'Andersen ressentait comme trop forte. Le thérapeute se situe à nouveau dans un processus d'apprentissage en relation avec les interactions immédiates provoquées par la famille.

Un ou plusieurs thérapeutes écoutent derrière la glace sans tain le thérapeute et la famille en séance puis il y a un échange de place. La famille va à son tour écouter l'ensemble des thérapeutes exprimer leur ressenti durant la séance, leurs impressions et leurs hypothèses. Vient le troisième temps, « le retour », où la famille et le thérapeute reprennent leur place et la famille peut alors exprimer à son tour ses idées par rapport à ce qui a été dit. « Parler devient à travers le langage une recherche des mots les plus justes pour exprimer ce que le patient a à exprimer (…) Pour parvenir à la pensée, nous scrutons les mots » (Andersen, 1996). C'est donc à partir d'un dialogue entre la famille et les thérapeutes, que chacun va trouver de nouvelles significations et se façonner sa façon d'« être au monde ».

Les approches intégratives

Les pionniers de la thérapie familiale tels que Salvador Minuchin, Carl Whitaker, Murray Bowen ou Virginia Satir ont eu une formation psychanalytique avant de recevoir des familles en thérapie, en s'appuyant sur les apports de la théorie générale des systèmes, de la cybernétique et des travaux de l'École de Palo Alto. Leur façon de travailler en séance avec les familles au début de leur carrière a ainsi été considérée comme une approche intégrative par Jay Lebow (2003). Néanmoins, le développement de la thérapie familiale s'est fait dans le sens d'un cloisonnement entre les différentes écoles et les différents centres de formation, amenant ainsi des pratiques différentes selon des principes orthodoxes.

Les concepts d'intégration et d'éclectisme se rapportent à la volonté de certains praticiens de construire des ponts entre les différentes écoles de thérapie. Le thérapeute envisage l'expérience humaine à partir de différents angles d'approches, de façon à en avoir une compréhension plus sophistiquée. Nous obtenons ainsi une meilleure prise en compte de la complexité humaine. L'approche intégrative permet une plus grande flexibilité dans le traitement et constitue une opportunité pour mieux s'adapter à la famille, avec une efficacité croissante. Le thérapeute peut adapter le traitement qu'il propose en fonction de sa propre conception du problème et des caractéristiques personnelles de la famille. Il peut alors travailler avec une population plus large qu'il ne le pourrait avec une approche spécifique. Rappelons à ce sujet la critique qu'a pu faire Minuchin de l'approche narrative qui n'est pas envisageable selon lui avec les familles défavorisées. L'approche intégrative permet une plus grande objectivité pour trouver des stratégies de changement et intégrer dans la pratique des techniques nouvelles qui ont fait leurs preuves dans d'autres circonstances. Enfin elle présente des avantages certains dans le cadre de la formation des thérapeutes.

Là encore, nous avons plusieurs courants d'approches dites intégratives. Il convient tout d'abord de présenter William M. Pinsof, président du *Family Institute* à l'Université de Northwestern et directeur du *Center for Applied Psychological and Family Studies*. Il a fait son doctorat à l'Université de Toronto, au Canada. Ses travaux de recherche concernent l'évaluation des thérapies familiales et conjugales, la compréhension du processus thérapeutique et l'intégration des différentes approches thérapeutiques dans un souci d'efficacité. William Pinsof (1995) plaide en faveur d'une approche multidimensionnelle et séquentielle. Il utilise aussi bien des techniques thérapeutiques provenant du domaine des psychothérapies individuelles que des méthodes validées en thérapie familiale. De façon pragmatique, la priorité est accordée aux interventions brèves et simples. Chaque modalité de travail et chaque orientation théorique ont leur « domaine d'expertise particulier » et leurs interrelations peuvent compenser leurs faiblesses respectives.

Breunlin, Schwartz et MacKune-Karrer (1997) proposent une théorie des contraintes selon laquelle nous faisons ce que nous faisons, nous pensons ce que nous pensons, nous ressentons ce que nous ressentons parce que nous sommes empêchés de faire, penser, ressentir autre chose (Breunlin, 1999). Le travail du thérapeute consiste à identifier et travailler autour de ces contraintes. Cet ensemble de contraintes s'observe à différents niveaux, le niveau le plus large étant la culture et le genre masculin ou féminin tandis que le niveau le plus restrictif comprend par exemple les processus internes. Les interventions du thérapeute seront ciblées sur le niveau où les contraintes apparaissent avec le plus d'évidence.

Richard Schwartz (1997) développe l'*Internal Systems Therapy* qui fait appel au modèle systémique pour appréhender non seulement le fonctionnement de la famille mais également celui des personnes et de leur contexte socioculturel. Il propose une approche compréhensive des problèmes humains qui permettent aux thérapeutes de naviguer entre le niveau intrapsychique et le niveau familial.

Froma Walsh, professeur à l'Université de Chicago, est à l'origine d'une approche centrée sur les potentialités des familles en matière de résilience : *Resilience Approach* (Walsh, 1998). Incorporant des aspects de la théorie bowenienne, des approches féministes et des approches narratives, l'approche de Walsh souligne le potentiel de guérison des familles pour résoudre les difficultés individuelles et collectives.

Sue Johnson (2000) développe la thérapie familiale centrée sur l'émotion, *Emotion-Focused Therapy*, préalablement élaborée par Leslie Greenberg dans le contexte de la thérapie individuelle. S'appuyant sur la thérapie familiale expérientielle et la théorie de l'attachement, le travail avec la famille va permettre une compréhension des émotions. Le thérapeute prend en compte les facteurs communs aux thérapies et favorise la construction d'une relation thérapeutique.

Certaines approches intégratives sont développées dans des cadres spécifiques. L'équipe de Howard Liddle (1999) est à l'origine de la thérapie familiale multidimensionnelle pour les adolescents toxicomanes. La thérapie familiale fonctionnelle, *Functional Family Therapy*, élaborée par Thomas Sexton et James Alexander (1999) concerne les contextes familiaux avec de jeunes adolescents présentant des troubles du comportement. Elle s'appelle ainsi pour identifier la cible première de l'intervention qui est la famille et refléter l'idée que les comportements positifs et négatifs sont influencés et influencent l'ensemble des systèmes relationnels, c'est-à-dire qu'ils sont fonctionnels.

Falloon (2001) met en place la thérapie familiale psychoéducationnelle autour de la schizophrénie et des troubles bipolaires. L'équipe de Nadine Kaslow (Kaslow, Baskin et Wyckoff, 2002) propose une approche biopsychosociale pour aborder les problèmes de dépression chez les enfants et les adolescents. En ce qui concerne les familles avec des enfants ayant subi un abus sexuel, deux équipes ont apporté un renouveau à la pratique : Barrett, Trepper et Fish (1991) et Sheinberg et Fraenkel (2001).

La collaboration entre les médecins et les psychiatres ou psychologues débouche sur la prise en charge des familles touchées par la maladie physique ou par le handicap. À la suite des travaux de Engel (1977, 1980) concernant la nécessité d'un modèle biopsychosocial, des thérapeutes familiaux élaborent des approches spécifiques. En 1982, Susan H. McDaniel, thérapeute familiale formée par Harold Goolishian, Lyman Wynne et Glenn Cambor, est nommée codirectrice d'un service dans le Département de Médecine Familiale à l'Université de Rochester. C'est ainsi que commence son travail de collaboration avec le médecin Tom Campbell. Ensemble, ils vont démontrer l'intérêt d'une approche biopsychosociale des personnes touchées par la maladie. Rolland (1989) propose un modèle qui souligne l'intrication entre deux mouvements évolutifs : les étapes de la maladie et les étapes du cycle de la vie familiale. Il travaille à partir des représentations individuelles et familiales en relation avec la maladie.

Dans son *Biobehavioral Family Model* (BBFM), Beatrice Wood (1995) reprend la notion de frontière développée par l'approche structurale et montre que c'est l'interaction de la proximité, de la hiérarchie générationnelle et de la réceptivité qui caractérise les familles. La réunion d'une haute proximité, d'une faible hiérarchie, d'une haute réceptivité, d'une triangulation de l'enfant avec ses parents et d'un désaccord parental, aura des effets néfastes sur le bien-être physique et psychosocial de l'enfant malade.

À l'issue de sa formation, le thérapeute familial en devenir dispose d'un éventail de théories et de techniques. Au fur et à mesure des rencontres avec les familles, il va développer son propre style, puisant dans son histoire, dans sa sensibilité et dans sa formation, les éléments qui vont lui permettre d'entrer en contact avec les familles et de les amener vers le changement. Le tournant épistémologique opéré par la seconde cybernétique, les théories de la complexité, la théorie de l'énaction de Varela ont permis de mieux cerner l'importance du vécu du clinicien et de son potentiel de créativité. La tendance aujourd'hui dans les formations à la thérapie familiale, comme celle d'Edith Tilmans-Ostyn (Saint-Georges, 2004), est à l'utilisation du « soi » du thérapeute comme outil principal du travail thérapeutique.

3 | CLINIQUE DE L'ENFANT

Avant d'aborder leurs différentes explications psychopathologiques, ce chapitre décrira les principaux tableaux cliniques rencontrés chez l'enfant, chez l'adolescent et chez l'adulte. Pour chaque tableau clinique, nous renverrons par ailleurs le lecteur aux classifications multi-axiales contemporaines, DSM-IV et CIM-10.

L'enfant est un être en développement et en interaction constante avec son milieu familial. Les points de vue cliniques et, nous le verrons, psychopathologiques doivent tenir compte de ces deux évidences. De ce fait, une description clinique trop classificatoire ou catégorielle de la pathologie s'applique beaucoup plus difficilement lorsqu'il s'agit des troubles de l'enfance et même de l'adolescence que des troubles de l'adulte. Nous avons déjà donc choisi de ne pas traiter les troubles du bébé dans la partie clinique pour ne l'aborder que dans la partie psychopathologique tant le modèle de référence psychopathologique influence à ce stade les descriptions cliniques des troubles de cet âge.

LES DIFFÉRENTS TROUBLES AUTISTIQUES ET LES PSYCHOSES PRÉCOCES

ÉPIDÉMIOLOGIE

Les prévalences dépendent évidemment des découpages nosographiques et sont donc soumises à une grande variabilité d'une étude à l'autre... Disons que parmi les psychoses de l'enfant, les psychoses précoces représentent la grande majorité, et sont constituées principalement par les psychoses symbiotiques, l'autisme atypique, les dysharmonies psychotiques..., l'autisme typique étant nettement minoritaire, bien qu'il constitue un modèle plus facilement identifiable.

Cependant, des variations du concept d'autisme découlent une extension du champ de l'autisme et une augmentation de la prévalence rapportée dans les études : classiquement autour de 5/10 000 (autisme de Kanner) jusqu'à 1 voire 2/1 000 dans des études plus récentes. Le *sex-ratio* est de trois à quatre garçons pour une fille.

DESCRIPTIONS CLINIQUES

La description de l'autisme (mot emprunté à Bleuler) par Leo Kanner en 1943 a ouvert l'ère d'une véritable psychiatrie de l'enfant, distincte de celle de l'adulte et forgeant ses propres concepts. Auparavant, le concept de « débilité » masquait complètement la notion de psychose et de psychopathologie du développement, ou encore les concepts de la psychiatrie adulte étaient plaqués sur la psychiatrie infantile. Dans ce contexte, l'autisme de Kanner a apporté les bases d'une étude et d'une compréhension des premiers développements psychopathologiques (et du développement normal) de l'enfant. L. Kanner décrit 11 cas d'enfants présentant une symptomatologie et une évolution communes : ils ont en commun l'« inaptitude à établir des relations avec les personnes », l'« autisme » (prédominance de la vie intérieure) et l'« immutabilité » (recherche d'un environnement immuable). Ces critères essentiels seront globalement repris dans les définitions du « trouble autistique » des classifications actuelles CIM-10 (F.84.0), DSM-IV (299.0). Le tableau d'autisme typique constitué (autisme de Kanner), de constitution progressive, s'observe à partir de 2 ou 3 ans et associe isolement, immutabilité, troubles sévères du langage et de la communication, stéréotypies.

Notons qu'Asperger a également décrit en 1944 des « psychopathes autistiques », aux troubles moins profonds, sans retard mental ni de langage, qui seront isolés dans les classifications actuelles sous le nom de syndrome d'Asperger (F.84.5), (299.80).

Si le tableau typique décrit par Kanner reste valide et fait l'objet d'un certain consensus dans sa définition, les limites du concept sont plus problématiques. Le repérage nosographique des psychoses infantiles est mouvant, au gré des modèles explicatifs et de l'évolution des idées, en l'absence d'une étiologie univoque reconnue. Devant cette confusion, les tentatives de standardisation (« a-théorique ») des diagnostics que constituent les classifications actuelles, sous le terme de *troubles envahissants du développement* (trouble autistique, syndrome de Rett, trouble désintégratif de l'enfance, syndrome d'Asperger, trouble envahissant du développement non spécifié), n'ont probablement pas abouti à la constitution de groupes pertinents et homogènes, et restent sujettes à évolution.

Il faut observer que l'évolution des classifications internationales pourrait favoriser le retour de concepts classiques, ainsi le *multiplex developmental disorder*, en cours de validation pour le DSM, est proche de la dysharmonie psychotique de Misès.

En fait, les nombreuses données récentes (issues de la recherche génétique mais aussi clinique avec possibilité de passage d'une catégorie à l'autre) suggèrent l'existence d'un « *spectre de l'autisme* », c'est-à-dire d'un continuum entre les différentes catégories, et soulèvent la question d'une approche dimensionnelle.

Alors que les classifications internationales proposent des critères pour le diagnostic d'autisme à partir de 30 mois, la CHAT (*Checklist for Autism in Toddlers*) est un instrument qui vise à dépister l'autisme débutant à partir de 18 mois. Élaborée à partir de l'idée que la « théorie de l'esprit » ferait défaut aux enfants autistes, elle s'appuie sur trois symptômes (défaut d'attention conjointe, absence de pointage protodéclaratif, et absence de jeu de faire-semblant) validés par une étude prospective sur 16 000 enfants de 18 mois (Baron-Cohen et coll., 1996). Cependant, elle n'est ni très sensible (38 % des autistes seulement ont été dépistés), ni très spécifique : un certain nombre d'enfants dépistés n'évoluent finalement pas vers l'autisme. Ceci pose à nouveau la question de la genèse de l'autisme : trouble inné à expression progressive ou plutôt processus dynamique pouvant aboutir à un tableau d'autisme ? Plutôt que d'étiqueter autiste un enfant d'un ou deux ans présentant des signes d'appel, il semble préférable de considérer qu'il peut s'agir d'une simple crise dans le développement d'un enfant, d'un syndrome dépressif précoce, d'une carence affective, d'un retard mental… On parlera donc d'« enfant à risque autistique » ou, ainsi que le suggère A. Carel, de « syndrome d'évitement relationnel ». L'intervention précoce permet alors de contrer les « processus autistisants » (J. Hochmann), c'est-à-dire les cercles vicieux qui s'installent entre un enfant qui s'isole et des parents déconcertés et blessés.

ÉVOLUTIONS DES TROUBLES AUTISTIQUES, PSYCHOSES PRÉCOCES OU TROUBLES ENVAHISSANTS DU DÉVELOPPEMENT

L'évolution et le pronostic dépendent des auteurs et en particulier de l'extensivité de la notion d'autisme.

Dans le cas de l'autisme proprement dit (Kanner), en l'absence de langage avant 5 ans, le pronostic est défavorable avec souvent une évolution déficitaire préfigurant un destin asilaire. Dans d'autres cas, l'évolution de l'écholalie vers un langage plus ou moins élaboré, restant lié à un contexte précis, des apprentissages en secteur permettent une relative adaptation au sein de la famille mais pas d'autonomie véritable. Enfin dans certains cas, on assiste au développement d'un vrai langage et même à une adaptation sociale, au gré d'effets de rencontre…

Sur l'ensemble des psychoses précoces, dans plus de la moitié des cas, l'évolution est favorable vers un simple trouble de la personnalité (d'allure psychopathique, phobo-obsessionnelle, schizophrénique, etc.) avec insertion socioprofessionnelle (notamment en CAT). Dans environ un tiers des cas, l'évolution est plus ou moins lourdement déficitaire, soit avec un certain maintien de capacités relationnelles, soit avec autisme prédominant et dépendance institutionnelle majeure (R. Misès, 2002 ; Marcelli, 1999).

DIAGNOSTIC DIFFÉRENTIEL DES TROUBLES AUTISTIQUES, PSYCHOSES PRÉCOCES OU TROUBLES ENVAHISSANTS DU DÉVELOPPEMENT

Surdité

Elle peut être un diagnostic différentiel ou bien un handicap associé. Les potentiels évoqués auditifs permettent d'affirmer la surdité mais n'éliminent donc pas un éventuel autisme associé. En cas de surdité isolée, l'enfant ne parle pas, ne réagit pas à la voix mais recherche la communication par le regard, les gestes…

Encéphalopathies

Elles sont métaboliques (par exemple : phénylcétonurie) ou non (X-fragile, syndrome d'Angelman, de Williams, etc.); l'étiologie du syndrome de Rett (plus de stéréotypie et moins de retrait avec un contact visuel souvent bon) reste inconnue. Ces encéphalopathies, ou encore des signes neurologiques ou malformatifs isolés, s'accompagnent plus ou moins fréquemment d'un syndrome autistique et soulèvent la question du sens de cette coexistence : l'encéphalopathie constitue-t-elle alors un facteur favorisant ou bien un diagnostic différentiel de l'autisme ? S'agit-il d'un syndrome autistique différant de l'autisme « essentiel », autrement dit s'agit-il des mêmes mécanismes étiopsychopathologiques ?

Dysphasie grave

La dysphasie désigne selon Ajuriaguerra une perturbation du langage persistant au-delà de 6 ans. Théoriquement sans atteinte de la personnalité, les dysphasies graves s'accompagnent pourtant d'une appréhension particulière de la réalité et Diatkine y décèle cependant une structure psychotique qu'il rapproche de la dysharmonie évolutive.

Dépression du très jeune enfant

Le nourrisson est en retrait, passif, inerte, avec des stéréotypies des extrémités. Survenant dans un contexte de carence relationnelle majeure, l'isolement cède à des tentatives insistantes de l'interlocuteur pour entrer en communication, alors que ces mêmes tentatives augmentent généralement les réactions de retrait chez l'enfant autiste.

Comportements de retrait d'allure autistique

D'une façon générale il faut distinguer de l'autisme structuré les comportements de retrait d'allure autistique (qui peuvent se voir par exemple dans l'hospitalisme, ou dans un contexte de handicap sensoriel, de spasmes en flexion, etc.), dont le pronostic est meilleur et l'évolution parfois spectaculaire.

LES PSYCHOSES DE LA SECONDE ENFANCE

Nettement plus rares que les psychoses précoces, elles débutent autour de la scolarité élémentaire, après une petite enfance apparemment normale (en fait, on retrouve fréquemment des manifestations plus ou moins mineures ayant été banalisées par l'entourage). Il y a une *désorganisation progressive* en quelques mois, une régression accompagnée d'un retrait ou d'une agitation. Cette désorganisation a fait proposer le concept de « schizophrénie infantile ». Cependant le tableau est assez différent de celui de l'adulte et si *les hallucinations sont possibles*, généralement auditives, elles sont peu fréquentes. Il s'agit d'un enfant reconnu comme « *différent* » par ses pairs, isolé, protégé ou rejeté. Souvent intelligent, parfois même surdoué, il développe des *intérêts inhabituels* pour son âge. L'*investissement particulier des représentations, des pensées et des mots*, alimente une *vie psychique fantasmatique importante* (aventure fantastique, histoire d'espionnage, etc.), interférant avec la vie quotidienne, les interventions extérieures dérangeant cette activité hyperinvestie.

Selon Diatkine, ce qui est caractéristique est la confusion entre les objets internes fantasmatiques et les objets externes perçus : la question de savoir si les fantaisies qui les occupent sont imaginaires ou réelles n'a aucun sens ni intérêt pour ces enfants, ce qui les rapproche du délire et des hallucinations des adultes.

Au-delà de ces préoccupations imaginaires souvent masquées, les autres symptômes visibles sont les *manifestations d'angoisse*, phobies, obsessions, inhibitions massives, maladresse corporelle. L'inhibition intellectuelle n'est pas rare avec incapacité à donner un sens stable aux représentations d'où un échec scolaire et aux tests qui ne reflète pas le QI véritable.

Ces psychoses de la seconde enfance sont parfois dénommées *schizophrénie infantile*. Il semble en fait qu'un certain nombre d'entrées dans la schizophrénie à l'âge adulte soient précédées de symptômes évocateurs de psychose de la seconde enfance. Quoi qu'il en soit, le concept de schizophrénie infantile reste débattu.

LES TROUBLES NÉVROTIQUES

Ce n'est qu'avec la naissance de la psychanalyse que les angoisses des enfants sont entrées dans la clinique : en 1909 Freud publie le cas d'une phobie chez un petit garçon de 5 ans : « le petit Hans » (*Cinq psychanalyses*). Auparavant, les troubles « névrotiques » de l'enfant ont longtemps échappé au repérage du clinicien tant peurs, rituels, obsessions et manifestations somatiques semblent inhérents aux aléas du développement normal de l'enfant.

Les classifications internationales n'ont pas conservé le concept de névrose, qui appartient à la psychanalyse. Ainsi *dans le DSM-IV, les troubles névrotiques de l'enfant sont éparpillés* entre la section adulte (troubles anxieux, troubles somatoformes, troubles factices, troubles dissociatifs) et la section enfant (avec en particulier le trouble anxiété de séparation et le trouble réactionnel de l'attachement). Ces nouvelles classifications ne prennent donc pas en compte la *spécificité de la clinique de l'enfant* (caractérisée par la mobilité, la réactivité) par rapport à celle de l'adulte, pas plus que la grande parenté à l'intérieur des différents troubles anxieux (autorisant de fréquents passages d'une forme à l'autre ou la très fréquente association de plusieurs formes de troubles anxieux). C'est en réponse à ces limites que des auteurs français ont conçu la *CFTMEA* (classification française des troubles mentaux de l'enfant et de l'adolescent); élaborée pour la clinique de l'enfant, cette classification réunifie les divers troubles anxieux derrière le concept de *troubles névrotiques* mais repose essentiellement sur un modèle de compréhension psychodynamique.

Lorsqu'ils se sont intéressés à la description des troubles névrotiques de l'enfance, les psychanalystes d'abord, puis les psychiatres dont les auteurs des classifications internationales contemporaines, ont donc tenté de les comprendre à la lumière de la clinique et de la nosologie de l'adulte. Cependant la description des troubles névrotiques de l'adulte s'applique plus ou moins bien à celle de l'enfant : d'ailleurs l'existence d'une névrose structurée comme on peut l'observer chez l'adulte est rare chez l'enfant car, au cours de son développement, les réaménagements cliniques liés à l'âge sont patents… On parlera le plus souvent de symptômes ou de traits névrotiques survenant à un moment donné de l'évolution d'un enfant. La question délicate est alors de distinguer un symptôme ou même un syndrome passager signe d'un avatar du développement, d'une organisation plus profonde qui ne se résoudra pas d'elle-même sans intervention thérapeutique… et qui risque de déboucher sur des difficultés névrotiques serrées à l'âge adulte.

ÉPIDÉMIOLOGIE

La fréquence des symptômes névrotiques sur l'ensemble de la population des enfants est difficile à évaluer. La prévalence de l'anxiété de séparation serait de 5 à 8 % lors de l'entrée à l'école maternelle puis de 2 à 4 % à l'âge primaire. Entre 7 et 11 ans, on rapporte une prévalence des phobies simples de 3 à 9 % et de 1 % pour les phobies sociales. Les troubles hystériques se rencontrent surtout à partir de 11 ans (en particulier chez la fille). Les troubles obsessionnel-compulsifs auraient un pic de début vers 10 ans (par ailleurs 20 % des adultes ont commencé à présenter des troubles vers 15 ans). Enfin, l'inhibition scolaire est fréquente entre 8 et 12 ans.

REGROUPEMENTS CLINIQUES DANS LES CLASSIFICATIONS INTERNATIONALES ACTUELLES

La CIM-10 regroupe les principaux troubles névrotiques de l'enfant dans les chapitres « Troubles émotionnels débutant spécifiquement dans l'enfance » (Anxiété de séparation [F93.0], Trouble anxieux phobique de l'enfance, Anxiété sociale de l'enfance, Rivalité dans la fratrie, Autres troubles émotionnels de l'enfance) et « Troubles du fonctionnement social débutant spécifiquement durant l'enfance ou à l'adolescence » (Mutisme électif [F94.O], Trouble réactionnel de l'attachement de l'enfance [F94.x], Trouble de l'attachement de l'enfance avec désinhibition, Autres troubles du fonctionnement social de l'enfance).

Le DSM-IV précise qu'il n'existe pas de distinction claire entre les troubles de l'enfant et les troubles de l'adulte, renvoyant donc à la section adulte pour un certain nombre de troubles qui peuvent commencer dans l'enfance, tels que par exemple l'anxiété généralisée. À l'intérieur de la section enfant, c'est dans le chapitre « Autres troubles de la première enfance, de la deuxième enfance ou de l'adolescence » que l'on rencontre trois troubles typiquement « névrotiques » : Trouble anxiété de séparation (309.21), Mutisme sélectif (313.23), Trouble réactionnel de l'attachement de la première ou de la deuxième enfance (313.89).

Quant à la CFTMEA, elle reste proche de la nosographie traditionnelle (d'approche psychanalytique) avec un chapitre intitulé « Troubles névrotiques » qui répertorie successivement les Troubles névrotiques à dominante anxieuse (2.0), à dominante hystérique (2.1), à dominante phobique (2.2), à dominante obsessionnelle (2.3), avec prédominance des inhibitions (2.4), la Dépression névrotique (2.5), les Caractères névrotiques (2.6) et les Troubles névrotiques avec perturbations prédominantes des fonctions instrumentales (2.7).

DESCRIPTION CLINIQUE

L'anxiété pathologique

L'anxiété pathologique de l'enfant est caractérisée par la permanence d'un sentiment d'appréhension concernant l'avenir (des malheurs pouvant survenir), concernant lui-même (dévalorisation, culpabilité, etc.), la nécessité constante de se rassurer par la présence d'un adulte à proximité, une irritabilité, des colères, caprices ou refus…

On en distingue les *crises d'angoisse aiguës* (qui peuvent survenir sur ce fond anxieux chronique), à début brutal et apparemment spontané, avec les habituels signes somatiques (palpitations, douleurs, nausées, tremblements, sueurs, frissons, agitation ou prostration...) et psychiques (sentiment d'étrangeté, peur de mourir ou de devenir fou...). Chez le jeune enfant, ces crises sont souvent en rapport avec l'idée de séparation, et ne se calment le plus souvent qu'avec la présence de la mère ou du père. Chez l'enfant plus grand, les crises d'angoisse peuvent prendre la forme de passages à l'acte : colère, exigences, fugue ou autres troubles du comportement, ou de pensées envahissantes de mort ou de folie...

L'angoisse constituant un *mode d'entrée vers d'autres troubles névrotiques*, s'y associent fréquemment des troubles phobiques (phobie simple, phobie scolaire, phobie sociale), hystériques, obsessionnels ou des *complications* diverses : dépression, troubles du comportement (opposition, agitation, instabilité), trouble de l'attention, somatisations et troubles à expressions corporelles variées et répétitifs...

Ces troubles peuvent persister à l'adolescence puis à l'âge adulte sous forme de manifestations anxieuses mais aussi dépressives.

Les troubles phobiques

Les phobies se définissent comme des peurs focalisées entraînant une attitude d'évitement et/ou la nécessité d'un objet contraphobique pour affronter l'objet ou la situation phobogène. Chez l'enfant, la mère (ou encore le père) représente l'objet contraphobique par excellence, d'où l'association fréquente des phobies avec une angoisse de séparation.

Il est important de distinguer chez l'enfant les phobies normales, s'inscrivant dans le développement, des véritables troubles phobiques. La peur du noir semble, après l'*angoisse de l'étranger au huitième mois*, la première manifestation phobique habituelle du petit enfant (autour de 2 ans). Puis on peut observer la peur de certains *animaux* (réellement croisés comme les chiens ou presque mythiques comme le loup), de certains *personnages* (barbu, médecin, voleur, ogre, fantôme, etc.), de certaines *situations* (orage, ascenseur, couloir, une pièce particulière, etc.). Enfin plus tard, peut se manifester la peur de la maladie (saleté, microbes, etc.) et de la mort.

Dérivées de la peur de l'étranger et de l'angoisse de séparation du huitième mois, les phobies appartiennent donc au développement banal de l'enfant. Elles sont le plus souvent éphémères et partagées par tous les enfants du même âge.

Les troubles phobiques se caractérisent eux par une persistance, un handicap et une souffrance manifeste et durable chez l'enfant. Il est fréquent de rencontrer dans ou à la suite de ces troubles deux types de phobies caractéristiques :

– des *phobies dites archaïques*, véritables états de panique déclenchés par des objets banals de la vie quotidienne : aspirateur, chasse d'eau, écoulement de l'eau du bain... Elles s'observent parfois dans le cadre d'une psychose infantile ;

– une *phobie scolaire* constitue une phobie bien particulière chez un grand enfant ou un adolescent qui, sous divers prétextes ayant souvent trait à un sentiment de persécution, refuse brusquement d'aller à l'école. Le risque, outre la déscolarisation et l'isolement, est la décompensation d'une éventuelle pathologie *borderline* ou psychotique sous-jacente.

Les traits et symptômes hystériques

La question de l'hystérie chez l'enfant est délicate pour plusieurs raisons.

En ce qui concerne la personnalité hystérique telle qu'elle est décrite chez l'adulte, *ses traits sont normaux chez le jeune enfant* avant la période de latence : égocentrisme, labilité émotionnelle, dépendance affective, histrionisme, immaturité, demandes tyranniques, crises de colère plus ou moins théâtralisées… On peut aussi décrire une « attitude hystérique » des petites filles (minauderies, « appel au traumatisme », attitude de victime, etc.). Diagnostiquer une personnalité hystérique chez un enfant est difficile ou parfois risque de traduire une contre-attitude agressive de l'entourage à l'égard du comportement de l'enfant.

Pour ce qui est des symptômes hystériques, ils posent un problème de délimitation : mythomanie, simulation, somnambulisme, mutisme psychogène extrafamilial, symptômes psychosomatiques, douleurs diverses (ventre, tête, etc.) sont souvent qualifiés d'hystériques, sans qu'il soit évident de faire le lien avec les troubles hystériques de l'adulte. *La conversion véritable est rare* chez l'enfant et difficile à distinguer de la simulation (le trouble cesse souvent quand l'enfant est couché ou ne se sait pas observé). Touchant facilement l'appareil locomoteur, elle est généralement en rapport avec un symptôme d'une personne de l'entourage proche de l'enfant (boiterie, hémiplégie, etc.). Le diagnostic doit toujours être évoqué avec prudence car l'existence de bénéfices secondaires n'exclut pas une maladie organique sous-jacente ! Au contraire, les manifestations hystériques de l'adolescent(e) sont proches de celles de l'adulte.

Les troubles obsessionnels compulsifs

Comme pour les autres troubles névrotiques, d'une part l'existence d'une vraie névrose obsessionnelle est discutable chez l'enfant, d'autre part il est nécessaire de distinguer les obsessions et rituels banals de l'enfant de ceux qui constituent des symptômes envahissants et dénotent une organisation pathologique avec un risque évolutif. Ainsi, l'apprentissage de la propreté puis la période de latence font naturellement appel à des mécanismes obsessionnels (honte, dégoût, rites, investissement de la pensée, etc.).

À un niveau plus pathologique :

– les *obsessions* sont des pensées « sacrilèges » ou « horribles » (concernant des choses terribles qui pourraient arriver à l'enfant ou à ceux qu'il aime) qu'il tente de chasser par des rituels conjuratoires (pensées ou actions) ;

– les *rituels* appartiennent au développement normal de l'enfant (par exemple les rituels du coucher) et constituent une sorte de cérémonial dans un certain nombre d'activités (lever, toilette, repas, travail scolaire, etc.). Ils peuvent rester circonscrits à des moments précis et laisser ainsi à l'enfant l'esprit libre le reste du temps ou envahir l'ensemble de l'activité psychique (ils sont alors nettement pathologiques);

– les *compulsions* sont des actes rituels contre lesquels l'enfant lutte pour ne pas les exécuter mais dont l'accomplissement le soulage finalement, au prix d'une perte de temps considérable;

– *certains tics*, en particulier phonatoires, sont considérés comme des symptômes obsessionnels;

– l'*inhibition intellectuelle* ou à l'inverse l'*excès d'investissement scolaire* peut résulter de défenses obsessionnelles (comme le doute, la vérification, l'isolation, l'évitement de certaines pensées, etc.) sans parfois que des rituels soient observables.

Les symptômes obsessionnels peuvent être accompagnés ou précédés de symptômes anxieux et phobiques. Ils peuvent parfois constituer une modalité de cicatrisation d'une psychose infantile ou un mode d'entrée dans celle-ci.

Enfin l'évolution peut se faire vers la guérison soit définitive, soit temporaire avec éclosion à l'âge adulte d'une névrose obsessionnelle ou même d'une psychose (paranoïa de l'homme aux loups).

L'inhibition

Fréquente, l'inhibition peut se manifester dans les domaines de l'intellect, de l'imagination, de l'expression, de la créativité, de la mémoire, de l'activité psychomotrice, avec des répercussions scolaires et sociales.

Parfois l'enfant est *soumis, trop sage*, mais prend plaisir à jouer avec les autres et à travailler à l'école (on est alors dans les limites de la normale). Dans les cas plus nettement pathologiques, il peut être *isolé* et s'en plaindre, ne jouant pas avec les autres en récréation, refusant les activités de groupe extrascolaires, ou enfin, gêné dans son travail scolaire (motif assez fréquent de consultation). Le comportement de l'enfant dans la famille peut contraster avec celui observé à l'extérieur, l'enfant étant parfois autoritaire et dominateur avec ses parents et sa fratrie. La gêne sociale peut ainsi aller de la timidité jusqu'au *mutisme extrafamilial*, en passant par la phobie sociale, voire lorsque l'inhibition est extrêmement massive réaliser un tableau de prépsychose. Au niveau psychomoteur on peut observer maladresse, dyspraxie, passivité, tandis que sur le plan intellectuel l'inhibition peut être responsable d'une «*pseudo-débilité névrotique*».

L'inhibition peut parfois être liée à des facteurs familiaux (secret et culpabilité par rapport à la connaissance) ou scolaires (transfert négatif, ou positif mais culpabilisé, sur l'enseignant).

FORMES FRONTIÈRES ENTRE NÉVROSE ET PSYCHOSE

Avec le concept de dysharmonie évolutive, *Roger Misès* s'attache à rendre compte de structures « en *mosaïque* », ni psychotiques ni névrotiques mais empruntant des traits à ces deux types de fonctionnement. Le terme de *dysharmonie psychotique* souligne *l'importance des traits psychotiques* sans se situer véritablement dans le cadre de la psychose. Elle débute dans les premières années de la vie, avec des *manifestations polymorphes* d'un enfant à l'autre et au cours du temps. La CFTMEA rapporte la variabilité des motifs de consultation : « les manifestations somatiques ou comportementales, l'instabilité, les inhibitions sévères, les manifestations phobiques, hystériques ou obsessionnelles, les dysharmonies dans l'émergence du langage et de la psychomotricité sans que le déficit intellectuel mesuré aux tests occupe une place centrale, au moins dans la période initiale. Les échecs dans les essais de scolarisation sont fréquents (phobies scolaires, difficultés d'apprentissage) ». Derrière des symptômes apparemment « névrotiques » envahissants, le clinicien repère à l'examen l'*échec des processus de défense névrotiques* (phobies, déplacement, refoulement) imposant le recours à des processus primitifs (projection, introjection, déplacements instables répétés) pour limiter l'angoisse et le débordement de la pensée par des affects et des représentations d'une extrême crudité. Cependant, des *capacités d'adaptation sont préservées*, souvent au prix d'une limitation du fonctionnement psychique, ce qui rend compte du risque d'évolution déficitaire.

Ce concept de dysharmonie psychotique est à rapprocher des concepts de prépsychose et de *Multiplex Developpmental Disorders*.

Le concept de pathologie limite a également été proposé par Misès pour désigner la dysharmonie d'évolution ou pathologie *borderline*.

Le concept de prépsychose semble recouvrir la même réalité clinique, tout en insistant sur le caractère d'attente du diagnostic, l'évolution se faisant vers la psychose, le déficit, une dysphasie, une dyspraxie, ou une pathologie caractérielle proche de l'État limite de l'adulte et de la psychopathie. Le concept de dysharmonie évolutive souligne le déséquilibre entre les différentes lignées maturatives.

Le concept de pathologie caractérielle est assez vague tant au niveau psychopathologique (qu'est-ce que le caractère?) qu'au niveau clinique (il désigne des enfants coléreux, agressifs, opposants, hyperémotifs, versatiles, impulsifs, etc.). En fait, les études montrent l'extrême variabilité de l'évolution, témoignant de la relativité de la notion de « caractère ». Le passage à l'acte et l'externalisation des conflits sont souvent retrouvés dans l'entourage même du sujet, souvent caractérisé par la carence (affective, éducative, socio-économique) et le manque de stabilité. Les classifications internationales ont isolé trois types de troubles : les « Troubles des conduites » (F91.x), les « Troubles oppositionnels avec provocation » (F91.3), le « Trouble de comportement provocateur non spécifié » (F91.9). Le concept de psychopathie, proche de celui de pathologie caractérielle, fait référence à un comportement. Le passage à une psychopathie de l'adulte (personnalité antisociale) ne constitue que l'une des possibilités évolutives.

LES DÉPRESSIONS

La potentialité d'une dépression chez l'enfant a longtemps été ignorée ou déniée, l'affect dépressif semblant apparemment réservé aux adultes. Si M. Klein en 1934 a décrit la position dépressive qui débute au second semestre, elle serait plutôt une phase (normale) d'inquiétude ou de sollicitude pour la mère (enfin perçue comme un objet total), plutôt qu'une dépression au sens clinique.

C'est Spitz (1946) qui a fait œuvre de pionnier en décrivant la *dépression anaclitique* des nourrissons séparés de leur mère : ils pleurnichent d'abord; puis se mettent en retrait, évitant le contact; enfin si l'absence se prolonge quelques mois, ils deviennent inertes et prostrés, dans un tableau proche de celui des enfants atteints d'hospitalisme (déclin du développement physique et psychique, cachexie, immunodépression, etc.). Cependant, la dépression peut être évitée si on procure un substitut maternel à l'enfant.

Actuellement, si le concept de dépression de l'enfant est communément accepté, l'existence de la psychose maniaco-dépressive ou du trouble bipolaire devient un sujet de recherche posant le problème des manifestations cliniques spécifiques en particulier pour les épisodes maniaques jamais aussi caractéristiques que chez l'adulte.

ÉPIDÉMIOLOGIE

La prévalence de la dépression chez l'enfant est estimée de 0,5 à 1 %.

REGROUPEMENT CLINIQUE DANS LES CLASSIFICATIONS INTERNATIONALES ACTUELLES

Dans le DSM-IV, la dépression de l'enfant ne figure pas dans la section enfant, si bien qu'il faut se référer aux critères de la dépression chez l'adulte (Troubles dépressifs majeurs, Trouble dysthymique, Troubles bipolaires), même si par exemple l'irritabilité et l'agitation peuvent à cet âge se substituer aux symptômes tristesse et ralentissement.

La CIM-10 propose quant à elle chez l'enfant un chapitre intitulé « Troubles mixtes des conduites et des émotions » caractérisés par « la présence persistante d'un comportement agressif, dyssocial ou provocateur, associé à des signes manifestes et prononcés de dépression, d'anxiété ou d'autres troubles émotionnels ». Au sein de ce chapitre, le premier paragraphe « Troubles des conduites avec dépression » correspond bien à un certain type de dépression de l'enfant, chez qui les troubles du comportement sont facilement au premier plan.

Dans une optique structurale, la CFTMEA décrit les Psychoses dysthymiques de l'enfant dans le chapitre Troubles psychotiques, la Dépression névrotique dans le chapitre Troubles névrotiques, la Dépression liée à une pathologie limite dans le chapitre Pathologie limite, et la Dépression réactionnelle dans le chapitre Troubles réactionnels.

DESCRIPTION CLINIQUE

Survenant souvent à la suite d'un *événement causal* repérable (deuil, déménagement, séparation, etc.), parfois apparemment minime (mort d'un animal familier, etc.), la dépression de l'enfant offre un vaste choix de symptômes qui recouvre finalement presque toute la sémiologie de l'enfant.

Les dires de l'enfant (tristesse, autodépréciation, sentiment de culpabilité, angoisses) attirent rarement en eux-mêmes l'attention. C'est plus une *nette modification du comportement habituel* qui alerte les parents : retrait, fatigue, difficultés scolaires, difficultés d'endormissement, énurésie, perte d'appétit, plaintes hypochondriaques (en particulier céphalées et douleurs abdominales), agressivité, colères, instabilité, fréquence des accidents…

Il faut noter qu'en général ces symptômes ne sont pas permanents et qu'à certains moments, l'enfant joue et s'amuse (à la différence de l'humeur dépressive de l'adulte qui est plus stable).

À l'entretien, on constate le sentiment d'incapacité et de dévalorisation (je suis nul, je sais pas, j'y arrive pas, c'est raté, etc.) qui prennent souvent la forme d'un manque d'amour (mes parents ne m'aiment pas) et de la culpabilité (je suis méchant).

Parfois la dépression passe inaperçue et les parents se plaignent de l'irritabilité, de la paresse et de l'opposition de leur enfant (il dit toujours non, il ne tient pas en place, il ne veut pas dormir, etc.). Le risque est ici celui d'une désadaptation progressive à l'école, avec les copains, à la maison, avec parfois même des troubles du comportement.

Les troubles du caractère comme l'instabilité, les conduites d'opposition, la turbulence (défense maniaque), les crises agressives, etc., peuvent alors occuper le devant de la scène

La psychose maniaco-dépressive, ou trouble bipolaire, doit être évoquée en présence d'antécédents familiaux, d'une installation dépressive rapide avec manifestations psychotiques congruentes ou, beaucoup plus rare chez l'enfant que chez l'adulte, d'un virage de l'humeur sous antidépresseur.

ÉVOLUTION

La tentative de suicide est possible mais rare chez l'enfant déprimé. Cependant l'agressivité, l'agitation maniaque, les troubles du comportement risquent de s'ancrer comme mode de défense habituel. Ainsi à l'adolescence, l'évolution peut se faire vers des troubles des conduites, conduites toxicomaniaques, psychopathie, tentatives de suicide, etc.

La chronicité, enfin, représente un autre risque évolutif (à l'adolescence et à l'âge adulte) : l'enfant qui a fait un épisode dépressif majeur récidivera une fois sur cinq à l'âge adulte.

DIAGNOSTIC DIFFÉRENTIEL

Les deux écueils principaux auxquels risque de se heurter le clinicien sont le défaut de diagnostic s'il recherche une symptomatologie identique à celle de l'adulte, et l'excès de diagnostic à partir de la notion d'équivalent dépressif (tout symptôme chez l'enfant pouvant finalement être considéré comme un équivalent dépressif)... Plus que telle ou telle liste de symptômes, c'est l'appréciation du fonctionnement global de l'enfant, l'attention portée à l'expression de son vécu, et la notion de rupture avec le comportement antérieur qui permettent de porter le diagnostic.

Les troubles psychotiques ou névrotiques ne constituent pas un diagnostic différentiel, le diagnostic de dépression ne préjugeant pas de la structuration sous-jacente.

Chez le jeune enfant, la *douleur chronique* peut produire un tableau similaire à celui de la dépression.

Comme chez l'adulte, la dépression (pathologique) doit être différenciée de la réaction de deuil (normale), le *deuil* atteignant la vitalité (perte d'énergie, absence de plaisir, baisse d'activité, etc.) mais pas l'estime de soi (culpabilité, dévalorisation, etc.).

LE TROUBLE DÉFICITAIRE DE L'ATTENTION-HYPERACTIVITÉ (TDAH)

Classiquement dénommé « *instabilité psychomotrice* » en France, ce syndrome est décrit en tant qu'entité dès le début du XXe siècle par Dupré puis Heuyer, qui soulignent les liens entre instabilité psychique et instabilité motrice. Un substratum organique est incriminé dès l'origine et Henri Wallon décrit même en 1925 quatre formes selon la localisation suspectée (insuffisance cérébelleuse, insuffisance méso-diencéphalique, insuffisance opto-striée et insuffisance frontale, etc.). Parallèlement, il décrit des facteurs exogènes, notamment du côté de la problématique parentale et des premières relations avec l'enfant. Plus tard Abramson s'intéressera au déséquilibre affectif sous-jacent. La controverse avec les Anglo-Saxons porte sur la question de l'univocité du syndrome. En effet pour les auteurs anglo-saxons, le « trouble déficitaire de l'attention avec hyperkinésie » constitue une entité sous-tendue par une organicité sous-jacente, validée par l'action thérapeutique des amphétamines (très largement prescrites actuellement aux États-Unis). Ainsi, le syndrome de Strauss et Lehtinen (1947) est défini par l'hyperactivité, les troubles de l'attention, l'impulsivité, les variations de l'humeur, les troubles des apprentissages, l'anxiété, et une réponse positive aux amphétamines. Cependant, devant l'absence de lésion repérable, la notion de *Minimal Brain Damage* (issue du parallèle avec les séquelles d'encéphalite et de traumatismes de guerre, responsables d'instabilité motrice) a fait place à celle de *Minimal Brain Dysfunction*. L'objectivation récente de facteurs héréditaires a également mis en avant la notion de constitution. En France les partisans d'une prise en compte psychogénétique sont nombreux et mettent l'accent sur la pluralité des mécanismes psychopathologiques pouvant sous-tendre un tel syndrome comportemental.

ÉPIDÉMIOLOGIE

Devenue l'un des premiers voire le premier motif de consultation pédopsychiatrique dans les pays développés, l'hyperactivité admettrait une *prévalence* autour de 3 à 5 %. L'hyperactivité est au moins quatre fois plus fréquente chez les garçons.

Elle est très fortement associée à des *facteurs psychosociaux* ou des pathologies de la *périnatalité* (maltraitances et négligences précoces, anoxie périnatale, exposition au tabac pendant la grossesse, traumatismes cérébraux). La *comorbidité* avec un trouble oppositionnel et des conduites est de l'ordre de 70 % (et augmente avec « l'adversité psychosociale », un climat familial défavorable, etc.); avec une dyslexie de 33 %; avec une dépression de 15 à 75 % (et le risque de dépression augmente avec l'âge); avec un trouble anxieux de 25 à 40 %.

REGROUPEMENT CLINIQUE DANS LES CLASSIFICATIONS INTERNATIONALES ACTUELLES

Dans le DSM-IV, le Trouble Déficit de l'Attention/Hyperactivité se distingue en 3 sous-types selon que le trouble est *mixte* (314.01), de type *inattention prédominante* (314.00) ou de type *hyperactivité-impulsivité prédominante* (314.02).

La CIM-10, considérant que le déficit isolé de l'attention est probablement de nature différente (enfants anxieux, rêveurs apathiques, etc.), a choisi le terme de Trouble hyperkinétique (F90.0) et souligne le lien avec le trouble des conduites.

La CFTMEA, dans le chapitre « Hyperkinésie avec trouble de l'attention », met par ailleurs l'accent sur le manque d'inhibition sociale, de réserve et de retenue avec les adultes, et les altérations souvent associées : cognitives, de la motricité et du langage.

DESCRIPTION CLINIQUE

Le tableau clinique est variable d'un enfant à l'autre et chez un même enfant en fonction de la situation. Par exemple lors de la consultation, l'enfant étant canalisé par l'attention de l'adulte, les symptômes peuvent disparaître temporairement. C'est alors qu'il est intéressant d'avoir le point de vue de l'école, en plus des informations recueillies auprès des parents.

Dans le concept de TDAH, les deux aspects d'inattention et d'hyperactivité/impulsivité peuvent se combiner dans des proportions variables, l'un des deux aspects pouvant manquer totalement.

L'*hyperactivité* (liée à l'impulsivité) est motrice (agitation et changements perpétuels d'activité, même lors de l'activité préférée) et verbale (commentaires incessants interrompant ou dérangeant les autres).

L'*inattention* est évidemment moins tapageuse et peut passer inaperçue. Elle se manifeste par des difficultés de concentration, une distractibilité par les stimuli environnants (enfant « tête en l'air »), un manque de persévérance dans une tâche, des oublis, un manque de méthode et d'organisation, et finalement un rendement inférieur aux camarades de classe.

L'*impulsivité* empêche l'enfant d'attendre son tour, la fin de la consigne, la compréhension complète de la situation avant d'agir ou de parler (d'où la fréquence des accidents).

Tous les auteurs s'accordent sur la mauvaise estime d'eux-mêmes de ces enfants (qu'on la considère comme cause ou conséquence des autres symptômes). D'autres troubles sont très fréquemment associés : anxiété, énurésie, troubles du sommeil, troubles du langage, troubles cognitifs, troubles des conduites. L'existence de troubles psychotiques, ou d'une dépression franche, doit faire reconsidérer le diagnostic. La fréquence des troubles associés (« comorbidité ») soulève la question de l'univocité et des frontières de ce trouble : entité ou symptôme à réinscrire dans un fonctionnement psychopathologique perturbé ?

ÉVOLUTION

Souvent diagnostiqué *à l'école maternelle* (la labilité attentionnelle et l'explosion motrice sont normales jusqu'à 2-3 ans), le trouble devient généralement problématique *en primaire* et l'enfant, en difficulté devant ces nouvelles exigences, peut devenir opposant.

À l'adolescence, l'agitation de l'enfant peut persister mais laisse souvent place à l'impulsivité, plus sur un mode verbal, et à l'inattention, ou aux troubles des conduites. Le risque d'accident reste élevé.

À l'âge adulte, les symptômes se sont estompés le plus souvent : moins de 10 % des sujets s'estiment encore hyperactifs bien que près de la moitié des parents considèrent toujours leur enfant comme hyperactif. Quoi qu'il en soit, la moitié des sujets gardent des « séquelles » ou des complications : dépression, alcoolisme, toxicomanie, conduites antisociales, etc. qu'on peut attribuer aux échecs répétés dans le domaine professionnel et dans les relations interpersonnelles, ou à une souffrance persistante liée à des troubles psychopathologiques.

DIAGNOSTIC DIFFÉRENTIEL

Un enfant peut être normalement turbulent : même après 3 ans, l'enfant a besoin de moments et d'espace pour se défouler. Des exigences trop strictes (appartement exigu, obligation de silence pour divers motifs familiaux, emploi du temps inadapté, etc.) peuvent fixer une turbulence « normale » en symptômes.

Le *trouble oppositionnel et des conduites* est défini par un refus et non une incapacité à se contrôler mais en pratique, le diagnostic différentiel est souvent difficile. D'autant qu'il existe une fréquente association de ces différents troubles chez un même enfant.

L'instabilité peut être réactionnelle à une situation, en particulier familiale, difficile (séparation par exemple). Elle peut être une *manifestation anxieuse, dépressive, voire psychotique*. Dans ce dernier cas, l'hyperactivité peut être au premier plan mais un examen soigneux de l'enfant doit permettre cependant de redresser facilement le diagnostic. En revanche, une dépression masquée peut offrir un tableau d'instabilité, d'agitation, de perte de concentration et de baisse de l'efficience scolaire.

Enfin, certaines formes d'*épilepsie* pourraient produire un tableau analogue.

LES TROUBLES INSTRUMENTAUX

Nous ne ferons ici que citer les différents troubles psychomoteurs et du langage, renvoyant le lecteur aux ouvrages détaillant ces troubles.

LES INSTABILITÉS

Elles sont abordées dans le chapitre précédent.

L'INHIBITION PSYCHOMOTRICE

Où Bergès distingue l'inhibition par hypercontrôle (le mouvement étant réduit, ralenti, déformé par une « gangue tonique » accompagnée de contractures, aggravé par la présence d'un examinateur) et l'inhibition par « suspens de l'initiative » (plutôt caractérisé par l'hypotonie et la facilitation du geste apportée par la présence d'un interlocuteur).

LES TICS

« Mouvements involontaires brusques et soudains, rapides, répétés » (Lebovici); ils peuvent intéresser le corps entier mais concernent plus souvent la face (clignement des paupières, rictus, hochement de tête, etc.). Les tics phonatoires peuvent imiter des cris d'animaux (le plus fréquent étant le tic d'aboiement, parfois même accompagné d'une posture à quatre pattes imitant le chien). Ils apparaissent généralement vers 6-7 ans, des tics différents pouvant s'associer ou se succéder. De caractère inattendu et inopportun, à la fois furtifs et voyants, « scandaleux », un effort de volonté ou une distraction peut les suspendre temporairement. Précédé d'une tension croissante pénible, à la fois musculaire et psychique, le tic se déclenche comme une explosion à la fois libératoire et redoutée, suivie aussitôt d'une rétorsion qui peut initier un nouveau cycle (tension croissante, etc.). À part, la *maladie de Gilles de la Tourette* qui débute entre 2 et 15 ans, en moyenne vers 7 ans. Elle associe des tics très nombreux et répétés, moteurs et vocaux, une incoordination motrice, une écholalie et une coprolalie (propos orduriers ou obscènes). Les troubles obsessionnels (obsessions et compulsions) sont fréquents (plus de 70 % des cas).

LES DYSPRAXIES

Elles sont définies par un *déficit dans le domaine de l'organisation spatiale* caractérisé par des difficultés à construire ou reproduire des modèles impliquant des relations spatiales. Cliniquement, il s'agit d'un enfant en grande difficulté pour s'habiller, faire ses lacets, faire du vélo, écrire, dessiner, etc. Les *tests psychométriques* (WISC) objectivent une *discordance* entre l'échelle verbale (où les résultats sont corrects) et l'échelle performance (où les difficultés se manifestent, comme dans tous les tests impliquant la reproduction de figures géométriques). Au plan cognitif, on repère une *déficience de l'aspect figuratif de la pensée* (images mentales), par opposition à l'aspect opératif (opérations logico-mathématiques), tels que ces deux aspects ont été décrits par Piaget, ainsi qu'un échec aux épreuves de conservation décrites par Piaget (conservation des substances, des longueurs, des poids, des volumes, etc.).

L'examen psychomoteur décèle *soit des perturbations motrices majeures* correspondant à des séquelles d'atteinte neurologique (repérables à l'examen neurologique), *soit des troubles psychomoteurs* avec perturbation du schéma corporel. Ce dernier cas est évocateur de trouble grave de la personnalité, voire de psychose infantile, mais se rencontre aussi fréquemment chez les anciens prématurés. Ces troubles évoluent peu au fil du développement de l'enfant puis de l'adolescent et sont peu accessibles à une rééducation psychomotrice. Cependant en passant par le langage, en particulier en accédant à la logique propositionnelle (capacité de raisonner logiquement sur des propositions considérées seulement sous l'angle de leur valeur vraie ou fausse), l'enfant, vers 10 ans, peut pallier son défaut de pensée figurative et accéder à l'abstraction. Un abord psychothérapique est parfois utile. Au contraire des anomalies du schéma corporel et de la représentation de l'espace, les anomalies de la fonction binoculaire (dyspraxie du regard), souvent décelées tardivement, sont bien améliorées par des réponses ophtalmologiques et orthoptiques.

LA DYSPHASIE

Elle est définie par un retard de développement du langage sans déficit auditif ni intellectuel. En revanche l'absence de trouble du développement psychique est malaisée à affirmer et dépend probablement des cas. Les dysphasies légères sont dénommées retard simple de langage. Dans les dysphasies graves, on peut distinguer les cas où l'enfant ne comprend pas le langage (« surdité verbale congénitale ») de ceux où il comprend mais utilise mal le langage (« audimutité »). Le *retard simple de langage* est défini par un retard à l'apparition de la première phrase (après 3 ans), puis la persistance d'un « parler bébé » (après 4 ans) : mauvaise syntaxe, erreurs grammaticales, mauvaise conjugaison, mauvaise utilisation des pronoms, etc. Dans les cas sévères, une rééducation orthophonique est conseillée dès quatre ans car au-delà de cinq ans des troubles risquent de persister définitivement. Les troubles peuvent aussi évoluer vers un bégaiement ou une dyslexie/dysorthographie. Cependant un certain nombre de cas évoluent favorablement sans séquelles. On oppose (peut-être artificiellement) ces retards simples de langage aux *dysphasies graves*, lorsque les troubles sont sévères et persistent au-delà de 6 ans ; ils touchent parfois également la compréhension du langage. L'enfant dysphasique n'a pas de trouble de la communication non verbale : le subtest performance du WISC est préservé (ce qui le différencie d'un déficient intellectuel) et le contact clinique est bon (différent de celui de l'enfant psychotique). Cependant émotivité, impulsivité, anxiété, dépression ou difficultés relationnelles ne sont pas rares. Il s'y associe parfois des troubles de l'organisation temporo-spatiale et une grande maladresse dans la motricité fine.

LE BÉGAIEMENT

Il est défini par un *trouble du débit élocutoire* et souvent accompagné de réactions émotionnelles et de syncinésies faciales. On distingue le bégaiement clonique (répétition explosive d'une syllabe) du bégaiement tonique (blocage de la phonation); mais en fait ils coexistent souvent. Son expression *dépend des circonstances* : il s'accentue dans des contextes potentiellement chargés d'émotion (école, parent, étranger, etc.) et s'atténue ou disparaît lorsque l'enfant récite, chante, parle à un animal ou à un objet. L'enfant ou l'adulte peut être plus ou moins gêné par ce défaut d'élocution, mais ce sont souvent les parents qui s'inquiètent, parfois moins tolérants que les copains. Une forme de bégaiement transitoire est possible vers 3 ans. Mais le véritable bégaiement apparaît généralement vers 4-5 ans, souvent au moment de l'entrée à l'école avec ses exigences (réelles ou imaginaires) vis-à-vis du langage; il peut aussi survenir plus tard, parfois après un traumatisme. L'évolution est ensuite variable, avec des périodes d'accalmie et d'aggravation. À l'âge adulte, le bégaiement peut être invalidant, isolé ou parfois intriqué à des troubles anxiodépressifs, ou encore résiduel et bien toléré par le sujet. Touchant 1 % des enfants (dont 80 % de garçons), il est plus fréquent chez les gauchers ou les enfants mal latéralisés. Il survient souvent à la suite d'un retard de langage (50 %). Des antécédents familiaux de bégaiement sont retrouvés dans 30 % des cas.

LES TROUBLES DYSLEXIQUES ET/OU DYSORTHOGRAPHIQUES

La dyslexie est définie par une difficulté ou même une absence d'entrée dans la lecture à l'âge normal, malgré un potentiel intellectuel normal. Elle concerne environ 10 % des enfants. Les erreurs de lecture sont des confusions de graphèmes (a/an, m/n, b/d, p/q…), des inversions (cri/cir), des omissions (bar/ba), des substitutions, etc. Une difficulté à saisir le découpage de la phrase participe au brouillage du sens général du texte. La dysorthographie est le pendant de la dyslexie au niveau de l'écriture : confusions, inversions, omissions, mauvais découpage des mots et de la phrase… Ces erreurs sont banales et fréquentes lors de l'entrée dans la lecture et l'écriture, on ne peut donc parler de dyslexie avant l'âge de 7 ans. Certains troubles peuvent être associés : retard de langage (en particulier lorsqu'il existe des troubles de la compréhension, il évolue très fréquemment vers la dyslexie), troubles de la latéralisation (surtout dans les cas de gaucherie contrariée), troubles de l'organisation temporo-spatiale (difficultés à reproduire un rythme, difficultés d'orientation droite-gauche).

4 CLINIQUE DE L'ADOLESCENT

Il est classique de dire que l'adolescence, dont les limites sont, pour une part, arbitraires (nous situerons celles-ci entre 11 et 21 ans), se caractérise par :

– une difficulté à y repérer des entités sémiologiques et psychopathologiques stables ;

– une chance d'y observer les premières manifestations d'un trouble ou d'une souffrance non encore définitivement structurés.

Concernant ce chapitre, nous renvoyons le lecteur, pour une description détaillée, à l'ouvrage Masson consacré entièrement à la clinique de l'adolescent : *Adolescence et psychopathologie* (D. Marcelli et A. Braconnier, 6e édition, 2004).

Les manifestations cliniques à l'adolescence se situent évidemment entre celles de l'enfant et celles de l'adulte. Nous aurions pu faire le choix de traiter dans une même partie l'enfant et le jeune adolescent pour traiter ultérieurement dans une autre partie le grand adolescent et l'adulte. Ce choix n'aurait pas été en contradiction avec l'expérience clinique qui montre que les troubles du jeune adolescent sont souvent en continuité avec ceux de l'enfance mais prennent une forme plus apparente et plus intense en raison du processus spécifique de l'adolescence. Les troubles des conduites ou ceux des apprentissages scolaires en sont un bon exemple. Quant aux troubles de l'adolescent plus âgé, soit ils sont comme les précédents, soit plus souvent ils inaugurent un trouble qui prendra une forme caractéristique à l'âge adulte mais qui, dès l'adolescence en raison là aussi du processus de l'adolescence, sera à ce moment-là, plus instable. Le début des troubles psychotiques ou les troubles bipolaires souvent mixtes à cette période de l'adolescence sont ici caractéristiques de ce constat. Ce choix aurait pu aussi s'appuyer sur un point de vue en particulier, soutenu par exemple par P. Blos qui a orienté ses travaux sur le développement psychodynamique de l'adolescence, en décomposant l'adolescence en phases développementales distinctes, avec des exigences et des conflits propres, certains plus proches de l'enfance, d'autres plus proches de l'adulte.

Pour être au plus près des conceptions cliniques internationales et contemporaines, nous pouvons distinguer les troubles selon qu'ils se manifestent :

– soit dans la continuité de troubles de l'enfance et donc déjà bien repéré, et décrit, ici dans le chapitre consacré à l'enfant. La difficulté est néanmoins qu'on sait aujourd'hui que l'évolution à l'adolescence de ces troubles survenus dès l'enfance est extrêmement variable. On peut le constater clairement à propos de l'autisme ou des psychoses infantiles, des troubles oppositionnels et des conduites ou du trouble déficitaire de l'attention/hyperactivité. La variabilité de l'évolution à l'adolescence est encore plus marquée pour les troubles anxieux, dépressifs ou plus largement névrotiques de l'enfance ;

– soit par l'apparition de troubles, jusqu'alors apparemment absents, mais évoquant clairement ceux que l'on rencontre chez l'adulte. La schizophrénie, les troubles graves de la personnalité, les névroses graves, les dépressions récidivantes unipolaires ou bipolaires font partie de ce groupe et seront décrits dans le chapitre consacré à l'adulte ;

– soit par l'apparition récente à cette période de l'existence de troubles dont l'articulation avec le processus biopsychosocial de l'adolescence normal pose la question de leurs racines dans l'enfance et de leurs devenirs à l'âge adulte. Nous décrirons ici plus en détail les troubles du comportement alimentaire, anorexie et/ou boulimie et le problème des addictions.

LES TROUBLES DU COMPORTEMENT ALIMENTAIRE

Les troubles du comportement alimentaire répondent à deux types de trouble indépendants chez certains, associés chez d'autres : l'anorexie mentale et la boulimie.

L'ANOREXIE MENTALE

On a une connaissance fort ancienne de l'anorexie mentale. Sa description a été faite dès le XVIIe siècle par un auteur anglais Richard Morton. Sous le nom de « phtisie nerveuse », celui-ci décrit en 1689 chez une jeune femme une consomption du corps qui apparaît sans fièvre, sans toux, sans dyspnée et qui s'accompagne d'une perte de l'appétit et des fonctions digestives. Morton insiste sur l'effrayante maigreur à laquelle peut conduire cette affection. Selon lui la maladie a une origine nerveuse et provient d'une altération de l'élan vital.

Classiquement, on attribue les premières descriptions de l'anorexie mentale à Ch. Lasègue et à W. Gull qui publièrent tous les deux à des dates rapprochées leurs expériences cliniques. W. Gull parle d'abord d'*Hysteria apepsia* (1868) puis, à la suite du travail de Lasègue, d'*Anorexia Nervosa* (octobre 1873). Ch. Lasègue évoque, lui, l'« anorexie hystérique » (avril 1873).

Les descriptions cliniques faites par ces auteurs mériteraient d'être relues intégralement tant elles conservent toute leur actualité. « La malade loin de s'affaiblir, de s'attrister, déploie une façon d'alacrité qui ne lui était pas ordinaire : plus active, plus légère, elle monte à cheval, elle entreprend de longues courses à pied... » (Ch. Lasègue).

Épidémiologie

La prédominance féminine est, dans toutes les études, écrasante : 90 à 97 % des cas. L'âge de survenue connaît deux pics : vers 15/16 ans et 18/19 ans, âge fréquent du premier diagnostic. On note une importante pathologie comorbide : épisode dépressif majeur ou dysthymie (50 % à 75 %), troubles bipolaires (4 à 6 %), troubles obsessifs-compulsifs (25 %). On note également une comorbidité importante avec les troubles anxieux, en particulier phobie sociale. L'usage abusif de substances n'est pas rare, mais plus souvent associé aux formes avec crises de boulimie et/ou usage de purgatifs (12 à 17 %).

Regroupement clinique dans les classifications internationales actuelles

Dans la classification DSM-IV, on décrit l'Anorexie mentale (*Anorexia nervosa*) (307.1), (F50.0 pour la CIM-10) en distinguant deux types :

– le type restrictif (*restricting type*) : pendant l'épisode actuel d'Anorexie mentale, le sujet n'a pas, de manière régulière, présenté de crises de boulimie ni recouru aux vomissements provoqués ou à la prise de purgatifs (c'est-à-dire laxatifs, diurétiques, lavements) ;

– le type avec crises de boulimie/vomissements ou prise de purgatifs (*binge-eating/purging type*) : pendant l'épisode actuel d'Anorexie mentale, le sujet a, de manière régulière, présenté des crises de boulimie et/ou recouru aux vomissements provoqués ou à la prise de purgatifs (c'est-à-dire laxatifs, diurétiques, lavements).

Description clinique

L'anorexie mentale occupe une place particulière dans le champ de la pathologie mentale : sa stéréotypie clinique, la prévalence du sexe féminin et un âge de début assez caractéristique tranchent avec l'habituel polymorphisme des troubles à l'adolescence.

Le tableau clinique est très caractéristique. Il se constitue en trois à six mois, après une période marquée par un désir de « suivre un régime » pour perdre quelques kilogrammes jugés superflus. Un événement déclenchant peut être incriminé : conflit ou séparation familiale, deuil, naissance, rupture sentimentale.

Le symptôme anorexique

La restriction alimentaire modérée au début devient méthodique, résolue, poursuivie avec énergie dans l'intention claire de maigrir, la patiente cherchant à contrôler sa faim. Si la réduction alimentaire est souvent régulière et progressivement croissante, parfois elle peut, chez certaines, être entrecoupée de crises boulimiques. Ces crises sont toujours vécues avec un sentiment de faute, de dégoût et de honte entraînant à la fois des manœuvres pour évacuer les calories prises (vomissements, laxatifs, épreuves physiques supplémentaires) et une recrudescence ultérieure du comportement restrictif.

L'amaigrissement

Modéré au début, il devient rapidement spectaculaire. Il dépasse 20 à 30 % du poids initial et peut aller jusqu'à 50 % dans les formes cachectisantes. La patiente dénie l'amaigrissement, parfois même se trouve encore trop grosse alors que le déficit pondéral est important.

L'aménorrhée

C'est un signe constant, nécessaire au diagnostic. Parfois primaire quand l'anorexie mentale survient en début de puberté, elle est le plus souvent secondaire. Le rapport entre aménorrhée et amaigrissement n'est pas simple puisque l'aménorrhée peut apparaître dès le début de l'amaigrissement, le suivre après quelques mois et parfois même le précéder. En général, l'aménorrhée persiste après la reprise pondérale.

Autres symptômes

À côté de ces trois symptômes typiques, nous ajouterons la dysmorphophobie, l'hyperactivité mentale et physique, le désintérêt pour la sexualité et les activités sociales chez une personnalité présentant souvent certains traits de la personnalité narcissique.

Il importe de distinguer :

– les formes mineures, assez fréquentes. On y retrouve la totalité de la symptomatologie. L'épisode anorexique s'étend sur quelques mois, puis disparaît, soit spontanément, soit après quelques réaménagements familiaux effectués sur les conseils du pédiatre ou du psychiatre, en réalité rarement consulté à ce stade ;

– les formes de gravité moyenne. Elles sont caractérisées par des épisodes anorexiques entrecoupés de reprise transitoire de poids, soit du fait des crises boulimiques de la patiente, soit en raison des hospitalisations. L'anorexique traverse ainsi son adolescence et l'entrée dans l'âge adulte, en établissant avec l'entourage familial ou médical des relations au sein desquelles la dimension psychopathique, toxicomane ou perverse peut devenir prédominante. Mais au-delà de ces critères descriptifs, les deux tiers des patients continuent d'avoir des préoccupations intenses sur le poids et la nourriture et plus de 40 % conservent des crises boulimiques, et les pathologies comorbides dont souffrent ces patients sont fréquentes ;

– les formes graves cachectisantes. L'installation dans la cachexie représente un risque évolutif notable. L'arrivée en urgence dans les services de réanimation intensive n'est pas rare. La mort reste l'évolution possible surtout si une maladie intercurrente fait basculer le fragile équilibre physiologique. La mortalité est en moyenne de 5 à 7 % selon les diverses études, pour moitié conséquence directe de la dénutrition mais pour moitié liée au suicide dont le poids tend à croître avec la durée de la catamnèse (G. Patton, 1988).

LE TROUBLE BOULIMIQUE

La boulimie a d'abord été décrite sous l'appellation *Bulimia nervosa*, par M. Wulff (1932) puis repris par G. Russel (1979).

Épidémiologie

La boulimie survient le plus souvent chez des adolescents au moment de la puberté (12-14 ans) ou vers la fin des études secondaires (18-19 ans). La prédominance féminine qui est à l'adolescence de 3 à 4 filles pour un garçon (S. Ledoux et M. Choquet) augmente avec l'âge. Il ne faut pas confondre les accès boulimiques de nombreux adolescents et surtout adolescentes avec le véritable « Trouble boulimique ». S. Ledoux et M. Choquet relèvent une prévalence d'accès boulimiques de 28,2 % chez les filles et 20,5 % chez les garçons pour des épisodes peu fréquents dans les 12 derniers mois, puis de 9,8 % et 7,2 % pour des épisodes plus fréquents et de 3,6 % et 2,8 % pour des accès bihebdomadaires.

Dans les antécédents infantiles on retrouve souvent des antécédents d'abus sexuels, une majorité d'études estimant la fréquence des antécédents d'abus autour de 30 %. Sur un suivi de 6 ans, 60 % des patients avaient une évolution considérée comme bonne, 29 % intermédiaire, 10 % mauvaise et 1 % étaient décédés (Fichter et Quadflieg, 1997). Mais selon Corcos et Jeammet (2002), le pourcentage de jeunes filles avec des troubles du comportement alimentaire, en particulier boulimie, ayant subi des violences sexuelles caractérisées pendant l'enfance ou l'adolescence est à peu près similaire à ce qu'on observe dans la population générale (autour de 7 %). Cela est à distinguer d'un climat incestuel, de manœuvres de séduction incestueuse qui apparaissent plus fréquentes (sans qu'on sache très exactement la fréquence de ces situations dans la population générale !).

Regroupement clinique dans les classifications internationales actuelles

Dans la classification DSM-IV on décrit :

– la Boulimie (*Bulimia nervosa*) [307.51](F50.2 dans la CIM-10), caractérisée par la survenue récurrente de crises de boulimie (*binge eating*) avec deux sous types cliniques :

- type avec vomissements ou prise de purgatifs (*purging type*) : pendant l'épisode actuel de Boulimie, le sujet a eu régulièrement recours aux vomissements provoqués ou à l'emploi abusif de laxatifs, diurétiques, lavements,
- type sans vomissements ni prise de purgatifs (*nonpurging type*) : pendant l'épisode actuel de Boulimie, le sujet a présenté d'autres comportements compensatoires inappropriés, tels que le jeûne ou l'exercice physique excessif, mais n'a pas eu régulièrement recours aux vomissements provoqués ou à l'emploi abusif de laxatifs, diurétiques, lavements ;

– les Troubles des conduites alimentaires non spécifié [307.50](F50.x dans la CIM-10).

Les Troubles des conduites alimentaires non spécifiés sont une catégorie destinée aux troubles qui ne remplissent pas les critères d'un Trouble des conduites alimentaires spécifique. En voici quelques exemples.

Description clinique

Le véritable « Trouble boulimique » est dominé par la répétition de « crises boulimiques ». Le DSM-III-R puis IV exigent une fréquence de deux épisodes par semaine pendant au moins trois mois. D'autres auteurs prennent d'abord en considération le vécu pénible et imposé de la crise boulimique avec le sentiment d'un comportement « pathologique » chez la patiente, même quand les crises boulimiques sont moins fréquentes.

La « crise boulimique », encore appelée compulsion alimentaire (P. Aimez) ou chez les Anglo-Saxons *binge eating* (G. Russel), est un épisode brusque au cours duquel une grande quantité de nourriture est ingérée à la hâte, en cachette, sans pouvoir se limiter, « tout ce qui est dans le frigidaire ». Les aliments sont parfois absorbés après une préparation culinaire, mais le plus souvent consommés tels quels, non chauffés. Tous les aliments peuvent faire l'objet d'une conduite boulimique, chaque patient(e) ayant ses « préférences » (pâtes, viande, charcuterie, pâtisserie, chocolat, etc.). Fréquemment, la crise est précédée d'un état tensionnel de malaise, sans faim véritable, avec une dimension d'excitation; une lutte consciente contre l'impulsion à ingérer peut accompagner ce moment. La patiente boulimique mange seule, en cachette, commence son accès impulsivement après la période tensionnelle précédente. La plupart absorbent ces aliments dans le plus grand désordre, certaines organisent des quasi-rituels, cuisinant et installant nourriture et cadre. Cette nourriture est parfois volée. L'absorption est hâtive, sans mâcher ni mastiquer; les quantités ingérées peuvent être énormes. L'accès se termine quand il n'y a plus rien à manger ou lorsque la patiente est dérangée dans sa solitude par un tiers ou enfin quand les sensations de remplissage deviennent douloureuses.

Une phase d'abattement avec malaises physiques (douleurs d'estomac, fatigue, céphalées, nausées…) et psychiques (remords, honte, culpabilité, dégoût, humiliation, dévalorisation, etc.) succède, jusqu'à l'endormissement ou les vomissements provoqués.

Ces crises boulimiques s'observent parfois de façon isolée, mais le plus souvent elles s'inscrivent dans le contexte d'une anorexie mentale avec laquelle ces crises alternent.

En fait ces crises boulimiques répondent à trois critères :

– le besoin intense et irrésistible d'absorber de grandes quantités d'aliments avec un sentiment de perte de contrôle de la capacité à se limiter;

– les manœuvres pour éviter une prise de poids liée à cette absorption excessive (vomissements, abus de laxatifs, régimes alimentaires plus ou moins stricts et/ou fantaisistes dans l'intervalle des crises, activité sportive);

– la crainte de devenir gros avec une difficulté consciemment ressentie dans le vécu de l'image du corps. Le rapport négatif à son corps et à l'image de son corps semble un élément important du pronostic, en particulier chez les garçons.

Si de nombreuses boulimiques semblent capables de maîtriser un poids qui reste assez stable malgré le chaos des absorptions caloriques, quelques-unes présentent des fluctuations pondérales importantes et rapides (plus ou moins 20 kg en quelques semaines). Ces formes seraient de plus mauvais pronostic.

Le lien avec l'anorexie mentale est complexe, certaines formes semblent succéder à une anorexie mentale typique; dans d'autres cas on observe une alternance d'état anorexique et de période boulimique.

L'évolution est marquée par la répétition des crises entrecoupées de tentatives d'interruption, de stabilisation. Sur un suivi de 6 ans, 60 % des patients avaient une évolution considérée comme bonne, 29 % intermédiaire, 10 % mauvaise et 1 % étaient décédés (Fichter et Quadflieg, 1997).

On retrouve une importante comorbidité en particulier avec les troubles affectifs et les addictions. Si l'association boulimie/dépression existe, elle n'est pas constante et ces deux états ne peuvent être confondus.

LES ADDICTIONS

Comme nous l'avons évoqué dans le chapitre consacré à ce sujet dans l'ouvrage *Adolescence et Psychopathologie*, en pratique trois chemins bien différents sont rencontrés :

– le premier correspond typiquement aux jeunes adolescents, collégiens, consommateurs épisodiques mais excessifs d'alcool, de drogue ou même d'aliments généralement sucrés ou excitants (caféine, *Coca-Cola*, etc.).

Leurs conduites ne les excluent pas du groupe des pairs, bien au contraire, même de ceux qui ne manifestent pas d'attitudes de ce type. Leurs parents ne prêtent pas une attention particulière à leur dépendance, qui néanmoins existe déjà, ou sont inquiets de difficultés autres, en particulier d'un fléchissement ou d'une rupture scolaire récente ;

– le second chemin correspond aux années du lycée avec lequel les jeunes de ce groupe gardent un contact parfois à peu près régulier, souvent désorganisé. La dépendance est cependant déjà manifeste et se traduit par un hyperinvestissement de toute une série de comportements marqués par leur caractère répétitif et apparemment sans retenue possible. L'échange avec ces adolescents est difficile, ils sont opposants, parfois violents dès qu'on remet en cause leurs conduites. Leur vie sociale est souvent centrée autour de cet hyperinvestissement les amenant peu à peu à ne plus rencontrer que des jeunes dans la même situation. Les relations avec leurs parents sont répétitivement au bord de la rupture de la part des uns et des autres ;

– le troisième chemin est tout à fait différent. Il correspond aux adolescents plus âgés qui soit après l'étape ou les étapes précédemment décrites, soit directement s'engagent dans une marginalité où le poids de la dépendance psychique à l'égard de leur addiction est massif et quotidien. Ils ne fréquentent plus que des jeunes inscrits dans la même trajectoire. Leurs parents sont dépassés par ce qui se passe et ne savent plus comment faire face.

Au concept d'addictions certains préfèrent aujourd'hui celui de « dépendances » (Ph. Jeammet, M. Corcos). Ce point de vue s'appuyant sur un modèle plus volontiers psychanalytique, nous avons conservé le terme d'addiction pour respecter l'esprit de cet ouvrage qui est de prendre en compte l'ensemble des modèles explicatifs.

Les notions d'alcoolisme ou de toxicomanie modèles du genre, trop chargées d'histoire, de sens moral et donnant une place centrale au produit, ont dorénavant laissé place au terme d'*addiction* (qui renvoie à l'esclavage) ou de *dépendance* qui recouvre un champ plus large et plus neutre. Les passages d'une dépendance à une autre, le regroupement des polytoxicomanies ou la comorbidité des addictions sans drogues avec une appétence avérée pour une substance ont joué en la faveur de ses dénominations. De ce fait le terme addiction tend à dominer (d'aucuns craignent même la dilution du concept) et prend une valeur *trans-nosographie* et psychopathologique commune tout en relativisant la place des produits au sein des troubles.

Selon la définition de l'OMS de 1964 : « La pharmacodépendance est un état physique et quelquefois également psychique, résultant de l'interaction entre un organisme vivant et une drogue, se caractérisant par des modifications de comportement et par d'autres réactions, qui comprennent toujours une pulsion à prendre le produit de façon continue ou périodique afin de retrouver ses effets psychiques et quelques fois d'éviter le malaise de la privation. Cet état peut s'accompagner ou non de tolérance. Un même individu peut être dépendant de plusieurs produits ».

Selon Goodman (1990) : Goodman, psychiatre anglais, a formulé en 1990 une définition de l'addiction, sans valeur officielle, mais appréciée pour son avantage de ne pas être associée à un objet précis et donc de s'étendre aux addictions sans drogues dans leur dimension impulsive et compulsive. Il décrit l'addiction comme « un processus dans lequel est réalisé un comportement qui peut avoir pour fonction de procurer du plaisir et de soulager un malaise intérieur, et qui se caractérise par l'échec répété de son contrôle et sa persistance en dépit des conséquences négatives ».

ADDICTION, SELON GOODMAN

A. Impossibilité répétée de résister aux impulsions à faire ce comportement.

B. Sensation croissante de tension immédiatement préalable au commencement du comportement. Plaisir ou soulagement pendant la durée du comportement.

C. Sensation de perte de contrôle.

D. Présence d'au moins cinq des neuf critères suivants :

- préoccupations fréquentes par rapport à ce comportement ou à sa préparation,
- intensité et durée des épisodes plus importantes que prévu,
- tentatives pour le diminuer ou l'arrêter,
- beaucoup de temps consacré à lui ou à s'en remettre,
- survenue pendant les obligations professionnelles, scolaires, familiales, etc.
- activités majeures (sociales, récréatives, professionnelles) sacrifiées à cause du comportement,
- bien qu'il y ait conscience du caractère pathologique, perpétuation du comportement,
- tolérance vis-à-vis du comportement, c'est-à-dire nécessité d'en augmenter l'intensité et/ou la fréquence pour obtenir l'effet désiré,
- agitation ou irritabilité si le sujet est dans l'impossibilité de réaliser ce comportement.

REGROUPEMENT CLINIQUE DANS LES CLASSIFICATIONS INTERNATIONALES ACTUELLES

Le DSM-IV distingue sous la rubrique des troubles liés à l'utilisation d'une substance : l'Abus (.1) et la Dépendance (.2). Vient ensuite la rubrique des troubles induits par une substance : Intoxication (.0), Sevrage (.3), *Delirium* (.03), Démence (.73), Trouble amnésique (.6), Trouble psychotique (.52), Trouble de l'humeur (.8), Trouble anxieux

(.8), Dysfonction sexuelle (.8), Trouble du sommeil (.8), Non spécifique (.9). Le code de la substance précède le tout.

La CIM-10 définit aussi deux modes de consommation : l'*utilisation nocive pour la santé* et le *syndrome de dépendance*. Ce groupe nosologique assez semblable au DSM est défini dans son préambule par l'ensemble des phénomènes comportementaux et psychiques secondaires à l'utilisation d'une substance psychoactive. On y trouve définie la nuance entre la dépendance et l'abus.

Intoxication aiguë (.0), Utilisation nocive pour la santé (.1), Syndrome de dépendance (.2), Syndrome de sevrage (.3), Syndrome de sevrage avec *delirium* (.4), Trouble psychotique (.5), Syndrome amnésique (.6), Trouble résiduel ou psychotique de survenue tardive (.7), Autres troubles mentaux et du comportement (.8), Trouble mental ou du comportement, sans précision (.9). Comme pour le DSM, le code de la substance est le premier.

LE CONCEPT D'ORDALIE

La toxicomanie représente aussi par de nombreux aspects une conduite de recherche de sensations, de transgression et de jeu avec la mort.

L'ordalie est une notion développée depuis les années quatre-vingts, elle vient nuancer et donner un éclairage positif différent de l'aspect purement négatif et autodestructeur de nombreuses conduites toxicomaniaques. L'ordalie durant le Moyen Âge était une épreuve juridique où l'on se remettait par diverses épreuves au jugement de Dieu.

Les fantasmes ordaliques consistent à s'en remettre à une puissance extérieure (le hasard, le destin) et à reprendre, par la prise de risque mortel, le contrôle de sa vie, pour se sentir vivant.

Les rituels de passage, la clinique transgressive des adolescents ou le spectre de l'*overdose* sont différents aspects que peut prendre l'ordalie au sein des conduites addictives.

LES SUBSTANCES

Si le terme addiction rend compte d'un soubassement clinique commun, chaque substance garde sa spécificité dans la relation que le sujet dépendant entretient avec elle et mérite d'être connue pour son action et ses effets.

Alcool

Il demeure aussi un véritable problème de santé publique en raison de sa forte toxicité et par les conséquences de ses abus comme de sa dépendance. Il procure en fonction de la quantité absorbée d'abord une sensation d'euphorie et d'excitation (1 à 2 g/L), puis viennent l'ivresse et la perte de contrôle (2 à 3 g/L), enfin la sédation et le coma (> 3 g/L). L'alcoolisme ou dépendance à l'alcool s'installe après une période plus ou moins longue d'abus. Il survient alors une dépendance physique et une tolérance avec l'apparition insidieuse d'un syndrome de sevrage physique (tremblements, sueurs) lors des temps de non-consommationn, obligeant le consommateur à reprendre rapidement de l'alcool. Sans cela apparaît un syndrome de manque avéré pouvant aboutir jusqu'au *Délirum Tremens*. Constitué d'une agitation psychomotrice, d'hallucinations visuelles cauchemardesques, de déshydratation et d'un syndrome confusionnel, il s'agit d'une urgence médicale potentiellement mortelle sans traitement.

Il existe aussi concernant l'alcool une dépendance psychique non négligeable faite de besoins irrépressibles de boire, pourvoyeuse de rechutes même après un temps long de sevrage et d'abstinence complète.

Lors d'une consommation chronique peuvent apparaître des complications hépatiques pouvant aller jusqu'à la cirrhose et l'insuffisance hépatocellulaire. Chez l'adulte, d'un point de vue neurologique, une démence de Korsakoff dont les troubles mnésiques sont les plus prégnants peut apparaître après plusieurs années de consommation. Enfin il n'est pas rare de voir survenir des épisodes psychiatriques associés à l'alcool tels que des délires de jalousie ou des ivresses pathologiques.

Plusieurs auteurs ont tenté de classifier différentes formes de comportements alcooliques sous la forme de sous-groupes de la « maladie alcoolique », surtout chez l'adulte.

La *classification de Fouquet* est la plus connue, elle différencie l'*alcoolose* : prédominance des ivresses aiguës, du caractère impulsif, notion d'une addiction à l'ivresse, et l'*alcoolite* : alcoolisations régulières, dépendance physique, complications somatiques.

Un autre regroupement connu est celui qui distingue un *alcoolisme primaire* et *secondaire*. L'*alcoolisme primaire* (70 % des formes d'alcoolisme) a un début précoce, présente un terrain biologique et psychologique prédisposant (facteur génétique, mauvais contrôle des impulsions, recherche de sensations…). La conduite alcoolique semble première par rapport aux troubles psychiatriques. L'*alcoolisme secondaire* (30 % des formes d'alcoolisme) est défini par une conduite alcoolique secondaire à un trouble de la personnalité ou à un trouble psychiatrique. L'alcoolisation existe dans un but anxiolytique, dopant, etc.

Ces classifications nous enseignent que les relations d'un individu, même pour un seul type de produit, peuvent être bien distinctes.

Cannabis

C'est la substance illicite la plus utilisée au monde. Actuellement le nombre de consommateurs et notamment parmi les jeunes est croissant. À l'image de l'alcool, on observe une première phase euphorique lors de son utilisation suivie d'une seconde phase d'ivresse puis de sédation. Comme l'alcool aussi, les effets peuvent être différents en fonction de l'utilisateur, de son état d'esprit du moment ou de sa personnalité sous-jacente. On n'observe pas de dépendance physique. La dépendance psychique au produit est faible, mais un usage chronique expose à des dangers. Le plus discuté mais aussi le plus connu est le syndrome amotivationnel qui se caractérise par un repli sur soi, un retrait et un désintérêt pour le monde, ce qui signerait en fait une dépendance psychique avérée au produit. Les derniers rapports gouvernementaux l'ont classé à tort parmi les drogues les moins dangereuses et ont relancé le débat législatif et politique concernant une éventuelle intégration de sa consommation légale à la législation.

LSD

Le LSD est un hallucinogène puissant. Il entraîne des modifications sensorielles intenses telles que des hallucinations visuelles. Ces effets sur le psychisme sont variables d'un individu à un autre. Les risques principaux sont ses effets secondaires psychiatriques : angoisses lors de la descente, *bad trip*, épisodes délirants…

La kétamine anesthésique détournée de son usage fait aussi partie de la classe des hallucinogènes, de même que de nombreuses plantes et champignons à travers le monde.

Ecstasy

Drogue d'origine synthétique, l'ecstasy ou MDMA, bien qu'elle ait été synthétisée pour la première fois en 1914, est devenue au cours de la fin du XXe siècle le chef de file des « nouvelles drogues ». Elle reste associée à la fête et à la musique et se présente sous forme de comprimés décorés rendant la composition réelle incertaine.

À la fois stimulante par son appartenance à la classe des amphétamines et psychodysleptique, elle reste singulière dans son action : euphorie, augmentation des perceptions sensorielles, accroissement des capacités de communications et d'empathie.

Elle est neurotoxique et possède des effets secondaires somatiques graves, comme l'hyperthermie, ainsi que psychiatriques aussi variés que des crises d'angoisses aiguës, des syndromes dépressifs ou des épisodes délirants. Autre particularité, elle agit principalement sur le système sérotoninergique.

Lors de la descente survient comme pour toutes substances excitantes un cortège de symptômes tels que l'apathie et des sentiments dépressifs plus ou moins graves.

Elle ne suscite pas de dépendance physique, sa consommation est le plus souvent contrôlée, le risque addictif demeure psychologique.

Les amphétamines ou *speed* s'en rapprochent par leur effet.

Opiacés

Les opiacés : opium, morphine, héroïne, codéine, *Méthadone*, possèdent des caractéristiques communes. Ils procurent le bien-être, la paix intérieure et l'apaisement des tensions psychiques. Ce sont également des drogues de fuite et d'évitement du fait de l'isolement et du repli sur soi que procure le produit, « la planète ». Au-delà de la dépendance au produit, il existe un risque d'*overdose* entraînant le coma et un arrêt respiratoire, et par ses modes de prises, un vecteur d'infection (hépatites, VIH). C'est pourquoi ce sont aussi des drogues du risque et du jeu avec la mort. Elles ne sont cependant pas neurotoxique.

L'héroïne est un opiacée obtenu par synthèse à partie de la morphine. La dépendance qu'elle entraîne demeure le modèle de la toxicomanie. L'injection détermine le flash souvent décrit comme une sensation orgasmique de plaisir intense. Elle a une action brève, extrême, entraîne une forte tolérance et une forte dépendance physique qui s'installe rapidement dans la grande majorité des cas. Le syndrome de sevrage est tout aussi intense fait de douleurs et d'un profond malaise psychique, rendant particulièrement difficile son déroulement complet.

Petit à petit le plaisir tend à décroître au fur et à mesure que la dépendance se poursuit, toute la vie du sujet se concentre autour de la recherche du produit afin de prévenir le manque; c'est lorsque l'addiction devient un mode de vie que les conséquences sociales sont désastreuses.

Cocaïne

Elle procure l'éveil, un sentiment de maîtrise de soi, d'hyperlucidité et d'augmentation de la vigilance. C'est la drogue de la fête, du groupe, de l'intégration ou encore de la performance.

D'un point de vue physique on note un risque de nécrose locale si elle est sniffée. Un surdosage peut entraîner de même un arrêt cardiaque.

Le *crack* ou « caillou » est une forme solide particulière de la cocaïne. Il en possède les mêmes effets, mais comme la drogue est inhalée sous forme de vapeur, son action est plus fulgurante, proche du flash, tendant à la répétition compulsive. Il est de plus associé à des milieux plus précaires que ceux utilisant la cocaïne.

Faisant suite à la phase d'excitation vient la descente, phase de fin d'effet ressentie de manière particulièrement déplaisante et incitant à recourir au produit initial ou à des substances sédatives.

Lors d'une consommation abusive et continue apparaissent des idées interprétatives de thématiques persécutives, une agressivité, une dépression, un accès psychotique.

La cocaïne présente surtout une forte dépendance psychique, ainsi qu'une forte sensibilisation mais pas de dépendance, de sevrage ou de tolérance physique. L'intensité de son retentissement psychologique explique son puissant potentiel d'addiction et rend les manifestations de *craving* particulièrement violentes et donc des rechutes rapides.

Le sevrage d'une consommation régulière entraîne lassitude, idées dépressives, abattement, hypersomnie, pouvant aller jusqu'à des idéations suicidaires.

Dans les formes de consommation chronique, le sujet s'isole et ne vit plus que pour et par son produit, perdant ainsi le contexte lié aux premières prises.

Psychotropes

Les anxiolytiques et hypnotiques entre autres, de la classe des benzodiazépines, entraînent une dépendance physique avec une tolérance et un syndrome de sevrage. Ils sont pour la plupart prescrits par un médecin mais sont aussi détournés et utilisés à but toxicomaniaque. Leurs prescriptions trop larges peuvent représenter un problème de santé publique.

Tabac

Si l'on prend en compte la valeur absolue du nombre de décès occasionnés par une substance, le tabac représente la consommation la plus nocive. De plus la nicotine ainsi que la dépendance comportementale à la cigarette en font un produit à la forte potentialité addictive : un tiers d'expérimentateurs devient dépendant. La dépendance est à la fois est psychique et physique.

Toxicomanies sans drogues

Elles sont appelées aussi « nouvelles addictions » ou dépendances comportementales. On range dans cette catégorie le jeu pathologique (F63.0), les achats compulsifs, la cyberdépendance, la dépendance au travail, à l'activité sportive, les addictions sexuelles. Certains auteurs élargissent encore cette notion aux meurtres en série, aux tentatives de suicides et aux automutilations à répétition.

Dans tous ces troubles, le sujet accomplit de manière répétitive et « obligatoire » une séquence comportementale précise.

Le jeu pathologique est le modèle d'addiction sans drogue le plus répandu. Seule une infime partie de joueurs même réguliers rentre dans cette définition.

5 | CLINIQUE DE L'ADULTE

La distinction entre *Névroses* et *Psychoses* a constitué pendant de nombreuses années la base de la psychopathologie aussi bien pour l'enfant que pour l'adulte, les États Limites, les Troubles Narcissiques de la Personnalité, les Perversions, les Organisations Psychosomatiques; tous les états psychopathologiques qui ne peuvent être classés dans l'une ou l'autre structure, névrotique ou psychotique, n'ont vu la découverte de leurs caractéristiques que dans la deuxième moitié du XXe siècle.

LES DÉPRESSIONS ET LES TROUBLES BIPOLAIRES

Depuis l'Antiquité, la description d'un trouble dont la symptomatologie est restée globalement stable est frappante. Historiquement ce trouble a été attribué à des facteurs très variés. De l'excès de bile noire d'Hippocrate, d'où le nom de mélancolie (dénomination progressivement remplacée au début du XXe siècle par celui de dépression), aux facteurs neurobiologiques actuels, en passant par la folie partielle, désordre plus intellectuel que thymique des auteurs français du XIXe siècle, la liste serait longue. Un débat toujours actuel porte sur la différenciation entre dépression endogène et dépression exogène, même si beaucoup d'arguments, au-delà des apparences, sont en défaveur aujourd'hui d'une telle distinction (N. Weissman, P. Gorwood, 2005).

Pour la psychose maniaco-dépressive appelée aujourd'hui trouble bipolaire, il faudra attendre Falret et Baillarger, au XIXe siècle, également pour décrire la succession d'états maniaques et dépressifs et en faire une maladie distincte.

ÉPIDÉMIOLOGIE

La prévalence de la dépression chez l'adulte est estimée de 5 à 8 %. La possibilité de faire au moins un accès dépressif au cours de la vie concernerait 20 % de la population générale. La prévalence de la dysthymie en population générale adulte est autour de 3 %. De un tiers à la moitié des suicides et des tentatives de suicide médicalement graves peut être attribué à des troubles dépressifs. La prévalence du suicide chez les patients dépressifs unipolaires est évaluée à environ 15 %. Le risque de décès par suicide est trente fois supérieur à la population générale.

REGROUPEMENT CLINIQUE DES CLASSIFICATIONS INTERNATIONALES ACTUELLES

La classification CIM-10 propose de distinguer :
– l'Épisode maniaque [F.30.x];
– le Trouble affectif bipolaire [F.31];
– l'Épisode dépressif [F32.x];
– le Trouble dépressif récurrent;
– les Troubles de l'humeur (affectifs) persistants (cyclothymie [F34.0], dysthymie [F34.1]).

Quelle que soit la classification, une référence à l'intensité du trouble est à noter.

La classification actuelle DSM-IV des troubles de l'humeur distingue essentiellement deux types différents par leur aspect clinique, leur évolution et leur abord thérapeutique :

– les Troubles dépressifs regroupant essentiellement le trouble dépressif majeur fait d'un [296.2.x] ou de plusieurs [296.6x]Épisodes dépressifs majeurs dont les symptômes (cinq au minimum, avec au moins soit l'humeur dépressive, soit une perte d'intérêt ou de plaisir) doivent avoir par convention été quotidiennement présents pendant un minimum de deux semaines, marquant un changement par rapport au fonctionnement antérieur;
– le Trouble dysthymique [300.4]fait de l'humeur dépressive plus d'un jour sur deux pendant au moins deux ans et d'au moins deux des symptômes classiques (trouble du sommeil, de l'appétit, etc.).

Les troubles bipolaires où l'on distinguera essentiellement le trouble bipolaire I [296.xx](classique maniaco-dépression variable selon l'intensité et la fréquence de la manie) du trouble bipolaire II [296.89](épisodes dépressifs majeurs récurrents avec épisodes hypomaniaques) et du trouble cyclothymique [301.13](alternance d'hypomanie et de moment dépressif *a minima*).

DESCRIPTION CLINIQUE

Derrière le mot dépression se cache depuis toujours un trouble affectif, c'est-à-dire un affect douloureux spécifique de tristesse, de mal-être, de douleur morale, de perte de plaisir à tout ce qui pouvait être antérieurement agréable et enfin d'agressivité plus ou moins exprimée contre soi (culpabilité) ou contre les autres (irritabilité).

Les critères employés pour décrire les manifestations caractéristiques sont globalement identiques chez l'adulte, l'adolescent et l'enfant prépubère, même si certaines caractéristiques cliniques de la dépression changent avec l'âge : les plaintes somatiques, l'irritabilité, le retrait social ou l'agitation sont fréquents chez l'enfant, tandis que l'hypersomnie et les idées délirantes se rencontrent parfois chez l'adolescent alors que le ralentissement psychomoteur, les manifestations plus « mentalisées » de la dépression, comme le sentiment de culpabilité ou d'incapacité, la perte d'espoir sont plus fréquents chez l'adulte. Citons le problème complexe des liens et du diagnostic différentiel chez les personnes âgées entre maladie d'Alzheimer et dépression. Les conséquences cognitives de la dépression et la fréquence de symptômes dépressifs chez les patients atteints d'Alzhzeimer sont ici sources de difficultés diagnostiques.

La gravité de la dépression dépend de l'intensité de la tristesse et de la culpabilité mais aussi pour beaucoup des troubles associés : troubles de la personnalité, troubles anxieux, troubles addictifs, risque suicidaire.

Certains facteurs peuvent être considérés comme des éléments de bon pronostic évolutif : le début aigu des troubles en relation avec un événement de vie, l'absence de troubles psychopathologiques dans l'enfance, de troubles associés et la mise en place plus précoce d'un traitement adapté. Certains défendent l'idée qu'il y a toujours chez le sujet dépressif un minimum de bipolarité par l'existence d'état hypomaniaque *a minima* chez tout sujet présentant en apparence essentiellement des épisodes dépressifs.

En ce qui concerne la dysthymie, chacun s'accorde à dire que le début en a souvent été précoce et insidieux, c'est-à-dire généralement au cours de l'enfance et de l'adolescence. Il semble cependant qu'un certain nombre de troubles, ne pouvant pas être étiquetés comme des dépressions strictes, relèvent vraisemblablement de dysthymie ou de futurs troubles dysthymiques. Le problème principal est de faire une distinction entre ce trouble et ce que l'on peut désigner sous le terme de personnalité dépressive.

En ce qui concerne les dépressions atypiques, la pratique quotidienne amène à penser que ce type de dépression est fréquent tant l'on rencontre des épisodes dépressifs dans lesquels l'hypersomnie, l'hyperphagie, la sensibilité au rejet et la réactivité de l'humeur s'associent ou se substituent de façon régulière aux critères classiques du syndrome dépressif.

Enfin en ce qui concerne les troubles dépressifs récurrents brefs, nouvellement introduit dans les références cliniques, la difficulté de leur diagnostic spécifique est évidente compte tenu de la confusion potentielle avec des troubles de l'humeur brefs et épisodiques se situant dans le cadre du processus normal de la vie.

Dans le cas de trouble bipolaire, l'état maniaque est caractérisé le plus souvent par un sentiment d'élation, une instabilité, une intense agitation, une logorrhée, une fuite des idées, une mégalomanie avec idées de grandeur exprimées et sentiment de toute-puissance à l'origine de comportement dangereux socialement et financièrement. Des troubles du sommeil à type d'insomnie et des anomalies comportementales en rapport avec une excitation psychomotrice et une désinhibition sont également présents. La survenue de symptômes psychotiques, de troubles du comportement, de conduites antisociales ou d'abus de substances psychoactives n'est pas rare. Enfin avant de poser le diagnostic d'accès maniaques, il faut éliminer, chez l'adulte jeune en particulier, toute prise médicamenteuse ou abus de drogues.

Les facteurs prédictifs de la bipolarité, outre la rapidité d'installation du trouble dépressif et l'existence de symptômes psychotiques, sont les antécédents personnels et familiaux de manie et l'existence d'un virage sous traitement. L'existence de cycles rapides dans le temps donne à des manifestations cliniques polymorphes une valeur indicative péjorative.

DÉPRESSION ET CONDUITES SUICIDAIRES

Rappelons qu'un tiers à la moitié des suicides et des tentatives de suicide médicalement graves peut être attribué à des troubles dépressifs. La prévalence du suicide chez les patients dépressifs unipolaires est évaluée à environ 15 %. Le risque de décés par suicide est trente fois supérieur à la population générale. Le plus souvent la corrélation avec la gravité du trouble dépressif était statistiquement significative. La fréquence de survenue d'une tentative de suicide est encore plus grande dans les études prospectives. Il faut aussi noter que la prévalence des idées de suicide (souvent ou tout le temps), et non plus des tentatives elles-mêmes, est significativement corrélée à l'intensité de la problématique dépressive. Néanmoins une majorité de déprimés ne tentent pas de se suicider. Des facteurs tels qu'une histoire familiale de suicidants, des abus sexuels dans l'enfance, la qualité médiocre de l'environnement, les difficultés sociales et/ou professionnelles ou encore certains traits de personnalité comme le « névrotisme », le manque d'estime de soi et surtout l'impulsivité constituent des indices de vulnérabilité supplémentaires.

NÉVROSES ET ÉTATS ANXIEUX

À l'aube du XXIe siècle, se pencher sur le regroupement nosographique déterminé par le terme de « névrose » est une démarche qui peut sembler nostalgique, loin de l'actualité des classifications psychiatriques internationales d'où ce terme a quasiment disparu.

Pourtant, à l'heure où les écrits bataillent pour savoir ce que sont devenues les névroses d'antan (Que reste-t-il du modèle princeps, où retrouver ses petits dans les classifications du DSM-IV, etc.), choisir d'intituler une section « les névroses » est une gageure qu'il nous a plu de relever.

Tout d'abord parce que, dans la clinique quotidienne, la référence à l'organisation névrotique reste opérante, même s'il est de plus en plus rare de tomber sur un « cristal pur » mais bien plutôt sur des traits de fonctionnement névrotique au sein d'une organisation plus complexe.

Ensuite parce que les névroses ont donné naissance à l'une des théories qui a sans doute le plus marqué la psychiatrie contemporaine, la théorie psychanalytique.

Cette interdépendance conceptuelle entre névrose et psychanalyse est par ailleurs la raison pour laquelle certaines classifications contemporaines ont tendance à abandonner ce terme trop marqué par une théorie explicative. Les avancées neurophysiologiques contemporaines poussent à une nosographie plus neutre, plus descriptive qu'explicative.

Par ailleurs, on constate que si la clinique des névroses correspond à un état pathologique clairement repérable et répandu à un moment donné de l'histoire, elle ne s'ajuste plus aussi bien aux pathologies d'aujourd'hui, qui débordent le plus souvent le cadre nosographique vers des pathologies de type état limite.

Malgré cela, le schéma de l'organisation névrotique fournit une trame de compréhension du psychisme indispensable non seulement dans de nombreuses pathologies mais aussi dans le fonctionnement dit « normal », établissant un continuum entre les différents types de fonctionnement.

Nul ne peut être sûr aujourd'hui du destin du concept de névrose.

L'enjeu est à la fois celui d'une nosographie psychiatrique psychopathologique, et de la complémentarité ou de l'opposition des différentes théories explicatives du psychisme, allant de la psychanalyse, aux théories cognitivo-comportementales, et aux dernières avancées neurobiologiques.

Le terme de « névrose » est un terme forgé à partir de termes d'origine grecque :

– d'une part du Grec *neuron* qui désigne pour les Grecs anciens le tendon, la corde, puis à partir de Galien qui nomme ainsi les paires crâniennes, les nerfs ;

– d'autre part de – *ose*, terminaison de – *osis* désignant ainsi le fait d'être affecté, mais plus particulièrement une affection sans fièvre.

Le terme a été créé par l'Écossais William Cullen en 1769 (W. Cullen, 1777) dans son ouvrage de médecine pratique qui le définit comme désignant « des affections contre-nature du sentiment ou du mouvement » et regroupe alors des affections très disparates. Il est repris par Pinel (Ph. Pinel, 1798) dans sa *Nosographie philosophique* où le terme de névrose couvre d'abord la quasi-totalité des pathologies cérébrales avant de s'affiner progressivement et se séparer d'autres affections cérébrales pour lesquelles on suspecte une atteinte organique. Pinel définit alors les névroses comme des « états morbides, les plus souvent apyrétiques, dans lesquels on remarque une modification exclusive, ou du moins prédominantes, de l'intelligence, de la sensibilité ou de la motilité, ou de toutes ces facultés à la fois (…) en l'absence de toute lésion appréciable ».

La progression des travaux d'anatomo-pathologie, de neurologie et surtout de la psychanalyse naissante de la fin du XIXe siècle et du début du XXe siècle va réduire peu à peu le champ des névroses en un concept plus homogène.

À la fin du siècle dernier, P. Janet (P. Janet, 1909) distingue essentiellement deux grandes catégories de névroses : l'hystérie et la psychasthénie.

Mais c'est aux travaux de Freud et à la théorie psychanalytique que l'on doit l'homogénéisation du concept de névrose à travers la découverte d'un mécanisme psychogène commun : le refoulement. Freud explore les névroses cliniquement d'abord dans les séances d'hypnose des patientes hystériques dans le service de Charcot à la Salpêtrière, puis dans les cures de patients qu'il mène lui-même par la méthode dite de l'association libre. Le matériel inconscient à l'origine de la névrose apparaît très vite à Freud comme étant de nature sexuelle et prenant ses racines dans l'histoire infantile du sujet.

Le rapprochement de ces deux termes, enfance et sexualité, suscite des réactions très mitigées dans les cercles psychiatriques de l'époque, mais la psychanalyse a trouvé sa voie et ne cessera dès lors de se référer au point de départ que constitue pour elle l'observation clinique de la névrose. Les successeurs de Freud ont poursuivi la description des névroses, confirmant les trois types d'organisation décrites par Freud dans le regroupement des psychonévroses de défenses (S. Freud, 1894) où l'accent est mis sur le rôle essentiel du conflit défensif : la névrose hystérique, la névrose obsessionnelle et la névrose phobique. À côté des psychonévroses, le groupe des névroses actuelles, que Freud avait définies comme résultant d'un défaut de satisfaction sexuelle dans le présent, a subi des modifications, avec l'abandon de la neurasthénie et l'évolution de la névrose d'angoisse vers un modèle de compréhension différent. Enfin, à côté de ces grands tableaux cliniques, on décrivait des troubles de la personnalité isolés correspondant aux trois principales structures névrotiques, respectivement les personnalités hystériques ou histrioniques, les personnalités obsessionnelles ou psychasthéniques, les personnalités évitantes.

Les classifications contemporaines, le DSM-IV et l'ICD-10, ont fait éclater la notion de névrose à travers plusieurs catégories de troubles, s'attachant à la description symptomatique pour constituer des groupes homogènes.

DÉFINITION

Malgré les aléas du concept de névrose, on retrouve certaines constantes dans la définition. Les troubles névrotiques sont :

– des troubles psychogènes, sans étiologie organique clairement définie;

– ressentis par le patient comme indésirables et produisant une souffrance psychique. Mais cette souffrance ne détache pas le névrosé de la réalité, il négocie avec elle à travers des aménagements de toute sorte. Il ne rompt pas avec le réel en cherchant à le remplacer par une néo-réalité délirante;

– des troubles dont le patient a conscience et qui ne portent pas atteinte à son sentiment d'identité;

– en majorité de gravité légère ou moyenne, ne perturbant pas fondamentalement l'adaptation sociale ou professionnelle du patient. Dans l'enfance, de façon naturelle à certaines périodes du développement, surviennent des phobies. Tout au long de l'adolescence ou de la vie adulte, des manifestations névrotiques peuvent survenir épisodiquement. Chez un petit nombre seulement les symptômes s'organisent de façon durable et répétée sans relation apparente avec les événements extérieurs, comme en circuit fermé. Le sujet a alors toujours recours au même mode de défense, de façon répétée dans des situations chaque fois différentes les unes des autres. L'intérêt de la symptomatologie se situe alors beaucoup dans le degré de fluidité du fonctionnement psychique, dans la capacité du sujet à varier les différents modes de défense afin de préserver la diversité de son fonctionnement. Dans les organisations névrotiques, on retrouve au contraire une certaine adhérence psychique autour d'un type d'organisation psychique défensive.

Évidemment, il existe des exceptions avec des névroses très invalidantes, et résistantes au traitement, obérant une partie de la vie relationnelle du sujet : hystérie grave avec manifestation somatique chronique entraînant des pertes de fonctions importantes, névrose obsessionnelle enfermée dans ses rituels, phobies multiples empêchant tout contact social.

Il existe quatre grands groupes d'organisation névrotique : la névrose d'angoisse, non structurée, et trois névroses structurées, la névrose hystérique, la névrose phobique et la névrose obsessionnelle. À côté de ces grands tableaux cliniques riches en symptômes, on décrit également des symptômes névrotiques non spécifiques qui peuvent exister isolément, des états réactionnels d'expression névrotique, et la dépression névrotique.

REGROUPEMENT CLINIQUE DANS LES CLASSIFICATIONS INTERNATIONALES CONTEMPORAINES

Le DSM-IV distingue l'axe I, les états pathologiques, caractérisés par une association de symptômes spécifiques pour chaque état, de l'axe II, les troubles de la personnalité caractérisés par des traits pathologiques permanents du caractère. De ce fait la description classique des névroses s'est retrouvée éclatée entre l'axe I et l'axe II.

Ici nous aborderons l'axe I, c'est-à-dire les catégories pathologiques constituées par regroupements de symptômes présentant une certaine stabilité descriptive. Ici aussi la symptomatologie névrotique s'est retrouvée éclatée entre différentes catégories, dont aucune ne la reflète totalement mais dont chacune peut faire penser à une organisation névrotique de la personnalité sous-jacente.

Ainsi, on retrouve :

– dans ce qui s'apparente aux névroses d'angoisse, névroses phobiques et névroses obsessionnelles), les troubles anxieux :

- F41.0 Trouble panique sans agoraphobie,
- F40.01 Trouble panique avec agoraphobie,
- F40.00 Agoraphobie sans antécédent de trouble panique,
- F40.2 Phobie spécifique,
- F40.1 Phobie sociale,
- F42 Trouble obsessionnel compulsif,
- F43.1 État de stress post-traumatique,
- F43 État de stress aigu,
- F41. Anxiété généralisée,
- 41.9 Trouble anxieux non spécifique ;

– dans ce qui s'apparente à la névrose hystérique (sauf pour l'hypocondrie dont l'origine est tantôt névrotique, tantôt plus franchement psychotique) : les troubles somatoformes F45 et les troubles dissociatifs F44 et F48;

– les troubles dissociatifs (proches de la névrose hystérique);

– dans les troubles factices (production consciente de symptômes dont la motivation échappe à l'observation, et qui peut apparaître dans les organisations névrotiques phobiques, hystériques ou obsessionnelles) : F68.1 Trouble factice;

– enfin, dans les troubles sexuels et dans les troubles de l'identité sexuelle (les dysfonctions sexuelles sont des symptômes classiques mais non exclusifs des organisations névrotiques et sont présents dans la plupart des névroses). Dysfonctions sexuelles :

- F52 Troubles du désir sexuel,
- F52.2 Troubles de l'excitation sexuelle,
- F52.3 Troubles de l'orgasme,
- F52.6/5 Troubles sexuels avec douleur (dyspareunie, vaginisme),
- F64 Troubles de l'identité sexuelle (dont certains, une minorité, peuvent être apparentés à une organisation névrotique).

Sur l'axe II, axe des troubles de la personnalité (voir *Les troubles de la personnalité*, p. 171), les catégories diagnostiques qui se rapprochent le plus de la névrose sont :

– F60.4 Personnalité histrionique (se rapprochant des traits hystériques) ;
– F60.6 Personnalité évitante (se rapprochant des traits phobiques) ;
– F60.7 Personnalité dépendante (se rapprochant des traits hystériques) ;
– F60.5 Personnalité obsessionnelle compulsive (se rapprochant des traits obsessionnels).

Ces troubles de personnalité de l'axe II ne déterminent pas nécessairement des troubles cliniques associés sur l'axe I, mais décrivent une tendance générale de la personnalité sans fixation en symptômes.

DESCRIPTION CLINIQUE

La névrose d'angoisse

Freud a très tôt isolé la névrose d'angoisse comme entité pathologique (Freud 1895, *Du bien-fondé à séparer de la neurasthénie un complexe de symptômes déterminé, en tant que névrose d'angoisse*) et pensait dans un premier temps que la névrose d'angoisse avait un support organique actif. Il la qualifiait de « névrose actuelle » reconnaissant la part manifeste des facteurs du temps présent dans l'angoisse, par opposition aux éléments du passé, et en particulier du vécu infantile, dans les autres organisations névrotiques.

Ces remaniements théoriques successifs mettent l'accent sur l'absence de spécificité du symptôme angoisse par rapport à une catégorie nosographique précise. C'est une manifestation symptomatique en attente d'organisation, qui ne présage pas d'un système défensif bien établi mais qui constitue bien souvent une porte d'entrée dans la pathologie mentale.

La névrose d'angoisse associe un fond d'anxiété chronique caractérisé par des manifestations somatiques d'angoisse, des préoccupations excessives pour tout et des crises d'angoisse aiguë associant un début brutal, le plus souvent sans facteur déclenchant retrouvé.

La crise d'angoisse aiguë est la survenue soudaine d'une peur intense et sans objet, c'est-à-dire non liée à une situation objectivement dangereuse. L'angoisse est le plus souvent d'emblée à son maximum, accompagnée de manifestations somatiques et psychiques. Les manifestations symptomatiques de la névrose d'angoisse sont variées et constitue un catalogue complet des troubles dit « fonctionnels », c'est-à-dire liés à une fonction organique (respiratoire, cardiaque, digestif, etc.). La présence des manifestations somatiques doit faire éliminer en priorité un diagnostic d'urgence médicale (détresse respiratoire aiguë, accident cardiovasculaire).

L'élocution est souvent heurtée, saccadée, l'attitude est crispée, trémulante, agitée ou au contraire stuporeuse (sidération anxieuse). Les manifestations peuvent parfois être spectaculaires : cris, affolement, raptus auto- ou hétéro-agressif à l'acmé de la crise. La présentation clinique est souvent très impressionnante pour l'entourage, lui faisant craindre un danger vital. Il existe ainsi un phénomène de contagion par l'angoisse. L'accès dure de quelques minutes à quelques heures. La fin est marquée par une impression de fatigue et de soulagement. L'intervention thérapeutique permet d'écourter voire d'empêcher la crise.

L'anxiété intercritique, associe :

– des ruminations pessimistes, une anticipation douloureuse des événements;

– une hypervigilance dans des secteurs précis (professionnels, scolaire, familiaux) et une distractibilité pour les autres, des difficultés de concentration;

– une hyperesthésie sensorielle (intolérance au bruit, réaction de sursaut), une irritabilité;

– une tension motrice avec tremblements, hypertonie diffuse, douleur musculaire, fatigabilité, fébrilité;

– des troubles neurovégétatifs divers : sécheresse de la bouche, sueurs, palpitations, extrémités froides et moites, fourmillements des mains, constipation ou débâcle diarrhéique, vertige, étourdissements, sensation de gêne épigastrique ou de gorge serrée, pollakiurie;

– des troubles du sommeil (insomnie d'endormissement, réveils nocturnes);

– des troubles sexuels.

Les critères pathologiques insistent sur la constance des troubles et le caractère incontrôlable des préoccupations anxieuses.

La présence de signes somatiques, qui peuvent aller jusqu'à se présenter isolément comme un équivalent anxieux, doit faire éliminer là encore une pathologie somatique associée (hyperthyroïdie, pathologie cardiaque) d'autant plus que le symptôme somatique évoqué varie peu.

L'association à une autre pathologie psychiatrique doit être également recherchée, en particulier un état dépressif, une schizophrénie (exacerbation de l'angoisse de dépersonnalisation associée à un syndrome dissociatif), ou une consommation de toxiques.

Les répercussions sur la vie familiale, les activités professionnelles sont très variables d'un patient à l'autre. La qualité de l'entourage, sa valeur protectrice et rassurante, est essentielle pour un bon pronostic.

Les événements de vie jouent un rôle important sur l'évolution des troubles (deuil, période de surmenage, compétition professionnelle, maladie, etc.).

L'évolution est marquée par des périodes de rémission et des périodes d'exacerbation de l'anxiété avec multiplication des crises d'angoisse. Celle-ci peuvent entraîner des complications résultant d'un effort désespéré de contrôle de l'anxiété : appétence médicamenteuse, alcoolisme secondaire.

D'autres complications sont à craindre :

– la dépression est la complication évolutive la plus fréquente;

– les conduites suicidaires;

– l'évolution vers une névrose plus structurée (hystérique, phobique, obsessionnelle);

– les pathologies psychosomatiques : asthme, ulcère, rectocolite hémorragique, etc.

La névrose hystérique

De toutes les organisations névrotiques, point de départ de la théorie freudienne, l'hystérie est sans doute la plus célèbre et la plus controversée actuellement.

Elle a depuis toujours malmené le savoir médical, le tenant en échec tout en excitant sa curiosité.

Regroupement clinique dans les classifications internationales

Dans le DSM-IV la névrose hystérique est scindée entre les troubles somatoformes et les troubles dissociatifs d'une part et les personnalités histrioniques et dépendantes d'autre part (voir *Les troubles de la personnalité*, p. 171) :

– troubles somatoformes :
- F45.0 Trouble somatisation,
- F45.1Trouble somatoforme indifférencié,
- F44 Trouble de conversion,
- F45.4 Trouble douloureux,
- F45.2 Hypocondrie,
- F45.2 Peur d'une dysmorphie corporelle,
- F45.9 Trouble somatoforme non spécifique ;

– troubles dissociatifs :
- F44.0 Amnésie dissociative,
- F44.1 Fugue dissociative,
- F44.81 Trouble dissociatif de l'identité,
- F48.1 Trouble de dépersonnalisation.

Description clinique

La névrose hystérique est caractérisée par l'hyperexpressivité somatique des troubles psychiques. Ses symptômes sont des manifestations physiques de cette « conversion somatique », variables, fluctuants, suggestibles, déjouant les lois physiologiques. Leur description complète est impossible, car l'hystérique invente sans cesse de nouveaux symptômes ou les emprunte aux pathologies qu'il ou elle côtoie. Pour en décrire les principaux traits, disons que la clinique associe à des degrés divers :

– des symptômes de conversion durable, touchant le plus souvent les organes de la vie relationnelle et s'installant dans le temps : surdité soudaine, paralysie d'un membre ne suivant pas les territoires nerveux habituels, aphonie, cécité brusque, trouble de la sensibilité (anesthésie ou hyperalgie), contractures, spasmes, etc. ;

– des manifestations aiguës, conversives à valeur de décharge émotionnelle comme des grandes crises d'agitation psychomotrice ou plus simplement des « crises de nerfs », des crises d'allure convulsive ou extrapyramidale, ou, à un degré moindre, des crises de spasmophilie;
– des symptômes de dissociation hystérique : amnésie psychogène, fugue amnésique, dépersonnalisation, inhibition intellectuelle, états crépusculaires, états somnanbuliques, etc.;
– des manifestations d'allure dépressive avec théâtralisme, importance des manifestations fonctionnelles, résistance au traitement, avec le plus souvent bénéfices secondaires auprès de l'entourage. Les tentatives de suicide peuvent être présentes, souvent impulsives, avec une dimension d'appel à l'aide prévalente;
– des troubles neurovégétatifs : digestifs (nausée, vomissement), coliques (spasme, constipation), respiratoires, génitaux (dyspareunie, vaginisme);
– des troubles de la fonction sexuelle : frigidité fréquente chez les femmes qui peut s'accompagner de dégoût ou crainte de la sexualité ou, au contraire, d'une hypersexualité apparente avec multiplication des partenaires, impuissance ou éjaculation précoce chez les hommes.

À ces différentes manifestations symptomatiques s'associe un trouble caractéristique de la personnalité sous jacente (voir *Les troubles de la personnalité*, p. 171).

Si l'hystérie est facilement décrite au féminin, c'est parce qu'elle affecte plus volontiers les femmes que les hommes. Les femmes hystériques présentent plus volontiers des manifestations aiguës conversives, syncopes brutales ou crises de nerfs, des algies chroniques, des manifestations dissociatives.

L'hystérie masculine est souvent plus difficile à déceler derrière des manifestations dépressives durables, résistantes aux traitements, avec des signes fonctionnels importants, des troubles de la fonction sexuelle (allant du donjuanisme à l'impuissance), des revendications sur le statut de malade (reconnaissance d'un handicap suite à un accident de travail, par exemple). L'alcoolisme est fréquent et s'inscrit dans une conduite d'échec plus globale où dominent l'insatisfaction et les regrets.

La névrose phobique

Chez Homère, le mot *Phobos* signifie la fuite. Le mot prend par la suite le sens de cette force qui pousse à la fuite et se rapproche de la notion de « peur excessive », panique, terreur.

En psychiatrie, la phobie désigne un symptôme qui peut être présent dans toutes les catégories de la pathologie psychiatrique en tant que peur irraisonnée devant un objet amenant à fuir toute rencontre possible avec cet objet. Pendant longtemps, les phobies ont été mal isolées des idées obsédantes, et ce n'est qu'avec la fin du XIXe siècle qu'apparaît une tentative de classification plus précise avec dénomination d'innombrables phobies : agoraphobie (peur des espaces étendus), claustrophobie (peur des espaces clos), mais aussi acrophobie (phobie des hauteurs), sidérodromophobie (crainte des voyages en train), éreutophobie (peur de rougir en public), hématophobie (peur du sang), nosophobie (peur des maladies), etc.

Regroupement clinique dans les classifications internationales

Dans le DSM-IV, la névrose phobique est scindée entre les troubles phobiques et la personnalité évitante F60.6 [301.82] (voir *Les troubles de la personnalité*, p. 171).

Les phobies se retrouvent dans :

– le trouble panique avec agoraphobie F40.01 [300.21];
– l'agoraphobie sans antécédent de Trouble panique F40.00 [300.22];
– la phobie sociale (Trouble anxiété sociale) F40.1 [300.23];
– les phobies spécifiques (auparavant Phobie simple) F40.2 [300.29] (par exemple : prendre l'avion, les hauteurs, les animaux, avoir une injection, voir du sang).

Description clinique

Parmi les névroses phobiques, l'agoraphobie est la plus fréquente, ensuite viennent la phobie sociale et la phobie simple. Les névroses phobiques sont caractérisées par la présence de crises d'angoisse suscitées par la présence réelle d'un objet ou d'une situation, ne présentant pas de caractère objectivement dangereux. Le sujet a conscience de ses troubles et du caractère disproportionné de son angoisse mais ne peut lutter contre. Il s'arrange le plus souvent pour éviter la situation ou l'objet phobogène, mais peut aussi avoir développé des conduites de réassurance à l'aide de personnes ou d'objets contraphobiques qui permettent, en leur présence, d'affronter la situation. Ainsi, par exemple, telle jeune fille souffrant d'une agoraphobie pourra traverser une place publique déserte si et seulement si elle est accompagnée par sa mère, telle autre ne pourra affronter une prise de parole en public qu'à condition d'avoir dans la poche un minuscule jouet « porte-bonheur ».

L'*agoraphobie* a une prédominance féminine, dans une proportion de deux tiers des cas. Elle apparaît préférentiellement à l'adolescence ou au début de l'âge adulte et pourrait être favorisée par l'existence dans l'enfance d'une très forte angoisse de séparation ou de terreurs nocturnes persistantes. Elle se manifeste souvent par l'appréhension disproportionnée de quitter le domicile, d'aller dans la rue, de prendre les transports en commun, ou de se retrouver dans un espace public environné de monde. Les personnes décrivent une peur panique qui les saisit à l'idée de se trouver mal, de faire un malaise et que personne ne puisse leur venir en aide. L'intensité de ces crises est variable selon les individus, pouvant conduire certains à éviter totalement la situation phobogène, d'autres à aménager leur angoisse (en s'installant systématiquement près des sorties de secours dans les lieux publics par exemple).

L'évolution est marquée par des périodes de rémission, entrecoupées de nouvelles crises.

La *phobie sociale* se définit par la peur d'agir de façon humiliante ou inadéquate dans une situation où l'on se trouve exposé à l'attention particulière d'autrui. Elle peut se traduire par la peur de parler en public, de rougir devant les autres, de perdre le contrôle de soi, et amène le sujet à redouter toute situation où il s'imagine être soumis à la critique. Cette organisation phobique va de pair avec une fragilité de l'image de soi, amenant une autodépréciation fréquente et l'état dépressif est souvent proche. Elle débute souvent à l'adolescence chez un sujet timide dans l'enfance. La phobie sociale touche préférentiellement les hommes, apparaît tôt dans la vie adulte mais met souvent plusieurs années avant de faire l'objet d'une demande d'aide thérapeutique. L'évolution est plus continue que dans l'agoraphobie, les rémissions sont rares, le handicap social plus important. La dépression est fréquente parmi les complications et les tentatives de suicide sont parfois à redouter. Les liens avec le diagnostic de personnalité évitante sont fréquents.

Les *phobies simples* regroupent la peur isolée du sang, des animaux, des objets inanimés (tels que couteaux, matériel électronique, etc.). Elles sont normales en ce qui concerne les animaux, par exemple, dans le processus d'évolution de l'enfant. Le petit enfant a peur des visages étrangers vers l'âge de 9 mois et cette peur a une fonction organisatrice pour son psychisme. Puis, il a peur des gros animaux et, à mesure de son évolution, la peur se déplace vers des animaux de plus en plus petits, jusqu'aux insectes. La phobie des insectes est un reliquat fréquent à l'âge adulte des processus maturatifs à l'œuvre dans l'aménagement défensif.

Quand l'organisation défensive de type phobique se rigidifie, devient prévalente et répétitive et interfère avec le fonctionnement psychique global pour le limiter (comme dans l'agoraphobie où le sujet limite de plus en plus ses déplacements à l'extérieur), on parle de névrose phobique.

Une pathologie associée ou une complication est toujours à rechercher.

La dépression, mais aussi la survenue de conduites addictives alcooliques ou médicamenteuses est toujours à craindre. La prise régulière d'alcool pour masquer une phobie sociale même légère est à rechercher et à traiter.

Le retentissement social, professionnel, affectif des névroses phobiques peut entraver gravement la vie du sujet et restreindre peu à peu le champ de ses activités.

Un fonctionnement psychique de type limite doit être évoqué chaque fois que les phobies sont atypiques, multiples, très invalidantes, ou bien portent, en dehors de la période de l'adolescence, sur le corps ou l'image de soi.

De même, lorsque l'organisation phobique est extrêmement rigide, ou que l'angoisse est massive, envahissante et infiltre l'ensemble du fonctionnement mental, que le sujet craint les relations aux autres au point de se sentir persécuté par eux, le mécanisme de projection qui impute à autrui ce qui est méconnu en soi dépasse un mécanisme névrotique et doit faire rechercher une organisation psychotique sous-jacente.

La névrose obsessionnelle

L'étymologie du terme obsession vient du latin *obsessio* : siège, action d'assiéger. Dans la névrose obsessionnelle, la pensée est comme assiégée par une idée (l'obsession) et essaye de s'en défendre par des actions (les rituels).

La dimension de contrainte est majeure : le sujet se sent contraint dans son fonctionnement de pensée et s'impose à lui-même d'autres contraintes pour s'en libérer. Malgré la très grande souffrance attachée le plus souvent à cette catégorie de trouble, le sujet consulte tardivement (en moyenne huit ans après le début des troubles) avec un sentiment de honte vis-à-vis de ses troubles.

Le début des troubles est souvent précoce, parfois dès l'enfance, et touche autant les hommes que les femmes.

Regroupement clinique dans les classifications internationales actuelles

Dans le DSM-IV, la névrose obsessionnelle est scindée entre le trouble obsessionnel compulsif (TOC) F42.x [300.3] et la personnalité obsessionnelle compulsive F60.5 [301.4] (voir *Les troubles de la personnalité*, p. 171).

Description clinique

Les obsessions peuvent être des idées ou des images qui s'imposent de façon répétée et involontaire à la conscience du sujet. C'est la pensée compulsionnelle avec ruminations interminables, doutes et vérifications mentales à l'infini.

Le plus souvent, la nature de ces idées ou de ces images obsédantes est contraire à l'éthique du sujet, ce qui le révolte contre lui-même et produit un sentiment de honte. Il reconnaît cependant cette idée comme sienne et lutte activement pour s'en déprendre. La pensée intruse varie à l'infini suivant les sujets, mais ses thèmes de prédilection tournent autour de la sexualité, l'analité et leur kyrielle de formations réactionnelles (préoccupations morales, religieuses, thématique de la pureté, la propreté, etc.).

La lutte anxieuse déclenchée par de telles idées tend alors à envahir l'activité mentale du sujet. La tendance à la répétition dans l'activité mentale est importante, chacun des traits obsédants se présente en longue série, avec des allers et retours incessants. Le sujet ne peut interrompre volontairement cette inépuisable répétition de mots, d'idées ou d'images qui ne s'épuise que lentement, et comme à regret. Le doute est omniprésent et mine l'activité mentale jusqu'à une véritable « folie du doute » dans laquelle l'individu n'en finit plus de douter de ses actes, ou de sa responsabilité dans une situation, avec une souffrance extrême pouvant le conduire à une issue fatale, seule solution à son dilemme douloureux.

Il existe plusieurs types d'obsessions :

– les obsessions idéatives constituées de mots (injures, grossièretés), d'images mentales (obscènes, pornographiques, crues) ou d'idées (provocantes ou au contraire issue, des formations réactionnelles, religieuses, sur la propreté, etc.) qui font intrusion dans l'univers mental;

– les obsessions phobiques caractérisées par une crainte imaginaire, présente en permanence (contrairement aux phobies), d'attraper une maladie (sida, maladie sexuellement transmissible), d'être contaminé par des microbes;

– les obsessions impulsives (ou phobies d'impulsion) caractérisées par la crainte de commettre un acte contre sa volonté tel que agresser un proche, commettre un acte immoral, mal se comporter en public, etc.

Les passages à l'acte sont extrêmement rares, malgré l'impression du sujet de ne retenir ses actes qu'à grand-peine.

La lutte anxieuse contre les obsessions mobilise l'activité du sujet qui invente des rituels conjuratoires pour tenter de se soustraire à l'intrusion de la pensée parasite. Ces rituels conjuratoires qui peuvent être mentaux (compter des séries de nombres, réciter des prières, des séries de mots, etc.) ou comportementaux (toucher certains objets, ne pas marcher sur les lignes du trottoir, etc.) établissent un rapport magique avec le monde environnant dans lequel le rituel réalise une sorte de conjuration superstitieuse des intrusions obsessives. Puisque le sujet ne peut maîtriser ses obsessions qui sans cesse s'imposent à lui, il se donne l'impression de maîtriser quelque chose à travers ses rituels. Les rituels et vérifications portent le plus souvent sur les actes de la vie quotidienne : toilette, habillage, coucher, défécation. Ils peuvent mettre l'entourage à contribution, parfois de façon tyrannique et agressive.

La contrainte du rituel, parfois développé en un véritable cérémonial, remplace et soulage, sans cesser de l'entretenir, la contrainte interne. Obsession et rituel partagent par ailleurs souvent des caractéristiques telles que le caractère absurde et répétitif de l'acte conjuratoire, sans l'aspect transgressif de l'obsession. Dans ce sens, les rites obsessionnels constituent une solution de compromis du conflit névrotique sous-jacent.

L'acte compulsif, ou compulsion, est un acte répétitif qui s'impose au sujet et qu'il ne peut éviter d'accomplir sous peine de très grande angoisse. Les compulsions se situent entre les obsessions, dont elles partagent le caractère impératif, et les rituels, au sens où elles sont le plus souvent consécutives aux obsessions et où leur réalisation soulage le sujet.

L'obsessionnel souffre de son symptôme et s'en plaint le plus souvent assez rapidement. Il reconnaît ses obsessions comme étant des idées venant de lui, et non imposées de l'extérieur (comme les hallucinations intrapsychiques), ainsi que sa responsabilité dans leur caractère forcé et artificiel. Mais il tire également des bénéfices cachés de ses symptômes qui peuvent les fixer davantage, tels que le masochisme ou les relations d'emprise sur l'entourage.

Comme pour les autres névroses, la névrose obsessionnelle se caractérise par la conjonction de symptômes obsessionnels et d'une personnalité obsessionnelle (voir *Les troubles de la personnalité*, p. 171).

La névrose traumatique ou le syndrome de stress post-traumatique

Cette névrose mérite d'être individualisée des précédentes et du point de vue descriptif et du point de vue psychopathologique.

Le terme de Névrose Traumatique apparaît en 1889, sous la plume d'un neuropsychiatre allemand, H. Oppenheim, qui, le premier, qualifie ainsi les séquelles psychiques observées chez des sujets ayant survécu à un accident de chemin de fer. En 1896, Kraeplin reprend l'étude de ces troubles sous la dénomination de « Schreckneurosen » (névrose d'effroi). Pendant la guerre de Sécession, Hartshorne et Da Costa décriront cette pathologie sous le terme de « névrose cardiaque ».

C'est au décours de la première, puis de la deuxième guerre mondiale, qui fournissent l'occasion d'observer de nombreux cas cliniques de troubles psychiques post-traumatiques, qu'apparaît une abondante littérature à ce sujet. La nature purement psychique du trouble s'affirme alors. L'évolution du concept s'intrique avec celle de la psychiatrie de guerre (Sutter, 1986; Ferrero, 1986). En 1980, les troubles psychiques post-traumatiques apparaissent pour la première fois dans le DSM-III, sous le nom de *Post-Traumatic Stress Disorder* (PTSD : « syndrome de stress post-traumatique ») et cette apparition va marquer un tournant dans l'histoire du concept, puisqu'il s'installe alors définitivement dans la nosographie psychiatrique, et prend une place majeure, à l'interface du médico-politico-social.

Il est à noter que, de ce fait, le concept de PTSD fait l'objet de critiques, non sur sa validité clinique, incontournable, mais sur son utilisation parfois excessive.

Épidémiologie

Une étude américaine récente retrouve une prévalence de l'état de stress post-traumatique de 1 à 4 % sur la vie entière dans la population générale; et de 3 à 58 % dans les populations exposées à des traumatismes.

Regroupement clinique des classifications internationales actuelles

Le DSM-IV classe cette pathologie, État de stress post-traumatique (F 43.1) [309.81], dans la catégorie des troubles anxieux, en distinguant s'il est aigu (la durée des symptômes est de moins de trois mois), chronique (la durée des symptômes est de trois mois ou plus) ou de survenue différée (le début des symptômes survient au moins six mois après le facteur de stress).

La CIM-10 classe cette pathologie (F43.1) dans la catégorie des troubles de l'adaptation, et non des troubles anxieux comme le fait le DSM-IV. Mais cette classification inclut également la « Modification durable de la personnalité après une expérience de catastrophe » (F62.0).

Description clinique

La névrose traumatique se définit comme un état névrotique déterminé par un traumatisme psychique. Ce traumatisme psychique est lui-même secondaire à un événement particulièrement grave, ayant menacé le sujet ou un proche dans son intégrité. La nosographie traditionnelle française emploie le terme de « névrose » traumatique car il existe, dans cette pathologie, à la fois des symptômes spécifiques (le syndrome de répétition), des symptômes névrotiques aspécifiques (anxiété, etc.), et des remaniements de la personnalité : ces trois éléments étant organisés et durables.

Le temps de latence

Il ne faut pas confondre l'état de stress post-traumatique avec la réaction immédiate de stress au moment de l'événement traumatique : l'état de stress post-traumatique se développe après un temps de latence (temps d'« incubation », de « méditation ») qui peut varier de quelques jours à quelques mois. C'est une période paucisymptomatique, au cours de laquelle seul un observateur averti pourrait détecter de discrets signes du travail psychique en cours : léger repli, ruminations, retrait dépressif, ou parfois, euphorie paradoxale.

Le syndrome de répétition

Il est pathognomonique de la névrose traumatique. Il se manifeste des façons suivantes (Crocq, 1996; Crocq et coll., 1983) :

– cauchemars, vécus intensément, représentant l'événement traumatique inaugural sous une forme plus ou moins déformée;

– souvenirs envahissants de l'événement traumatique; pensées imposées et ruminations mentales à ce sujet;

– surgissement de visions quasi hallucinatoires, voire hallucinatoires de la scène traumatique (donnant en général au patient l'impression de devenir « fou »);

– parfois, tendance irrésistible à regarder des images de violence;

– surgissements soudains de gestes ou de comportements de défense ou d'agression (comme si le traumatisme se reproduisait);

– sursauts, état de « qui-vive ».

Les symptômes non spécifiques

Ils sont :

– anxiété, asthénie, troubles sexuels, plaintes somatiques;

– symptômes « d'emprunt » : symptômes phobiques, obsessionnel compulsifs, ou de conversion. Ils ne signifient pas forcément une organisation névrotique spécifique antérieure (ils peuvent être liés aux circonstances du traumatisme, à un point d'appel somatique sur lequel le patient se fixe, ou encore aux réactions de l'entourage);
– troubles psychosomatiques (asthme, eczéma, hypertension artérielle, glaucome, angor, canitie, calvitie, ulcère gastro-duodénal, colite spasmodique, diabète, goitre thyroïdien, etc.);
– troubles thymiques dépressifs (voire tentatives de suicide);
– abus de substances (que le patient prend initialement à visées anxiolytique et amnésiante).

La personnalité traumato-névrotique

Ce n'est donc pas un trouble de la personnalité organisé depuis l'enfance : ce sont des traits de personnalité acquis depuis le traumatisme.

Fenichel a décrit la personnalité traumato-névrotique en trois grands axes, représentant les blocages de trois fonctions du Moi (Crocq et coll., 1983) :

– blocage de la fonction de filtrage : il n'y a plus filtrage des stimuli dangereux, ce qui génère l'état d'alerte permanent, avec sursauts, lutte contre l'endormissement, etc.
– blocage de la fonction de présence : désintérêt, détachement, sentiment d'avenir bouché;
– blocage de la fonction d'amour (en rapport avec le vécu de solitude et d'absence totale de secours au moment du traumatisme) : dépendance affective vis-à-vis de l'entourage, avec revendications d'attention tyranniques et insatiables, sentiment de ne plus pouvoir aimer les autres, irritabilité, tendance au repli sur soi.

On peut résumer ces caractéristiques en parlant de *personnalité « narcissique régressive »*.

Évolution

Spontanément, c'est une affection qui a tendance à perdurer. Cependant, les symptômes s'atténuent avec le temps, notamment les symptômes de répétition, laissant au premier plan les remaniements caractéropathiques de la personnalité. Traitée, elle peut évoluer favorablement.

Diagnostic différentiel

Syndromes postcommotionnels (Crocq et coll., 1983) : le « syndrome subjectif des traumatisés crâniens », aussi appelé « névrose post-traumatique », comprend d'une part des symptômes neuro-organiques postcommotionnels (vertiges, céphalées, troubles du sommeil, troubles visuels, etc.), et d'autre part parfois, des aspects de réorganisation névrotique de la personnalité (régression, revendications, sinistrose).

Sinistrose : décrite par E. Brissaud en 1908, cette pathologie se caractérise par l'enkystement de revendications concernant un préjudice subi. Le préjudice a bien existé, mais le sujet refuse de reconnaître qu'il l'a dépassé ou pourrait le dépasser : il s'ancre au contraire dans la persévération et la revendication jamais satisfaite d'une indemnisation, au détriment de tout autre aspect de sa vie. Il existe parfois des traits de personnalité paranoïaque. Ces pathologies sont particulièrement chroniques et résistantes aux traitements. Elles peuvent venir compliquer une réelle névrose traumatique.

LES PSYCHOSES

Autant le terme de névrose a tendance à disparaître des classifications psychiatriques internationales actuelles et sa cohérence en tant qu'entité psychopathologique est mise à mal, autant celui de psychose reste relativement homogène, et ce, que l'abord de ces pathologies se fasse à un niveau symptomatique, clinique ou plus théorique et psychopathologique.

Nul doute que si le concept de névrose a été démantelé, c'est qu'il a été tellement développé par Freud et la psychanalyse. Il est difficile d'utiliser ce terme dans un catalogue symptomatique qui se veut athéorique comme aime à se définir un certain type de psychiatrie contemporaine. Les psychoses échappent en partie à cette critique. Non pas que la psychanalyse ne s'y est pas intéressée (Freud et des auteurs comme M. Klein, Bion, Searles ou Lacan en France y ont apporté un éclairage décisif), mais quasiment par définition, la cure psychanalytique type est inappropriée, contre-indiquée, voire dangereuse dans le cas de patients souffrant de psychose. Autant dire que la psychose n'est la chasse gardée d'aucune école de pensée particulière. Globalement, il y a peu de différence entre la clinique du schizophrène magistralement décrite par Bleuler au début du siècle et celle, contemporaine et consensuelle, du DSM-IV.

Le terme de psychose a été initialement introduit par le psychiatre autrichien Feuchtersleben en 1844, dans son cours de pathologie mentale professé à Vienne, dans une acceptation vague, en tout cas beaucoup plus générale qu'actuellement : elle était synonyme de « maladie de l'esprit ». Ce n'est que très progressivement que la psychose va se définir en opposition à la notion de névrose, selon deux dimensions, l'une quantitative et l'autre qualitative :

– la notion de gravité des troubles ;

– la notion de méconnaissance des troubles par le sujet, entraînant ainsi souvent la nécessité d'un traitement contre la volonté du patient et même parfois sous contrainte de la loi en cas d'hospitalisation.

Freud, en développant sa théorie de l'inconscient, insiste lui aussi sur cette opposition entre névrose et psychose, pas tant sur des critères thérapeutiques (névrose accessible à une cure psychanalytique contrairement à la psychose), car il existe également des névroses qui ne sont pas « analysables » (les névroses actuelles), que sur des critères psychodynamiques : plus précisément les mécanismes de défense ne sont pas les mêmes, ici le déni et la projection, en accord avec l'idée classique psychiatrique de méconnaissance des troubles.

On peut donc dire qu'il y a une certaine homogénéité et un relatif consensus pour ce qui concerne la description clinique des psychoses, toutefois à une remarque près : la délicate question de la ligne de partage entre les psychoses schizophréniques et les psychoses chroniques non schizophréniques se heurte à des difficultés auxquelles une approche purement symptomatique ne peut encore une fois pas répondre, voire ne rien en dire quitte à occulter le problème; on pourrait par exemple s'étonner que la paranoïa, qui semble correspondre à une réalité clinique dans la pratique quotidienne psychiatrique, ne soit pas citée telle quelle dans le DSM-IV. La question de l'unicité de la psychose était déjà débattue au XIXe siècle. Dans la première partie de ce siècle, l'hypothèse d'une folie unique, essentielle, idiopathique, était entendable dans la mesure où l'enjeu était de faire la distinction entre des troubles psychiques dus à une atteinte organique ou non. À partir de la deuxième partie du XIXe siècle, il s'agit, à la faveur souvent d'un impressionnant travail sémiologique et d'observation clinique, d'affiner et de différencier les expressions multiples de la folie. C'est la période de la clinique du regard (Foucault), qui aura comme aboutissement, entre autres, la distinction que fera Kraepelin entre psychose maniaco-dépressive d'une part, caractérisée par la prédominance des troubles affectifs, et démence précoce d'autre part, caractérisée par la dissociation mentale et l'évolution déficitaire. Un autre visage de la folie va battre en brèche l'idée de l'unicité de la psychose : c'est l'émergence, toujours à partir du XIXe siècle, de la paranoïa.

Terme initialement employé en Allemagne, elle avait alors « la signification la plus vaste et la plus mal définie ». On doit à ce dernier de clarifier les conceptions allemandes. C'est en 1899 qu'apparaît la définition, qu'il ne modifiera pas jusqu'en 1915, qui limite la paranoïa « au développement insidieux sous la dépendance de causes internes et selon une évolution continue, d'un système délirant durable et impossible à ébranler qui s'instaure avec une conservation complète de la clarté et de l'ordre de la pensée, de la volonté et de l'action ». En France, apparaît en 1852 le délire de persécution décrit par Lasègue. Plus tard, Magnan précise les caractères du « délire chronique à évolution systématique » en l'opposant aux délires mal construits des dégénérés. Enfin, Sérieux et Capgras décrivent en 1909 le délire d'interprétation ou folie raisonnante qui vient se confondre avec la définition de la paranoïa de Kraepelin. En limitant ainsi la définition de la paranoïa, Kraepelin laisse une vaste place à la démence précoce, qui devenue avec E. Bleuler la schizophrénie, englobe presque toutes les psychoses chroniques, en dehors des psychoses maniaco-dépressives. Il faut rappeler enfin, outre les différences sémiologique et psychopathologique entre démence précoce et schizophrénie, la divergence nosographique qui oppose Kraepelin et Bleuler : le premier distingue nettement paranoïa d'une part et forme paranoïde de la démence précoce d'autre part; le deuxième fait entrer la paranoïa dans le groupe des schizophrénies. L'école française, sous l'influence de H. Claude puis de H. Ey, maintiendra la distinction entre paranoïa et schizophrénie.

Dans les définitions courantes de la psychose se mêlent des éléments de différents ordres : troubles de la communication, absence de conscience de l'état pathologique, perturbation de la perception de la réalité, troubles cognitifs, difficultés d'adaptation sociale...

Le terme de psychose est souvent accompagné d'un qualificatif précisant :

– l'évolution aiguë ou chronique;

– l'étiologie : organique, toxique, affective, etc.

Dans la conception française, le terme de psychose dépasse celui de schizophrénie. On parle de psychose face à un trouble grave de la personnalité générant une perte de contact avec la réalité, de délire et/ou d'hallucinations. On parle de schizophrénie lorsqu'il s'agit d'une psychose dissociative dont l'évolution est chronique et déficitaire (incohérence, déficits cognitifs, catatonie).

REGROUPEMENT CLINIQUE DANS LES CLASSIFICATIONS INTERNATIONALES ACTUELLES

Le DSM-IV distingue :

– le Trouble psychotique bref (F 23.8) dont la durée est limitée à maximum un mois;

– le Trouble schizophréniforme (F 20.8) dont la durée est aussi limitée dans le temps (de 1 à 6 mois);

– quatre sous-types de schizophrénie dans laquelle les signes sont permanents pendant au moins six mois : F20.0 type paranoïde, F20.1 type désorganisé, F20.2 type catatonique, F20.3 type indifférencié, F20.4 type résiduel;

– le Trouble délirant (F22.0) sans désorganisation, ni bizarrerie;

– le Trouble schizo-affectif (F25. x);

– le Trouble psychotique partagé (folie à deux), (F24);

– le Trouble psychotique lié à une maladie (F06.x);

– le Trouble psychotique induit par une substance (F1x.5);

– le Trouble psychotique non spécifié (F 29).

DESCRIPTION CLINIQUE

La schizophrénie (Kraepelin et Bleuler)

Elle est considérée comme la psychose la plus fréquente, avec une prévalence d'environ 1 % de la population générale. Les grandes manifestations symptomatiques suivantes sont considérées comme universelles et ubiquitaires. Les différences culturelles s'expriment principalement dans les thématiques délirantes dues aux croyances diverses propres à chaque population. Le début apparent des troubles concerne généralement l'adulte jeune, entre 15 et 35 ans, contrairement aux psychoses non schizophréniques qui éclosent plus tardivement.

Plusieurs facteurs de vulnérabilité à la schizophrénie sont maintenant mieux connus :

– antécédents familiaux ;
– complications obstétricales à la naissance ;
– maladresses manuelles excessives dans l'enfance ;
– retrait schizoïde dans l'enfance et le début d'adolescence (introversion, isolement relationnel à l'école, fréquence d'être le souffre-douleur des camarades) ;
– chute inexpliquée des performances scolaires ;
– anomalies cognitives (concentration, logique) ;
– troubles affectifs (froideur, apathie, bizarreries) ;
– troubles comportementaux (excentricité incompréhensible, sensibilité interpersonnelle) ;
– anomalies neuropsychologiques ou neurophysiologiques.

Une fois le processus installé, aucun symptôme n'est considéré comme pathognomonique de la schizophrénie.

Les manifestations de la dissociation

Souvent considérée comme la manifestation essentielle, qui la distingue notamment des autres psychoses chroniques, la dissociation correspond à la *Spaltung* de Bleuler ou encore la discordance décrite par Chaslin en France. Par ce terme, il faut entendre une perte de cohérence de l'unité psychique. Les manifestations de la dissociation sont perceptibles dans trois registres différents, et entraînent ce sentiment d'incohérence et de bizarrerie assez caractéristique de la schizophrénie.

La dissociation de la pensée

Le discours est perturbé dans son débit, avec des ralentissements (*fading*), voire des ruptures brutales (barrages), considérés comme très caractéristiques. Le trouble des associations se manifeste par un enchaînement d'idées qui n'ont pas de suite logique, des persévérations...

Les troubles du langage comportent des altérations sémantiques avec détournement du sens des mots, ou des néologismes. À l'extrême, le schizophrène peut développer un langage totalement incompréhensible, même s'il utilise le vocabulaire commun (schizophasie).

Les facultés d'attention apparaissent relâchées et surtout très variables d'un moment à l'autre.

Tous ces signes contribuent à l'impression, quand on écoute parler un patient schizophrène, d'un flou et d'une incohérence de la pensée qui gêne considérablement la communication.

La dissociation affective

En apparence, les émotions et affects sont appauvris, donnant une impression d'indifférence à autrui ou de froideur dans le contact (athymormie).

Plus que l'aspect déficitaire émotionnel, il faut en souligner l'incohérence qui peut se traduire notamment par une ambivalence pathologique (considérer en même temps les aspects positif et négatif), ou une véritable discordance entre les idées exprimées et les émotions, rires apparemment immotivés. Globalement, les émotions (colère, tristesse) peuvent apparaître de façon brusque, inattendue et sans lien avec les éléments extérieurs.

La dissociation psychomotrice

Comparable à la discordance idéo-affective, les comportements peuvent apparaître inadaptés à la situation extérieure ou empreints de bizarrerie (maniérisme), expressions différentes des émotions suivant les parties du visage (paramimies).

La catatonie, ensemble de troubles moteurs assez caractéristiques, entre dans cette catégorie.

Le délire paranoïde

Le terme paranoïde renvoie à la paranoïa du fait de la fréquence des thématiques persécutives dans les délires schizophréniques. Mais le délire paranoïde dans sa forme s'y oppose en de nombreux points. Les hallucinations sont très fréquemment acoustico-verbales (voix), parfois il existe également des hallucinations visuelles, cénesthésiques, voire olfactives. Les voix sont perçues soit comme extérieures à soi, soit intérieures (hallucinations psychiques).

L'automatisme mental, initialement décrit par G. de Clérambault comme première manifestation de la psychose hallucinatoire chronique, est maintenant souvent intégré dans la sémiologie du délire paranoïde. Il s'agit de la conviction délirante qu'une force extérieure, étrangère, contrôle l'activité psychique et dirige les actes, les pensées et la perception. Dans sa forme complète, les hallucinations commentent les actes (écho de la pensée), la pensée est perçue comme devinée (vol de la pensée), les stéréotypies verbales ou gestuelles seraient imposées au sujet.

Le délire paranoïde est empreint de la dissociation. Il apparaît souvent sans cohérence logique, flou et imprécis, se distinguant ainsi du délire paranoïaque.

L'autisme

À ne pas confondre avec l'autisme infantile décrit par Kanner, l'autisme est pour Bleuler la traduction de la perte du contact avec la réalité. La vie intérieure, présente, n'est pas communiquée à l'autre et devient ainsi prépondérante, entraînant un repli sur soi intense et une grande indifférence au monde extérieur.

Kraepelin et Bleuler décrivent ces formes cliniques :

– la schizophrénie paranoïde qui se caractérise par la prédominance du délire paranoïde;

– l'hébéphrénie, initialement décrite par E. Hecker en 1871 comme maladie indépendante, est ensuite intégrée par Kraepelin puis Bleuler dans le groupe des schizophrénies. Proche de la catatonie dans sa symptomatologie, elle se caractérise par l'importance des aspects déficitaires et débute de façon insidieuse à l'adolescence, entraînant un repli social. La symptomatologie sera ensuite dominée par la dissociation;

– la catatonie, initialement décrite par K. Kalbaum en 1874 comme « folie de tension », est ensuite, au même titre que l'hébéphrénie, intégrée par Kraepelin et Bleuler comme une forme particulière de schizophrénie. Les troubles psychomoteurs sont prédominants : impulsions et stéréotypies gestuelles, catalepsie (maintien immobile d'une position corporelle avec résistance à la mobilisation passive comme « de la cire molle »), négativisme et risque d'accès de fureur imprévisible;

– la forme simple, décrite uniquement par Bleuler, se caractérise par une symptomatologie minime, marquée par la dissociation associée à des éléments déficitaires.

Kurt Schneider, psychiatre allemand et élève de Jaspers, propose de distinguer dans la schizophénie les symptômes de « premier rang » et ceux de « deuxième rang », ces derniers étant non spécifiques de la schizophrénie et pouvant se retrouver dans d'autres psychoses, notamment les psychoses maniaco-dépressives.

Figurent parmi les symptômes de premier rang : hallucinations auditives, sensations corporelles imposées, imposition, divulgation, vol de la pensée, perception délirante, sentiments, impulsions ou volonté imposés. Figurent dans les symptômes de second rang, notamment, l'intuition délirante, les troubles du langage, l'état dépressif ou l'état d'euphorie. Ils ne peuvent être déterminants pour le diagnostic.

Au total, la conception européenne insiste sur le « syndrome dissociatif » associé ou non à un délire paranoïde, flou et non systématisé. La conception anglo-saxonne distingue plus volontiers les symptômes positifs ou productifs (idées délirantes, hallucinations), les symptômes négatifs ou déficitaires (appauvrissement idéo-affectif) et les symptômes de désorganisations (troubles formels de l'idéation et du comportement).

La paranoïa

Cette psychose chronique n'est pas mentionnée sous cette terminologie dans le DSM-IV, mais figure sous la mention « trouble délirant ». Ce fait n'est pas un hasard : il est symptomatique des divergences nosographiques (et de ses corollaires psychopathologiques) d'un courant de pensées plutôt français qui fait une nette distinction entre schizophrénie et délires chroniques non schizophréniques, et d'un autre courant plutôt anglo-saxon qui fait de ces derniers un type particulier de schizophrénie.

D'une signification extrêmement vague au XIXe siècle (Kraepelin évoque dans son traité de 1915 le temps où 70 à 80 % des patients asilaires étaient catalogués paranoïaques en Allemagne), la définition de la paranoïa va se rétrécir considérablement au fil du temps pour se restreindre aux formes délirantes bien systématisées, sans aucune atteinte démentielle ou déficitaire, dont le mécanisme est surtout interprétatif.

Les délires passionnels

L'érotomanie

L'érotomanie, décrite initialement par de Clérambault, se caractérise par l'illusion et la conviction délirante d'être aimé par une personne. Cette personne est généralement d'un niveau social plus élevé que le patient et inaccessible (les personnes connues, médiatisées, ainsi que certaines professions comme le médecin seraient des cibles privilégiées de l'érotomane). Le patient est classiquement, dans la grande majorité des cas, une femme. Le processus pathologique comprend trois phases : la première est la phase d'espoir, la plus longue où le patient attend que le prétendu amoureux déclare sa flamme, au gré de signes ou comportement anodins interprétés comme étant des messages d'amour non verbalisés (sourire, la couleur d'un vêtement, etc.). Quelles que soient les réponses de « l'amoureux » aux diverses sollicitations, elles sont toujours entendues dans le sens d'un amour qui, pour diverses raisons élaborées par le patient seul, ne peut se dire. La deuxième phase est celle du dépit, avec thymie dépressive et parfois passage à l'acte suicidaire. La troisième phase est celle de la rancune avec agressivité envers l'objet, allant jusqu'à la possibilité de meurtre de celui-ci. Il n'est pas rare que la pathologie soit découverte à ce stade tardif, les deux premières pouvant rester dans la sphère intime, et passées sous silence.

Le délire de jalousie

Il s'agit d'une idée fixe et isolée de jalousie (infidélité du conjoint). D'installation insidieuse, il évolue du soupçon à la certitude à la faveur d'interprétations délirantes selon le même processus que la paranoïa. À l'extrême, l'entourage est complice et le passé est reconstruit en fonction du délire. Le risque de passage à l'acte violent (auto- ou hétéro-agressif) n'est là non plus pas négligeable. L'alcoolisme chronique a des liens certains avec ce type d'éclosions de délire et doit être systématiquement recherché.

Le délire de revendication

Sa thématique est diverse et prend généralement la forme d'un combat contre la société en général (les autorités publiques, la police, la justice...) afin d'obtenir une réponse positive à une demande qui est refusée à la personne. C'est le cas des « quérulents processifs » (demande de réparation judiciaire insatisfaite), des « inventeurs méconnus », des « idéalistes passionnés », voire de certains délires de filiation.

Le délire d'interprétation

Il s'agit de la paranoïa à proprement parler. C'est « le développement insidieux d'un système délirant durable et impossible à ébranler, qui s'instaure avec une conservation complète de la clarté et de l'ordre de la pensée, de la volonté et l'action » (Kraepelin), une véritable « folie raisonnante », pour reprendre l'expression de Serieux et Capgras.

À partir d'une idée délirante centrale de persécution ou de préjudice, l'interprétation du paranoïaque tend à étayer cette idée. On peut parler de construction délirante dans la mesure où le moindre événement est analysé sous le prisme de cette conviction persécutive et est autant d'indice venant conforter cette conviction. La construction s'étend en réseau pour finalement concerner tous les domaines de la vie. Bien que le mécanisme principal soit toujours l'interprétation, il est possible qu'apparaissent ponctuellement des hallucinations.

Le délire des sensitifs

Entité clinique décrite par Kretschmer, le délire sensitif des relations s'installe sûr des personnalités paranoïaques sensitives qui ont tout les traits de la personnalité paranoïaque, sauf la sthénicité et l'hypertrophie du Moi. Ce sont au contraire des gens timides, peu surs d'eux, « hyposthéniques ». À partir d'une vexation relationnelle quelconque peut se développer chez ces personnes un véritable délire sous la forme d'idées de référence : on se moque d'elle, on parle d'elle dans son dos... La conscience des troubles est partielle et surtout fluctuante sur un axe qui irait de l'idée obsédante à la psychose sensitive. Il s'agit d'un délire en secteur qui n'atteint que le domaine relationnel. Enfin, Kretschmer fait remarquer la fréquence des « épuisements neurasthéniques » (disons épisode dépressif) dans ce type de pathologie.

LES TROUBLES DE LA PERSONNALITÉ

Si le concept de « personnalité » est particulièrement complexe, celui de « pathologie de la personnalité » ou de « trouble de la personnalité » introduit par les classifications internationales contemporaines pose la question particulièrement problématique dans ce domaine des frontières entre le normal et le pathologique. Par exemple en se référant à ce qui est le plus descriptif, c'est-à-dire la prévalence des « troubles de la personnalité » selon le DSM-IV dans une population générale d'adultes, certains estiment ceux-ci à 9 % de la population. Avec d'autres critères, nous aurions un tout autre résultat.

La description des personnalités pathologiques comme une classe morbide distincte est assez récente, même si l'on peut retrouver dans les descriptions cliniques du début du XIXe siècle certains tableaux qu'aujourd'hui on considérerait comme « troubles de la personnalité » (en particulier les descriptions d'Esquirol de la monomanie raisonnante, proche de ce qui deviendra la personnalité paranoïaque, et de la monomanie instinctive, actuellement décrite comme personnalité antisociale). Durant la seconde moitié du XIXe siècle, Morel décrit sous les termes « individus prédisposés » et « manies instinctives » une série de sujets considérés ultérieurement comme des personnalités pathologiques. Magnan, son élève, proposera ensuite de faire un lien entre anomalies de personnalité, particularités morphologiques et troubles mentaux spécifiques.

Ce n'est qu'au début du XXe siècle que différents courants vont participer à l'élaboration des concepts actuels. L'*école allemande* s'en tient à une classification purement descriptive, dont la plus aboutie se trouve dans l'ouvrage de K. Schneider. À partir de nombreuses observations de patients, celui-ci a décrit dix types de personnalités anormales (expansive, dépressive, labile, etc.) appelées personnalités psychopathiques. Pour K. Schneider, les troubles de la personnalité consistent en des « personnalités anormales qui souffrent de par leurs anomalies, et à travers lesquelles la société souffre ». Si sa classification n'est plus très utilisée, sa conception globale avec distinction d'une classe distincte de la maladie, la notion de variation quantitative de la normale, le rôle de l'inné et du développement, ainsi que sa position théorique des types sans système, restent d'actualité puisque les principales classifications internationales actuelles ont repris plus ou moins le point de vue de K. Schneider. L'*école française* admet la doctrine d'un déséquilibre constitutionnel du système nerveux (Dupré). Cette position, qui implique le caractère immodifiable des traits de la personnalité, est plus fixiste que la théorie de la dégénérescence qui pour Magnan était réversible.

Kretschmer, à la fois constitutionnaliste et favorable aux conceptions psychodynamiques, propose une systématisation fondée sur le type de réaction à l'expérience vécue, et une typologie anthropologique intégrant particularités morphologiques et tempérament psychologique aux différentes constitutions qui sous-tendent les psychoses. Les corrélats somato-psychiques qu'il décrit s'appliqueraient aussi bien à la normalité qu'à la pathologie. Le plus important chez Kretschmer est que le passage du normal à la maladie se ferait à travers une variation continue d'intensité sous l'effet de réactions compréhensibles en tenant compte des conflits, des événements et de la personnalité. Cette position, comprenant la maladie comme un développement et non comme un processus, a été très largement admise en France et aux États-Unis, et s'oppose radicalement aux positions de l'école allemande. À l'heure actuelle, c'est cette dernière position qui prévaut puisque l'on tend aujourd'hui à séparer psychoses et personnalités pathologiques, quitte à accepter un certain lien de préexistence.

Les conceptions psychanalytiques ont largement participé à l'enrichissement du répertoire des caractères et des personnalités, pathologiques ou non, dans le registre névrotique. Si Janet a le premier décrit la personnalité (« état mental ») des hystériques et des obsessionnels, on doit à la psychanalyse non seulement un renouveau de la caractérologie, mais également une théorie dynamique de la genèse de la personnalité en fonction de l'évolution de la libido. Pour Freud, les traits permanents du caractère « résultent du réseau interchangeable des pulsions originelles, des sublimations et des formations réactionnelles ». Le caractère est à la fois une organisation défensive contre les conflits liés aux pulsions, mais également dans une certaine mesure, contre l'apparition des symptômes. Les termes de névrose de caractère, équivalents dans les nomenclatures actuelles en partie à ceux de personnalité pathologique, désignent des états névrotiques en apparence asymptomatiques, où l'organisation pathologique est révélée par le type de caractère. Les types de caractère décrivant qualitativement les personnalités font référence à la théorie psychodynamique : il peut être question des affections psychonévrotiques (caractère hystérique, phobique, obsessionnel, paranoïaque), des différents stades de l'évolution libidinale (caractère oral, anal – Freud et Abraham, uréthral – Jones, narcissique, phallique – Reich), ou des mécanismes de défense utilisés par le Moi de façon répétitive et inadaptée. Les correspondances entre ces différents niveaux de description existent, mais ne sont que partielles et se recoupent parfois.

Durant les cinquante dernières années, des descriptions de troubles de la personnalité faisant référence à des troubles du développement et de l'individuation liés à des expériences de séparation et de carences précoces ont été amenés par différents courants psychanalytiques : personnalité anaclitique de Spitz, personnalité limite de Bergeret, états limites ou personnalité *borderline*. Au sein des théories psychodynamiques des troubles de la personnalité, un courant de pensées a considéré la personnalité comme influencée par des circonstances sociales et culturelles; Sullivan a été l'un des précurseurs de ces théories culturalistes des troubles de la personnalité.

Enfin, Beck a proposé un modèle cognitif des troubles de la personnalité, sous-tendu par des cognitions dysfonctionnelles, des schémas de pensée réducteurs et par un référentiel de croyances rigides concernant soi-même et autrui.

REGROUPEMENT CLINIQUE DANS LES CLASSIFICATIONS INTERNATIONALES ACTUELLES

Aucun système descriptif dans le domaine des troubles de la personnalité ne peut se prétendre meilleur qu'un autre mais, en l'absence de classification universellement admise et devant la nécessité de communiquer entre différentes écoles et pays, les classifications catégorielles DSM et CIM sont les plus utilisées. Ces deux classifications internationales ont les mêmes grandes idées directrices, à savoir : la permanence du trouble, l'apparition du trouble à l'adolescence ou au début de l'âge adulte, les conséquences du trouble à savoir dysfonctionnement social et souffrance personnelle, enfin la référence aux normes culturelles de l'individu. Si ces classifications ont permis une sélection plus aisée des patients ainsi qu'une description plus homogène, de plus en plus d'auteurs (Frances, Livesley) considèrent qu'une approche dimensionnelle dans ce domaine précis permettrait une meilleure conceptualisation. Pour eux en effet, une étiquette diagnostique ne peut remplacer la complexité du caractère d'un individu, et chaque sujet pourrait être décrit par un profil correspondant à un éventail de traits, de personnalité normaux ou pathologiques, en fonction de leur intensité.

Enfin, malgré la publication de ces classifications et des critères diagnostiques qui en sont issus, la fidélité inter-juges dans les différentes études s'est avérée médiocre pour ce qui concerne les troubles de la personnalité. Différents instruments ont été mis en place afin d'accroître cette fidélité inter-juges, les plus couramment utilisés à ce jour étant : trois entretiens semi-structurés (SCID P IV, SCID II, IPDE) et un auto-questionnaire (PDQ 4).

Le DSM-IV regroupe les troubles de la personnalité (« modalité durable de l'expérience vécue et des conduites qui dévie notablement de ce qui est attendu dans la culture de l'individu ») en trois groupes différents :

– le *groupe A*, bizarre, excentrique comprend la Personnalité paranoïaque F60.0, la Personnalité schizoïde F60.1, la Personnalité schizotypique, F21 ;
– le *groupe B*, théâtral, émotif, erratique comprend la Personnalité antisociale F60.2, la Personnalité *borderline* (voir *Les états limites*), F60.31, la Personnalité histrionique, F60.4, la Personnalité narcissique F60.8 ;
– le *groupe C*, anxieux craintif comprend la Personnalité évitante F60.6, la Personnalité dépendante F60.7, la Personnalité obsessionnelle/compulsive F60.5, auxquelles il faut ajouter le trouble de la Personnalité non spécifié F60.9.

Pour la CIM-10, sans reprendre tous les types de personnalité, dont les recoupements avec les classifications DSM-IV sont nombreux, quelques nuances sont à saisir. Le DSM-IV décrit dix troubles de la personnalité différents, alors que la CIM-10 n'en retient que huit :

– la personnalité narcissique du DSM-IV n'apparaît dans la CIM-10 que dans la rubrique « autres troubles spécifiques de la personnalité » (F 60.8) ;

– le trouble schizotypique est classé dans la CIM-10 dans le chapitre « schizophrénie, trouble schizophréniforme et trouble délirant » ;
– la personnalité « émotionnellement labile » de la CIM-10 (à laquelle correspond la personnalité *borderline* du DSM-IV) est divisée, dans la CIM-10, en deux sous-types : *borderline* et impulsif.

Dans le DSM-IV, les troubles de la personnalité sont classés sur un axe différent de celui des autres troubles mentaux (axe II) alors que cette nuance n'existe pas dans la CIM-10.

DESCRIPTION CLINIQUE

La personnalité paranoïaque

Dans ce domaine, les limites entre personnalité et psychose sont difficile à trancher, et il est souvent difficile de distinguer ce qui constitue les éléments de la « personnalité paranoïaque » de ce qui appartient déjà à un délire de type paranoïaque. Les descriptions françaises classiques privilégient la dimension agressive et sthénique, et comportent quatre traits fondamentaux diversement intriqués :

– l'hypertrophie du Moi est le trait central. Elle s'exprime dans l'orgueil, la certitude d'avoir raison, le mépris, la disqualification et l'exploitation des autres, la psychorigidité et l'intolérance, voire le fanatisme ;
– la méfiance domine les relations avec l'entourage, allant du sentiment d'être incompris, mésestimé au soupçon actif et à l'interprétation des attitudes d'autrui dans le sens d'une hostilité systématique ;
– la fausseté du jugement, secondaire à la pensée paralogique se traduit par des interprétations fausses et un subjectivisme pathologique. Elle ne met pas en cause l'intelligence mais se comprend comme la soumission de la pensée logique aux positions affectives alimentant des attitudes mégalomaniaques, persécutives, jalouses, etc. ;
– l'inadaptation sociale est la conséquence à la fois des trois traits décrits ci-dessus et de l'incapacité à subir une discipline collective. La sociabilité est faible, malgré la présence de mouvements pseudo-altruistes. L'attitude globale est exaltée, rigide avec un comportement revendicatif, rancunier, quérulent.

Kretschmer décrit trois types de personnalité paranoïaque : les paranoïaques de combat (proches des fanatiques de combat de Schneider et de la personnalité paranoïaque de l'école française), de souhait (proches des fanatiques ternes) et sensitifs. Ce dernier type, sensitif, est une description originale très largement adoptée dans la littérature. Cette personnalité est beaucoup plus asthénique que sthénique. Elle favorise en cas de décompensation délirante, un délire paranoïaque de type sensitif. Les sujets sensitifs sont impressionnables, à la sensitivité nuancée, intériorisant fortement leur vie affective, élaborant longuement leurs expériences vécues, leurs frustrations et leurs échecs. Extériorisant peu, ils sont la proie de conflits internes où entrent en jeu leurs aspirations éthiques, leur culpabilité et l'appréciation douloureuse de leur propre valeur.

Les personnalités schizoïdes et schizotypiques

Décrites très tôt, dès l'apparition du concept de démence précoce, leur statut a toujours été équivoque. En effet, selon les auteurs et/ou les périodes, elles sont comprises soit comme un caractère prémorbide, prédisposition à la schizophrénie, soit comme un trouble de la personnalité indépendant de la maladie et n'ayant avec elle que des rapports d'analogie clinique (les classifications internationales actuelles, le DSM-IV en particulier, ont pris le parti des auteurs qui distinguent personnalité et schizophrénie).

Ainsi sont décrits deux types de trouble de la personnalité : la personnalité schizoïde, caractérisée par le retrait social, associant froideur affective, insensibilité à autrui, pauvreté des relations interpersonnelles, et personnalité schizotypique, dans laquelle existent le retrait social, mais également une série de manifestations évoquant *a minima* délire et dissociation. Les formes « mineures » de schizophrénie décrites par de nombreux auteurs du début du XXe siècle ne sont donc plus considérées comme maladie, mais comme un nouveau type de personnalité pathologique : la personnalité schizotypique.

La personnalité hystérique ou la personnalité histrionique et la personnalité dépendante

La personnalité hystérique se retrouve dans les descriptions des personnalités dépendante et histrionique. La plupart du temps, le trouble de la personnalité de type hystérique existe en dehors de manifestations symptomatiques. C'est la combinaison de la présence de symptômes et d'un trouble de la personnalité qui fait poser le diagnostic de névrose hystérique. Dans la personnalité hystérique, il existe plusieurs sous-types caractérisés par la prédominance d'un trait, les autres traits étant présents en arrière-fond :

– l'histrionisme, ou théâtralisme, où domine le désir de plaire en accaparant l'attention des autres transformés en spectateurs. Le discours est volontiers emprunté, peu naturel, parfois mythomaniaque;

– l'hyperréactivité émotionnelle où les émotions et sentiments sont vécus de façon exagérément intense, l'humeur est labile avec une grande impulsivité, irritabilité, voire une attitude volontiers capricieuse face à la frustration;

– la dépendance affective toujours présente, soit sur un mode actif avec attitude de sacrifice pour autrui, soit sur un mode passif, plus infantile où la dépendance à l'autre se double d'une agressivité sous-jacente fréquente.

Le discours de l'hystérique se caractérise souvent par une impression de flou général où les motivations profondes semblent toujours dissimulées à l'interlocuteur comme au sujet lui-même derrière divers écrans interposés.

La demande affective est très forte, masquée le plus souvent derrière une érotisation de la relation, où le sexuel devient la seule monnaie d'échange. Cette demande travestie, impossible à satisfaire, laisse l'hystérique forcément déçu dans ses attentes et son interlocuteur agacé par le sentiment d'impuissance ressenti. Le sentiment d'abandon très présent sous-tend les tentatives pour retenir l'autre, l'attacher à soi. L'autre est d'autant plus précieux que c'est lui-même que l'hystérique cherche dans le miroir de l'autre, ou plutôt une image valorisante de lui-même pouvant assurer son sentiment d'existence vacillant. Mais, en cherchant à se conformer aux désirs d'autrui, il court le risque de se perdre de vue encore davantage dans l'éventail des possibles. Surtout, ce à quoi l'hystérique tient avant tout c'est à masquer à autrui et à lui-même son manque, sa défaillance qui a à voir avec la castration symbolique. Mais, tout en le cachant derrière le trop, l'excessif, le théâtralisme, il ne cesse paradoxalement de l'exhiber dans ses attitudes et dans ses symptômes. Les comportements et les manifestations symptomatiques de l'hystérique font naître des attitudes caractéristiques dans son entourage, et lui fournissent des « bénéfices secondaires » qui viennent, à leur tour, fixer les troubles. Ainsi, la dramatisation de l'existence lui permet de jouer tantôt sur l'apitoiement, tantôt sur la menace pour obtenir des gratifications. Sur le plan thymique, on retrouve le plus souvent une grande labilité thymique, avec passage du rire aux larmes, impulsivité, à rapprocher de la difficulté majeure de l'hystérique à gérer ses émotions, ses affects. Ceux-ci sont en partie absorbés dans la conversion somatique, laissant alors le champ libre à la « belle indifférence » de l'hystérique face à ses symptômes. Ou encore, les affects impossibles à gérer sont écartés de la conscience avec le cortège de représentations qui leur sont associées provoquant amnésie ou inhibition intellectuelle.

La personnalité phobique et évitante

La personnalité phobique, ou hystéro-phobique, est décrite généralement en termes de conduites étroitement liées au symptôme phobique : timidité, conduites d'évitement des situations relationnelles, émotivité, fuite en avant visant à contrôler les irruptions fantasmatiques indésirables.

Lorsque l'on observe ce type de trouble, les traits de caractère hystérique associés sont fréquents, et notamment la conduite entraînant des bénéfices secondaires grâce aux personnes contraphobiques. Actuellement son existence est remise en cause; du fait de la présence de véritables symptômes phobiques évoquant une « névrose *a minima* », on n'utilise plus le terme de personnalité phobique. La personnalité évitante du DSM-IV, explicitement analogue au caractère phobique, est centrée sur l'anxiété des situations sociales et leur évitement, la timidité et l'appréhension. Dans la CIM-10, la personnalité anxieuse évitante, qui n'existait pas dans la CIM-9, se caractérise par la plupart des traits décrits dans le DSM-IV, associés aux sentiments de tension, d'appréhension et d'insécurité.

La personnalité obsessionnelle

La personnalité obsessionnelle regroupe différents traits :

– la psychasthénie, décrite par P. Janet, associe une tendance à se réfugier dans la pensée plutôt que dans l'acte, un sentiment d'insatisfaction chronique et un apragmatisme. Le sujet présente de multiples hésitations ou scrupules qui l'empêchent d'agir et reste plongé dans une introspection douloureuse, soumis à un perfectionnisme rigide pouvant aller jusqu'à de véritables crises de conscience morale. Il s'y associe une tendance à la timidité et à l'inhibition dans les contacts sociaux, et des troubles de la sexualité (impuissance, frigidité);

– la manie de l'ordre et de la méticulosité, une tendance à tout régenter et organiser selon des règles bien précises;

– le caractère sadique-anal mis en avant par Freud qui décompose ce caractère en tendances anales ou sadiques d'une part et en formations réactionnelles correspondantes d'autre part. Le plus souvent, les sujets présentent un mélange de tendances pulsionnelles et de formations réactionnelles. Ainsi, l'avarice peut amener à la formation réactionnelle qui est la générosité ou la prodigalité, la peur de l'inconnu à la témérité, l'obstination et la volonté de puissance à la soumission et au dévouement, les injures et l'agressivité à la politesse, l'obséquiosité, le souci exagéré de l'autre, etc. Dans cette approche de l'aspect sadique anal de la personnalité obsessionnelle, les traits de caractère peuvent prendre la forme d'apparentes contradictions, mais expriment dans le fond l'ambivalence intrinsèque des conduites.

De façon plus générale, on retrouve chez les personnalités obsessionnelles la contention fréquente des émotions avec une froideur affective notable dans le contact mêlée à une attitude de correction extrême. Ce sont des sujets qui ont volontiers une tendance à l'intellectualisation et qui privilégie souvent le travail intellectuel aux relations interpersonnelles. Un autre de leurs traits fréquemment mis en avant est l'attachement aux objets et leur tendance à la collection (collection de timbres, de pièces de monnaie, archivage) qui signe sur le plan métapsychologique la difficulté d'abandonner les objets sur demande et l'angoisse de séparation inhérente à toute relation d'objet.

Ces caractéristiques peuvent exister *a minima* dans toutes les organisations mentales, sans constituer un élément pathologique. De plus, même quand les traits de caractère sont majoritairement du côté de l'obsessionnalité de type anale, l'adaptation à la vie sociale et professionnelle reste relativement bonne et performante. Lorsque la personnalité obsessionnelle se double de symptômes du registre obsessionnel tels que des obsessions idéatives et des compulsions, le sujet bascule dans le registre de la névrose obsessionnelle avec une souffrance manifeste et une adaptation sociale et professionnelle plus hasardeuse.

C'est souvent à l'adolescence, au moment de la rencontre amoureuse et sexuelle avec l'autre, que le sujet déclenche inconsciemment son système d'interdictions obsessionnelles. L'évolution se fait de façon progressive, le plus souvent par des crises plus intenses, dans une relative stabilité et fixité de la névrose.

L'évolution spontanée de la névrose obsessionnelle est souvent défavorable avec une péjoration des symptômes et un envahissement de plus en plus important de tous les domaines de la vie (vie relationnelle, amoureuse, professionnelle..). La vie quotidienne est de plus en plus ritualisée, permettant dans le meilleur des cas, une relative sédation de l'angoisse au prix d'une organisation rigide et formaliste de l'existence. Les décompensations dépressives sont fréquentes et répétées.

Il peut arriver parfois, en particulier chez les adolescents, qu'un fonctionnement psychique rigide et obsessionnalisé à l'extrême constitue un système de défense du Moi contre une menace de désorganisation psychotique de la personnalité. Si ce système de défense cède, on assiste à un accès de dépersonnalisation aigu, voire à l'installation d'une pathologie schizophrénique.

Les descriptions actuelles des personnalités obsessionnelles regroupent trois tableaux classiquement décrits : la personnalité psychasthénique de Janet, le caractère anal de Freud et la personnalité anakastique de Schneider.

Les psychasthènes

Les psychasthènes sont caractérisés par leur impuissance à agir, à décider d'une action concrète. Cette inaptitude va de pair avec la rumination mentale, la rêverie contemplative plutôt que l'action : c'est la toute-puissance de la pensée. Ce refuge dans la pensée, défense contre l'angoisse liée à l'agressivité, s'exprime par un perfectionnisme excessif, un moralisme rigide, des doutes et scrupules, une froideur affective. Les psychasthènes ont une conscience douloureuse de leur état, et se plaignent souvent d'une asthénie, maximale le matin, de symptômes somatiques divers. Ils sont particulièrement susceptibles de développer obsessions et compulsions en fonction de ce que Janet dénomme leur « force psychologique ». Cette description déborde assez largement ce que l'on appelle désormais personnalité obsessionnelle. Par bien des aspects, elle évoque des traits de symptomatologie dépressive, la schizoïdie, ou la personnalité sensitive.

La personnalité anakastique

Il s'agit de la personnalité anakastique de Schneider (« psychopathes inquiets »). La soumission aux contraintes de toutes sortes en réponse à des inquiétudes (crainte de faire mal, d'être insuffisant, etc.) est le trait dominant le tableau clinique. La tendance à la vérification et à la ritualisation des activités y est associée. La pensée est envahie de doutes et de ruminations, obsessions idéatives.

Le caractère anal

Il est décrit par Freud en 1908, dans *Caractère et érotisme anal* (*In : Névrose, psychose et perversion.* PUF, Paris, 1973), et comprend trois grandes dimensions : l'amour de l'ordre, incluant propreté, scrupulosité et honnêteté, la parcimonie, proche de l'avarice, et l'entêtement obstiné pouvant aller jusqu'à l'autoritarisme rigide ou le défi. Le caractère anal décrit par Freud n'est pas synonyme de trouble de la personnalité. Il peut être un caractère prédisposant à la névrose obsessionnelle lorsque les possibilités d'intégration des pulsions et représentations du stade sadique anal sont débordées. Les traits du caractère anal combinent les traces des pulsions d'origine (érotisme anal et agressivité sadique-anale) et les résultantes des formations réactionnelles à celles-ci. Schématiquement, on peut voir :

– les traits dérivés de l'érotisme anal : attachement aux objets, tendance à collectionner. En réaction, la prodigalité, la tendance aux dons excessifs;

– dérivés de l'érotisation de la fonction et de la maîtrise, le goût de l'ordre, le plaisir du contrôle, l'exactitude et la précision. En réaction, des tendances à la passivité, de brusques failles dans le perfectionnisme et la méticulosité;

– issus de l'agressivité sadique-anale, obstination, tendance à l'ironie et aux sarcasmes, volonté de puissance et lutte contre l'autorité. En réaction, on peut voir le respect de l'autorité, le comportement scrupuleusement bon, l'obéissance et la soumission, politesse, obséquiosité, ponctualité.

LES ÉTATS LIMITES

« Marilyn Monroe vivait dans un perpétuel affrontement entre le rêve et la réalité, toujours à une marche de la perfection, et, l'instant d'après, si près de la déchéance » (Stéphane Denis). Peut-on mieux décrire ce que l'on appelle une personnalité limite? Les états limites seraient-ils un mal contemporain? En fait le terme *borderline* apparaît pour la première fois dans la littérature médicale en 1884 : état frontière de la folie (Hugues). Mais une des sources historiques directes de la question des états limites chez l'adulte est la description des formes infra-cliniques des psychoses. Bleuler, en 1911, abandonnant le concept de démence précoce pour celle de schizophrénie, définie par la dissociation intrapsychique comme symptôme primaire, décrit également la schizophrénie latente, forme qui ne peut jamais devenir manifeste. Par la suite les psychiatres sont amenés à faire une place dans la nosographie à cette schizophrénie latente sous des noms divers : « schizophrénie ambulatoire », « schizophrénie fruste », « schizophrénie larvée », « schizophrénie en puissance ». En 1921 Kretschmer a relié au biotype « leptosome », prédisposant à la schizophrénie, un caractère pathologique, la schizoïdie. Dans celle-ci, l'inhibition associée à l'impulsivité conduit à l'inadaptation sociale sans que survienne de processus dissociatif. En 1924, Minkowski, en France, développe également ce concept. En 1939, Claude propose le concept de schizonévrose qui recouvre pour l'essentiel la sémiologie des états frontières : comportements névrotiques polymorphes, avec des décompensations psychotiques survenant par crises sous forme de bouffées délirantes ou d'épisodes discordants. H. Ey en 1955 en donne cette définition : « Sur un fond de schizoïdie peut se produire une évolution non plus lentement progressive, mais explosant par poussées successives entre lesquelles le sujet, guéri de sa poussée, reprend l'existence névrotique ».

L'historique du concept d'état limite le situe à la frontière des perspectives psychiatriques et psychanalytiques. Sur un plan psychiatrique, les auteurs s'accordent à proposer deux types d'états schizonévrotiques : des formes de passage de l'un à l'autre et des formes relativement permanentes d'instabilité stable. Sur le plan psychanalytique, les travaux ont été historiquement fondateurs du concept d'état limite. L'évolution progressive des idées s'est faite grâce aux travaux d'auteurs comme Glover (1932), Fairbairn (1942), Eisenberg (1949), Knight (1953), Schmideberg (1959) et plus récemment Kernberg et Kohut aux États-Unis, Bergeret, Widlocher, Green en France, pour ne citer que les plus connus.

REGROUPEMENT CLINIQUE DANS LES CLASSIFICATIONS INTERNATIONALES ACTUELLES

Dans le DSM-IV, la personnalité *borderline* (F60.31) est définie par un mode général d'instabilité des relations interpersonnelles, de l'image de soi et des affects avec impulsivité marquée, qui apparaît au début de l'âge adulte et est présent dans des contextes divers. La personnalité « émotionnellement labile » de la CIM-10 (à laquelle correspond la personnalité *borderline* du DSM-IV) est divisé, dans la CIM-10, en deux sous types : *borderline* et impulsif.

DESCRIPTION CLINIQUE

Le point de vue psychanalytique part historiquement du constat que les patients considérés comme névrosés manifestent au cours de la cure analytique des modes de fonctionnement psychique de type psychotique. Le fait de pouvoir prévoir et trouver des aménagements techniques permettant un travail analytique possible ont amené à affiner la clinique :

d'une part par la notation de signes indicateurs, de symptômes et traits de personnalité significatifs, d'autre part par la clinique des mécanismes de défense, de la force du Moi, des caractéristiques de l'activité fantasmatique, du transfert et des relations d'objet, et enfin par la métapsychologie du fonctionnement psychique limite. Selon le psychiatre-psychanalyste Otto Kernberg, la clinique des troubles limites comporte, outre l'angoisse diffuse, des formes particulières de névrose polysymptomatique et des organisations de personnalité « prépsychotiques » (paranoïde, schizoïde, hypomane) ou, par rapport à la névrose hystérique considérée comme typique de l'« échelon supérieur », les personnalités d'« échelon inférieur » : personnalités infantiles, narcissiques, *as-if*, structures antisociales, structures dépressives avec tendances masochistes. En France, Bergeret a développé dans les années 1970 une théorie générale de l'organisation limite de la personnalité. Cet auteur a considéré l'état limite comme « une troisième lignée psychopathologique » intermédiaire entre névrose et psychose, sans symptôme névrotique ni décompensation psychotique franche. L'état limite serait à comprendre non comme une structure mais comme une « astructuration », un mode de fonctionnement fondamental de la personnalité qu'il appelle « l'économie limite ». La progression de ses idées l'a amené à rapprocher de plus en plus l'état limite de la pathologie dépressive, dont la « dépression essentielle » et la psychopathie. Le mécanisme essentiel dans les organisations « dépressives-limites » est le « clivage de l'objet accompagnant la régression narcissique », à la fois étape évolutive vers le clivage du Moi et organisation défensive contre celui-ci, de sorte que le Moi est déformé mais non morcelé (1975).

La réflexion contemporaine a opposé d'un côté, la notion de cas limite comme mode d'organisation spécifique, stable dans son instabilité, d'emblée opposable aux névroses et aux psychoses, et d'un autre côté, le fonctionnement limite comme niveau de fonctionnement potentiellement universel actualisé plus ou moins facilement dans certaines configurations internes et externes. C'est un mode de fonctionnement régressif décrit comme primaire, archaïque. Dans les deux perspectives, le point de vue génétique est directement sollicité. Les effets des traumatismes précoces, des relations mère-enfant pathogènes ont donné lieu à des reconstructions qui sont autant de niveaux d'intelligibilité et qui justifient les aménagements de la cure analytique.

Reprenons ci-après les principales manifestations cliniques caractéristiques des troubles limites de la personnalité.

L'angoisse

Flottante, permanente, l'angoisse, pouvant aller d'un mal-être à la grande crise d'angoisse avec le cortège des manifestations somatiques classiquement associé, est dans toutes les descriptions cliniques des états limites.

Tous les auteurs insistent sur la facilité avec laquelle elle envahit le sujet, sans repérer de circonstances particulières déclenchantes. Plus que l'intensité de l'angoisse, c'est son caractère diffus et incontrôlable qui est le plus caractéristique. Elle se distingue et de l'angoisse de morcellement psychotique, car les frontières entre soi et autrui restent respectées, et du sentiment d'échec ou de culpabilité névrotique. C'est une angoisse de perte d'objet, avec la perception par le sujet d'une crainte ou de la perte de sa cohérence interne, ou d'un abandon. Une autre des caractéristiques psychopathologiques de cette angoisse est l'échec économique pour le sujet, celui ci étant dans l'incapacité de lier efficacement cette angoisse à des opérations mentales ou à des conduites pathologiques de manière à préserver d'autres secteurs de sa vie psychique.

Les symptômes d'allure névrotique

Les symptômes d'allure névrotique ont la caractéristique d'être fluctuants dans le temps, et sont associés entre eux de façon variable. Les symptômes phobiques le plus fréquemment retrouvés concernent le corps, la perception par autrui ou des symptômes nosophobiques. La tonalité persécutive, les efforts de rationalisation, la coexistence de phobies multiples sont assez caractéristiques. Les rituels et/ou les idées obsédantes lorsqu'ils existent sont également marqués par la rationalisation. Il n'existe ni lutte ni rigidité défensive contrairement à la symptomatologie obsessionnelle névrotique. Les symptômes de conversion hystérique surviennent dans un contexte principalement agressif et manipulateur. Ils sont dénués d'érotisation et de fantasmatisation.

Les troubles thymiques

Ils sont considérés comme les plus stables dans le temps. Certains auteurs, comme Bergeret, font même de la dépression un des éléments centraux de l'organisation structurelle des patients *borderline*. La prévalence des troubles thymiques chez ces patients est élevée, et la dépression est caractéristique non pas tant dans son intensité que par certaines caractéristiques cliniques telles : la rareté du ralentissement psychomoteur, la désadaptation du sujet à sa réalité interne et externe et une qualité particulière des affects. La culpabilité classique dans les états dépressifs, qui témoigne de l'intégration des interdits surmoïque et de la sollicitude à l'égard de l'objet fait très souvent défaut. Chez ces patients, l'irritabilité, la colère inappropriée ou mal maîtrisée, qui peut d'ailleurs se retourner contre le sujet lui-même sous forme d'actes auto-agressifs, la colère froide ou encore un sentiment de désespoir face à l'impuissance devant l'objet inaccessible sont très souvent retrouvés. Le vide chronique est aussi une des caractéristiques de ces patients, et une des distinctions cliniques avec des patients déprimés non *borderline*, au point que pour certains auteurs, son absence permettrait de prédire une évolution ressemblant de plus près aux troubles affectifs. Ce vide est souvent considéré comme le témoin de l'échec fondamental des attachements précoces, et est corrélé aux abus de substances et conduites auto-agressives.

Les troubles du comportement de type impulsif

Les passages à l'acte, auto- ou hétéro-agressifs, érigés en véritable mode de communication, illustrent le désarroi affectif de ces patients, pour lesquels la relation à l'autre ne peut souvent passer que par la manipulation impulsive.

Kernberg souligne le caractère égosyntonique de ces comportements, pouvant être source de satisfaction pulsionnelle directe. Le patient critique le plus souvent son geste à distance, mais le clivage empêche souvent une élaboration et entretient la répétition, certains auteurs évoquant même une certaine dépendance à ce type de conduites. Les conduites de dépendance : alcoolisme et toxicomanie, venant pallier un narcissisme défaillant, véritable « prothèse externe » pour Kernberg, sont des conduites fréquemment rencontrées chez ces patients.

L'usage de ces substances, par la gratification immédiate et le manque secondaire procurés, reproduit artificiellement le clivage. On peut de même retrouver, dans ce registre, des troubles des conduites alimentaires, des conduites de jeu pathologique ou d'achats compulsifs. D'une grande fréquence également, les conduites sexuelles polymorphes, remarquables par la succession d'expériences impulsives et chaotiques, imprévisibles, très peu liées à un scénario pervers déterminé mais toujours infiltrées d'agressivité. La variabilité du partenaire comme les conduites à risque sont la règle.

Les difficultés relationnelles

Le mode de relation anaclitique s'exprime selon Bergeret sous la forme d'une attente passive de satisfaction et d'une manipulation agressive du partenaire, le patient ne pouvant aménager une quelconque souplesse dans la distance relationnelle. À travers ce type de lien qui reproduit des attachements parentaux précoces, le patient limite oscille entre la fusion et la fuite, confronte l'autre à son avidité affective jamais comblée.

Les épisodes psychiatriques aigus

Quelle que soit la forme que peuvent prendre ces décompensations aiguës, allant des passages à l'acte auto-agressif, modalité la plus courante, à des tableaux « quasi psychotiques » transitoires (idées de référence, suspicion non justifiée, pensée magique), leur labilité en est l'élément le plus caractéristique.

Le polymorphisme symptomatique des états limites est tel qu'une évaluation purement symptomatique est toujours insuffisante, et il demeure indispensable de compléter cette approche par l'analyse psychodynamique du fonctionnement mental, notamment au travers des modalités de relations objectales de ces patients.

LES TROUBLES PSYCHOPATHIQUES

Même s'ils ont été éclatés dans les nouvelles nomenclatures et théories en « asocial » (DSM-IV), « dyssociale » et « émotionellement labile » (CIM-10) ou encore « état-limite », les troubles psychopathiques restent d'actualité et d'une grande importance clinique. Il est tout d'abord important de marquer une distinction entre la psychopathie et la délinquance, même si la compréhension de la délinquance et du crime a servi et sert encore à la connaissance de la psychopathie. On retrouve 10 à 30 % de psychopathes parmi la population criminelle générale. Les délinquants psychopathes ont des antécédents criminels plus importants, sont plus sujets à la violence et montrent plus de récidives que les non-psychopathes.

Il s'agit d'un concept complexe d'abord parce qu'à l'interface d'autres champs plus vastes tels le judiciaire, le social, l'éducatif et la morale, ensuite par son rapprochement avec les pathologies de la personnalité *borderline* et/ou narcissique. Il est important de noter que ce chapitre se rapproche en plusieurs points de la clinique et de la psychopathologie évoquées pour les toxicomanies sans s'y confondre.

Le terme même de psychopathie n'est surtout pas simple à utiliser tant il est chargé d'histoire et du caractère moral que lui donné l'école française du XIXe siècle. Encore aujourd'hui le psychopathe, « c'est celui qu'on aime pas ».

REGROUPEMENT CLINIQUE DANS LES CLASSIFICATIONS INTERNATIONALES ACTUELLES

On retrouve la psychopathie dans la classification du DSM-IV sous les termes de Personnalité antisociale (301.7) caractérisé par un mode *général de mépris et de transgression des droits d'autrui qui survient depuis l'âge de 15 ans*. Au sein de la CIM-10 on décrit la Personnalité dyssociale (F60.2).

Certains auteurs critiquent la définition de la personnalité antisociale que donne le DSM pour son caractère trop descriptif et trop large de sens pour lui préférer l'échelle de Hare (voir ci-après) qui fait autorité.

DESCRIPTION CLINIQUE

Historiquement, Pinel (1801) qualifie ce type de personnalité de « manie sans délire ». Par la suite, plusieurs générations de psychiatres vont élaborer des théories marquées par les références morales de l'époque. La tradition française insiste sur le caractère déficitaire du trouble : Esquirol (1838) évoque une « pathologie de la volonté », Morel (1857) y trouve argument pour sa théorie de la dégénérescence nerveuse, Magnan (1884) voit dans la personne du psychopathe un « déséquilibré constitutionnel » et Lombroso (1870) en Italie un « criminel-né » porteur des chromosomes du crime XYY. Kraeplin (1938) chef de file de l'école allemande, père de la psychiatrie moderne, abandonne l'idée d'un trouble neurologique, se détourne d'une explication dégénérative mais y voit un trouble constitutionnel. Il décrit des « états psychopathiques » dont certains dessinent précisément le trouble tel qu'on l'entend aujourd'hui : « les querelleurs, les menteurs et escrocs, les antisociaux... ». Le réinventeur moderne de la notion est Kurt Schneider : en 1923 il emprunte le terme à son maître Kraeplin et déjà formule l'hypothèse qu'il s'agit d'un trouble de la personnalité qu'il qualifie d'anormal. Il décrit différentes formes comme la forme explosive ou apathique : « sans valeur, sans honneur, sans pudeur, sans repentir, sans conscience ». Il n'envisage pas de thérapeutique, fait de l'incapacité à changer un critère diagnostique et préconise tout au plus une mise à l'abri protectrice. Dupré (1912), dans la suite des travaux français de la dégénérescence, décrit presque au même moment les « perversions instinctives » comme un trouble neurologique inné psychomoteur et hyperkinétique. Il y voit une perturbation de la vie instinctive au sein de laquelle les instincts sont déviés ou inversés. Comme Schneider il n'entrevoit pas de thérapeutique et recommande un enfermement : « les pires produits de la dégénérescence mentale... ». Ce sont finalement les Anglo-Saxons qui vont se réapproprier le terme de personnalité psychopathique. En 1941, Hervey Cleckley publie un livre intitulé *The Mask of Sanity* dont l'influence sur la conception de la psychopathie aux États-Unis subsiste toujours. Selon Cleckley, un ensemble de caractéristiques résume ce qui distingue le psychopathe du reste de la population. Cette série de caractéristiques constitue la source d'où Hare a puisé son inspiration pour formuler une définition plus opérationnelle de la psychopathie et a donné lieu à la création d'un instrument de mesure, l'échelle de psychopathie de Hare.

Les troubles psychopathiques sont un diagnostic avant tout fait d'histoires, de biographies, de comportement et de conduites pour lequel la recherche anamnétique d'une sémiologie psychiatrique mais aussi sociale a grande valeur : trajectoire souvent chaotique, rapports répétés avec la loi, récidives sans prise en compte des expériences passées. Ces histoires qui se ressemblent toutes inlassablement paraissent marquées par la répétition souvent dès le plus jeune âge. Des cycles d'agression contre l'entourage se succèdent jusqu'à ce que ce dernier le rejette vers un milieu à chaque fois plus répressif, anonyme et violent. Il faut noter les contrastes, les contraires, et les alternances qui constituent la clinique du psychopathe : aussi bruyant dans ses comportements que pauvre dans son expression mentale, oscillant sans cesse entre le rejet et un besoin immense d'affection, entre l'impulsivité et l'apragmatisme, entre la solitude et la grande dépendance, entre l'ennui et la mythomanie, entre une certaine luxuriance et une certaine pauvreté du langage. D'un point de vue développemental, il est dorénavant admis que le comportement délinquant adulte prend racine au cours de l'enfance et qu'il existe ainsi une continuité entre les formes infantiles, adolescentes et adultes. De ce fait la clinique de la psychopathie est identifiable précocement. Classiquement la psychopathie est une tendance permanente à répondre à tout conflit intrapsychique par un passage à l'acte hétéro- ou auto-agressif, au détriment de toute élaboration mentale. L'instabilité motrice, relationnelle, professionnelle et sociale est un corollaire habituel de cette disposition.

ÉCHELLE DE PSYCHOPATHOLOGIE (PCL-R) DE HARE

1. Loquacité et charme superficiel.
2. Surestimation de soi.
3. Besoin de stimulation et tendance à s'ennuyer.
4. Tendance au mensonge pathologique.
5. Duperie et manipulation.
6. Absence de remords et de culpabilité.
7. Affect superficiel.
8. Insensibilité et manque d'empathie.
9. Tendance au parasitisme.
10. Faible maîtrise du soi.
11. Promiscuité sexuelle.
12. Apparition précoce des problèmes de comportement.
13. Incapacité à planifier à long terme de façon réaliste.
14. Impulsivité.
15. Irresponsabilité.
16. Incapacité d'assumer la responsabilité de ses faits et gestes.
17. Nombreuses cohabitations de courte durée.
18. Délinquance juvénile.
19. Violation des conditions de mise en liberté conditionnelle.
20. Diversité des types de délits commis par le sujet.

Classiquement la clinique psychiatrique retient :

– la facilité au passage à l'acte, impulsivité et agressivité : on note la fréquence d'actes hétéro- et auto-agressifs secondaires à des frustrations, en inadéquation apparente avec leur origine ou le but à atteindre, une impossibilité de différer une satisfaction, le recours au passage à l'acte en réponse unique au conflit « à la place du langage » et à défaut d'élaboration psychique;

– la dépendance et les difficultés d'identification;

– la passivité, l'ennui et la recherche d'émotion;

– les exigences mégalomaniaques : demande trop importante, quête affective et idéal conduisant à l'insatisfaction et à la répétition;

– les particularités de la vie affective : dans une ambiance d'érotisation des rapports sociaux, la vie sexuelle demeure pauvre et insatisfaite, le choix d'objet est mal défini, les relations soumises soit à la dépendance soit à la superficialité, les ruptures fréquentes avec des manifestations excessives;

– l'instabilité affective et thymique : hyperémotivité, explosions intermittentes d'angoisse et d'émotions, inaffectivité apparente et détachement d'autrui, labilité émotionnelle avec oscillation de moments d'ennui, de morosité, de malaise succédant rapidement à des moments d'exaltation et d'excitation;

– l'insatisfaction incessante peut prend la forme d'un trouble dépressif;

– les traits hystériques, paranoïaques;

– les conduites perverses.

6 PSYCHOPATHOLOGIES ET CONSÉQUENCES SUR LES SOINS

Nous aborderons brièvement la question du bébé, tant la psychopathologie est riche, et renverrons le lecteur aux livres spécialement destinés à ce sujet.

LE BÉBÉ : LA SPIRALE TRANSACTIONNELLE

La base de travail des conduites échangées entre le bébé et ses parents est l'interaction comportementale mais, tout autant comme l'a fort justement souligné S. Lebovici, l'interaction émotionnelle et fantasmatique. Les échanges de gratifications narcissiques entre parents et enfants, les acceptations, les refus, l'attente anticipatoire mutuelle, la désillusion tissent donc une « création mutuelle et continue » (Lebovici). On peut affirmer que les conflits et les vulnérabilités des enfants ont un retentissement sur la propre structure des parents (ainsi pour l'enfant psychotique, dont on découvre maintenant après bien des thèses inverses qu'il perturbe gravement l'économie de parents équilibrés, heureux avant sa venue). Mais on peut tout autant ajouter que le Moi de l'enfant semble se développer le moins bien dans les secteurs qui correspondent aux conflits non résolus des parents (T. Benedek).

On pourrait en fait traduire toute la psychopathologie de l'enfant en termes de ratés du fonctionnement d'une spirale transactionnelle :

– blocages de la communication dans les deux sens : enfant montrant une barrière pare-excitation absolue dans l'autisme; parents qui ne peuvent ni entrevoir l'angoisse de leur enfant, ni voir sa régression;

– compulsion de répétition qui transforme la spirale en jeu purement spéculaire et même parfois mortifère, en raison de l'absence de ce décalage nécessaire, de ce manque, de cette tension libidinale de désirs réciproques qui permettent à la spirale d'être progrédiente;

– du narcissisme primaire à l'auto-érotisme : la reconstitution réelle et imaginaire du couple érotique des parents serait pour M. Fain un temps essentiel dans l'individuation du nourrisson. Le désinvestissement de l'enfant par la mère à cette occasion (la « censure de l'amante ») permettrait la découverte de l'auto-érotisme (heureux et non destructeur s'il succède à une phase narcissique primaire où la mère s'est montrée suffisamment comblante), et préluderait à toute vie fantasmatique. Cela pose le problème des conséquences pour l'enfant des dépressions maternelles du *post-partum*;

– enfin toutes les connaissances récentes sur les différents types d'attachement viennent compléter l'évaluation psychopathologique des bébés et des jeunes enfants.

LES PSYCHOSES INFANTILES ET L'AUTISME

Même si on accorde une place incontestable à la prise en compte de facteurs neurobiologiques, on se réfère d'un point de vue psychopathologique aux troubles définis en congruence avec des modèles explicatifs, en particulier par des psychanalystes, tels que Margaret Mahler ou Roger Misès. Mahler distingue ainsi deux pôles dynamiques de fonctionnement de l'enfant psychotique : une position autistique et une *position symbiotique*. Psychose autistique et psychose symbiotique ne sont donc pas séparées par un cloisonnement étanche mais constituent plutôt deux pôles avec une intrication des deux types de fonctionnement et passage possible d'une forme à l'autre. Misès définit quant à lui la *dysharmonie psychotique*, tableau à la frontière des psychoses avec l'existence de traits de la série psychotique infiltrant le fonctionnement psychique sans le déstructurer de façon permanente. Ces repérages ont l'avantage de mettre l'accent sur un fonctionnement psychopathologique global, aboutissant à la description d'un tableau clinique dynamique, souvent plus parlant qu'une liste de critères extérieurs.

APPROCHE GÉNÉTIQUE ET NEUROBIOLOGIQUE

Cette approche est en constante évolution. Ce qui est écrit ici sera probablement dépassé dans le futur.

En ce qui concerne l'autisme infantile, selon Roubertoux, le risque dans la fratrie est multiplié par 188, soit de 1,5 à 3 %. Les études de jumeaux montrent l'existence de facteurs génétiques mais ils retrouvent une concordance chez les homozygotes variant de 36 à 95 % selon les études (contre 0 à 30 % chez les jumeaux dizygotes)... Les études d'agrégation familiale montrent une décroissance brutale du risque d'atteinte des apparentés au 2ᵉ degré par rapport au risque dans la fratrie, ce qui en génétique est en faveur de l'implication d'un grand nombre de gènes. Un certain nombre d'études portant sur des familles ayant plusieurs membres atteints désigne diverses régions suspectes, souvent différentes d'une étude à l'autre.

Par ailleurs, certains enfants atteints d'un chromosome X fragile, ou d'une sclérose tubéreuse de Bourneville, présentent un tableau autistique. Ce tableau peut aussi s'intégrer à celui de la phénylcétonurie.

Au total, si le poids des facteurs génétiques dans l'autisme s'avère indiscutable, les gènes et même les régions chromosomiques impliqués, vraisemblablement multiples, restent à préciser. De plus, si les études de jumeaux permettent d'affirmer l'importance des facteurs génétiques, elles montrent simultanément l'intrication de facteurs non génétiques puisque les jumeaux homozygotes sont loin d'être concordants à 100 %.

En ce qui concerne les psychoses infantiles tardives, Kallmann et Roth indiquent une concordance de 70 % chez les homozygotes contre 17 % chez les dizygotes. Ces chiffres, voisins de ceux observés dans les psychoses de l'adulte, accréditent la thèse d'une continuité entre psychose infantile tardive et psychoses de l'adulte.

Les études neuro-anatomiques, électro-encéphalographiques et biochimiques retrouvent des anomalies variables, inconstantes et non spécifiques. Il faut rappeler et souligner que ces anomalies peuvent être des causes mais aussi des conséquences du syndrome autistique (ou encore des conséquences d'une condition étiologique de l'autisme).

La sérotoninémie, en particulier intraplaquettaire, semblerait assez régulièrement élevée (la moitié des cas) sans qu'on puisse actuellement en préciser l'origine. Certains chercheurs se sont intéressés aux endorphines et ont émis l'hypothèse d'un excès cérébral d'opioïdes, conduisant à des essais thérapeutiques avec des antagonistes opiacés comme la naltrexone.

Sur un plan fonctionnel, le système nerveux sympathique et l'axe hypothalamo-hypophysaire réagiraient de façon excessive au stress.

Les études neurophysiologiques ayant éliminé l'existence d'un trouble sensoriel simple, certains auteurs avancent des troubles perceptivo-sensoriels complexes tels qu'une hyposensibilité ou encore une hypersensibilité aux stimuli externes dont l'enfant se défend par une réaction de retrait. Cette hypersensibilité pourrait provenir d'un défaut de filtrage, d'un défaut d'intégration des stimuli provenant de diverses modalités sensorielles, d'un défaut de structuration et de mémorisation de l'information. Ces défauts expliqueraient l'augmentation du « bruit de fond » à l'électro-encéphalogramme, l'hyperactivité végétative aux stimulations et l'absence d'habituation. Il est intéressant par ailleurs de rapprocher ces hypothèses de certaines réflexions analytiques au sujet du manque de pare-excitation maternel, de contenant, du démantèlement ou du défaut de symbolisation.

APPROCHE PSYCHANALYTIQUE

Dans la tradition française, c'est surtout l'approche analytique qui guide l'abord clinique, diagnostique et thérapeutique. Avec une ambition psychopathologique plutôt qu'étiologique (comprendre le comment plutôt que le pourquoi), elle présente l'avantage de prendre en compte l'enfant comme sujet dans son milieu, dans son histoire, dans son interaction avec son entourage, ainsi que les effets de cette pathologie sur cet entourage (la famille, mais aussi l'école, la crèche, etc.) en fonction de l'histoire et des propres fantasmes de chacun. Elle offre un outil pour penser les actes et le comportement d'un enfant alors que lui-même et sa famille n'ont plus ou pas encore la capacité de penser, de lier ce comportement à un désir. Elle est donc d'emblée thérapeutique en permettant à l'enfant de se réapproprier ses actes et aux parents de renouer la communication. Enfin elle inspire les thérapies individuelles et le travail institutionnel en hôpital de jour. Diverses conceptions psychopathologiques ont été proposées, se stimulant ou parfois se complétant les unes les autres. Elles ont en commun de s'intéresser à la constitution pour le bébé de ce premier objet qu'est la mère.

Autisme et Psychose symbiotique : deux pôles de fonctionnement selon Margaret Mahler

M. Mahler, psychanalyste américaine d'origine hongroise, fait partie du courant de psychologie psychanalytique du Moi. Le pivot de l'œuvre de Mahler est la symbiose, métaphore dont l'origine est biologique, décrivant une fusion des représentations mentales du *self* et de la mère, correspondant à un fantasme d'unité duelle. En 1952, elle introduit le terme de psychose symbiotique : état psychotique caractérisé par un défaut d'individuation et de formation d'un *self* stable. Il y a délire de fusion entre *self* et mère, dans un fantasme de toute-puissance partagée. Plusieurs fonctions du Moi y sont touchées, notamment celles qui amènent l'enfant à la réalisation de son état séparé. Cette psychose symbiotique renvoie à la phase normale du développement dite symbiotique qui chevauche le premier et le deuxième semestre de la vie et est caractérisée par l'indifférenciation entre la représentation du *self* et de la mère.

Margaret Mahler fonde ses hypothèses psychopathologiques sur sa conception du développement normal du nourrisson : à une phase d'autisme normal succède une phase symbiotique qui précède la phase de séparation/individuation d'avec la mère (de six à trente mois). Les psychoses autistiques sont liées à un échec de l'entrée dans la phase symbiotique tandis que les psychoses symbiotiques sont dues à l'échec du processus de séparation/individuation. Elle attribue ainsi l'autisme à une « conduite hallucinatoire négative », l'enfant n'entrant pas dans la phase symbiotique en annulant activement sa perception de la mère et du monde extérieur. Dans la psychose symbiotique, le mécanisme dominant est le clivage entre bons et mauvais objets, l'enfant oscillant entre un désir de fusion avec sa mère et la crainte d'être englouti par elle.

En effet, nous allons décrire plus précisément ces deux types de psychose en reprenant les excellentes descriptions de B. Cramer présentées dans le *Nouveau traité de psychiatrie de l'enfant et de l'adolescent* (PUF, Paris, 1995).

La psychose autistique

Il s'agit d'une fixation, ou d'une régression, à la phase normale d'autisme, mais en produisant des distorsions de celle-ci. La mère n'est franchement pas perçue, l'indifférenciation étant complète entre dedans et dehors. L'enfant autiste semble s'enfermer dans une stance de toute-puissance absolue que Mahler voit comme une défense de dédifférenciation et de désanimation. Il y a un désinvestissement des perceptions à distance, qui se solde, par exemple, par une fausse surdité. La réalité externe est ressentie comme une menace constante à l'équilibre interne, d'où la nécessité de « solidifier » le système pare-excitations. On note également une absence d'investissement de la surface du corps (on connaît le manque de réaction douloureuse de certains autistes) et particulièrement des zones érogènes; le défaut d'activités auto-érotiques est à mettre en dialectique avec les activités auto-agressives — très fréquentes — qui serviraient à étayer un sentiment des limites du corps.

Mahler distingue entre un autisme primaire et des réactions autistiques défensives, ces dernières étant observées dans la psychose symbiotique où elles servent de moments de « repos » face aux vicissitudes symbiotiques, dans un mouvement de rétablissement du délire de toute-puissance absolue : on observe ces replis dans le traitement des enfants symbiotiques.

La psychose symbiotique

Contrairement à ce que l'on trouve dans l'autisme, la psychose symbiotique révèle des signes de différenciation et de perception de l'objet partiel, source de satisfaction. La représentation mentale de la mère est fusionnée régressivement à celle du *Self*, dans un délire de toute-puissance partagée. Ce qui échoue, c'est le processus d'individuation/séparation, parce qu'il est ressenti comme une rupture de l'illusion fusionnelle. Cet échec se marque soit graduellement, soit de manière aiguë aux moments où la maturation des fonctions du Moi entraîne :

– une séparation de la mère, par l'exercice indépendant de ces fonctions (la locomotion par exemple);

– le développement psychosexuel contribue également à menacer l'illusion de fusion;

– ces deux facteurs progrédients entraînent des réactions de panique alimentant le tableau psychotique avec des phénomènes de restitution servant à recréer le délire fusionnel : ces restitutions s'opèrent par des idées délirantes somatiques, des hallucinations de réunion avec l'image aimée et haïe, toute-puissante de la mère, sur un mode narcissique.

C'est souvent pendant la troisième ou la quatrième année, lors du conflit œdipien, que s'opère cette régression, sous le coup des progressions maturatives. Ces enfants ont souvent présenté des troubles du sommeil, des réactivités perceptuelles excessives, une dysharmonie de l'évolution de différentes fonctions, et une vulnérabilité extrême aux frustrations : de tels enfants peuvent par exemple renoncer à la marche pendant des mois à la suite d'une chute. Dans les facteurs qui joueraient également un rôle, on trouve souvent un changement d'investissements inconscients de l'enfant par les parents au début du processus d'individuation/séparation.

La cassure aiguë avec la réalité suit souvent une expérience de séparation : l'entrée au jardin d'enfant, une hospitalisation, la naissance d'un autre enfant.

Pendant la deuxième ou la troisième année, on observe comme symptômes des pertes de fonctions : détérioration du langage surtout. Puis on assiste aux symptômes psychotiques par défense et restitution : perte du sens de limites du *self*, réactions extrêmes aux échecs, activités magiques gestuelles, états de panique, écholalie et échopraxie. Le fétiche psychotique — essai de restitution du contrôle de l'objet — se manifeste par le jeu hyper-investi avec des objets inanimés. Les processus primaires émergent facilement.

L'enfant symbiotique est également menacé par deux angoisses : l'angoisse de reconnaître son état de séparation et l'angoisse de perte d'identité par désir d'être engouffré par l'objet symbiotique et par désinvestissement des représentations d'objet. Ces angoisses prennent des proportions de panique lorsque les angoisses d'annihilation et de perte d'identité deviennent trop fortes; on assiste alors à des régressions autistiques.

Points de vue kleiniens et post-kleiniens

Mélanie Klein a décrit la *position schizoparanoïde* à partir de ses analyses d'enfants psychotiques. Selon elle, le développement normal de l'enfant passe par une telle phase « psychotique » lors des premiers mois de la vie, avant d'affronter la position dépressive qui lui permet d'accéder à l'ambivalence névrotique. Cependant l'enfant psychotique, pour éviter le débordement par une agressivité primaire trop intense, exacerbe ses défenses archaïques — clivage, projection des affects négatifs sur l'extérieur — tandis que les bons objets partiels sont introjectés pour assurer une illusion d'omnipotence permettant de se défendre contre l'extérieur devenu dangereux et persécuteur. Pour M. Klein, l'excès d'agressivité peut être d'origine congénitale ou acquise lorsque la relation mère/enfant dysfonctionne trop.

Dans l'école kleinienne, Hanna Segal a décrit « l'équation symbolique », processus par lequel l'enfant psychotique met sur le même plan l'objet et son symbole, autorisant des permutations permanentes qui empêchent la stabilité de la pensée.

Donald W. Winnicott, en tant que pédiatre, a une conception particulière du développement de l'enfant, prenant en compte le rôle de la mère. Il situe l'origine de la psychose infantile dans un défaut de maternage qui fait vivre à l'enfant des angoisses telles qu'il doit s'en protéger par des mécanismes archaïques de défense. Il emploie le terme de *« dépression psychotique » liée à une perte de l'objet* (en particulier perte trop précoce de la mère et du sein lorsque la séparation a lieu trop vite, ressentie comme une perte partielle de la bouche). Frances Tustin repère dans ses psychothérapies d'autistes cette expérience de séparation trop précoce vécue comme une atteinte de l'intégrité corporelle. L'enfant tente alors d'annuler toute expérience de séparation, entretenant l'illusion d'une continuité entre son corps et le monde environnant, entre autres par l'intermédiaire des « objets autistiques », objets plutôt durs qu'il garde en permanence à la main.

En 1968, E. Bick avait décrit certaines réactions très violentes d'intolérance à la séparation survenant chez des enfants qui n'avaient pas pu intérioriser de « fonction contenante », fonction que cet auteur décrit alors comme un équivalent pour la vie psychique du rôle de la peau pour la vie corporelle. Notons que, dès 1962, Winnicott avait défini la peau comme la « membrane frontière » entre le Moi et le non-Moi. Winnicott et E. Bick soulignent tous les deux que les situations de séparation restent traumatiques chez certains sujets, enfants ou adultes, qui éprouvent alors des angoisses de type « catastrophique » liées à une non-intégration des différentes parties du *self* et qui se traduisent par des impressions spécifiques de vertige, de chute sans fin et de morcellement ou de liquéfaction. Ces troubles peuvent porter aussi bien sur la pensée que sur la posture, la motricité ou les fonctions végétatives.

En 1972, F. Tustin retrouve chez les enfants autistes les phénomènes décrits par Winnicott et E. Bick. Ces enfants utilisent de très puissants mécanismes de défense pour se protéger de la menace d'une dépression psychotique ressentie comme un « trou noir ». Dans ses premiers travaux, F. Tustin a caractérisé certaines des défenses autistiques comme constituant des « objets autistiques », à différencier des « objets transitionnels » de Winnicott. Elle y ajoutera par la suite la description des « formes autistiques » : états autistiques à carapace, globale ou segmentaire, et états autistiques confusionnels type « engouffrement » (global) ou type fragmenté (partiel). Les objets et les formes autistiques servent à l'enfant autiste de points d'agrippement pour éviter la menace du trou noir et de la perte totale du sentiment le plus primaire d'identité, le sentiment de continuer à exister, à être (*going on being*, selon l'expression de Winnicott que F. Tustin reprendra souvent).

D. Meltzer et un groupe d'analystes londoniens ont fait état de constatations comparables. Ils confirment l'hypothèse d'E. Bick sur l'existence d'un mode d'identification narcissique plus primitif que l'identification projective, désignée par cet auteur comme une « identification adhésive » s'établissant avec la surface de l'objet et avant même que l'objet soit conçu comme ayant un intérieur. La rupture d'un tel mode d'identification est ressentie comme une menace de déchirement du contenant-peau. Mais savoir si ce mode de relation correspond à une phase normale et passagère du développement, comme M. Mahler en avait de son côté fait l'hypothèse, ou à une formation pathologique de défense n'est pas encore établi clairement.

Dans des travaux plus récents, F. Tustin tranche nettement le problème dans le sens de la pathologie. Pour elle, les enfants autistes sont des enfants traumatisés, c'est-à-dire n'ayant pas trouvé les conditions d'environnement nécessaires à l'établissement du sentiment primaire d'identité, celui de la continuité d'être. Déjà, Meltzer et ses collaborateurs avaient souligné la fréquence des états dépressifs chez les mères d'enfants autistes. Les travaux modernes sur les interactions mère/enfant semblent démontrer que le développement psychique ne peut entrer en action que lorsqu'une interaction suffisamment harmonieuse (« amour primaire » de M. Balint ; « attunement » ou accordage, de D. Stern ; relation avec l'« objet esthétique », de D. Meltzer) a pu s'établir entre la mère et l'enfant dès et sans doute avant même la naissance. En cas d'échec de cette interaction, les défenses de type autistique sont le seul recours contre une menace de mort psychique, ou de mort tout court.

À la suite de ces découvertes sur les conditions permettant la naissance et le développement de la vie psychique, et qui constituent clairement un prolongement des travaux de Freud, de Klein et de Bion sans lesquels elles n'auraient pu être effectuées, et à la suite de l'étude clinique de la souffrance psychique latente dont la nature ne peut être révélée que par le processus analytique, J. Bégoin, un psychanalyste français à orientation kleinienne, a fait l'hypothèse de l'existence universelle, chez tout être humain, d'un noyau de désespoir latent qui serait inéluctablement lié aux aléas de la genèse de la pensée après la « césure de la naissance » (Bion). Dans cette hypothèse, ce que Freud avait conceptualisé comme un « instinct » ou une « pulsion de mort » semble, au contraire, relever de la violence du désespoir et de la violence des défenses nécessaires à la survie, face aux menaces de mort psychique ou physique qui surviennent lorsque l'interaction première entre l'enfant et son environnement n'est pas suffisamment heureuse. Toute la psychopathologie peut être vue comme relevant de ce désespoir primaire qui serait celui de désespérer de pouvoir vivre et se développer. Cet auteur s'appuie évidemment sur l'introduction par Bion du concept d'identification projective normale permettant de distinguer les aspects normaux et anormaux du développement, distinction sur laquelle avait en partie buté M. Klein. Dans les psychoses, pour Bion, l'identification projective est de nature pathologique, en ce que le bébé projette dans l'objet une telle envie et une telle haine pour le sein ressenti (pour des raisons externes ou internes) comme inaccessible et non réceptif à la peur de mourir du bébé, que cet objet identificatoire est vécu comme poussant le sujet à ne pas penser, et, en lieu et place, à élaborer des mensonges et des hallucinations : « Le petit enfant, qui avait commencé par avoir peur de mourir, se retrouve contenant une terreur sans nom (*nomeless dread*) ». Il vit son objet comme un Surmoi imposant sa supériorité morale, haïssant le développement et promouvant un fonctionnement qui inverse la fonction alpha et qui peut, par exemple, contribuer à l'élaboration du délire.

D. Meltzer (1975) évoque le « démantèlement du Moi » lorsque le sein maternel (et la mère), où convergent tous les intérêts de l'enfant, ne joue pas son rôle de liaison entre les différentes parties de la personnalité de l'enfant (appétit de nourriture, de succion, de langage, d'agrippement, de regard, etc.). Ainsi démantelé, l'enfant n'investit pas des objets mais des sensations isolées, sur un mode unisensoriel, comme si chaque sens fonctionnait indépendamment des autres. L'espace psychique constitué est alors unidimensionnel, dépourvu de pensée. Puis dans un espace bidimensionnel, le contact se développe sur le mode de l'identification adhésive (écholalie, échopraxie, etc.); c'est dans un espace tridimensionnel que le monde intérieur se constitue, avec une pensée propre (apparition du je) et des mécanismes d'identification projective. Enfin la prise en compte de la temporalité construit un espace à quatre dimensions dans lequel les identifications introjectives permettent l'autonomisation.

À part, Bruno Bettelheim, à partir de son expérience des camps de concentration, a défini les « situations extrêmes » comme des situations où le sujet ressent que toute action de sa part est vaine voire néfaste. Devant l'échec d'une interaction positive avec sa mère, le bébé « désespéré » désinvestirait le monde extérieur et éviterait toute interaction. Mais parallèlement son monde intérieur, privé d'aliments, s'appauvrirait progressivement jusqu'à ce que l'enfant autiste ne soit plus qu'une « forteresse vide ».

Les psychanalystes français contemporains

À la suite de D. Meltzer, *Geneviève Haag* évoque des angoisses terrifiantes de cassure, en rapport avec une non-intégration de l'image du corps. *Didier Houzel*, lui, suggère des angoisses de précipitation face à l'objet dont la violente attraction constitue une sorte de précipice dans lequel l'enfant se sent menacé de destruction; d'où les conduites d'évitement de l'autre et les exigences d'immutabilité de l'environnement, tout changement constituant une menace de rencontre avec l'altérité.

René Diatkine propose de considérer l'autisme, non comme une déviation par rapport à un processus de développement normal, mais comme une *structuration simple et spontanée*, aboutissant de façon efficace à l'évitement du déplaisir. C'est par des processus complexes et en interaction avec leur mère que les enfants normaux échapperaient à ce développement, par une sorte de « folie » qui les rendrait plus sensibles à la séparation d'avec leur mère qu'à la régulation de leurs besoins.

Jacques Hochmann souligne le *défaut de capacité narrative* des enfants autistes (même chez ceux accédant à un langage), qu'il relie au défaut d'attention conjointe (échange de regard, de geste ou de mots à propos d'un objet intéressant) et de symbolisation (capacité de représenter un objet par un autre objet ou par un mot) permettant l'accès au jeu de « faire semblant », à la métaphore et à la polysémie du langage. S'agit-il d'un déficit ou d'une défense contre l'imprévu et l'absence, incitant l'enfant à annuler tout événement, à figer le temps et l'environnement dans des rituels et des exigences d'immutabilité de façon à se retrouver dans un univers où rien n'arrive ? J. Hochmann suppose finalement que les deux (déficit et défense) s'entremêlent et s'amplifient mutuellement, aboutissant à l'absence de ce « récit intérieur sur lequel s'appuie le sentiment de continuité de soi.

POINT DE VUE BEHAVIORISTE ET COGNITIF

Michael Rutter (chercheur britannique), recherchant un *déficit cognitif* commun à tous les autistes et qui serait à la base du trouble, évoque un déficit des fonctions de mise en séquences et de codage (utilisées en particulier dans le langage), un déficit de l'attention portée au haut des visages et un déficit de la capacité à discriminer les affects et les émotions à travers les mimiques faciales. Les troubles affectifs découleraient selon lui d'un trouble cognitif (à l'inverse de la conception analytique selon laquelle les troubles cognitifs découlent du trouble relationnel).

Simon Baron-Cohen a cherché à démontrer expérimentalement l'*absence de « théorie de l'esprit »* (capacité de se représenter les croyances et les états mentaux d'autrui) chez les enfants autistes : ils semblent incapables d'attribuer une croyance erronée à des personnes (dans un scénario de marionnettes).

De l'idée d'un déficit cognitif originel découle généralement celle d'interventions à visée rééducatives et stimulatives, considérant que le déficit est à l'origine d'un cercle vicieux dans lequel la communication et le langage s'appauvrissent.

POINT DE VUE FAMILIAL ET SYSTÉMIQUE

L'école de Palo Alto a décrit des modalités particulières de communication à l'intérieur des familles de schizophrènes, notamment le *double-lien* : la mère adressant à l'enfant simultanément deux messages de signification opposée, obligeant l'enfant à répondre de façon « folle » pour satisfaire à la fois aux deux demandes contradictoires de sa mère. Ces types de communication perturbée se retrouveraient également dans les familles d'enfant autiste.

D'une façon générale, les parents d'enfant autiste ont été beaucoup étudiés. Léo Kanner le premier a décrit des parents froids, obsessionnels et d'un bon milieu socioculturel. Des études plus récentes montrent une sur-représentation des extrêmes au niveau social, une sur-représentation des *situations difficiles* (divorce, confusion, drame, désarroi familial…) et une grande fréquence des *dépressions maternelles* pendant la grossesse ou en *post-partum* (Pierre Ferrari, 2002).

Actuellement l'accent est mis davantage sur les conséquences d'un défaut de communication perçu très précocement par les parents alors déstabilisés et dénarcissisés dans leur fonction parentale. Par la suite, les troubles manifestes de leur enfant psychotique entraînent naturellement une grande souffrance des parents, conduits à se défendre sur différents modes : dépression, mise à distance, projection sur l'extérieur… De toutes façons, l'intensité des interrelations et *interactions dialectiques entre parents et enfants* au cours des premiers mois est telle qu'il est quelque peu artificiel de séparer les réactions de l'enfant de celles des parents.

POINT DE VUE INTÉGRATIF

Devant le flot de données issues des recherches tant psychodynamiques que médicales, il faut se méfier des interprétations et des conclusions hâtives; si on prend l'exemple de l'excès de fréquence des dépressions maternelles durant le post-partum, il peut s'interpréter de multiples façons : la dépression maternelle comme facteur favorisant l'autisme, la dépression maternelle comme secondaire à l'autisme perçu très précocement et inconsciemment par la mère, mais aussi, si on prend en compte la fréquence des fausses couches rapportée chez les mères d'enfant autiste, la dépression pourrait être liée à une réactivation d'un deuil antérieur (la fausse couche), dépression et autisme n'étant alors pas liés par des liens de causalité directe mais par un troisième facteur causal : une anomalie génétique responsable de fausses couches répétées ou d'autisme. On peut aussi s'interroger sur l'éventualité d'un lien génétique entre vulnérabilité thymique chez la mère et vulnérabilité autistique chez l'enfant, etc. On peut enfin supposer plus pragmatiquement que ces différents facteurs (vulnérabilité génétique de l'enfant, de sa mère, de son père, et accidents de l'histoire des trois partenaires) s'intriquent, réalisant une boucle interactive désastreuse entre parents et enfant…

C'est pourquoi, après les prises de position radicales et définitives des décennies précédentes, l'heure est plus aujourd'hui aux points de vue nuancés, intégrant les diverses approches et les données actuelles de la science : l'importance de la génétique mais aussi le rôle de l'environnement sur l'expression du génome; les sciences cognitives et les neurosciences qui apportent un éclairage partiel sur le comment plus que sur le pourquoi; les approches psychodynamiques qui replacent le sujet dans son histoire, dans sa famille et son environnement, à une place de sujet, donc, incontournable à la rencontre et la compréhension d'un être humain, par-delà les échelles et autres mesures « objectives ».

En proposant le terme de « processus autistisants », J. Hochmann avance l'existence d'une période de plasticité initiale pendant laquelle, quelles que soient les étiologies envisagées, probablement plurielles, les choses ne sont pas encore fixées; l'autisme ne s'enkystera qu'au terme d'une spirale interactive dans laquelle les premiers dysfonctionnements interactifs (de l'enfant ou de l'adulte) viennent renforcer les dysfonctionnements de l'autre, enfermant peu à peu les parents dans le désespoir et l'enfant dans l'autisme.

Comme l'écrit B. Golse, « facteurs primaires de vulnérabilité et facteurs secondaires de maintien ou de cristallisation des troubles coopèrent ainsi en une dynamique psychopathologique polyfactorielle qui ouvre dès lors sur une approche thérapeutique diversifiée ». Dans cette perspective polyfactorielle, « le fonctionnement autistique serait une sorte de voie finale commune de toute une série de configurations étiopathogéniques au sein desquelles les facteurs endogènes et les facteurs exogènes seraient toujours présents mais en proportion variable selon chaque enfant ».

ASPECTS THÉRAPEUTIQUES

Là encore, selon l'approche psychopathologique retenue, diverses attitudes thérapeutiques s'affrontent. Cependant au-delà des batailles d'idées, l'approche thérapeutique se doit d'être plurifocale, adaptée à chaque cas individuel, visant à l'émergence du sujet et favorisant ses aptitudes relationnelles et ses moyens de communication.

La *psychothérapie individuelle* d'inspiration analytique est donc souvent proposée, avec un aménagement du cadre analytique adapté. Malgré quelques cures célèbres pour la grande amélioration obtenue, cette thérapie est le plus souvent très laborieuse, confrontant le thérapeute à la répétition et parfois à son impuissance. C'est pourquoi elle doit s'inscrire dans un dispositif de soin plus large, intégrant d'autres approches.

C'est surtout la *thérapie institutionnelle* au sein d'un hôpital de jour (ou parfois d'un CATTP : Centre d'Activités Thérapeutiques à Temps Partiel) qui permet à la fois un travail éducatif (apprentissage de l'autonomie) et relationnel (développement de la communication et prise de conscience de l'autre et de soi) autour des différents temps, activités et échanges de la journée. L'équipe doit être attentive également à ses propres mouvements contre-transférentiels de désespoir, de haine, d'angoisse, de réparation… C'est souvent dans le cadre de l'hôpital de jour que peuvent être proposées des *psychothérapies à médiation corporelle* (*pack*, thérapie psychomotrice, etc.). La *rééducation orthophonique* est utile dans certains cas, quand l'enfant semble entrer en communication et accepter la relation avec l'orthophoniste. Parfois l'hôpital de jour dispose d'une *classe intégrée*, qui permet aux enfants non scolarisables à l'extérieur d'acquérir des connaissances et de développer un potentiel parfois surprenant.

Cependant, quand cela est possible, il faut favoriser l'intégration de l'enfant d'abord en crèche puis à l'école, éventuellement en CLIS, tant que l'enfant en tire un avantage de socialisation et/ou pédagogique. Dans le cas contraire, elle ne sert qu'à renforcer le déni des parents, tout en contribuant à perturber davantage l'enfant.

Des pays anglo-saxons viennent d'autres méthodes, dérivées du comportementalisme : la *rééducation comportementale*, basée sur le conditionnement, est souvent accusée en France d'induire des comportements mécaniques et stéréotypés, sans favoriser le développement d'un véritable sujet avec des relations affectives. Plus complexe, la *méthode TEACCH* a une visée éducative et pédagogique et propose un programme spécialisé dans des classes réservées aux autistes, en partenariat avec les parents qui doivent faire travailler leur enfant à domicile.

Dans le dispositif de soins, les *médicaments* n'ont qu'une place limitée puisqu'ils sont purement symptomatiques : un traitement sédatif (neuroleptique) peut parfois être utile en cas de crise, pour passer un cap difficile face à un épuisement de l'entourage (famille ou institution). Mais on assiste généralement à un phénomène d'échappement après quelques mois... Il faut toujours essayer d'abord de modifier l'environnement : à partir d'une réflexion en équipe sur ce qui se passe (dans la famille, dans l'hôpital de jour, etc.), les soignants et/ou la famille peuvent être amenés à réagir différemment et sortir d'une situation de crise.

Divers *régimes « thérapeutiques »* ont été diffusés dans les médias : sans gluten, sans caséine, vitaminothérapie... Issus de théories étiologiques plutôt fantaisistes, leur efficacité réelle n'a pas été démontrée.

Enfin le *travail avec les familles* est incontournable, au minimum pour obtenir une alliance thérapeutique indispensable à l'efficacité des soins, mais aussi pour permettre à des parents blessés et culpabilisés de déposer leur ressenti face à leur enfant et à ses troubles, ce qui débouche sur une réorganisation des comportements et des relations intrafamiliales. Quant à une psychothérapie des parents, elle se heurte en général à une résistance des familles qui se sentent rendues responsables des difficultés de leur enfant... Le *placement familial thérapeutique* a de rares indications, surtout lorsque la famille est clairement rejetante. Au contraire, les *séjours de rupture* sont très positifs, ne serait-ce qu'en permettant aux familles épuisées de souffler, mais aussi en occasionnant un vrai travail psychique de séparation et de retrouvailles. Conjointement, ils renforcent le travail sur l'autonomie.

LES ÉTATS NÉVROTIQUES ET LES DIFFÉRENTS TROUBLES ANXIEUX CHEZ L'ENFANT

Chez l'enfant, il importe toujours de distinguer le normal et le pathologique, les banals avatars du développement et les prémisses d'une pathologie en voie d'installation. Chacune des conceptions psychopathologiques s'y confronte.

APPROCHE PSYCHANALYTIQUE

Nous aborderons successivement l'émergence de l'angoisse « normale », la « névrose infantile », la névrose proprement dite, la « névrose de l'enfant » et la compréhension des différentes manifestations névrotiques, phobiques, obsessionnelles et hystériques.

Émergence de l'angoisse « normale »

Pour Freud, l'angoisse de séparation initiale évolue en angoisse de castration puis en angoisse « sociale ». Dans sa première théorie (*Le petit Hans*, 1909) c'est le refoulement de la libido, rendu nécessaire par l'absence de l'objet d'amour (la mère), qui provoque l'angoisse (angoisse de séparation). L'angoisse est ici un résidu du refoulement et le symptôme constitue un compromis qui permet de maintenir le lien avec la mère (l'agoraphobie oblige Hans à rester à la maison avec sa mère). Dans sa deuxième théorie de l'angoisse (*Inhibition, symptôme et angoisse*, 1926), l'angoisse est liée au refoulement des sentiments hostiles envers le père rival (angoisse de castration en rapport avec le complexe d'Œdipe). L'angoisse est ici un signal d'alarme, vis-à-vis du danger pulsionnel interne, qui permet de mobiliser les défenses du Moi ; quant au symptôme, il permet de contenir l'angoisse (par exemple en la concentrant sur un objet externe vis-à-vis duquel une stratégie d'évitement peut se déployer).

Pour M. Klein, l'angoisse est liée au conflit entre pulsions agressives et libidinales. Dans la phase schizoparanoïde, la projection à l'extérieur des pulsions agressives (envers la mère absente) entraîne une angoisse paranoïde (angoisse de persécution par les mauvais objets clivés et projetés). L'angoisse de castration ne peut survenir qu'ensuite, lors de l'accès à la position dépressive (reconnaissance de la mère comme objet total, à la fois bonne et mauvaise, présente et absente) débouchant sur l'angoisse de détruire — et de perdre — l'objet d'amour.

D'autres auteurs situent l'origine de l'angoisse dans la séparation d'avec la mère : pour Spitz l'angoisse du visage de l'étranger est le deuxième organisateur psychique, survenant vers le huitième mois lorsque la mère est reconnue comme un objet pouvant être soit présent soit absent ; pour Mahler (lors de la phase de séparation/individuation) comme pour Winnicott (lors du réaménagement progressif de la sollicitude maternelle primaire), l'angoisse émerge lors de la défusion progressive entre la mère et l'enfant.

La « névrose infantile »

Freud en 1909 a montré l'aspect universel et inévitable du conflit œdipien. Il a donné à ce conflit de base le nom de « névrose infantile ». La névrose infantile doit être conçue comme une organisation nécessaire se développant dans l'enfance, à laquelle Freud attribue une importance capitale pour le devenir du sujet : « les névroses des adultes pouvaient être toutes rattachées aux mêmes complexes infantiles, que nous avons découverts derrière la phobie du petit Hans. Je suis donc tenté d'attribuer à cette névrose infantile une importance toute spéciale en tant que type et modèle... ». Comment comprendre alors la signification des symptômes névrotiques de l'enfant? Il faut distinguer plusieurs niveaux de conflits :

– certains conflits sont inévitables au cours du développement, mais, le plus souvent, ils sont solubles grâce au développement de la psyché. Cependant, ils sont momentanément accompagnés de symptômes, tant que le Moi de l'enfant n'a pas réussi à les élaborer;
– d'autres conflits sont insolubles; ce sont ceux-là qui se fixent dans des organisations psychopathologiques durables.

Dans cette optique, A. Freud en 1962 a insisté sur le fait que le conflit est inhérent au développement. Elle a distingué :

– les conflits externes, qui se situent entre les pulsions de l'enfant et les exigences extérieures;
– les conflits intériorisés, qui surgissent à l'intérieur de l'appareil psychique entre le Moi et le Surmoi et qui sont le résultat de l'intériorisation des interdits précédemment externes;
– les conflits internes qui se situent entre le Ça et le Moi et qui sont uniquement en rapport avec des représentants pulsionnels, insuffisamment fusionnés et avec l'ambivalence pulsionnelle : amour/haine, activité/passivité, tendances masculines/tendances féminines.

Un des élèves d'A. Freud, Nagera en1966, a systématisé ce point de vue dans son ouvrage *Les troubles de la petite enfance*. Il distingue, quant à lui, quatre niveaux :

– les immixtions dans le développement qui sont des situations, des événements, des carences qui viennent empêcher le bon développement de l'enfant à un âge où le Moi n'est pas assez développé pour y faire face. Comme le fait remarquer D. Houzel, on rejoint ici la notion de « troubles réactionnels » qui apparaissent bien comme des immixtions dans le développement et dont l'évolution dépend pour une large part de l'attitude de l'entourage qui tantôt aidera l'enfant à maîtriser et à élaborer le traumatisme éprouvé, tantôt, au contraire, favorisera la fixité des troubles. Les symptômes provoqués par ces immixtions peuvent être comparables cliniquement aux symptômes névrotiques, mais ils n'ont pas la même signification symbolique d'un compromis entre pulsion et interdit. Les immixtions peuvent laisser des points de fixation et des fragilisations du Moi qui rendent plus difficile l'abord des conflits ultérieurs et peuvent faire le lit de conflits névrotiques;
– les conflits de développement, qui se caractérisent par un mélange de conflits entre besoin pulsionnel et exigence extérieure d'une part et exigences pulsionnelles contradictoires d'autre part. Ces conflits de développement sont inévitables. Ils peuvent ne laisser aucune trace, une fois la période de développement correspondante passée, ou s'inscrire dans le caractère ou encore persister et devenir des conflits névrotiques;

– les conflits névrotiques, qui sont des conflits internes se situant entre les instances psychiques, Ça, Moi et Surmoi. Les changements d'environnement extérieur et le développement ne sont plus susceptibles de les faire disparaître. Ils sont le fruit de contradictions entre exigences pulsionnelles et exigences internalisées provenant d'anciennes exigences externes. Les conflits névrotiques sont souvent les vestiges de conflits de développement antérieurs. Leur évolution se fait soit vers un refroidissement, grâce à la mise en place de mécanismes de défense du Moi, soit vers l'intégration dans une névrose qu'ils contribuent à constituer;

– les véritables névroses, qui sont des organisations beaucoup plus complexes, réunissant plusieurs conflits névrotiques. La névrose de l'enfant est définie par Nagera de la façon suivante : «La névrose infantile est une tentative pour faire entrer en une seule structuration, dans une seule organisation de la plus haute signification économique, tous les conflits névrotiques précédents aux aspects peut-être divers ainsi que les insuffisances du développement avec tous les conflits typiques du stade phallique-œdipien.»

La «névrose de l'enfant»

En France, les psychiatres et psychanalystes d'enfants se sont plusieurs fois penchés sur le statut de la névrose chez l'enfant. Parmi ceux-ci, les travaux de Lebovici occupent une place importante. Cet auteur distingue nettement la névrose infantile et la névrose chez l'enfant, réalité clinique indiscutable.

Dans le cas de «névrose chez l'enfant», les symptômes névrotiques de l'enfant sont le signe que le refoulement secondaire n'a pas rempli tout son office (contrairement à ce qu'on observe dans le modèle de la névrose infantile) et que l'enfant est soumis à des retours du refoulé sous la forme de formation de compromis, en d'autres termes de symptômes. Avant la période de latence, les symptômes névrotiques témoigneraient en réalité à la fois de «l'en deçà» de la névrose infantile marquée par les conflits prégénitaux, puis de l'histoire des remaniements toujours possibles dus aux interactions de l'enfant avec son entourage familial. Au cours de la période de latence et après celle-ci, les symptômes névrotiques seraient réélaborés dans cet entre-deux, ménagé par la période de latence. Cette réélaboration dans l'entre-deux distingue la névrose des organisations prégénitales et explique aussi la relative discontinuité symptomatique entre névrose de l'enfant et névrose de l'adulte.

Pour résumer très succinctement ces positions, on pourrait dire que chez l'adolescent, l'après-coup et la réélaboration fantasmatique permettent pleinement la mise en place d'une organisation névrotique, alors qu'à la période de latence, le filigrane de cette même organisation névrotique se laisse percevoir avant tout, *in statu nascendi* dans le poids de l'inhibition et qu'enfin, à la période œdipienne, en dehors de la névrose infantile modèle théorique, les manifestations névrotiques témoignent plutôt d'une conflictualisation prégénitale.

Compréhension des différentes manifestations névrotiques : phobiques, obsessionnelles et hystériques

Les manifestations névrotiques font peu ou prou partie du développement normal de l'enfant; il faut donc souligner l'importance des réactions parentales dans leur pérennisation ou leur extinction spontanée : en fonction de leur propre structuration, les parents peuvent se défendre vis-à-vis de ces symptômes par le déni, une sollicitude excessive, une complicité anxieuse, des attitudes de contrôle autoritaire...

La première tentative d'approche psychanalytique des manifestations psychopathologiques de l'enfant est représentée par l'étude du cas du petit Hans par Freud. Ce petit garçon de 5 ans avait développé une agoraphobie liée à une peur d'être mordu par un cheval dans la rue. Freud avait interprété cette phobie des chevaux comme un déplacement de l'angoisse de castration œdipienne (peur d'être puni par le père de ses désirs pour sa mère et de son hostilité envers le père rival). Le symptôme réalise un compromis entre les défenses du Moi (refoulement et déplacement) et les pulsions : l'agoraphobie permet à Hans de rester à la maison avec sa mère.

Plus tardifs sont généralement les traits ou troubles obsessionnels : apparaissant surtout en période de latence, ils correspondent à des mécanismes de contrôle et d'isolation vis-à-vis des besoins pulsionnels, réprouvés par le Moi (en pleine poussée maturative), pour répondre aux exigences de socialisation. Pour Freud, ce sont en fait les mêmes mécanismes qui entrent en jeu dans la période de latence et dans la névrose obsessionnelle (dans laquelle le Moi est trop mûr par rapport à la maturation de la libido). Anna Freud s'est intéressée à l'application de la théorie freudienne aux enfants : la névrose obsessionnelle se définit alors par une efflorescence de pulsions prégénitales du stade sadique-anal, contre lesquelles le Moi va utiliser divers mécanismes de défense faisant appel aux processus secondaires et à la pensée (isolation, déni, annulation, pensée magique, doute, intellectualisation...). Cette conception implique donc une certaine maturité du Moi, sans laquelle ce type de défense ne pourra être utilisé, ce qui explique que les troubles obsessionnels de l'enfant se rencontrent généralement en fin de période de latence.

Dans la névrose hystérique, le Moi serait, selon Freud, non pas trop mûr (comme dans la névrose obsessionnelle) mais au contraire immature et incapable de contenir les pulsions libidinales; celles-ci déborderaient alors les défenses du Moi (dont le refoulement) et s'exprimeraient au travers du corps... Cependant comme pour les autres névroses, la théorie freudienne de la névrose hystérique implique une élaboration après-coup; ainsi chez l'enfant, les symptômes de conversion sont rares et doivent être considérés non pas seulement comme expression d'un conflit interne mais aussi dans leur résonance familiale, le corps de l'enfant étant un lieu privilégié d'échange avec ses parents, ce qui nous rapproche du registre psychosomatique (céphalées, douleurs abdominales, etc.).

Enfin, à l'inverse du symptôme qui est un compromis permettant une satisfaction partielle des pulsions, l'inhibition correspond à un refoulement massif en réponse à un Moi trop fragile ou à des exigences éducatives trop strictes.

POINT DE VUE COMPORTEMENTAL ET COGNITIF

Pour Eysenck, les symptômes névrotiques sont des conduites apprises inadaptées. Watson puis Mary Cover Jones ont pu induire une phobie chez un bébé, en associant un bruit violent à la présentation d'un rat blanc. Un déconditionnement était ensuite possible par inhibition réciproque (en apprenant à l'enfant à sucer une glace, ce qui inhibe la réaction anxieuse) ou par apprentissage vicariant (observation d'autres enfants jouant avec le rat).

En faveur de l'hypothèse comportementaliste, il faut également noter une efficacité des thérapies cognitivo-comportementales sur les symptômes ciblés. Venant nuancer cette hypothèse, les travaux de Pavlov sur le chien montraient que la « névrose » induite chez le chien dépendait de sa « personnalité » antérieure : soumis au même traitement, les chiens ne réagissaient pas tous pareils…

POINT DE VUE DE LA THÉORIE DE L'ATTACHEMENT

John Bowlby est l'auteur de la théorie de l'attachement, au carrefour de la psychanalyse, de l'éthologie, et de l'observation expérimentale des interactions mère/enfant. Il définit plusieurs types d'attachement (sûr ou non-sûr : ambivalent, évitant, désorganisé…) de l'enfant, en fonction du type de réponse de la figure maternante (sensible, inconsistante, rejetante…). L'attachement représente un besoin d'affection primaire de l'enfant. Pour Bowlby, c'est la non-satisfaction de ce besoin primaire d'attachement qui entraîne l'angoisse primaire. En effet la mère (ou toute autre figure d'attachement) aide l'enfant à explorer et affronter l'extérieur en répondant à ses besoins et à ses peurs. C'est donc la réaction d'angoisse face à la séparation qui constitue le prototype des angoisses ultérieures.

Lorsque le lien avec la figure d'attachement paraît incertain (maladie du parent, conflit parental, expérience de séparations répétées, réticence ou incapacité du parent à s'occuper de l'enfant, etc.), l'attachement n'est pas sûr et l'enfant, incertain d'être consolé et protégé, devient anxieux. Au-delà des circonstances externes, les réponses actuelles de la figure d'attachement aux peurs de l'enfant jouent un rôle :

– surprotection des parents (en cas par exemple d'anxiété de séparation du parent ou de maladie de l'enfant);

– déni par l'adulte de la peur de l'enfant : celui-ci se laisse alors convaincre et n'arrive plus à reconnaître sa propre angoisse et à la relier aux circonstances qui la causent. L'angoisse paraît alors immotivée ;

– manque de sollicitude maternelle sauf lorsque l'enfant exprime sa peur : l'enfant serait alors conditionné à prêter attention aux *stimuli* de danger.

D'ailleurs, dans les réponses parentales, la propre expérience d'attachement des parents intervient, comme un schéma qui tendrait à se répéter à travers les générations.

ASPECTS GÉNÉTIQUES ET NEUROBIOLOGIQUES

Les études de jumeaux montrent une meilleure concordance entre jumeaux monozygotes qu'entre jumeaux dizygotes (pour les troubles anxieux sans dépression associée), mais les deux jumeaux n'ont généralement pas le même type de trouble anxieux. Il semble donc exister une certaine vulnérabilité génétique, non spécifique, portant sur l'ensemble des troubles anxieux de l'enfant.

Dans le cas particulier de l'anxiété généralisée, les études de jumeaux montrent au contraire l'absence de facteur génétique, bien que les antécédents familiaux soient fréquents, ce qui signifierait alors que la transmission est acquise uniquement au fil des interactions familiales.

Par ailleurs, Kagan (1989) a décrit un tempérament, l'« inhibition comportementale » (réaction de retrait et d'évitement face à des situations nouvelles) chez 10 à 15 % des enfants, caractérisés par l'introversion, la timidité, l'irritabilité. Les troubles anxieux seraient alors consécutifs à une difficulté (génétique ?) à s'adapter aux situations nouvelles.

Quant aux troubles obsessionnels, ils semblent avoir une composante génétique particulière, avec une association possible au syndrome de Gilles de la Tourette (voir *Les troubles instrumentaux chez l'enfant*, chapitre 3). Dans les troubles obsessionnels-compulsifs débutant dans l'enfance, l'hypothèse organiciste est soutenue d'une part par l'observation d'anomalies dans les circuits des noyaux gris centraux, d'anomalies des neurotransmetteurs et d'autre part par l'efficacité des antidépresseurs sérotoninergiques.

Dans le trouble anxiété de séparation, de nombreuses études sont en cours (D. Bailly, 2005).

ASPECTS THÉRAPEUTIQUES

Repérer les situations nécessitant une intervention thérapeutique implique d'évaluer les symptômes dans leur composante dynamique et leur valeur fonctionnelle au sein du fonctionnement général de l'enfant.

Lorsque la dynamique dans laquelle s'inscrivent les symptômes est inquiétante ou que ceux-ci sont invalidants, on peut préconiser une intervention à visée psychothérapique (psychanalyse, psychothérapie d'inspiration analytique, thérapie groupale, rééducation qui peut parfois avoir une action psychothérapeutique) qui s'attache à améliorer la souplesse et le fonctionnement général de l'enfant en renforçant ses capacités d'association, d'élaboration, d'expression, et de communication. Ce type d'intervention tente de prévenir ou de limiter l'apparition de troubles névrotiques (ou d'autres troubles) à l'adolescence ou à l'âge adulte.

Les thérapies cognitivo-comportementales se centrent sur un symptôme gênant (et ses éventuelles répercussions sur la vie quotidienne et relationnelle de l'enfant). Elles peuvent se faire individuellement ou en groupe, associant ou non une relaxation ou des techniques d'affirmation de soi.

Une guidance parentale peut être utile lorsque la dynamique familiale est perturbée ou lorsque des réactions parentales inadaptées cristallisent ou entretiennent les symptômes.

Les médicaments n'ont habituellement pas d'indication (à part dans certains troubles obsessionnels graves où les antidépresseurs peuvent avoir une efficacité réelle associée à une psychothérapie).

Enfin l'hospitalisation en service spécialisé peut s'avérer un recours efficace dans certaines phobies scolaires graves (en permettant un réaménagement de l'angoisse de séparation et la resocialisation).

ORGANISATIONS DÉPRESSIVES DE L'ENFANT

Les différents points de vue psychopathologiques sur l'organisation dépressive de l'enfant s'inspirent pour une très large part de ceux concernant l'adulte auxquels nous renvoyons le lecteur. Nous n'aborderons ici que ce qui peut plus directement concerner l'enfant.

APPROCHE PSYCHANALYTIQUE

René Spitz a décrit en 1946 la dépression anaclitique des nourrissons séparés de leur mère (après avoir établi une relation avec elle au cours des premiers mois) : pleurs et recherche de contact d'abord puis retrait, évitement du contact et perte de poids, enfin si l'absence se prolonge quelques mois, prostration, léthargie, retard généralisé. Si on donne un substitut maternel à l'enfant, la dépression peut être évitée. Spitz distingue la dynamique de cette dépression du nourrisson de celle de l'adulte. Il la différencie également de l'hospitalisme, terme qu'il a lui-même créé pour désigner les troubles présentés par des enfants qui, soignés dès la naissance en institution par des figures changeantes et anonymes, n'ont jamais bénéficié d'une relation privilégiée avec une figure maternante. Les enfants atteints d'hospitalisme présentent rapidement un déclin du développement physique et psychique, une cachexie, une immunodépression qui rend compte d'un taux de mortalité considérable.

John Bowlby aussi a observé les bébés séparés de leur mère. Il distingue trois phases : après quelques jours de protestation, survient une phase de désespoir (proche de la dépression) avant que ne s'installe un détachement (l'enfant accepte les soignants, leur nourriture et leurs jouets et a une réaction d'indifférence ou de pleurs si sa mère revient).

Dans une perspective différente, André Green décrit en 1980 dans « la mère morte » l'identification précoce du bébé à sa mère déprimée, responsable de la formation d'un noyau dépressif.

Le point de vue kleinien est lui aussi différent. La dépression sera *prépsychotique* ou *névrotique* selon que la position dépressive aura été ou non élaborée. Dans les deux cas, la dépression provient des attaques du Surmoi contre le Moi en réponse à ses pulsions agressives envers l'objet aimé (ambivalence). Mais dans la dépression prépsychotique (lors de la phase schizoparanoïde), le Moi est soumis aux attaques d'un Surmoi archaïque présent quasiment dès la naissance, et responsable d'une angoisse archaïque de culpabilité. Devant cette menace de rétorsion implacable, le bébé ne peut que projeter à l'extérieur ses pulsions agressives qui le persécutent alors de l'extérieur. Au contraire dans la dépression névrotique, l'accès à la position dépressive a ouvert la voie à la constitution d'un Surmoi issu de l'internalisation des imagos parentales (au décours de la période œdipienne). Pour échapper à ce Surmoi moins archaïque (qui menace non plus de destruction mais de désamour), l'enfant peut chercher à « réparer » l'objet abîmé par ses pulsions agressives.

POINT DE VUE COGNITIF ET COMPORTEMENTAL

Nous renvoyons le lecteur au chapitre équivalent consacré à la dépression de l'adulte.

POINT DE VUE FAMILIAL ET SYSTÉMIQUE

Le contexte familial joue souvent un rôle important dans la genèse d'une dépression. Qu'il s'agisse d'un deuil dans l'entourage proche (parents, fratrie, nounou, grand-parent, animal domestique) ou d'une autre cause de séparation (séparation des parents, absence, hospitalisation, départ d'un frère, déménagement, etc.). Au-delà de ces pertes réelles, des pertes dans la qualité de la relation peuvent influencer la genèse d'une dépression : en particulier l'existence d'une dépression chez la mère (par différents mécanismes : identification, culpabilité, carence affective). Également des attentes parentales excessives (et inaccessibles), une éducation très sévère, mais aussi des contextes de sévices, rejet, hostilité, ou simplement l'indifférence d'un parent, une carence relationnelle et affective… Dans tous ces cas de figures, l'enfant se sent impuissant à combler ses parents et à obtenir leurs soins bienveillants.

Enfin, sous un angle systémique, on peut évoquer le statut de l'enfant dans sa famille : place d'enfant symptôme de la dépression familiale par exemple.

ASPECTS NEUROBIOLOGIQUES ET GÉNÉTIQUES

Des recherches organiques ont été menées, sans grand résultat pour l'heure : on note que l'EEG de nuit est modifié; certaines réponses hormonales sont modifiées comme chez l'adulte (test de freination du cortisol à la dexaméthasone, test de sécrétion de GH à l'hypoglycémie induite par l'insuline), d'autres semblent normales (à la différence de l'adulte). Comme toujours, il est impossible de démêler ce qui serait consécutif de ce qui serait causal de la dépression.

L'existence de la *maladie maniaco-dépressive* chez l'enfant est une voie de recherche actuelle. Elle semble en fait rare mais pose toute la question de la part d'héritabilité dans cette maladie.

ASPECTS THÉRAPEUTIQUES

Les travaux de Spitz et Bowlby ont permis un important *travail de prévention* qui va de la *guidance* dans la relation mère/enfant à la formation du personnel (dans les crèches, hôpitaux, institutions, services sociaux) afin d'éviter au maximum les ruptures affectives et les séparations non indispensables.

La psychothérapie occupe naturellement une place de choix quand elle est possible.

Lors des entretiens avec les parents, le simple énoncé du diagnostic peut leur permettre de se mobiliser autrement autour de leur enfant (parents excédés par un enfant « paresseux », « opposant »); ces entretiens peuvent être thérapeutiques dans les cas de dépression d'un parent (ils peuvent éventuellement déboucher sur la prise en charge individuelle du parent déprimé), ou lorsque l'enfant occupe une place de mauvais objet dans sa famille.

Au-delà de la *guidance* parentale, un *placement familial ou en internat* est parfois nécessaire lorsque les conditions d'accueil dans la famille ne peuvent évoluer.

Les médicaments antidépresseurs ne sont indiqués que dans des formes très graves ou avec risque suicidaire et ayant résisté à l'abord relationnel psychothérapique qui est le traitement de première intention.

LE TROUBLE HYPERACTIVITÉ AVEC DÉFICIT DE L'ATTENTION

La psychopathologie de ce trouble est en plein débat.

POINT DE VUE NEUROPSYCHOLOGIQUE

Le trouble hyperactivité avec déficit de l'attention (TDAH) constituerait pour certains (Jensen (1997), un *trouble de l'adaptation* : l'impulsivité, l'hyperactivité et l'hypervigilance sont adaptées à un univers instable et aléatoire, qui nécessite des réponses rapides. Notre environnement, stable, riche en ressources et sûr, nous permet normalement au cours de notre développement de concentrer notre attention pour trouver des réponses réfléchies et de délaisser progressivement cette impulsivité et cette hypervigilance. Sous cet angle, l'hyperactivité apparaîtrait comme un échec de l'adaptation. Pour d'autres (Barkley, 1997) le TDAH suppose un *déficit au niveau de l'inhibition du comportement* (impossibilité de stopper ou différer une idée ou une impulsion commencée) et du maintien de la représentation mentale pendant la suspension de l'action. Ceci rendrait compte des oublis, de la fuite des idées et de la mauvaise compréhension sociale et des situations. Dans les épreuves cognitives nécessitant une inhibition de la réponse (*Stop task*, test de Stroop), les enfants hyperactifs ont en effet des performances diminuées. Ce déficit d'inhibition proviendrait d'une hypo-excitabilité du système nerveux rendant ces enfants peu sensibles aux événements en général et aux conséquences de leurs actes en particulier, d'où un manque de motivation pour réguler leurs impulsions… (Des études ont montré un lien, quoique non significatif, entre TDAH et faible niveau d'excitabilité du système nerveux.)

ASPECTS NEUROBIOLOGIQUES ET GÉNÉTIQUES

Des recherches s'appuyant sur l'imagerie fonctionnelle mettent en cause le métabolisme des neurotransmetteurs dans certaines zones du cerveau, en particulier une hyperactivité bilatérale du putamen, et une augmentation de la liaison du *transporteur de la dopamine* au niveau du striatum. Comme toujours, il est impossible de décider si les anomalies fonctionnelles observées sont des causes ou des conséquences du trouble clinique.

On évalue l'héritabilité (rapport de la variance génotypique sur la variance phénotypique) de l'hyperactivité à 80 % (Philippe Gorwood). Cela signifie qu'il existe une *vulnérabilité génétique* mais ne quantifie pas la part des facteurs non génétiques (d'ailleurs l'environnement peut « censurer » une prédisposition génétique ou au contraire la faire émerger). Des études cherchent à déterminer les gènes impliqués dans cette vulnérabilité. Le gène du transporteur de la dopamine a été incriminé, avec des résultats variables; en revanche l'un des allèles du gène codant le *récepteur dopaminergique D4* est très significativement lié à l'expression du syndrome d'hyperactivité, mais ne multiplie le risque que par deux. Il est d'ailleurs également lié au « tempérament de recherche de nouveauté ».

On rapporte (Stevenson, 1992), dans une méta-analyse, des concordances allant de 50 à 90 % chez les jumeaux. Les jumeaux monozygotes se ressemblent plus que les dizygotes (qui eux-mêmes se ressemblent plus que les frères et sœurs non jumeaux). La concordance supérieure des monozygotes sur les dizygotes est un argument fort pour un rôle des gènes. En revanche, la concordance supérieure des dizygotes sur les frères et sœurs non jumeaux semble plus en faveur d'une origine obstétricale ou environnementale après la naissance (au sens large de l'environnement, des conditions matérielles aux conditions psychologiques, en passant par des expositions à des toxiques, etc.).

FACTEURS ANTÉNATAUX ET OBSTÉTRICAUX

L'exposition à l'*alcool et au tabac pendant la grossesse* semble liée au TDAH (cependant de telles études ne sont pas dépourvues de biais : un alcoolo-tabagisme maternel important pendant la grossesse pouvant être lié à une souffrance psychologique permanente ou temporaire de la mère, qui pourrait être à l'origine de perturbations des relations précoces).

D'autres études ont montré que la *durée du travail obstétrical*, l'importance de l'hémorragie à l'accouchement seraient liées, faiblement, au TDAH, etc.

POINT DE VUE FAMILIAL ET SYSTÉMIQUE

L'*éducation* joue-t-elle un rôle dans la genèse de l'hyperactivité? Certains auteurs estiment qu'un excès de rigidité ou d'exigences parentales pourrait ancrer une hyperactivité originairement bénigne. Certaines études montrent un profil de comportement particulier des parents mais peut-être n'est-il qu'une conséquence des troubles de leur enfant?

Lorsque les relations parents/enfant deviennent conflictuelles, on observe non pas un TDAH pur mais un TDAH avec trouble oppositionnel ou des conduites (Miljkovitch, 2002); le TDAH constituerait une stratégie d'évitement d'une anxiété relative à l'attachement (par exemple : rejet, séparation, abandon, etc.). L'instabilité peut d'ailleurs être réactionnelle à des séparations, des dissociations familiales...

Les *interactions précoces* sont fréquemment mises en cause. Certains distinguent (Maurice Berger) « l'instabilité-symptôme » (enfant psychotique, hystérique, ou sans limite, ou encore atteint de troubles neurologiques, etc.) de « l'instabilité-entité ». Parmi ces derniers, on admet se trouver face à une instabilité neuro-développementale, sans causalité intrapsychique ou intersubjective repérable. Mais les autres enfants, soit la très grande majorité des cas consultant un spécialiste (biais de recrutement), ont souffert d'interactions profondément défectueuses au cours de leur première année (violence, incohérence, carence, ayant conduit à un placement, ou discontinuité majeure des relations, dépression maternelle profonde, ou bien forçage éducatif; ou encore certains parents utilisaient pour eux et leur enfant la recherche de l'excitation comme processus auto-calmant). Winnicott avait d'ailleurs avancé l'idée qu'un défaut de *holding*, entraînant un sentiment de discontinuité ou d'instabilité de sa propre existence, était responsable de l'hyperkinésie et du manque de concentration. Par ailleurs, Kreisler (1980) avait décrit le syndrome du comportement vide (grande instabilité psychomotrice) du bébé dans le contexte de vide relationnel (notamment dépression maternelle traînante). Dans le même esprit, Mazet a suivi de 0 à 3 ans des dyades bébé/mère déprimée et observé une labilité attentionnelle et une certaine agitation chez les bébés.

POINT DE VUE PSYCHANALYTIQUE

Pour les psychanalystes, l'instabilité (ou hyperkinésie) a plus le statut d'un *symptôme* que d'un syndrome, c'est dire qu'elle renvoie à des *causalités variables et complexes* au fil du développement d'un sujet où le psychique et le somatique sont intimement liés et intriqués. Selon certains (Bernard Touati, 2003), « il y a toute une gamme d'instabilités psychomotrices et de conduites d'agitation allant de simples variations de la normale, d'états réactionnels mettant en jeu des facteurs transitoires, jusqu'à des configurations psychopathologiques avérées. Ces configurations ne sont pas univoques, l'excitation et l'hypomanie pouvant être un mode de défense contre la dépression, le trouble de l'attention et l'hyperactivité une manifestation d'anxiété diffuse ou d'angoisses liées à des failles profondes de l'activité psychique de liaison et de représentation. »

Pour Daniel Marcelli, l'instabilité peut également représenter une défense contre l'anxiété, ou contre des angoisses dépressives ou d'abandon, ou une recherche d'autopunition dans un contexte de culpabilité névrotique, ou encore s'observer dans des états psychotiques ou prépsychotiques. Dans les cas où l'instabilité paraît isolée, il faut souligner la fréquence des difficultés intrafamiliales dans la petite enfance, notamment des séparations.

Dès 1925, M. Klein a théorisé l'agitation comme un mode de défense contre l'angoisse : la « défense maniaque ». Winnicott reprend ce concept kleinien en 1935 dans *Pédiatrie et psychanalyse*. Il décrit le cas de David, enfant de 8 ans « délinquant » (dénomination ancienne recouvrant plus ou moins des troubles caractériels et des conduites) qui épuise ses parents, le père étant par ailleurs très déprimé. Winnicott observe qu'il fuit sa réalité intérieure (angoissante et déprimante) par l'hyperinvestissement de la réalité extérieure. L'analyse du transfert, amène Winnicott à considérer qu'il cherche à épuiser son analyste pour mieux le contrôler (donc pour contrôler sa réalité intérieure). Winnicott interprète finalement que l'enfant est lui-même épuisé par la toute-puissance des parents intériorisés.

Jean Bergès (1985) rappelle que l'instabilité est souvent relationnelle, dépendant de l'interlocuteur, et réagissant à un regard, un mot; elle peut aussi alterner avec des phases de contention, de contrainte posturale, ce qui la situe comme *défensive* et la rapproche des réactions de prestance. Il en distingue « l'instabilité motrice proprement dite », dans laquelle l'agitation apparaît « comme une quête incessante des limites, des frontières, la place du corps agissant étant très problématique ou impossible à intégrer comme telle ». L'agitation, alors proche de la provocation, tend à déranger l'espace, « s'exerce à modifier les rapports, à décentrer les organisations, et rompre les symétries, les hiérarchies ». Dans cette *quête identificatoire à la puissance de l'adulte*, les attitudes, la voix, les agressions, le manque de tact sont alors une caricature de l'adulte.

Prônant une approche psychosomatique, Jean-Marie Gauthier souligne l'*absence d'activité ludique* véritable des enfants hyperkinétiques : toujours occupés à manipuler les objets, mais sans les utiliser et encore moins les transformer, ils considèrent les objets uniquement pour ce qu'ils sont et non pour ce qu'ils pourraient devenir. Winnicott plaçait l'origine de l'activité ludique dans une interaction avec la mère (« la mère met le sein à l'endroit où l'enfant est prêt à le créer »). Ainsi, c'est l'illusion d'omnipotence, soutenue par un *holding* maternel adéquat, qui permet à l'enfant de s'approprier les objets sur un mode subjectif et ludique. Gauthier souligne également l'immédiateté permanente dans laquelle vivent les enfants hyperkinétiques, sans construction d'une temporalité interne.

Quant à Peter Fonagy (1995), il suggère chez ces enfants une incapacité à gérer les affects par le seul travail mental, un *échec du développement de la fonction réflexive*, qui pourrait être en lien avec un trouble de l'attachement précoce (l'attachement de type désorganisé étant prédominant dans les troubles des conduites avec un fonctionnement *borderline*).

Plaçant le développement de l'enfant au carrefour de l'endogène (vulnérabilité génétique par exemple) *et du psychogène*, Alain Braconnier (2003) s'intéresse également à la question d'une *problématique narcissique* chez ces enfants : difficultés dans la conscience de soi, ainsi que dans la relation objectale, avec une rivalité aux autres ; prédominance des défenses extériorisées (*acting*, passage à l'acte) et de la projection, sur les défenses intériorisées qui permettent un travail sur la représentation, de type déplacement et condensation.

Enfin Bernard Golse reprend diverses hypothèses : celle d'une dépression du bébé dans une atmosphère familiale difficile, ou celle, dans un environnement carencé, d'un manque de contenant psychique que l'enfant compense par une « deuxième peau » motrice (l'hyperactivité constituant l'équivalent d'une enveloppe substitutive), ou encore celle de la défense hypomaniaque contre la dépression (renforcée par la fréquence des mouvements dépressifs lors de la levée du symptôme par un psychostimulant) ; enfin celle des ratés du refoulement en période de latence, incitant à évacuer les représentations pénibles par l'agitation. Golse propose finalement de considérer les troubles moteurs, cognitifs et affectifs comme une sorte de « voie finale commune » et non comme un *primum movens*.

ASPECTS THÉRAPEUTIQUES

Au-delà des clivages historiques entre approche psychodynamique et optique neurobiologique sur l'origine des troubles, une tendance au consensus pourrait se dessiner à travers une appréhension polyfactorielle pragmatique de l'hyperactivité, débouchant sur un abord thérapeutique diversifié et *pluridisciplinaire*.

La prise en charge doit être *adaptée à chaque cas* : en fonction d'un éventuel trouble de la personnalité sous-jacent, des troubles associés, de la place du symptôme dans l'économie psychique en reprenant l'histoire de l'enfant, mais aussi en fonction des réactions parentales, des répercussions familiales et scolaires…

La prescription de médicaments très couramment utilisée Outre-Atlantique a fait l'objet d'une utilisation beaucoup plus prudente en France, encadrée par un dispositif législatif (ces médicaments doivent faire l'objet d'une première prescription hospitalière, etc.). Leur efficacité (au moins relative) est réelle sur les symptômes dans 75 % des cas. Cependant l'amélioration de l'efficience et de l'adaptation scolaire à long terme est discutée (possibilité d'échappement). À l'âge adulte, les études actuellement disponibles montrent plutôt une meilleure adaptation sociale que les sujets non traités. Mais des effets secondaires sont fréquemment décrits : insomnie, perte d'appétit, diminution de la croissance… En conclusion, *les indications doivent être soigneusement pesées*, et ce particulièrement chez l'enfant jeune : son cerveau est en cours de maturation, le symptôme est encore en lien avec des processus psychiques malléables.

Quoi qu'il en soit et quel que soit l'âge, une intervention ne saurait être purement médicamenteuse sans risquer d'amputer le sujet d'une part de lui-même. Même dans les cas où un traitement médicamenteux se justifie, on ne peut donc pour autant faire l'économie d'une prise en compte de la dimension cognitive et subjective des troubles, et la réinscription des symptômes dans le fil d'une histoire personnelle faite de rencontres et d'interactions reste incontournable dans l'abord thérapeutique.

La thérapie cognitivo-comportementale ou/et la psychothérapie psychodynamique sont souvent indiquées, particulièrement lorsque angoisses et dépression sont associées (ce qui est fréquent). L'abord psychomoteur (relaxation psychomotrice) peut également être utile. Certains auteurs soulignent l'intérêt des groupes thérapeutiques pour déjouer les pièges du contre-transfert (souvent difficile à gérer dans le cadre d'une relation duelle, souvent excitante et menaçante pour l'enfant) et permettre un cadre contenant, favorisant l'élaboration d'enveloppes psychiques par le biais d'une enveloppe groupale.

En même temps qu'une évaluation de la dynamique familiale, une guidance parentale est fréquemment profitable (conseils éducatifs, rôle des récompenses immédiates pour contrecarrer les réactions de découragement, pratique d'un sport, centre aéré…).

Au niveau scolaire, le cadre de travail peut parfois s'aménager : par exemple donner des tâches courtes, offrir un abord pédagogique (proposer des stratégies de résolution de tâches plutôt qu'imposer une méthode). Des tests psychométriques peuvent être utiles pour objectiver le décalage entre le potentiel et les résultats scolaires.

LES TROUBLES INSTRUMENTAUX CHEZ L'ENFANT

LES TICS

La signification des tics est variable, selon qu'ils s'accompagnent d'un syndrome psychomoteur (fait d'immaturité, de paratonie, de syncinésies, d'instabilité posturale) ou que le bilan psychomoteur est normal : le tic apparaît alors comme un symptôme névrotique dans le cadre par exemple d'une anxiété chronique ou de troubles obsessionnels. Chez l'enfant psychotique, il peut permettre de décharger et contrôler la tension d'un corps toujours menacé par des angoisses de morcellement. Il peut aussi avoir un caractère transitoire, nerveux, et disparaître spontanément.

Les réactions négatives des parents (anxiété, moqueries ou répression), en accroissant l'anxiété, risquent plutôt d'ancrer les troubles dans une dimension conflictuelle. Le tic peut ensuite servir de *point d'ancrage à divers conflits névrotiques* et de ce fait passer par différentes significations au fil de l'évolution de l'enfant, voire persister simplement comme un trait identitaire. Il peut aussi traduire une agressivité et une opposition masquées, l'enfant paraissant soumis et passif.

Le *traitement* dépend des situations. Les entretiens avec les parents visent à accueillir et soulager leur anxiété afin de mieux tolérer le symptôme de leur enfant. Une psychothérapie est conseillée lorsque le trouble s'inscrit dans une problématique névrotique. Un médicament ou le déconditionnement est conseillé lorsque le tic n'est plus qu'une simple « habitude ».

Pour la *maladie de Gilles de la Tourette*, le caractère héréditaire et la bonne réponse à l'halopéridol semblent en faveur d'une étiologie organique. La vulnérabilité génétique, actuellement confirmée par des recherches récentes, se manifeste soit par des troubles obsessionnels (en particulier chez les femmes) soit par des tics plus ou moins envahissants jusqu'au syndrome de Gilles de la Tourette complet. Malgré cette inscription génétique, il faut souligner que le sujet peut contrôler ses troubles passagèrement, que ceux-ci sont aggravés par les situations de stress et d'émotion et qu'ils sont influencés par une approche psychothérapique.

LES DYSPHASIES

Pour les *dysphasies*, certains (René Diatkine) proposent d'étudier et de classer les dysphasies selon trois axes :

– un axe psychologique : dans cet axe il faut évaluer la différenciation des autres, l'élaboration des désirs, l'appétence à la communication;

– un axe linguistique évaluant la structuration du langage : présence ou non de termes fonctionnels qui introduisent un déroulement temporel; l'utilisation des pronoms « je » et « tu » est également problématique chez l'enfant dysphasique : elle implique une stabilité du sujet dans sa représentation de lui comme locuteur non interchangeable avec son interlocuteur;

– un troisième axe évalue la structuration de la pensée : existe-t-il une différenciation stable entre les objets; la fluidité des investissements (affectifs) empêche-t-elle l'organisation du champ noétique (pensée pure) du langage? Les enfants dysphasiques chez qui prédominent les processus primaires tendent à balayer les oppositions sémantiques (en vue d'une réalisation immédiate de leurs désirs inconscients), alors que ceux chez qui dominent les processus secondaires privilégient le plaisir de désirer et la représentation (avec ses systèmes d'opposition sémantique).

Les *mécanismes étiopathogéniques* restent mal connus. Le langage et le psychisme se développant en interaction réciproque perpétuelle, l'absence de langage peut maintenir un noyau de fonctionnement archaïque psychotique. À l'inverse, un fonctionnement de type psychotique nuit à l'entrée dans le langage… L'origine des dysphasies est-elle pour autant à rechercher du côté d'un trouble psychoaffectif ? Cela reste incertain, d'autant qu'il faut différencier la dysphasie des troubles psychotiques et que certains enfants dysphasiques semblent avoir un développement psychique satisfaisant (souplesse des mécanismes de défense, bonne différenciation entre soi et autrui, entre le dedans et le dehors, etc.).

Les parents jouent parfois un rôle en maintenant un système de communication où le langage de l'enfant n'a pas de place. Parfois c'est une communication particulière, dans un néo-langage, avec un frère jumeau qui semble favoriser la pérennisation de la dysphasie.

Le milieu socio-économique est un facteur prédictif de meilleure évolution en favorisant une amélioration.

Les recherches étiologiques ont beaucoup porté, sans grand résultat, sur l'audition ou sur le développement cérébral (on retrouve parfois des anomalies mineures non spécifiques à l'IRM ou des anomalies paroxystiques sur l'EEG de sommeil).

Enfin, une vulnérabilité génétique est suspectée.

Du point de vue thérapeutique, une prise en charge orthophonique intensive et longue est indiquée, laissant place à la parole à travers la créativité et le jeu. Une thérapie psychomotrice est souvent utile, ainsi qu'un soutien psychothérapique. Le risque à l'âge adulte est que le sujet soit difficilement compréhensible et mal intégré.

LE BÉGAIEMENT

Pour le *bégaiement*, diverses hypothèses neuropsychologiques ont été proposées : dysfonctionnement d'un circuit de contrôle de la parole, lutte entre les hémisphères cérébraux, « défaut d'immédiateté linguistique » (Pichon)… Mais les études neurophysiologiques n'ont à ce jour rien démontré.

La fréquence de certains traits de personnalité (anxiété, introversion, passivité, soumission, agressivité et impulsivité) a suscité diverses hypothèses psychodynamiques centrées sur des conflits inconscients. L'interaction mère/enfant a également été interrogée : le bégaiement témoignerait d'une angoisse de l'enfant devant toute prise de distance d'avec sa mère, accompagnée d'une incapacité à l'agresser ou la dévaloriser, la mère elle-même accueillant toute prise de distance avec une grande ambivalence.

Pour Diatkine, il ne s'agit pas d'un symptôme névrotique témoignant d'une structuration psychique particulière, mais seulement de la marque d'une inhibition en situation de parole. Au moment de sa constitution, le bégaiement matérialiserait une angoisse de castration peu élaborable favorisant des régressions prégénitales. Le langage représenterait alors l'objet partiel pris aux parents et sa désorganisation, l'échec de cette identification primaire. Par la suite, à la période de latence, le bégaiement, participant à la structuration du sujet (allant de la prénévrose jusqu'à la prépsychose), peut prendre des significations plus ou moins inconscientes multiples. Ce symptôme peut être nié, avec le refoulement des affects désagréables qui y sont associés, ou au contraire mis en avant comme le responsable de toutes les inhibitions, échecs et renoncements du sujet. Le traitement orthophonique doit être entrepris tôt, entre 5 et 7 ans. Une psychothérapie peut être utile si l'enfant et les parents l'acceptent. Relaxation psychomotrice, psychodrame peuvent avoir leur place.

LES TROUBLES DYSLEXIQUES ET/OU DYSORTHOGRAPHIQUES

Pour les *troubles dyslexiques et/ou dysorthographiques*, les mécanismes psychopathologiques sont là encore discutés et probablement divers. Dans une étude sur le devenir des enfants entrant au CP, Colette Chiland a montré l'importance cruciale du *milieu socio-économique* et du statut du langage et de l'écrit dans la famille. Selon Diatkine, l'enfant familiarisé avec les histoires, les livres, les jeux de langage s'approprierait facilement le langage écrit. Dans une relation affective de connivence avec le maître, ils avanceraient rapidement dans la lecture tandis que l'enfant issu d'un milieu défavorisé, moins préparé, se sentirait vite isolé et découragé par ses échecs dans un écrit pour lui vide de sens. La dyslexie serait ainsi non pas intrinsèque à l'enfant lui-même mais consécutive à une inadéquation de la pédagogie vis-à-vis d'un enfant mal préparé à l'écrit. Diatkine reconnaît cependant l'existence de quelques cas pour lesquels, malgré une bonne stimulation dans la famille, l'enfant semble avoir des difficultés spécifiques d'apprentissage de la langue écrite. Il attribue ces cas soit simplement à un *mauvais début occasionnel* au moment de l'entrée dans ces apprentissages (« malmenage pédagogique » rencontrant une fragilité psychique momentanée), soit à des *troubles de l'organisation psychique*. L'impulsivité et la propension à l'agir et au passage à l'acte, fréquentes chez l'enfant dyslexique, peuvent certainement être considérées comme réactionnels à la situation d'échec, de rejet, de découragement. Cependant, comme pour les dysphasies, un défaut de symbolisation et de sublimation des désirs refoulés (refoulement, symbolisation et sublimation normalement constitutives de la période de latence) peut gêner l'entrée dans les apprentissages tout en se manifestant par une immédiateté des désirs (impulsivité) et un passage des affects dans le corps (agitation)... La persistance de processus primaires et de conflits psychiques actifs peut ainsi perturber sérieusement l'accès au langage écrit.

Appuyée sur la fréquence des antécédents néo-nataux, l'hypothèse d'une *souffrance ou d'une immaturité cérébrale* a naturellement été invoquée, ainsi qu'une *dyspraxie oculaire* ou une mauvaise latéralisation oculaire (ces anomalies sont cependant inconstantes et non spécifiques).

L'existence de *facteurs génétiques* est confortée par la fréquence des antécédents familiaux et la concordance du trouble chez les jumeaux homozygotes. Cette vulnérabilité génétique concernerait les troubles du langage (écrit et oral) dans leur ensemble, et non spécifiquement la dyslexie. Un gène du chromosome 6 pourrait être impliqué dans l'étiologie de la dyslexie.

Après évaluation des facteurs psychosociaux, le traitement orthophonique doit s'accompagner d'aménagements pédagogiques en concertation avec l'école. Entretiens avec les parents, surtout, et approche psychothérapique, parfois, peuvent être utiles.

ADOLESCENCE ET PSYCHOPATHOLOGIE

Concernant les troubles de l'adolescence, deux conceptions psychopathologiques sont aujourd'hui observées :

– les partisans d'une spécificité psychopathologique modérée à l'adolescence. Ces partisans, aussi bien d'un point de vue psychopathologique qu'évidemment thérapeutique, choisissent généralement de ne pas isoler les problèmes de l'adolescence soit de ceux de l'enfance, soit de ceux de l'adulte. On retrouve plus volontiers cette position chez ceux qui adoptent un point de vue psychopathologique neurobiologique et médicamenteux ou un point de vue cognitivo-comportemental. Ceci ne veut pas dire que ceux qui se réfèrent au modèle psychanalytique ou au modèle systémique s'en désintéressent ou n'ont pas des explications psychopathologiques et des approches thérapeutiques concernant ces troubles. Nous renvoyons donc le lecteur aux différents troubles concernés soit dans la partie consacrée à l'enfant soit dans la partie consacrée à l'adulte ;

– les partisans d'une spécificité psychopathologique importante à l'adolescence. Ce point de vue est généralement soutenu par ceux qui se réfèrent à un point de vue psychanalytique et au point de vue systémique. Mais là aussi, inversement, ceux qui se réfèrent aux modèles neurobiologiques et ceux qui se réfèrent au modèle cognitivo-comportemental ne se désintéressent nullement de ces troubles et de leurs accès à un traitement médicamenteux ou comportemental et/ou cognitif.

Pour la compréhension psychologique et psychopathologique du processus d'adolescence et de ces troubles, mais aussi pour les précédents, nous renvoyons ici le lecteur à la sixième édition (2004) de l'ouvrage *Adolescence et Psychopathologie*, qu'en collaboration avec D. Marcelli, l'un d'entre nous (A. Braconnier) a écrit. Néanmoins, comme pour le chapitre clinique, nous détaillerons ici les différents points de vue psychopathologiques concernant les troubles du comportement alimentaires et le problème des addictions.

LES TROUBLES DU COMPORTEMENT ALIMENTAIRE

L'ANOREXIE MENTALE

Dès le XIXe siècle, ce désordre alimentaire est attribué à une perturbation mentale : « le manque d'appétit est dû à un état mental morbide… Je pense par conséquent que son origine est centrale et non périphérique » (W. Gull). Une nouvelle période est dominée par les travaux de Simmonds qui en 1914 décrit un syndrome nouveau : la cachexie panhypophysaire. Pendant de longues années l'anorexie mentale est alors confondue avec cette affection organique, confusion qui servira longtemps à étayer la conviction partagée par certains auteurs d'une origine organique endocrinienne à l'anorexie mentale.

Il faudra attendre les années 1940 pour que soient reprises les hypothèses psychogénétiques. Les travaux sont alors très nombreux : H. Bruch aux États-Unis, M. Selvini en Italie, E. Kestemberg, et J. Decobert en France… dans des perspectives comportementales, psychanalytiques, systémiques ou autres, mais où la dimension psychologique domine toujours.

Récemment une perspective dynamique nouvelle se dessine autour de la problématique de la dépendance et des pathologies qui y sont liées : si la boulimie est parfois décrite comme une « toxicomanie alimentaire », l'anorexie mentale apparaît comme une tentative de contrôler une dépendance, en particulier une avidité orale, ressentie de façon insupportable par l'adolescent(e). Ainsi, l'anorexie est parfois incluse parmi les « nouvelles addictions » (Venisse, 1991) rencontrées à l'adolescence.

La compréhension psychopathologique est complexe et toujours aujourd'hui mal élucidée. Les facteurs en jeu aujourd'hui évoqués sont multiples et situés à des niveaux épistémologiques différents.

Approche psychanalytique

On peut actuellement distinguer quatre grands modèles autour desquels s'articule la compréhension psychanalytique de l'anorexie mentale. Il va de soi que ces modèles ne s'excluent pas, il est fréquent au contraire de les voir s'associer :

– un modèle de compréhension centré sur l'étude des interactions alimentaires précoces mère/bébé, puis des interactions famille/enfant : des déviances initiales résultent les modalités actuelles de la dynamique familiale et individuelle. H. Bruch fait remonter l'origine des troubles à une méconnaissance des besoins du corps, et à un trouble secondaire à la perception de l'image du corps. Cette méconnaissance serait liée aux premières expériences défectueuses du nourrisson : il aurait reçu de sa mère des réponses inadaptées, chaotiques, négligentes ou excessives à ses diverses demandes. Ces apprentissages précoces trompeurs ne permettraient pas au nourrisson, puis à l'enfant et l'adolescent de reconnaître les besoins de son corps propre;

– un modèle de compréhension lié à la problématique de l'image du corps et de la place de la sexualité. La concordance de l'anorexie mentale et de l'adolescence a fait considérer cette maladie comme une sorte de névrose actuelle en rapport avec la maturation pubertaire, hypothèse allant dans le sens d'une origine psychosomatique de l'anorexie mentale. Les conduites d'ascétisme assez fréquentes chez de nombreux adolescents deviennent caricaturales dans l'anorexie mentale (S. Mogul), ascétisme qui permet de dénier les besoins corporels, puis la féminité et d'ignorer les désirs génitaux;

– un modèle de compréhension psychanalytique synchronique où une organisation fantasmatique particulière propre à l'anorexie mentale est décrite. Pour E. Kestemberg et coll., les anorexies mentales évoquent « des organisations complexes et spécifiques » rejoignant d'une part certaines névroses de caractère, et faisant penser d'autre part à certaines structurations psychotiques de la personnalité. Ces auteurs parlent de « psychose froide » caractérisée par une organisation fantasmatique toujours fixe, immuable, permettant l'occultation des conflits et une relation fétichique à l'objet. Au plus secret de l'anorexique siégerait le plaisir teinté de perversion pris à l'orgasme de la faim (E. Kestemberg), la satisfaction étant apportée par la non-satisfaction : « cette organisation particulière rassemble en effet une mégalomanie secrète, constamment agissante à l'ombre de l'état pitoyable du corps malmené, dont le plaisir se concentre dans l'ivresse muette de la faim recherchée, pourchassée et retrouvée, mais se ramifie aussi dans le vertige de la domination de la bête par le cavalier (la bête étant le corps et les besoins maîtrisés par le sujet) » (E. Kestemberg et coll.);

– un modèle « addictif » autour du conflit lié à la dépendance. La conduite anorexique représenterait une quête inconsciente de « néo-objets » sous emprise (Ph. Jeammet et M. Corcos, 2001). Le besoin objectal, avivé par une oralité envieuse est ressenti comme une menace pour un narcissisme fragile. L'anorexique dénie la dépendance à tout investissement d'objet, elle s'installe aussitôt dans une dépendance à ce déni qui est actualisée non pas sous forme de pensées ou d'émotions, mais sous forme de sensations : cette sensation de faim (« orgasme de la faim ») crée un véritable « néo-objet de substitution représentant un aménagement de type pervers de la relation » (Ph. Jeammet, 1993). Grâce à cette sensation intracorporelle, l'adolescente anorexique n'a besoin de rien et se sent omnipotente. Le conflit lié à la dépendance se déplace sur l'aliment et prend la faim comme enjeu. Il s'agit d'une véritable conduite d'« autosabotage » non seulement des besoins physiologiques mais aussi des capacités d'élaboration psychique, inscrivant l'anorexique dans une dépendance paradoxale dont elle garde la maîtrise : la dépendance à son refus et aux sensations qui en découlent.

Point de vue familial et systémique

L'anorexique veut contrôler l'ensemble de la vie familiale : repas, loisirs, sorties. La dépendance entre les membres de la famille peut devenir extrême, l'un des parents accompagnant presque en permanence la patiente.

En même temps la plupart des études s'accordent sur le fait que la famille de l'anorexique se montre extrêmement conformiste et sans conflit apparent (E. Nicot, 2005).

Les mères d'anorexiques seraient hyperprotectrices, ayant des difficultés à percevoir les besoins propres de leur fille et tendance à maintenir une confusion entre elles et leur enfant (M. Selvini).

Les pères sont plutôt chaleureux, volontiers permissifs et effacés, intervenant peu dans les décisions familiales. Il existe souvent un lien père/fille de grande connivence.

Le couple donne une apparence d'union satisfaisante, mais souvent superficielle. La « bonne entente » de surface masque en général des tensions et des conflits intenses mais non verbalisés. Le déséquilibre dans le couple est fréquent, l'un des deux étant souvent très perturbé. Les interactions familiales sont souvent très rigides et pathologiques nécessitant une approche thérapeutique familiale (M. Selvini). Toutefois, il est bien difficile d'évaluer, face à une conduite si alarmante et à un état physique si dégradé, ce qui, dans les interactions familiales, est cause ou conséquence de l'anorexie mentale.

Point de vue cognitivo-comportemental

On le sait, dans l'anorexie mentale il existe une perception déformée, parfois quasi délirante de l'image du corps avec un déni de l'amaigrissement et une crainte durable d'être gros. Ces perturbations dans la reconnaissance et la discrimination cognitive des représentations de soi et des *stimuli* corporels concernent la faim et la satiété, mais aussi la fatigue, la faiblesse et le froid. Le comportement répond à un schéma de renforcement que traitent les thérapies cognitivo-comportementales.

Point de vue neurobiologique

On trouve plus souvent des troubles des conduites alimentaires dans les familles d'anorexiques que dans les familles témoins : il y aurait ainsi trois fois plus d'anorexiques parmi les apparentés au premier degré d'un sujet anorexique et 2,7 fois plus de boulimiques (Strober, 1985).

On a noté des traits psychobiologiques de tempérament comme le perfectionnisme (C. Bulik et coll., 2003). Certains auteurs évoquent la possibilité d'un dérèglement des centres de la faim et de la satiété. Les modifications des taux intracérébraux de certains neuropeptides en particulier endorphiniques observées dans des cas d'anorexies graves peuvent aller en ce sens.

Aspects thérapeutiques

L'hospitalisation et la séparation ont été longtemps considérées comme la pierre angulaire de l'action thérapeutique, sa rigueur a fluctué selon les auteurs : de l'isolement quasi-carcéral au simple séjour en clinique ou aux séquences de traitement intégratif reposant sur la conjonction des abords médicaux, nutritionnels, psychothérapiques et familiaux (M.-F. Le Heuzey, 2002). Nous ne reviendrons pas ici sur les méthodes coercitives utilisées pour « faire grossir les anorexiques ». Sauf cas de cachexie avancée où la survie est en jeu, nécessitant alors les mesures de réanimation appropriées en milieu spécialisé, mesures auxquelles les anorexiques se soumettent en général presque de « bonne grâce », les méthodes contraignantes et coercitives sont peu à peu abandonnées.

Le traitement repose sur une approche plurifocale et un contrat de reprise de poids : il est exigé de la patiente une reprise progressive et régulière de poids. Un poids « minimal » peut également être précisé. La reprise de poids est régulièrement « contrôlée » (à une fréquence qui dépend de l'importance de l'amaigrissement : hebdomadaire, bimensuelle mais rarement moins au début), de préférence par un médecin somaticien (pédiatre, généraliste) travaillant en concertation avec les autres intervenants.

Des rencontres de l'adolescente seule, puis des parents avec l'adolescente (bimensuelle ou mensuelle) font partie du « contrat de soin » imposé associant une « guidance parentale » et, auprès de l'adolescente, une première approche des conflits et des zones de souffrance. Une psychothérapie individuelle est proposée à l'adolescente qui souvent la refuse dans un premier temps. Cette psychothérapie est néanmoins présentée comme un temps indispensable de l'abord thérapeutique.

Grâce à ce cadre accepté par les parents et au début imposé à l'adolescente puis secondairement accepté par elle, les formes modérées d'anorexie régressent souvent. Toutefois, le recours à la séparation est nécessaire quand le poids stagne durablement (trois à quatre mois) ou quand l'amaigrissement se poursuit.

L'hospitalisation devient indispensable, voire urgente, quand on observe : un *amaigrissement important* et rapide; un *épuisement physique* ou une fatigue intense souligné par la patiente; *a fortiori* des *troubles de la vigilance et de la conscience.*

LA BOULIMIE

Point de vue psychanalytique

Au début des crises, les auteurs notent la diversité des organisations psychopathologiques sous-jacentes. Primitivement considérée comme un symptôme hystérique, la crise de boulimie a aussi été décrite dans le cadre d'organisation névrotique à dominante anxieuse et parfois obsessionnelle, dans le cadre de pathologie du caractère et surtout de pathologie « limite » avec, en particulier, la tendance aux passages à l'acte, à l'impulsivité, au clivage.

La relation établie par les patientes boulimiques avec l'entourage est souvent caractéristique : avidité d'un contact qui peut paraître riche, diversifié, fluide, approfondi mais qui bascule tout aussi rapidement en rupture, retrait, distance. L'appétence objectale de la patiente boulimique correspond à une quête avide incessante mais sans « digestion », c'est-à-dire sans intériorisation. Ph. Jeammet souligne la tension entre cette avidité objectale et les défaillances de l'assise narcissique, l'intensité de la première étant à la mesure des manques dans la seconde.

Plusieurs hypothèses psychopathologiques aident à comprendre la fréquence de ces désordres dans les conduites alimentaires à l'adolescence :

– la réactivation de la pulsion orale liée à un point de fixation défensif par rapport à la recrudescence pulsionnelle, en particulier génitale. Cette réactivation s'inscrit dans la perspective de régression temporelle : l'adolescent retourne à des modes de satisfaction déjà éprouvés dans son enfance et vécus comme non menaçants, du moins pour son équilibre psychique interne (la menace est alors déplacée sur la silhouette corporelle);
– le désir d'appropriation et de maîtrise des besoins corporels, désir qui prend place au sein d'une perspective ontogénétique dans le processus de séparation/individuation;
– la prévalence d'affects chargés de colère et/ou d'agressivité. Ces affects peuvent constituer la transformation directe de la curiosité face à la « scène primitive », curiosité teintée de dégoût et d'envie : le repas familial prend une valeur hautement symbolique, les fonctions alimentaires se trouvant « sexualisées ». Il existe un déplacement de la « scène primitive » à la « scène familiale » : en témoignent les fréquentes remarques des adolescents sur la manière de manger de leurs parents, en particulier les remarques des adolescentes trouvant que leur père mange « comme un cochon », etc.

– une « faim d'objet » particulièrement intense. Nous empruntons à P. Blos cette expression qui traduit le besoin de l'adolescent d'incorporer le plus grand nombre d'objets possibles pour satisfaire sa quête identificatoire. Si cette faim conserve souvent un caractère métaphorique, elle peut parfois prendre l'aspect très concret de l'absorption de nourriture. Il y aurait lieu d'engager ici une réflexion sur la continuité ou l'absence de continuité entre les concepts d'introjection, d'incorporation et d'identification. Bien entendu, ce besoin d'absorption de nourriture peut constituer aussi un moyen de remplissage, c'est-à-dire un moyen de lutte contre le vide et contre la dépression sous-jacente. Quoi qu'il en soit, cette « faim d'objet », quand l'adolescent renonce au travail psychique de métaphorisation pour se satisfaire d'une absorption concrète de nourriture, risque cependant d'aviver la crainte d'une destruction de l'objet. Cette crainte est d'autant plus grande que le besoin d'incorporation est intense. Aussi ce besoin d'incorporation pousse-t-il l'adolescent à des « crises boulimiques », suivies de craintes, de sentiments de honte ou de culpabilité, à l'origine de tentatives de maîtrise de l'oralité à contrôler sévèrement sa faim et à développer des conduites anorexiques plus ou moins sévères. Cette alternance : besoin d'incorporation/tentative de contrôle explique l'instabilité particulière des conduites alimentaires.

Point de vue familial et systémique

Le contexte familial semble différent de celui des patients anorexiques. De nombreux auteurs soulignent la fréquence des antécédents psychiatriques familiaux (alcoolisme, dépression maternelle, suicide, etc.). Les familles de boulimiques semblent plus chaotiques, impulsives et ouvertement conflictuelles que les familles d'anorexiques. L. Igoin distingue d'un côté des foyers très unis, union qui masque souvent des tensions majeures (profil assez similaire aux familles d'anorexiques), de l'autre des foyers brisés avec parfois manifestation violente de séparation parentale. Les apparentés au premier degré présentent plus souvent des symptômes identiques, de même que les jumeaux.

Les conflits entre l'adolescent et ses parents autour de l'alimentation sont habituels : ces derniers souhaiteraient maintenir l'équilibre alimentaire qu'ils estiment satisfaisant, alors que l'adolescent revendique de s'alimenter selon des critères strictement personnels. Les patients boulimiques cachent souvent leurs comportements aux parents. Lorsque ceux-ci les découvrent, s'installe une surveillance anxieuse des parents qui est vécue par le boulimique comme une intrusion insupportable. Un système « mensonge », « surveillance » s'organise fortement, même s'il est moins intense que dans les cas d'anorexie.

Point de vue cognitivo-comportemental

Ce que nous avons dit pour l'anorexie est aussi ici tout à fait valable.

Point de vue neurobiologique

Le lien entre boulimie et impulsivité, étayé par l'aspect clinique des crises boulimiques soulève l'hypothèse de l'origine sérotoninergique du trouble, reprise par de nombreux auteurs.

Aspects thérapeutiques

Les demandes thérapeutiques formulées par les patientes sont souvent nombreuses, diversifiées (diététiques, psychothérapiques, médicamenteuses, comportementales, etc.) mais rarement poursuivies avec assiduité, du moins au début. Tous les auteurs s'accordent à reconnaître la difficulté d'approche et de traitement en profondeur de ces patientes. Tous les auteurs reconnaissent la difficulté à établir une relation stable avec les patients boulimiques, marquée par une distance thérapeutique satisfaisante : la fuite, la rupture thérapeutique succèdent fréquemment à un investissement intense et exclusif. C'est dans un second temps uniquement, après cette période initiale dominée par les fluctuations et l'attaque du cadre thérapeutique, que pourra se déployer une relation thérapeutique satisfaisante.

Dans tous les cas, une prise en charge bi- ou plurifocale est souvent nécessaire pour réduire les passages à l'acte et les tentatives d'interruption thérapeutiques précoces des patientes. Les différentes psychothérapies sont nombreuses à avoir été proposées. Le recul manque également pour évaluer la pertinence des diverses méthodes thérapeutiques utilisées.

Les thérapies cognitivo-comportementales sont marquées par un travail au niveau comportemental, au niveau des schémas de pensées et au niveau diététique.

Les différentes thérapies à orientations psychanalytiques peuvent être utilisées : thérapie individuelle d'inspiration analytique ou psychanalyse classique, thérapie de groupe, psychodrame.

L'approche familiale est le plus souvent recommandée soit sous la forme de thérapie systémique soit sous la forme de groupe de parents.

La prescription de psychotropes a été proposée, essentiellement des antidépresseurs. Leur efficacité pose la question théorique des rapports entre boulimie et dépression d'une part, boulimie et impulsivité d'autre part. Cette hypothèse reste cependant intéressante ne serait-ce que pour expliquer l'action des antidépresseurs, en particulier sérotoninergiques, qui semblent efficaces dans certains cas même en l'absence de perturbation thymique. Cependant, il convient de prescrire des produits ayant une large marge de sécurité afin d'éviter les dangers dus à des absorptions impulsives et/ou suicidaires. De plus, les patients sont souvent réticents à l'idée de prendre un traitement, craignant une dépendance, les effets secondaires.

LES ADDICTIONS

Les différents auteurs sont assez d'accord pour dire qu'il n'y a pas de structure ou de personnalité toxicomaniaque unique même si des éléments communs se dessinent. Il est à noter qu'il existe une forte relation avec la dépression, les troubles de la personnalité limite et la psychopathie.

ASPECTS GÉNÉTIQUES ET NEUROBIOLOGIQUES

Chaque drogue agit de manière importante avec la biologie du cerveau et met en jeu de façon complexe de nombreux circuits et neuromédiateurs différents. Certaines drogues imitent un neuromédiateur naturel : la morphine par exemple se substitue aux endorphines qui interviennent habituellement dans la satisfaction du besoin et se lie aux récepteurs opioïdes. D'autres augmentent les sécrétions d'un neuromédiateur : la cocaïne augmente la présence de dopamine et l'ecstasy celle de sérotonine. Mais quelle que soit la spécificité des différentes substances, toutes ont la particularité d'augmenter la quantité de dopamine au sein du système limbique, appelé aussi système du plaisir ou système de récompense.

Les phénomènes de tolérance, de sensibilisation et de manque ont été largement étudiés en laboratoire par les neurophysiologistes. Un des modèles qui en découle est la théorie des processus opposants : le plaisir ne peut être séparé de son contraire, la douleur. La tolérance peut se comprendre selon ce modèle comme si au plaisir procuré par une drogue venait au fur et à mesure se constituer physiologiquement le processus inverse. Ceci expliquerait de la sorte l'érosion progressive des sensations agréables puis le manque, preuve de la poursuite après arrêt de la drogue du processus opposant négatif. Ce même phénomène illustre aussi pleinement le plaisir du marathonien au bout de sa course.

Des études des comportements animaux ont également permis d'étudier les différences individuelles des réponses aux drogues et secondairement de dégager le rôle de facteurs de vulnérabilité génétique.

POINT DE VUE PSYCHANALYTIQUE

Les addictions depuis la naissance de la psychanalyse n'ont pas été un axe de recherches centrale et continue. L'hypothèse qu'il existe une prédisposition psychologique à l'addiction, qui a à voir avec l'histoire, le développement psychoaffectif de l'individu ainsi que les facteurs environnementaux est maintenant communément accepté.

Freud a peu écrit au sujet des addictions même s'il a expérimenté de sa personne l'usage de la cocaïne. Dès 1890 il procède à un premier regroupement qu'il appelle « les habitudes morbides ». Il s'attache d'abord à rechercher l'origine de la dépendance humaine aux premiers stades de la vie psychique et relie la masturbation (première addiction) et la toxicomanie ou l'alcoolisme à une fixation orale. Il souligne par-là comment l'usage à une substance sert de substitut, de produit de remplacement à un manque de satisfaction des pulsions sexuelles alors non exprimé. Dans *Dostoïeski et le parricide* (1928), Freud évoque le jeu pathologique et à nouveau le réfère à l'activité masturbatoire. Il y voit également un processus d'autopunition réprimé.

Ferenczi, en 1911, reprend la thèse de la fixation orale, la dimension perverse sado-masochique et, comme Abraham, l'inclinaison homosexuelle inconsciente dans l'alcoolisme figurée par les groupes d'hommes au comptoir des bistrots.

Rado (1933, 1956) insiste sur la dimension dépressive qu'il nomme « dépression anxieuse » et rapporte le rôle de pare-excitation du produit qui soulage les tensions, organise la personnalité et régule l'humeur décrivant un cycle pharmacothymique. Il décrit le psychique du toxicomane comme un appareil de plaisir auto-érotique qui recourt au produit pour retrouver son narcissisme originel.

Simmel (1928, 1930) parle de « névrose narcissique » et souligne la rencontre des satisfactions érotiques et narcissiques chez le sujet toxicomane.

Fenichel (1945) rapproche les toxicomanies des « névrose impulsives », il y voit l'accomplissement d'un profond désir sur un mode plus urgent que ne le sont habituellement les désirs sexuels ou instinctuels. Pour lui les toxicomanes ne cherchent qu'à obtenir leur satisfaction sans jamais veiller à satisfaire autrui. Dans sa théorie *Psychanalytique des Névroses,* il définit de même les « toxicomanies sans drogues ».

Ainsi pendant longtemps les auteurs imprégnés de la théorie des pulsions ont bâti l'image d'un toxicomane narcissique au « Moi faible », fixé au stade oral, en proie à ses pulsions tel un nourrisson qui vise farouchement à l'apaisement de sa sensation de faim qui menace son existence.

Winnicott voit en l'addiction une pathologie de l'ère transitionnelle où l'objet drogue apparaît comme objet transitionnel pathologique remplaçant l'objet humain plutôt que de le symboliser afin d'en nier l'importance et faire l'économie de l'ambivalence avec l'objet aimé. Il s'ensuit ainsi une mise à mal des capacités d'être seul et du sentiment de continuité.

Joyce Mc Dougall qui parle d'addiction mais aussi de « néo-besoin » insiste sur l'impossibilité d'identification à une mère interne protectrice et la recherche dans les produits d'un objet interne sécurisant. Les « solutions addictives », dans la conceptualisation de Joyce McDougall, marquent, par la création de néo-besoins voire d'une néo-sexualité, les impasses de la transitionnalité au profit de choix fétichiques ou de comportements compulsifs. Dans sa réflexion croisée avec les troubles psychosomatiques (et selon la théorie de l'ancrage biologique de la pulsion dans le somatique), l'addiction pour elle est de nature somato-psychique, une hystérie archaïque en quelque sorte, une dérivation passant par le corps, une re-somatisation d'affects et de fantasmes inconciliables dans l'appareil psychique, car trop archaïques et trop clivés. Elle discerne dans la solution addictive une « voie courte » aliénante plutôt que la « voie longue » que représenterait la voie du renoncement et de la névrose. C'est en ce sens également que certains évoquent la dimension perverse et fétichique de la toxicomanie sans pour autant parler de perversion de par le type des relations objectales à des fins narcissiques qu'entretient le sujet dépendant avec son produit dans le but de sauvegarder un lien.

Bergeret insiste sur l'absence d'une organisation véritablement névrotique et génitale et l'établissement « limite » d'un Œdipe toujours défiant l'instance paternelle, aux prises avec une violence inintégrable et une dépressivité qui guette. Une « fragilité dépressive » primaire semble être à l'origine également d'une vulnérabilité à l'addiction. On parlera alors de dépression anaclitique ou de dépressivité, c'est-à-dire l'impossibilité de faire un travail de deuil, plutôt que de dépression dans le sens que lui donne la nomenclature contemporaine ou la tradition psychanalytique.

Dorénavant, les auteurs psychanalytiques (avec Kernberg, Braconnier, Jeammet) dans leur grande majorité considèrent que les conduites addictives se situent dans un registre narcissique et/ou limite au sens large, ce qui n'exclut ni les structures névrotiques fragiles, ni les psychoses avérées. Le parcours du toxicomane peut s'envisager comme la mise en place progressive mais particulièrement solide de moyens défensifs autour d'une faille narcissique.

L'autodestruction et le masochisme ne viennent pas ici oblitérer le caractère de tentative de guérison et de survie psychique que procurent les drogues.

En résumé, pour les auteurs contemporains, une faille dans la relation (dans l'accordage) à l'objet maternel primaire dans sa fonction protectrice et au père dans sa fonction de tiers, ne permet pas d'investir le manque et l'attente. Un excès de frustration ou de gratification entraîne en effet une carence de la représentation de l'objet absent. L'objet est ainsi incorporé plutôt qu'introjecté (Gutton). Il n'enrichit pas le Moi du fait de l'échec de l'identification mais au contraire l'empiète. Le sujet devra utiliser alors des procédés auto-calmant répétitifs et déshumanisant qui ne sont pas en lien avec des procédés libidinaux. Dans ces conditions la drogue ne cesse inlassablement de restaurer un mode interne défaillant dans lequel la symbolisation est déficiente et où dominent les pulsions agressives, les mouvements d'incorporation et de projection.

POINT DE VUE ISSU DE LA THÉORIE DE L'ATTACHEMENT

Les théories du lien et de l'attachement enseignées par l'éthologie et les travaux de la psychanalyse avec Bowlby rendent compte tout particulièrement de la manière dont s'établissent les premières interactions de l'enfant avec son environnement et comment la qualité de ce premier lien rendrait compte d'une vulnérabilité ou d'une protection future à des conduites de dépendance.

Ainsi l'expérience d'un entourage disponible et prévisible procurerait à l'individu une sécurité interne lui permettant d'affronter séparations, frustration et angoisse de perte. En grandissant et de par ses activités autoérotiques proprioceptives, l'enfant intériorise progressivement le rôle protecteur de son entourage pour se détacher de la situation de dépendance des premiers mois de son existence. Son propre appareil psychique prend le relais de régulateur des tensions internes au fur et à mesure qu'il grandit, il acquiert le sentiment de continuité, ses assises narcissiques se construisent, ses relations d'objets se libidinalisent et les pulsions se lient. Il peut se passer en partie du monde externe pour gérer son monde interne. Toutefois s'il y a défaut d'intériorisation d'une relation sécure, l'individu va devoir continuer à trouver à l'extérieur ce qui lui manque à l'intérieur. La dépendance nécessaire à l'objet des premiers temps, à l'extérieur, va devenir massive et vécue négativement et leur route sera barrée.

La solution addictive consisterait à trouver, en prenant le rôle actif de la consommation à volonté d'un produit du milieu extérieur, le contournement (et non l'élaboration) de la vie relationnelle et de la difficulté de séparation. Aux objets humains et aux émotions est préféré un objet inerte asexué maîtrisable et des sensations auto-générées pare-exitantes et défensives (contre-investissement). À la fois narcissique et objectal, à la fois interne et externe, l'objet drogue résout ce paradoxe, préserve ainsi le Moi, le comble d'un sentiment de vide insupportable, en plus d'avoir fonction d'une lutte antidépressive narcissique. Le lien à une substance peut alors se comprendre comme l'illusion d'une relation certes d'emprise mais maîtrisable et répétable à discrétion, où le besoin et le désir se confondent. Le renforcement et la répétition du comportement addictif peuvent cependant lentement perdre leur valeur de sauvegarde psychique; celui-ci court alors le risque de devenir vide de sens, robotisé, purement auto-stimulant.

POINT DE VUE NEUROPSYCHOLOGIQUE

L'alexithymie de Sifnéos (1978) est à la neuropsychologie ce que le concept de pensée opératoire développé par l'école de psychosomatique est à la psychanalyse. Il s'agit d'une défaillance dans la représentation des émotions, que ce soit dans leur identification comme dans leur expression.

On retrouve cette particularité dans de nombreux troubles psychiatriques et particulièrement dans les troubles addictifs. Pour le sujet toxicomane, l'alexithymie serait une défense contre des représentations intolérables du fait de l'enkystement précoce d'affects traumatiques non symbolisés (perte, mort, etc.). La conduite addictive dans ce cas aurait la même fonction défensive de se couper de toutes conflictualités et représentions psychiques.

Le concept de recherche de sensations de Zuckerman (1963) se définit par « le besoin d'expériences nouvelles et complexes en relation avec le besoin de maintenir un niveau optimum élevé d'activation cérébrale ». Cette recherche de sensations répond à la tentative d'élaboration d'un modèle psychopathologique commun de l'ensemble des conduites de dépendance et tente (même si sa définition est floue et non réductible à un seul trait de personnalité) de définir un facteur neurophysiologique commun aux addictions « classiques » ainsi qu'à des entités plus lointaines, comme les addictions sans drogues ou encore la psychopathie et les tentatives de suicide. Le sujet en recherche de sensations possède donc une avidité pour des stimulations externes intenses et nouvelles et une susceptibilité à l'ennui élevée. Cette recherche de sensations apparaît comme un facteur favorisant, essentiel initiateur des premières consommations de drogues et d'alcool privilégiant l'aspect désinhibiteur et euphorisant à l'aspect anxiolytique. Le modèle possède sa propre échelle qui se décompose en quatre dimensions : recherche de danger et d'aventure, recherche de nouveauté, déshinibition, et susceptibilité à l'ennui.

Enfin Zuckerman s'est attaché à accorder un statut neurochimique à son modèle avec le système des catécholamines, principalement la dopamine. La recherche de sensations aurait comme origine ultime le patrimoine génétique du sujet, ce que certains travaux tendraient à corroborer.

POINT DE VUE COMPORTEMENTAL ET COGNITIF

Les modèles animaux ont permis d'établir des connaissances importantes en matière de dépendance aux drogues. Le conditionnent opérant est le mécanisme le plus élémentaire de la dépendance. Un comportement produit une conséquence et cette conséquence pourra en *feedback* renforcer ou non ce comportement, sous la forme d'une augmentation (renforcement positif) ou d'une diminution (renforcement négatif) de la fréquence et de l'intensité du comportement. Les croyances, l'apprentissage, les attentes du consommateur envers un produit ont aussi une grande importance et ceci en sus de ses effets pharmacologiques propres.

POINT DE VUE SYSTÉMIQUE ET FAMILIAL

La plupart des familles prêtent une attention majeure au symptôme « toxicomanie » pour fonder une demande d'aide. Dans la plupart des cas, l'analyse du contexte familial permet de mettre en évidence la toxicomanie comme le symptôme d'interactions familiales particulières. Le jeune sujet dépendant peut entretenir avec ses parents des relations faites de complicité en contradiction avec leurs attitudes verbales. Ce consensus implicite dans lequel chacun trouve son compte permet le maintien de l'homéostasie familiale garant de l'intégrité familiale; l'enfant toxicomane va simuler un processus d'autonomisation tout en maintenant une « familio-dépendance ». Tout d'abord, face aux symptômes de l'addiction, deux cas de figure extrêmes se démarquent et laissent un large panel de situations. Le plus commun est peut-être la minimisation, voire la banalisation de l'intoxication des parents qui ne prête pas attention à l'état physique et psychique de leur enfant. Cette cécité familiale souvent empreinte de culpabilité fait appel à des mécanismes de déni. À l'inverse on peut observer la dramatisation de la toxicomanie, avec un rejet massif qui ne laisse pas de place au relationnel entre parents et enfants. D'autres points sont particulièrement interrogés :

– le *mythe familial* : c'est-à-dire l'ensemble des croyances bien intégrées que partagent tous les membres de la famille au sujet de leurs rôles respectifs mutuellement acceptés. La mythologie familiale a une fonction défensive et permet de renforcer la cohésion du groupe. Toute mise en cause du mythe est vécue comme menaçante;

– le *mythe de l'harmonie familiale* : tout rentrerait en ordre si la drogue disparaissait;

– le *mythe de la marginalité* : il peut s'expliquer par la fascination de la famille pour la déviance. Le jeune va ainsi permettre à ses parents d'assouvir par procuration leur secrète fascination pour la transgression que l'on retrouve d'une génération à l'autre;

– le *mythe de l'expiation* : le jeune porte toute la culpabilité de la famille.

Toxicomanie, famille et la mort. — La mort par *overdose* peut représenter la mise à mort d'un bouc émissaire, sa mort étant préférable à toute individuation. Des pathologies du deuil, des relations quasi incestueuses, des ruptures culturelles, sont aussi régulièrement présentes à différents niveaux.

ASPECTS THÉRAPEUTIQUES

En France les soins aux toxicomanes sont régis par la loi du 31 décembre 1970 et mêlent conjointement répressions et soins. Les soins sont désignés comme gratuits et anonymes. Ils y associent aussi des mesures de réduction de risque et de prévention.

Les approches sont souvent pluridisciplinaires. Elles nécessitent à la fois assez de souplesse et de fermeté pour sauvegarder le lien avec le patient et donc permettre un travail sur le long cours.

La prise en compte de « la démocratie psychique » du sujet dépendant, c'est-à-dire la liberté de ses choix, demeure également un élément fondamental de la prise en charge.

La chimiothérapie et la substitution

La chimiothérapie est présente à différents titres. Il peut s'agir du traitement médicamenteux d'un trouble psychiatrique associé, antérieur ou non à la prise de produit. Il peut s'agir aussi d'un traitement du sevrage ou du post-sevrage.

Il peut s'agir enfin d'un traitement de substitution. Un traitement de substitution à une drogue signifie qu'il n'est plus question de se « débarrasser » de la dépendance mais bien d'envisager un traitement de l'addiction tout en y intégrant la prise régulière d'une substance addictive médicalement assistée. Cette méthode permet ainsi d'éviter les symptômes propres à la consommation tels que le manque et le *craving*, mais aussi les modes potentiellement à risque de prises de la drogue (*sniff*, *shoot*) et elle favorise une meilleure réinsertion sociale. Ce type de programme nécessite un travail multidisciplinaire (médical, social) et ne fait pas l'économie d'une prise en charge psychothérapeutique. L'histoire de la substitution a débuté aux États-Unis dans les années soixante avec la *Méthadone*. Depuis les années quatre-vingt-dix une nouvelle molécule est mise à la disposition des équipes de soin : le *Subutex* (brupénorphine) aux caractéristiques pharmacologiques différentes de la *Méthadone*. Chaque pays organise les prises en charge de manières dissemblables tant par la forme galénique du médicament (gélule, solution buvable.), que par les différentes modalités de délivrance du produit (centre spécialisé, médecin de ville, etc.). Même si de tels moyens thérapeutiques ont démontré de larges bénéfices, ils ont aussi montré leur limite, témoignant que les difficultés se situent en partie au-delà du produit. Il demeure donc toujours important de bien peser les bénéfices et les risques des différentes indications pour chaque patient.

La « cure de désintoxication » comme l'abstinence n'a plus la même valeur qu'autrefois et il n'est plus question d'organiser les soins uniquement autour de ce temps de sevrage.

Cependant il demeure un moment important du trajet thérapeutique de la personne dépendante qui l'envisage. Il s'agit alors de vivre sans produit un certain temps et de faire l'expérience d'une mise à distance de la pratique addictive, mais aussi de permettre la séparation avec le milieu et l'entourage. Le temps du sevrage pourra également être prolongé et renforcé par un second temps de post-cure, généralement à distance du contexte de vie en communauté thérapeutique par exemple.

Il est tout aussi important de considérer les rechutes faisant autant que les sevrages partie intégrante du trajet du sujet dépendant et de celui qui le prend en charge.

Les psychothérapies

Psychothérapie cognitivo-comportementale

Les principes du conditionnement opérant et de l'apprentissage social sont mis en cause dans la genèse de l'apprentissage et la pérennisation des conduites addictives, notamment du fait des puissantes propriétés de renforçateurs des produits. Mais il ne s'agit plus aujourd'hui de thérapies comportementales de punition/récompense accompagnées de chocs électriques ou de « cure de dégoût » aversives.

Une première phase de recueil détaillé de données et d'évaluation du comportement addictif précède les thérapies comportementales et cognitives proprement dites (quantification de la dépendance, prise en compte du problème par le patient, repérage des composantes comportementales, cognitives et émotionnelles entourant la conduite addictive). Elle détermine le « cycle addictif » et étudie les conséquences des conduites sur le patient et son environnement. Souvent un carnet d'observation du comportement addictif est utilisé. Le bilan peut être complété par des tests psychométriques, des questionnaires et/ou des échelles spécifiques.

On y distingue trois étapes : agir sur les conduites addictives et le renforcement, agir sur le processus de dépendance globale, agir sur l'estime de soi.

Pour cela, diverses techniques thérapeutiques sont utilisées en individuel ou en groupe : apprendre à résister aux manifestations de *craving* (stratégie cognitive d'opposition), associer à une prise en charge corporelle de type sophro-relaxation, à corriger les croyances erronées concernant le produit et son utilisation, stratégie de prévention des rechutes (correction des erreurs cognitivo-comportementales les plus courantes amenant à la consommation), thérapie motivationnelle, réaffirmation de soi.

Psychothérapie psychanalytique

La clinique du toxicomane éloigne évidemment largement le cadre de soin de la cure type et oblige à faire avec l'agir en aménageant les techniques psychothérapeutiques. Mais le modèle psychodynamique reste déterminant pour appréhender la relation thérapeutique et le monde intérieur de la personne dépendante.

Elle passe entre autres par une prise en compte de l'histoire individuelle, de la nature de la souffrance psychique sous-jacente et de la structure psychique du sujet. Les grandes lignes du travail que l'on peut comparer à une réanimation du fonctionnement psychique de la personne dépendante sont une remise en relation objectale, un travail autour du lien thérapeutique, une élaboration des affects et éventuellement de lui permettre de trouver d'autres issues que la solution addictive. Pour certains le thérapeute représente au début de la prise en charge la drogue, puis ensuite le Moi auxiliaire du toxicomane.

Du fait de la difficulté à rentrer en relation duelle avec la personne dépendante, l'institution constitue un cadre de soins médiatisé indiqué. Ce type de prise en charge offre un moyen d'étayage thérapeutique qui se doit d'être à la fois contenant et limitant et assure une répartition des investissements envers les différents membres de l'équipe. Il rend ainsi possible un lien continu et non aliénant.

Le soin dit institutionnel devient ainsi le pilier de l'élaboration relationnelle entre les soignants et les soignés dont il s'agit d'interpréter les différents mouvements transféro-contre-transférentiels. En effet le soignant ou l'institution qui n'est pas attentif à ses mouvements contre-transférentiels court le risque de les agir d'autant plus avec des sujets fonctionnant amplement à ce niveau.

Concernant les thérapies individuelles, on se référera au traitement des états limites et des troubles narcissiques.

Psychothérapie familiale

Les thérapies systémiques s'inscrivent souvent dans le cas d'un adolescent; elles font intervenir l'ensemble de la famille en évitant les déplacements de symptômes d'un membre de la fratrie qui va mieux à un autre plus fragile. Elles peuvent trouver aussi une indication au sein d'une problématique de couple.

Les thérapies de groupes

Il s'agit d'une forme de thérapie d'inspiration religieuse et popularisée par les Alcooliques Anonymes dans les années trente à la fin de la prohibition alors que l'alcoolisme était une maladie empreinte du modèle de l'intoxication et que la religion représentait une valeur forte. Depuis des groupes d'entraide se sont largement développés à travers le monde reprenant cette configuration, et notamment les douze étapes des AA.

Ils prônent entre autres l'impuissance du sujet face à l'objet de la dépendance et donc la nécessité absolue d'abstinence. Il apparaît que dans le groupe se constitue une sorte de foi commune, de « religion privée », véritable pilier pour la personne dépendante.

Comme ce que l'on observe dans certaines communautés thérapeutiques, il existe un risque de dérive sectaire.

D'autres groupes dits d'auto-support constitué d'usagers de drogue se sont constitués durant les années 1980 en pleine épidémie de sida. À la différence des AA, ce sont aussi des groupes d'intérêt qui ne prône pas nécessairement l'abstinence mais aussi la reconnaissance d'une différence.

Au total en ce qui concerne les addictions, il faut bien sûr prendre en compte la spécificité des toxiques mis en cause et l'effet de la chronicisation de la conduite, car ils sont incontestablement en eux-mêmes des facteurs dépressiogènes et de déséquilibre parfois profonds de la personnalité, du fait des désordres psychologiques et biologiques secondaires et des conséquences psychosociales qu'ils génèrent (marginalisation). Les addictions représentent de plus un paradigme des difficultés cliniques et psychopathologiques. Le sujet addictif ne se laisse saisir ni dans un diagnostic, ni dans une explication psychopathologique, ni dans une approche thérapeutique univoque.

DÉPRESSIONS ET TROUBLES BIPOLAIRES CHEZ L'ADULTE

APPROCHE GÉNÉTIQUE ET NEUROBIOLOGIQUE

Au niveau génétique, la vulnérabilité familiale à la dépression est connue depuis longtemps, plus particulièrement en ce qui concerne la psychose maniaco-dépressive. Aujourd'hui on recherche le ou les gènes « candidat(s) ». Au niveau neurobiologique, un grand nombre de perturbations neuro-endocrinienne (perturbation de l'axe hypothalamo-hypophyso-surrénalien) et neuromodulatrice cérébrale (enzyme de dégradation, déficit sérotoninergique et/ou noradrénergique et/ou dopaminergique), sont « évoquées. À ce jour ces domaines sont en pleine voie de recherche et de nouvelles données se présentent régulièrement.

POINT DE VUE COGNITIF ET COMPORTEMENTAL

Dans cette perspective, la dépression est l'aboutissement d'un processus d'apprentissage. Dans le cadre du conditionnement opérant, Lewinsohn (1974) suggère que la dépression découle d'un manque de compétences sociales responsable d'un manque de renforcement positif de l'entourage. Il s'ensuivrait un découragement, une réduction des activités et un vécu dépressif.

La théorie de l'« impuissance apprise » de Seligman (1975) découle de ses expériences sur le chien : soumis à des chocs électriques auxquels il ne peut échapper, le chien finit par se résigner et ne cherche même plus à les éviter lorsque cela est devenu possible. Bowlby décrit ainsi des situations dans lesquelles l'enfant est confronté à son impuissance : lorsque ses tentatives de plaire à ses parents restent vaines, lorsque ceux-ci lui répètent qu'il est mauvais, ou lorsqu'il subit une perte importante.

Du point de vue cognitif, Beck a décrit une triade (inférences arbitraires, abstraction sélective et généralisation excessive) qui aboutit à une vision négative des événements. Ce sont des schèmes cognitifs négatifs qui sont responsables de la dépression. Abramson et coll. (1978) soulignent le rôle d'un style d'attribution particulier dans la dépression (ce qui arrive de mauvais est de ma faute, ce qui arrive de bon ne vient pas de moi). En 1989, ils reformulent cette théorie : c'est la survenue d'un événement négatif qui déclenche ce style d'attribution particulier. On peut se demander si ce « style d'attribution » est une cause ou simplement une conséquence de la dépression.

Retenons surtout ici le point de vue de Beck. Beck propose que le schéma dysfonctionnel du déprimé est dominé par des cognitions (croyances, suppositions) négatives de lui-même, du monde et du futur (« triade cognitive » de Beck). Il existe un enchaînement de pensées automatiques négatives, représentant un facteur de vulnérabilité cognitive en faveur du développement d'une dépression.

Citons aussi la théorie du réseau associatif de Bower qui introduit l'idée qu'un sujet déprimé active les « nœuds émotifs » négatifs au niveau de la mémoire, créant ainsi un cercle vicieux selon lequel plus un sujet est déprimé plus il a des pensées négatives et inversement. Ces théories et d'autres plus sophistiquées supposent que l'individu répond aux représentations internes qu'il se fait d'une situation plutôt qu'à la situation elle-même.

POINT DE VUE PSYCHANALYTIQUE

Dans la perspective psychanalytique classique la notion de perte, de deuil, de séparation est centrale dans la compréhension de la « Mélancolie », cependant cette perte est souvent purement fantasmatique. En 1917, Freud dans *Deuil et Mélancolie*, montre l'analogie entre réaction de deuil et mélancolie : « dans le deuil, le monde est devenu pauvre et vide, dans la mélancolie, c'est soi-même » car, pour Freud, dans la mélancolie, une partie du Moi s'identifie à l'objet perdu. C'est l'agressivité destructrice (ambivalence à l'égard de l'objet) qui impose l'introjection comme mécanisme de défense pour protéger l'objet aimé. L'agressivité à l'égard de l'objet perdu ou décevant est alors retournée sur la partie du Moi identifiée à l'objet, qui est ainsi attaquée par une autre partie du Moi érigée en Surmoi.

Le point de vue classique freudien désigne trois grandes composantes dans la compréhension psychanalytique de la « mélancolie » :

- la perte de l'objet;
- les avatars de la composante narcissique de la personnalité;
- ce qui joue autour de l'agressivité, de la destruction et de l'ambivalence.

La perte de « l'objet »

L'objet apparaît dans la théorie freudienne à l'occasion des effets de sa perte. Chaque fois que Freud est amené à parler de la « mélancolie » (dans la *Métapsychologie* ou dans *Le Moi et le Ça*), il change de paradigme. Alors que sa pensée tourne généralement autour des vicissitudes de la pulsion et de ses représentants (par exemple dans les névroses de transfert et même dans les névroses narcissiques), dès qu'est abordé le thème du deuil et la mélancolie, Freud fait directement référence à

« l'objet ». Ceci montre bien que le Moi est nourri par l'objet, qui fait partie de sa structure, au point que ce Moi puisse vouloir suppléer cette carence — lors de la perte — en s'identifiant à lui. Mais il faut ici rappeler, comme le souligne B. Brusset : « (...) que l'identification à l'objet perdu ne suffit pas à caractériser la mélancolie. Il faut y adjoindre la régression orale cannibalique. Laquelle, à elle seule, ne suffit pas à caractériser la mélancolie non plus. Bien que le point de vue topique soit le plus important à considérer dans la mélancolie, nous aimerions y préciser la part que jouent les pulsions dans cette configuration. Si la fonction de l'objet est essentiellement nourricière, à tous points de vue du plus littéral au plus métaphorique, il est tout à fait essentiel que les pulsions orales puissent être pourvues en objets. »

Les avatars de la composante narcissique de la personnalité

Pour les psychanalystes, il n'y a pas de dépression sans faille narcissique : les modalités défensives comportementales et intrapsychiques peuvent avoir la fonction de réparer plus ou moins momentanément cette faille :

– l'introjection décrit le mouvement par lequel un sujet fait pénétrer à l'intérieur de lui-même un objet (c'est-à-dire une personne) ou des caractéristiques de cet objet (ici sa perte);

– l'identification est un processus par lequel le sujet assimile un aspect, une propriété, un attribut de l'autre et se transforme sur le modèle de celui-ci.

Ce qui joue autour de l'agressivité, de la destruction et de l'ambivalence

Lorsque l'ambivalence domine, l'objet perdu n'était pas seulement un objet d'amour mais aussi de haine. Le sujet va donc attaquer cet objet qu'il a incorporé, il va pouvoir le détester et donc se détester; ce mouvement prendra la forme de l'auto-accusation, de l'intense culpabilité pouvant aller jusqu'au délire, caractéristique des dépressions mélancoliques.

À partir de 1925 la plupart des auteurs sont partagés en trois tendances :

– soit le modèle proposé par Freud ou Abraham est conservé quasi intégralement;

– soit l'accent est mis sur telle ou telle dimension pour rendre mieux compte des différentes formes de dépression et surtout de leur étiopathogénie. Ainsi l'accent peut être mis sur la perte de l'estime de soi : la dépression « se définit par la dévalorisation de soi-même, l'autodépréciation douloureuse, elle est dépourvue d'idée consciente de culpabilité; on est incapable de faire le mal, car on est incapable de faire quoi que ce soit… » (F. Pasche, 1969). L'origine de la dépression serait donc dans les difficultés rencontrées par l'enfant à se dégager d'un Moi idéal : « (...) la réalité ne lui offre pas assez d'amour pour qu'il trouve des compensations objectales au rabaissement de ses ambitions narcissiques… »;

– soit l'accent est mis sur une conception psychogénétique ou développementale. En 1934, M. Klein introduit la notion de position dépressive infantile qui est une étape indispensable au cours du développement de la petite enfance. Selon la manière dont l'enfant traverse cette position, il sera plus tard plus ou moins exposé à la dépression. M. Klein a également permis de comprendre d'un point de vue psychanalytique le fonctionnement psychique des sujets en états maniaques en décrivant les modalités défensives spécifiques de ces états : mégalomanie, clivage de l'objet, déni. Winnicott se situe dans cette conception.

Dans une conception développementale différente, M. Mahler montre comment la réactivité dépressive de l'individu est liée aux avatars de la phase de séparation/individuation que cette psychanalyste s'est attachée à décrire.

À la conception de M. Klein il faut opposer celle de J. Bowlby pour qui la dépression infantile est un accident du développement secondaire à un événement extérieur. On se rapproche de la comparaison entre le deuil et la dépression. Mais ici, contrairement à Abraham ou à Freud, Bowlby attribue toute la dépression à la perte de l'objet externe et à la perte de l'estime de soi; il n'y a pas de place pour l'agressivité. La dépression s'éloigne d'une structure psychopathologique pour se rapprocher d'un affect de base, noyau quasi biologique de la dépression.

En 1953 le psychanalyste Bibring a proposé l'idée que l'affect dépressif serait en fait la réaction du Moi aux situations de blessure ou d'attaque du narcissisme, suscitant un sentiment majeur d'impuissance.

Poursuivant dans ce sens, le psychanalyste Engel a développé la théorie suivante : l'angoisse et la dépression sont des réponses fondamentales d'origine innée et qui sont d'emblée les modes de réponses de l'homme face au danger. Elles s'observent dans certaines espèces animales. Elles sont universelles chez l'homme et elles surviennent précocement chez l'enfant humain. L'importance des facteurs innés et des facteurs environnementaux est ici fondamentale au détriment de l'expérience subjective du sujet.

Sandler et Joffe se situent dans la même lignée en insistant cependant sur la faiblesse du Moi qui reconnaîtrait à travers la dépression son impuissance à l'égard de ses aspirations. L'augmentation des tentatives de suicide et des dépressions dans nos sociétés occidentales après la seconde guerre mondiale est ainsi expliquée par le conflit entre le besoin inné des liens d'attachement et la multiplicité récente des situations de séparation et de rupture dans nos sociétés qui valorisent l'indépendance et l'autonomie et fragilisent le Moi du sujet. G. Klerman, qui soulève cette hypothèse, souligne cependant les limites de l'attachement à un objet externe. En effet, ces situations ne sont pas source systématique de dépression et inversement ne sont pas retrouvées dans toutes les dépressions. De plus, elles peuvent être à l'origine d'autres états psychopathologiques.

Au total, cet équilibre, retrouvé chez l'ensemble des psychanalystes, entre d'une part l'affect dépressif et cette faille narcissique qui lui est liée et d'autre part les différentes modalités défensives du sujet pour y faire face ont amené à distinguer quatre types psychopathologiques de dépressions, auxquelles nous pouvons rester fidèles :

– un premier type, que l'on pourrait désigner sous le terme de dépression névrotique est marqué par la réactivation de la problématique œdipienne et par l'écart narcissico-objectal lors d'une « perte d'objet ». Les aspirations et les buts nouveaux ne sont pas tant inaccessibles que dangereux et interdits : le sujet, habité tout autant par de l'angoisse de « castration » que par la fragilité narcissique, anticipe un danger de surgissement de l'affect dépressif douloureux et par là même d'atteinte de la ligne narcissique et d'une faille consommée;

– un deuxième type correspond à ce qui a été désigné sous le terme de dépression d'infériorité, véritable « Maladie d'Idéalité » plus ou moins momentanée mais dans laquelle se pose plus intensément tout le problème économique de la lignée narcissique du sujet. Il s'agit d'un type de dépression dominé par un balancement entre des attitudes défensives de défi et des sentiments d'insuffisance si ce n'est de honte, dans lequel l'écart entre le Moi et l'Idéal du Moi, souvent alors grandiose chez ces déprimés, peut être repéré puis appréhendé en particulier dans le transfert idéalisant. Dans la pagode de ces pensées, n'oublions pas que ce qui pousse tout être humain en avant est de rechercher un temps béni où il serait à lui-même son propre idéal. S'agirait-il de le retrouver? Freud écrit : « L'homme n'est pas capable de renoncer à ce dont il a joui une fois »;

– un troisième type correspond à ce qu'on peut désigner sous le terme de dépression d'abandon dans laquelle cette lignée narcissique dépend essentiellement des supports externes et renvoie aux expériences infantiles douloureuses, aux carences précoces de soins maternels. Il s'agit d'une dépression par carence, d'une dépression par vide. Il existe souvent dans ces dépressions d'abandon des corrélations significatives avec les modalités défensives d'un trouble limite de la personnalité, c'est-à-dire des modalités défensives contre la dépendance maintenant bien connues (toute-puissance, projection, clivage, *acting*) et donc une instabilité relationnelle et des troubles du comportement en particulier addictifs, masquant la dépression sous-jacente;

– enfin, citons l'organisation maniaco-dépressive dans laquelle l'ambivalence et la problématique narcissique atteignent les extrêmes que l'on connaît sous la forme d'hémorragie libidinale lors des phases dépressives ou d'inflation, lors des phases maniaques qui peuvent être mixtes avec une note délirante plus ou moins bien organisée ayant souvent initialement fait confondre ces états relevant d'un trouble affectif avec un début de schizophrénie. Les interrelations fréquentes entre les troubles bipolaires et les troubles de la personnalité *borderline* ont également été évoqués. La sensibilité extrême à la frustration, la fragilité du lien objectal, la dépendance aux objets externes, la soumission à l'objet maternel et la nature idéalisée et surmoïque sadique de l'objet ont été citées comme caractérisant le fonctionnement mental intercritique des sujets maniaco-dépressifs (Jeanneau, 1980); nous retrouvons bien ici les caractéristiques des patients *borderline*.

POINT DE VUE FAMILIAL ET SYSTÉMIQUE

On a décrit des familles à « transactions suicidaires » dans lesquelles on retrouve les traits suivants (J.C. Oualid, 2005) :

– famille isolée;

– fréquence des antécédents suicidaires connus ou inconnus dans deux tiers des cas;

– fréquente utilisation du corps comme vecteur de message d'alerte.

Les familles « maniaco-dépressives » peuvent être prises dans des secrets transgénérationnels, concernant des épisodes ayant atteint tel ou tel ascendant. Certains membres de la famille peuvent être idéalisés. On remarque souvent une figure familiale dominante qui maintient une solide pression sur l'ensemble du groupe. Différents membres peuvent être pris dans une position héroïque de martyrs ou de dévouement sans borne (A. Seghers, cité par J. Miermont, 1987).

ASPECTS THÉRAPEUTIQUES

Si certaines recommandations peuvent être formulées à partir des recherches dans le champ du traitement de la dépression, la démarche de soins reste au bout du compte une démarche sur mesure à adapter au cas par cas. Le choix de l'abord thérapeutique dépend de nombreuses variables et du modèle psychopathologique choisi.

Les psychothérapies de types interpersonnels, cognitivo-comportemental, psychanalytique, ou de soutien sont en première ligne dans les recommandations dans les épisodes dépressifs majeurs d'intensité légère à modérée.

L'aide aux proches et à la famille en cas de geste suicidaire est conseillée.

Les médicaments sont fortement recommandés comme traitement de première intention dans les épisodes dépressifs sévères et évidemment dans les troubles bipolaires où s'ajoutent les thymorégulateurs. Leurs associations à une approche psychothérapique sont généralement recommandées dès que le sujet s'est un peu dégagé de l'intensité symptomatique de l'accès aigu.

NÉVROSES ET ÉTATS ANXIEUX DE L'ADULTE

Le concept de névrose est intimement lié à la théorie analytique. Cependant son étiologie est complexe, et les autres théories soulignent l'importance du terrain biologique, de l'environnement ou du conditionnement (notion d'apprentissage).

Freud met en évidence l'existence de souvenirs refoulés, incompatibles avec le fonctionnement psychique conscient des patients dits « névrosés », et pouvant se manifester de façon autonome et non maîtrisable par l'individu dans son comportement ou ses mécanismes de pensée. Ces souvenirs refoulés, issus de l'inconscient, forment le noyau du refoulement.

POINT DE VUE PSYCHANALYTIQUE

La théorie psychanalytique de l'angoisse

La question de l'angoisse, sa compréhension, ses manifestations pourraient constituer le fil rouge de la réflexion de Freud tout au long de son existence, mais aussi de l'ensemble des psychanalystes qui lui ont succédé. Afin de clarifier la notion d'angoisse en psychanalyse, nous distinguerons plusieurs niveaux : celui de sa structure, celui de son origine, celui de ses fonctions, celui du lieu où elle s'exerce, celui des circonstances d'apparition, celui des processus défensifs, celui des types psychopathologiques :

– la structure de l'angoisse : l'angoisse est un état composé d'un l'affect qui a un caractère de déplaisir particulier (en cela différent du deuil, de la douleur, et de la tension) et qui s'accompagne de sensations corporelles rapportées à des organes déterminés (cœur, respiration, intestin, etc.). Ces sensations prouvent que des innervations motrices, et donc des processus de décharge, participent au phénomène (cela aussi différencie l'angoisse du deuil ou de la douleur);

– l'origine de l'angoisse : la naissance est la première expérience d'angoisse. Cette première expérience d'angoisse confère les traits caractéristiques de cet affect : augmentation de l'excitation, décharge et déplaisir le long de voies déterminées; tension de besoins excessive. Mais toute irruption d'angoisse n'est pas équivalente de la situation de la naissance. Quant aux fonctions et aux différents types d'angoisse, Freud, tout au long de son œuvre, attribue à l'angoisse l'une et/ou l'autre de ces deux fonctions :

- celle de décharge de l'excitation inhibée, retenue ou détournée,
- celle de réaction au danger de la naissance : l'accroissement des quantités d'excitation (situation économique), la perte de l'objet (situation déterminante pouvant se représenter par l'obscurité, la soli-

tude, le visage de l'étranger (en fait toute séparation), la castration, les représentations morales, la génitalité ;

– le lieu de l'angoisse : son lieu est le Moi qui juge la situation (de danger), provoque le signal de danger, suspend l'affect d'angoisse par l'inhibition, la lie à des représentations et des actions;

– les circonstances d'apparition de l'angoisse : deux circonstances d'apparition sont généralement retrouvées dans la conception psychoanalytique de l'angoisse :

- soit la tension de besoin est excessive, suscitant alors une réaction d'angoisse automatique, comme on peut la retrouver dans l'automatisme de la naissance ou la névrose traumatique,
- soit l'angoisse est liée à une situation produisant dans le Ça une représentation (par exemple la séparation), un fantasme (la castration) qui active dans le Moi une situation de danger correspondant au signal d'angoisse ;

– les deux ordres de processus défensifs : ils sont, compte tenu des circonstances d'apparition précédemment évoquées, de deux ordres :

- devant un danger réel, la réaction d'angoisse automatique surgit entraînant une action motrice de protection sous la forme de fuite, ou de lutte ou encore d'immobilisation. Cet ensemble appelle une action appropriée qui, si elle est trouvée, apaise le sujet, et si elle ne l'est pas se développe soit sous la forme d'action symptomatique, névrotique ou psychotique, soit entraîne une répétition compulsive, comme on le trouve dans la névrose traumatique à l'origine de la notion de compulsion de répétition,
- devant une production du Ça dangereuse ;

– les différents types d'angoisse permettent également de distinguer les différentes grandes entités psychopathologiques :

- l'angoisse persécutive, d'intrusion et de morcellement pour les psychoses,
- l'angoisse dépressive ou de séparation pathologique pour les organisations dépressives archaïques et limites,
- l'angoisse de castration pour les névroses,
- l'angoisse morale source de culpabilité dans les dépressions névrotiques.

La théorie psychanalytique générale des névroses

Laplanche et Pontalis définissent la névrose à partir de la conception analytique comme « une affection psychogène où les symptômes sont l'expression symbolique d'un conflit psychique trouvant ses racines dans l'histoire infantile du sujet et constituant un compromis entre désir et défense ».

Le symptôme névrotique a pour Freud une fonction régulatrice au sein de l'appareil psychique : il offre une solution de compromis à un conflit psychique non résolu entre deux instances psychiques, le Ça et le Moi. Le

Ça, réservoir premier de l'énergie psychique, contient des représentants pulsionnels inconscients qui tentent d'émerger à la conscience. Le Moi, siège de la conscience, épaulé par le Surmoi, intériorisation des exigences et des interdits parentaux, lutte contre l'émergence de ces contenus pulsionnels quand ils sont jugés trop inacceptables. Ces contenus pulsionnels à l'origine d'aménagement névrotique sont ceux qui se rapportent à un conflit psychique de nature sexuelle (dans le cadre de la psycho-sexualité infantile) survenu à un stade précoce et qui n'a pas pu être résolu à ce moment-là, soit en raison de l'intensité du conflit lui-même (lutte entre deux désirs opposés, ou bien entre un désir et un interdit) soit à cause de l'insuffisance de l'équipement du Moi à ce stade précoce de développement.

Freud a pensé initialement que les souvenirs contre lesquels luttaient les patients névrosés étaient des souvenirs de traumatismes sexuels subis dans l'enfance, enfouis dans l'inconscient, et réveillés dans l'« après-coup » par l'éveil des pulsions sexuelles de l'individu. Rapidement il devait abandonner la théorie de la séduction précoce de l'enfant par l'adulte, et reconnaître le caractère fantasmatique de ces souvenirs, trace de la psycho-sexualité infantile.

Ce conflit sexuel de la névrose se situe au stade génital œdipien, au sein de la relation triangulaire que l'enfant entretient avec ses parents. Le désir de posséder le parent de sexe opposé, la crainte de la castration organise une névrose infantile avec régression et fixation de l'énergie psychique, la libido, vers des modes de satisfaction antérieurs, pré-œdipiens, moins conflictuels.

Pendant la période de latence, le refoulement primaire vient recouvrir ce matériel relatif à la sexualité infantile en le maintenant hors de la conscience.

Mais avec la fin de la latence, l'entrée dans l'adolescence et surtout les premiers émois sexuels et amoureux de l'individu, ce matériel refoulé peut tenter de se manifester à nouveau à la conscience, submergeant le Moi d'angoisse.

Devant le retour du refoulé, le Moi doit recourir à des mécanismes de défense pour empêcher son émergence consciente, soit en le refoulant à nouveau (refoulement secondaire) soit en travestissant son contenu jusqu'à le rendre méconnaissable aux yeux du Moi.

Le Moi névrotique est caractérisé par la lutte contre ses pulsions grâce à ses mécanismes de défense qui deviendront les symptômes de sa névrose.

Le refoulement, mécanisme de défense essentiel et central dans la théorie psychanalytique, est donc mis en jeu par une pulsion issue du Ça dont la satisfaction amènerait un déplaisir. La pulsion s'exprime dans deux registres différents : celui de la représentation et celui de l'affect. Or seul le registre de la représentation sera concerné par le refoulement. L'affect se détache alors de la représentation refoulée pour suivre un autre destin. Selon Freud, il existe trois transformations possibles d'un affect : sa transformation en énergie somatique (conversion), son déplacement sur une autre représentation (obsession, phobie), sa transformation en angoisse libre (névrose d'angoisse) selon les quatre types d'organisation névrotique. En cela, le travail de la névrose est très proche du travail du rêve : le symptôme névrotique est une représentation symbolique et détournée de la motion pulsionnelle originelle. Par son accomplissement dans la réalité, le symptôme est une satisfaction substitutive qui tient compte à la fois de la pulsion initialement refoulée, de l'interdiction du Surmoi et du principe de réalité qui tous deux régissent le Moi. Il y a ainsi jouissance du symptôme qui permet l'accomplissement d'un désir inconscient travesti, offrant au sujet un bénéfice primaire immédiat. Des bénéfices secondaires issus du contexte, de l'attitude des proches viendront compléter le bénéfice immédiat. Tous ces avantages, en grande partie inconscients, offerts par le symptôme, risquent de fixer l'organisation névrotique telle qu'elle est, rendant difficile la mobilisation psychique vers des modes d'organisation plus fluide. Le caractère névrotique d'un symptôme se mesure alors beaucoup dans le degré réduit de plasticité ou au contraire d'adhérence et de viscosité psychique.

Points de vue psychanalytique selon le type de névrose

Dans la nosographie freudienne, la première ligne de démarcation passe entre névroses actuelles et psychonévroses qui se différencient par :

– leur origine : dans les névroses actuelles elle doit être recherchée dans le déficit de décharge sexuelle appropriée dans la vie sexuelle du sujet, tandis que pour les psychonévroses, la cause se situe dans l'inscription des souvenirs et des fantasmes infantiles sources de conflits non dépassés. Il n'est pas de psychonévrose sans prédisposition névrotique. Contrairement à une opinion répandue, la psychanalyse ne rejette pas le facteur constitutionnel, mais elle privilégie le rôle déterminant de la névrose infantile, par exemple : des mécanismes caractéristiques de la période du développement à laquelle la fixation semble s'être produite et du rôle et de la nature de l'environnement infantile;

– leur cause : somatique pour les névroses actuelles, psychiques pour les psychonévroses;

– leur accessibilité au traitement analytique : très difficile pour les premières, recommandée pour les secondes car il permet la mise en place et l'élaboration de la névrose de transfert, c'est-à-dire la transposition du conflit névrotique inconscient dans la relation du patient avec son psychanalyste.

Les névroses actuelles

Au sein des névroses actuelles, dépendantes de l'histoire personnelle et de la constitution, la distinction entre névrose d'angoisse et neurasthénie est essentiellement sémiologique.

La névrose d'angoisse inclut l'appréhension anxieuse constante, l'agitation, l'irritabilité et le cortège somatique habituel de l'angoisse (nausée, trouble du sommeil, sensation d'étouffement, etc.).

La neurasthénie, attribuée par Freud à une masturbation excessive, associe les signes de fatigue, de céphalée, d'impuissance, de constipation. Il est évidemment frappant de voir combien Freud était un remarquable clinicien, différenciant bien avant nos classifications contemporaines les différents types de troubles anxieux.

Les psychonévroses

La psychonévrose est la conséquence des conflits inconscients entre les exigences pulsionnelles sexuelles et les défenses du Moi au service des pressions surmoïques. Le refoulement du névrosé est particulièrement puissant. La satisfaction libidinale inconsciente, c'est-à-dire la recherche de jouissance de la représentation inconsciente, est censurée par le Surmoi. Dans cette perspective, les symptômes névrotiques apparaissent comme l'expression symbolique du conflit inconscient trouvant origine dans l'histoire infantile du sujet. Le Moi se protège contre l'angoisse engendrée par ce conflit par le refoulement et différents mécanismes de défense : déplacement, condensation, isolation, annulation rétroactive, etc. L'affect d'origine psychosexuelle, c'est-à-dire la libido ainsi retirée de la représentation source de jouissance, est converti, déplacé, condensé sur une ou plusieurs autres représentations plus acceptables par le Surmoi. L'origine de la névrose est ainsi un « retour du refoulé » déguisé. La compulsion à se laver chez un obsessionnel est donc le retour des besoins sexuels malpropres et refoulés. Ici, la signification du symptôme est celle d'un compromis entre le désir et un processus défensif : le retournement en son contraire. Cette démarche clinique l'amène également à décrire avec précision trois types de psychonévroses reflétant les fixations aux différents niveaux libidinaux du développement infantile et les caractéristiques de la période du développement concerné : l'hystérie, l'hystérie d'angoisse ou phobie, la névrose obsessionnelle.

La psychonévrose hystérique

La psychonévrose hystérique est marquée par une fixation au stade œdipien : classiquement, le principal danger est représenté par un choix d'objet d'amour incestueux. Depuis Freud, il est devenu évident que des déterminants prégénitaux, particulièrement des conflits oraux, sont aussi à l'œuvre dans la constitution de certaines névroses hystériques. Les principaux mécanismes de défense utilisés par le moi sont le refoulement, la régression et l'identification. L'angoisse est convertie en symptômes somatiques ou en dissociation psychique. Les conflits œdipiens insuffisamment dépassés peuvent aussi contribuer à la formation d'un caractère hystérique, névrose de caractère hystérique marquée par la constance chez le sujet, indépendamment des situations de traits histrioniques, d'attitudes de séduction, de labilité de l'humeur, de mise en acte des fantasmes œdipiens, bien que la sexualité soit crainte et inhibée.

En résumé. — Le sujet se défend contre la revendication libidinale du complexe d'Œdipe; le moteur de cette défense et de la formation des symptômes, qui est constitué par l'angoisse devant la perte d'amour des objets, est la menace de castration; le Moi se ferme face au Ça au moyen du refoulement : le contenu des représentations est oublié, maintenu hors de la conscience.

Les symptômes révèlent deux formes : l'expression substitutive, rejeton de la motion refoulée; les interdits du besoin de satisfaction : expression corporelle de la plainte par le mécanisme de la conversion somatique, c'est-à-dire un mécanisme par lequel la représentation mentale désirée et interdite et la libido qui lui est liée sont investies sur le corps qui exprime symboliquement le conflit inconscient. On peut donc considérer que dans l'hystérie prédominent deux mécanismes de défense : le refoulement, et la conversion somatique.

La psychonévrose phobique

La psychonévrose phobique ou hystérie d'angoisse est également marquée par une fixation au stade œdipien. L'anxiété impliquée est typiquement en rapport avec la menace de castration. Associés au refoulement, les mécanismes de défense spécifiques sont ici : le déplacement (d'un objet à un autre, par exemple, d'un père craint à la crainte d'un animal) et la projection ou l'externalisation (par exemple, de la peur d'une excitation sexuelle à la peur d'une place publique ou d'un transport en commun). Les avantages sont évidents : le surgissement à la conscience du sentiment désagréable d'agressivité à l'égard d'une figure parentale, par exemple, est refoulé, permettant de conserver un lien étroit avec ce parent, tandis que la situation ou l'animal phobogène peut être évité. Les conflits œdipiens insuffisamment dépassés peuvent là aussi contribuer à la formation d'un caractère ici phobique, *névrose de caractère phobique*. Celle-ci se caractérise par un comportement général d'évitement des relations humaines proches et un besoin constant de réassurance de la part de ceux dont la fonction est généralement de vous protéger.

En résumé. — Le sujet se défend contre la revendication libidinale du complexe d'Œdipe comme le montre tout particulièrement l'histoire du petit Hans amoureux de sa mère et ressentant une impulsion hostile contre son père dont il redoute la vengeance, à savoir la menace de castration; le moteur de cette défense est la formation de symptôme et l'angoisse devant un danger imaginé comme réel (la castration); le Moi donne le signal d'angoisse et inhibe le processus d'investissement dans le Ça. À la motion refoulée est substituée l'angoisse devant le cheval (qui veut le mordre) et le Moi impose une inhibition à l'action pour ne pas réveiller ses angoisses : l'incapacité d'aller dans la rue.

Les symptômes révèlent deux formes : les interdits de deux motions pulsionnelles concernées, la motion agressive contre le père, la motion érotique envers la mère ; l'expression substitutive, le danger est déplacé (déplacement) sur un autre danger (être mordu par le cheval, dans le cas du petit Hans).

Il existe une autre défense la projection dans le réel du danger pulsionnel : « le moi se comporte comme si le danger de développement de l'angoisse ne venait pas d'une motion pulsionnelle, mais d'une perception et peut donc réagir contre ce danger extérieur par la tentative de fuite et d'évitement phobique » (*L'inconscient, l'état psychologique*, 1915). Ici ce qui est projeté dans le monde extérieur, c'est la cause de l'affect négatif (le père, dans le cas du petit Hans).

La psychonévrose obsessionnelle

La psychonévrose obsessionnelle est marquée par une fixation au stade anal et aux tendances sadiques-anales qui envahissent la problématique œdipienne. L'angoisse ici tout particulièrement liée aux conflits Ça-Surmoi est marquée par un fort sentiment de culpabilité. Le Moi utilise tout particulièrement comme mécanismes de défense l'isolation, la formation réactionnelle, l'annulation rétroactive. Chacun de ces mécanismes est destiné à ne rien laisser transparaître des fantasmes sadiques sous-jacents. Les obsessions, les compulsions, les rituels envahissent la pensée et le comportement, barrant la route à tout mouvement affectif un peu plus impliquant. Le caractère obsessionnel est lui aussi marqué par le besoin de maîtrise à l'égard de ce qui pourrait laisser entrevoir l'affectivité et les pulsions sadiques. Hyperconsciencieux, obstiné, parcimonieux, très ordonné mais aussi indécis, hésitant, ambivalent, le caractère obsessionnel, *névrose de caractère obsessionnel,* est au service de la maîtrise de l'émotion par la pensée et empêche le névrosé qui en est atteint d'agir constructivement.

En résumé. — Le sujet se défend contre la revendication libidinale du complexe d'Œdipe. L'exemple le plus représentatif est l'histoire l'homme aux rats ; le moteur de cette défense est la formation du symptôme et de l'angoisse devant le Surmoi ; le Moi se ferme face au Ça au moyen de la régression des motions pulsionnelles au stade sadique anal tandis qu'il reste pleinement soumis aux influences venant du Surmoi.

Les symptômes révèlent deux formes : les interdictions, mesure de protection, et les pénitences ; les satisfactions substitutives du sadisme anal : exigence, contrôle, maîtrise.

Les traitements psychodynamiques des psychonévroses sont, aux yeux de Freud et de la majorité de ses successeurs, psychanalytiques. Ils ont pour objectifs essentiels :

– de diminuer le caractère contraignant des mécanismes de défense dont les qualités sont différentes selon chaque type de névrose ;
– de diminuer la rigidité des exigences surmoïques ;

– de permettre au sujet de prendre conscience de la compulsion de répétition que ses conflits internes engendrent dans sa vie personnelle et sociale;

– la perception de ces conflits inconscients infantiles et la capacité d'auto-analyse des mouvements psychiques internes constituent l'ultime but des traitements analytiques des névrosés.

Les traitements reposent sur des modalités spécifiques de transfert.

On peut comprendre le transfert de patients qui présentent une organisation névrotique de la personnalité comme la répétition inconsciente dans le « ici-et-maintenant » de relations pathogènes venant du passé. Il s'agit de la mise en acte d'un aspect de soi infantile et inconscient dans sa relation avec les représentations infantiles et également inconscientes des objets parentaux.

Les patients dotés d'une organisation névrotique de la personnalité présentent des structures du Moi, du Surmoi, et du Ça bien intégrées. Dans la situation psychanalytique, l'analyse des résistances facilite l'activation dans le transfert de caractéristiques assez générales de ces structures, et plus tard des relations d'objet intériorisées qui les composent. L'analyse des représentants pulsionnels s'inscrit dans le contexte d'une analyse de la relation du soi infantile à des objets parentaux projetés sur le thérapeute.

Les patients névrotiques régressent vers un soi infantile inconscient assez bien intégré quoique réprimé. Celui-ci est lié à des représentations d'objet parentales également assez bien intégrées quoique inconscientes. Il en résulte des transferts relativement aisés à comprendre et à interpréter. La relation inconsciente aux parents du passé s'appuie aussi bien sur la réalité que sur les fantasmes qui expriment cette relation ainsi que sur les défenses qui se mobilisent contre elle. L'aspect inconscient du soi infantile soutient un désir concret exprimant directement une exigence pulsionnelle vis-à-vis de ces objets parentaux, ainsi qu'une peur imaginaire concernant les dangers liés à l'expression de ce désir.

POINT DE VUE COMPORTEMENTAL ET COGNITIF

Dans le cas de la névrose, le symptôme est ici considéré comme un comportement inadapté dont il faudra identifier toutes les causes et les conséquences qui fixent le comportement afin de pouvoir agir sur elles pour le modifier. Ainsi, une phobie peut être acquise lors d'une expérience traumatique et s'installer face à toute situation rappelant par un lien plus ou moins explicite le contexte de l'expérience traumatique de départ. Par la suite, le patient cherche à éviter la situation anxiogène, mais cet évitement renforce la potentialité à être angoissé, alors qu'on découvre qu'une exposition prolongée finit par éteindre l'angoisse. On complète la compréhension en décrivant des contingences de renforcement du symptôme. Ce sont toutes les situations qui précèdent, accompagnent et suivent immédiatement le comportement. Elles interagissent entre elles et renforcent le comportement en augmentant la probabilité d'une réponse. Ainsi, le symptôme névrotique serait un comportement appris, réactionnel à un stimulus donné, mal adapté et qui persisterait malgré son caractère préjudiciable pour le sujet. Ces modes de réaction sont apparus pendant la construction et l'apprentissage de la personnalité par le jeu des gratifications et frustrations et ont persisté sur un mode stéréotypé. Les comportementalistes montrent qu'il est possible d'installer une réponse antagoniste au stimulus responsable de l'anxiété qui, par un phénomène d'inhibition réciproque, va inhiber la réponse anxieuse. Cette méthode thérapeutique est appelée désensibilisation systématique.

Le modèle comportementaliste s'intéresse peu aux troubles de la pensée et les thérapeutiques proposées utilisent peu la pensée comme agent correcteur des troubles du comportement, cherchant plutôt à installer un autre type de comportement réflexe.

C'est le mouvement cognitiviste, surtout à partir des années 1970 et à travers les travaux de Beck et Bandura, qui insistera sur l'interaction entre les systèmes de pensée, le comportement et l'environnement. Le passé comportemental d'un sujet, l'observation des conduites d'autrui, lui donnent une image de ce qui est adapté et non adapté. Les changements de comportements procèdent d'une observation de ces comportements mais aussi des phénomènes extérieurs. Un sujet est généralement peu attentif aux effets de son comportement, sauf s'il arrive à en saisir la séquence des différentes interrelations. Mais cette saisie peut parfois être complètement erronée (schéma erroné de pensée) et contribuer à maintenir un comportement aberrant. L'appréhension cognitive des contingences réelles de l'environnement peut contribuer à expliquer des erreurs de comportement et à les rectifier. Pour obtenir un fonctionnement cognitif correct susceptible ensuite d'influer sur le comportement dans un sens favorable, il faut se donner les moyens de distinguer une pensée correcte d'une pensée fausse dans une optique de « rééducation du fonctionnement cognitif de l'individu ».

Dans la névrose d'angoisse, la perception, lors de crises d'angoisse aiguës, de sensations corporelles telles qu'un pouls rapide, un essoufflement pulmonaire, des douleurs thoraciques, augmente la peur de mourir et majore l'angoisse à son tour. Un cercle vicieux s'installe entre cognitions erronées et troubles du comportement. Le but des thérapies cognitivo-comportementales (voir plus loin) consiste en l'extinction d'un tel réflexe pathologique à l'aide d'une observation précise des symptômes (survenue, pensées du moment, extinction, etc.), du déconditionnement et d'un réapprentissage des comportements et des schémas de pensée adaptés.

APPROCHE GÉNÉTIQUE ET NEUROBIOLOGIQUE

La génétique des différents états anxieux (ou des névroses) est encore aujourd'hui du domaine de la recherche. Le système nerveux central est conçu ici comme soumis à une *double détermination* : une détermination génétique, programmée avant la naissance, et une détermination dite *épigénétique*, en relation directe avec l'environnement, en particulier affectif, de l'enfant. En raison d'une grande plasticité du cerveau humain, l'environnement joue un rôle dans la *stabilisation sélective des synapses* au cours de la spécification fonctionnelle du système nerveux central qui survient entre la naissance et l'âge de 20-25 ans, mais dont on connaît aujourd'hui la plasticité durant toute la vie.

Les hypothèses biologiques des états névrotiques concernent essentiellement le groupe des états anxieux et en particulier les paniques (ou angoisse aiguë), les phobies et les troubles obsessionnels. Elles sont issues d'une part de l'étude des effets des médicaments et d'autre part de l'expérimentation animale.

On pense que lors des états anxieux il existe une hyperactivité noradrénergique et sérotoninergique. Une autre hypothèse est qu'il y ait une hypoactivité des circuits inhibiteurs de cette activité noradrénergique par les récepteurs GABA.

En faveur de l'hypothèse noradrénergique, on peut souligner deux arguments : la stimulation bilatérale du locus cœruleus qui produit plus de 70 % de la noradrénaline cérébrale et déclenche chez l'animal un comportement de peur panique. Par ailleurs, les médicaments qui diminuent le *turnover* et l'activité noradrénergique centrale sont ceux qui sont efficaces dans le traitement de l'anxiété au long cours. En faveur de l'hypothèse sérotoninergique, on peut également remarquer que les médicaments ayant un effet inhibiteur de la recapture de la sérotonine sont efficaces dans le traitement de l'ensemble des états anxieux.

Quant au système GABA, il enverrait des afférences dans le locus cœruleus et la région du raphé, et inhiberait les décharges cellulaires de ces deux centres. De nombreux produits anxiolytiques exercent leurs actions en potentialisant la transmission gabaergique (barbiturique, carbamate, éthanol, benzodiazépines). Un certain nombre de molécules endogènes auraient au contraire un rôle anxiogène physiologique (facilitation de la mobilisation cognitive lors de situation de danger) par inhibition de l'activité gabaergique.

Les travaux de Gray, neurobiologiste anglais, propose une modélisation séduisante de l'anxiété dans laquelle la région septo-hippocampique (dont les afférences principales sont issues du locus cœruleus et des noyaux du raphé) joue un rôle de comparateur entre stimuli effectivement survenus et stimuli attendus. Ainsi, si le stimulus réel arrivant au cerveau ressemble au stimulus attendu, le système fonctionne en mode « vérification » seulement et ce seront d'autres systèmes cérébraux qui assureront le contrôle comportemental. En revanche, si le stimulus diffère nettement du stimulus attendu en appartenant à une des catégories suivantes : stimulus de punition, stimulus de non-récompense, stimulus nouveau, il y a une annonce de « non-assortiment » et le système fonctionne alors en mode commande susceptible d'inhiber le comportement, augmenter le niveau de vigilance, augmenter l'attention. Les conséquences peuvent alors aller du débordement du système avec abandon de la fonction d'autorégulation et accès de panique, à la lenteur d'exécution des fonctions de vérification amenant, le ralentissement psychomoteur. Si des hésitations s'installent, avec des conduites exploratoires, des vérifications et la répétition des contrôles, il se manifestera des troubles obsessionnels.

Ce domaine de la recherche est en perpétuel remaniement et de nouvelles découvertes surviennent régulièrement. Parmi les différentes directions des recherches actuelles, citons :

– des travaux plus récents ont montré le rôle d'un neurotransmetteur, la cholécystokinine, dans l'induction des attaques de panique pouvant donner l'espoir qu'un inhibiteur de ses récepteurs pourrait être un agent thérapeutique ;
– on sait aujourd'hui que les situations anxiogènes ont des conséquences sur les réponses immunes sans qu'on puisse démontrer toutefois qu'elles agissent directement sur la genèse de certaines maladies ;
– les données de l'imagerie fonctionnelle mettent en évidence chez les patients souffrant de troubles obsessionnels compulsifs des anomalies à la fois dans le cortex frontal et dans les noyaux gris centraux.

ASPECTS THÉRAPEUTIQUES

Pour la *névrose d'angoisse*, la mise en place d'un traitement adéquat doit se faire après un entretien clinique approfondi. Celui-ci a pour but d'éliminer les diagnostics différentiels (somatique essentiellement) et d'établir un échange avec le patient à travers un entretien à valeur informative mais aussi thérapeutique.

Une prise en charge psychothérapeutique est quasiment toujours indiquée dans la névrose d'angoisse et souvent suffisante. Selon la demande du patient, sa symptomatologie et ses capacités personnelles, enfin selon la sensibilité du consultant, le choix se portera vers une psychothérapie de soutien, d'orientation analytique ou une psychothérapie cognitivo-comportementale.

Dans une approche analytique, le thérapeute tentera de guider le patient vers un travail d'élaboration psychique afin de donner une représentation mentale à son vécu d'angoisse, souvent diffus et ressenti « corporellement ». Laplanche et Pontalis (1967) rappellent que la névrose d'angoisse fait partie pour Freud des névroses dites « actuelles » et est due à « l'accumulation d'une excitation sexuelle qui se transformerait directement en symptôme sans médiation psychique ». Même si les psychanalystes d'aujourd'hui sont plus nuancés sur l'aspect de frustration sexuelle décrite par Freud à la base de cette névrose, ils s'accordent à décrire une accumulation dans le corps d'une excitation débordant les capacités de représentation de l'appareil psychique. La tâche du travail psychothérapeutique est alors d'accompagner le fonctionnement psychique du patient dans son travail de représentation.

En fonction de son orientation théorique, la psychothérapie évoluera selon des modalités diverses.

La prescription médicamenteuse n'a rien de systématique et dépend du degré d'intensité des crises d'angoisse, de leur fréquence, de la gêne occasionnée pour le patient, du caractère intolérable de l'anxiété intercritique et de ses retentissements sur la vie du patient.

Si les crises d'angoisse sont plus fréquentes et s'accompagnent d'un état anxieux permanent, on peut avoir recours à un traitement médicamenteux. La prescription médicamenteuse est le plus souvent assortie d'une prise en charge psychothérapeutique.

La chimiothérapie varie en fonction de la typologie de l'angoisse :

– si les crises d'angoisse sont rares, espacées, l'anxiété intercritique modérée, un traitement « au coup par coup » de la crise peut s'avérer suffisant, en utilisant des anxiolytiques type benzodiazépine au moment de survenue de la crise. Il faut toujours être attentif au risque d'augmentation progressive de la consommation d'anxiolytiques, susceptible d'installer une dépendance secondaire aux médicaments. La prescription doit indiquer une dose maximum à ne pas dépasser et avoir une durée déterminée ;

– dans le cas de crise d'angoisse à tonalité psychotique (avec prédominance des impressions de dépersonnalisation, déréalisation, dissociation psychique), ou en raison de l'intensité particulière de l'angoisse, ou encore d'une appétence médicamenteuse contre-indiquant la prescription de benzodiazépine, on peut utiliser des neuroleptiques sédatifs.

Le mode d'administration des médicaments sédatifs est le plus souvent oral, mais peut être injectable si l'état du patient le nécessite.

Si les crises d'angoisse sont très fréquentes, entraînant une gêne importante dans la vie du patient, et l'anxiété intercritique permanente et intense, un traitement de fond du trouble peut être entrepris en ayant recours à un médicament antidépresseur pour une durée minimum de deux-trois mois.

L'association d'un antidépresseur et d'un anxiolytique est justifiée lorsqu'une action rapide sur l'angoisse est nécessaire.

Les méthodes de relaxation (*training* autogène de Schultz, psychothérapie de relaxation d'Ajuriaguerra) peuvent apporter un bénéfice non négligeable dans le traitement de la névrose d'angoisse.

Pour la *névrose hystérique*, un examen clinique complet et un bilan biologique standard sont nécessaires et suffisants dans la plupart des cas pour éliminer une maladie somatique dont l'hystérie peut avoir pris le masque. Il est inutile de multiplier les examens somatiques mais parfois très difficile de résister aux demandes insistantes, vite agressives, des patients qui vivent l'arrêt d'investigations somatiques comme une fin de non-recevoir. L'attitude du soignant doit rester empathique sans être séductrice, chaleureuse mais ferme.

L'hospitalisation est à manier avec précaution : elle offre un intérêt non discutable dans l'acmé des crises pour séparer le patient de son entourage habituel, et lui permettre de retrouver un peu de calme dans un environnement neutre, ainsi que pour faire un bilan somatique rapide et complet en cas de suspicion d'atteinte organique.

L'hospitalisation a rarement intérêt à se prolonger au-delà de quelques jours, au risque de voir se développer très rapidement des bénéfices secondaires, des pathomimies complexes, ainsi qu'une dégradation rapide et prévisible des rapports aux équipes de soins.

Des entretiens à visée psychothérapeutique sont à instaurer le plus rapidement possible afin de favoriser la verbalisation et la prise de conscience des enjeux inconscients. Le traitement au long cours s'oriente vers une prise en charge psychothérapeutique, dont l'orientation dépend des capacités et des dispositions des patients.

De façon générale, les psychothérapies d'inspiration psychanalytique permettent, tout en ménageant le narcissisme du patient, un travail d'élaboration psychique qui limite les bénéfices secondaires et les attitudes régressives.

Une psychanalyse classique est parfois difficile à mettre en place compte tenu de la relative indifférence des hystériques à leurs troubles. La souffrance psychique n'est alors pas suffisante pour mobiliser l'investissement du patient dans une thérapie qui impose frustration et patience, et ils n'entendent pas renoncer de sitôt à leurs bénéfices secondaires. Seule cependant une approche en profondeur permet d'aider le patient à sortir d'un mode de relation infantile structuré dans la personnalité.

Les autres approches psychothérapeutiques, bien que plus superficielles, ne sont pas à négliger pour autant, elles sont souvent le seul mode d'approche possible et peuvent offrir aux patients un mieux-être appréciable. Les thérapies s'appuyant sur la suggestion ont souvent un effet positif immédiat sur les symptômes, comme l'hypnose, mais aussi les thérapies de reconditionnement cognitivo-comportemental. Cependant les bénéfices au long terme de ce type d'approche restent très discutés.

Le traitement médicamenteux est rarement indiqué, sauf en cas de franche décompensation dépressive ou dans les grandes crises d'agitation. La prescription médicamenteuse devra être régulièrement revue, en surveillant les risques de surconsommation et de pharmacodépendance.

Pour les *phobies simples*, localisées et stables, comme la phobie d'un animal, d'un objet ou une agoraphobie modérée, les techniques de thérapie cognitivo-comportementale obtiennent de bons résultats. Elles procèdent par technique d'immersion progressive, ou *flooding*, où le patient est confronté à l'objet phobogène soit dans la réalité, soit en imagination ou à travers un média et apprend à supporter, en présence du thérapeute puis seul, la confrontation à la situation phobogène. Il lui est prescrit des exercices et un entraînement régulier pour s'adapter petit à petit à la situation redoutée.

Pour les *phobies sociales* on peut utiliser des techniques cognitives d'affirmation de soi, le plus souvent en séance de groupe.

Enfin, les thérapies d'inspiration analytique restent une indication de choix dans la névrose phobique, surtout si la phobie est diffuse, mal localisée sur un objet ou une situation phobogène. Selon les capacités et les attentes de chacun, on s'orientera plus volontiers vers une cure analytique classique ou vers une thérapie.

La prescription médicamenteuse n'est pas toujours nécessaire et devra être évaluée en fonction de l'intensité des crises d'angoisse, et du vécu dépressif sous-jacent.

Pour les crises d'angoisse phobique isolées, la prescription d'anxiolytiques est souvent suffisante. Après avoir vérifié l'efficacité du traitement lors d'une crise, il n'est pas rare que le patient se contente d'avoir le médicament sur lui, sans le prendre, et que cela suffise à contenir son angoisse.

En cas de crises répétées, ou d'angoisse importante, et mal contenue, malgré une augmentation du traitement anxiolytique, la prescription d'un traitement antidépresseur est à envisager. *A fortiori* si la symptomatologie phobique s'accompagne de signes dépressifs persistants.

Dans la phobie sociale, compte tenu du retentissement important sur l'estime de soi, la mise sous traitement antidépresseur est souvent nécessaire.

Dans la *névrose obsessionnelle* caractérisée (ou dans le TOC), la prise en charge thérapeutique classique associe un traitement médicamenteux à un suivi psychothérapeutique.

En règle générale, les médicaments prescrits en présence d'une symptomatologie obsessionnelle sévère sont des antidépresseurs (tricycliques ou sérotoninergiques), même en l'absence de symptôme dépressif caractérisé. À dose souvent élevée, ils ont parfois une bonne efficacité sur les symptômes.

En cas d'anxiété importante associée, on peut adjoindre des anxiolytiques type benzodiazépine.

Les neuroleptiques sont rarement prescrits mais peuvent avoir un intérêt en cas de risque de décompensation psychotique, ou d'angoisse majeure.

La prise en charge psychothérapeutique reste, comme dans toutes les névroses, l'axe essentiel du traitement.

L'orientation vers une cure psychanalytique dépend des capacités du patient, de ses intérêts, et de sa capacité à supporter la frustration. La cure analytique permet d'atteindre les stades de régression et de fixation du fonctionnement psychique (stades sadiques anaux), et d'aider à une réorganisation psychique à travers le transfert. Mais le traitement analytique est souvent long et particulièrement difficile chez les obsessionnels, dont les défenses rigides brident le jeu des libres associations. Il s'adresse en priorité à des sujets jeunes, dont la névrose obsessionnelle n'est pas encore trop fixée, possédant des investissements variés, et une certaine liberté psychique leur permettant le jeu de la libre association.

Les thérapies d'orientation psychanalytique ou les thérapies de soutien sont plus largement prescrites, et permettent de faire la part des fragilités narcissiques sous-jacentes. Elles peuvent s'adresser à des névroses plus graves et invalidantes et leur but se limite à obtenir un assouplissement relatif du fonctionnement, ce qui reste un bénéfice non négligeable pour le patient.

Les thérapies d'orientation cognitivo-comportementale connaissent actuellement beaucoup de succès dans le traitement des TOC. L'idée qui sous-tend l'approche cognitivo-comportementale est ancienne et issue des théories de Pierre Janet (1908) qui pensait que le Moi de l'obsessionnel était trop faible, soumis au doute incessant, incapable de choisir, et qu'il fallait renforcer le niveau de fonctionnement de la pensée pour qu'il atteigne le niveau des pensées efficaces et des actes volontaires. Ainsi, les thérapies comportementales montrent que l'anxiété peut être progressivement maîtrisée et diminuée par l'exposition répétée aux idées obsédantes (ou mot ou image), tout en empêchant la mise en place du rituel. Il s'agit de sortir le patient de son conditionnement et lui offrir de nouveaux moyens de faire face à son angoisse.

Les hospitalisations sont rares mais peuvent être nécessaires en cas de dépression grave ou de décompensation psychotique.

LA NÉVROSE TRAUMATIQUE OU LE SYNDROME DE STRESS POST-TRAUMATIQUE

Nous avons choisi de traiter à part la névrose traumatique des autres névroses tant les explications psychopathologiques ont pour ce trouble une réelle spécificité.

POINT DE VUE PSYCHANALYTIQUE

Bien entendu, Freud s'intéressera de près aux névroses traumatiques, puisque ces pathologies viennent illustrer de manière très concrète ses hypothèses : sans même qu'il y ait de traumatisme physique, il peut y avoir traumatisme psychique. Il rapproche donc la pathogénie de l'hystérie et celle de la névrose traumatique.

Psychopathologie de l'impact traumatique selon Freud : dans *Au-delà du principe de plaisir* (Freud, 1920), Freud compare l'organisme à une « vésicule vivante », protégée des stimuli extérieurs, en surface, par une écorce de défenses appelée « pare-excitation ». Ici, l'événement traumatique est non seulement violent, mais il survient dans la surprise et l'impréparation, de sorte qu'il déborde les capacités de filtrage du pare-excitation. Il « pénètre » donc à l'intérieur de l'organisme, où il va continuer à provoquer des remaniements pendant longtemps.

Névrose traumatique et organisation psychique antérieure (Barrois, 1986) : Freud classe la névrose traumatique comme une catégorie à part : c'est une névrose narcissique (puisque c'est le narcissisme qui est profondément atteint), relevant avant tout d'un facteur extérieur, et non d'un conflit en rapport avec la vie infantile. Ferenczi insistera aussi sur cette notion : « personne n'est à l'abri (d'une névrose traumatique), puisque le stade narcissique est un point de fixation important du développement libidinal de tout être humain » ; « il est exagéré de parler ici aussi de disposition infantile comme cause essentielle (bien que celle-ci contribue à déterminer le contenu et la forme — du trouble —) ». Ainsi, même si cette pathologie fait exception dans les théories psychanalytiques habituelles (qui font des conflits intrapsychiques la source des troubles psychopathologiques), il est tout de même important d'entendre le sujet dans sa globalité, afin de resituer ses manifestations symptomatiques dans son histoire.

Le *syndrome de répétition d'un point de vue économique* : c'est un des grands questionnements de Freud, dans *Au-delà du principe de plaisir.* Les cauchemars à répétition des traumatisés viennent contredire sa théorie du rêve comme réalisation d'un désir, de même que la répétition désagréable des reviviscences diurnes interroge le principe de plaisir. Freud élabore un parallèle entre ces symptômes et les autres manifestations de la répétition que sont :

– le jeu répétitif chez l'enfant : à partir de l'exemple du jeu de la bobine, par lequel l'enfant s'habitue à l'absence de sa mère, Freud constate que les enfants reproduisent dans le jeu tout ce qui les a impressionnés dans la vie. Il décrit ainsi le jeu de répétition comme une technique d'abréaction, qui est au service de l'apaisement et donc du principe de plaisir;

– la répétition des événements refoulés dans le transfert psychanalytique, répétition parfois très désagréable, dont Freud déduit qu'il existe dans la vie psychique une tendance irrésistible à la répétition qui ne tient pas forcément compte du principe de plaisir.

Freud tente ainsi tout d'abord de comprendre les cauchemars à répétition comme une tentative d'abréaction, de liaison, et comme un moyen de revivre de façon active ce que l'on a vécu passivement. Mais surtout, face à ces symptômes qui questionnent ses théories habituelles, Freud va élaborer la notion de pulsion de mort : tendance à la décharge absolue, qui va au-delà du principe de plaisir. Tendance « touchant à la suppression de l'excitation, (...) au Nirvana, et à l'anéantissement » (Braconnier, 1998).

APPROCHE GÉNÉTIQUE ET NEUROBIOLOGIQUE

On observe des modifications métaboliques dans le stress post-traumatique :

– hyperactivité du système noradrénergique aussi bien périphérique que central. Des études ont montré que l'administration de molécules comme le lactate ou la yohimbine, qui stimulent le système noradrénergique, provoquent des bouffées d'angoisse et des *flash-back* chez les sujets atteints de stress post-traumatique. Par ailleurs, on suspecte aussi des modifications portant sur la sérotonine et les opioïdes endogènes;

– inhibition de l'axe hypophyso-surrénalien, avec diminution des taux de cortisol plasmatique et urinaire, et diminution de la réponse de l'ACTH (corticotrophine) au CRF. Cette inhibition de l'axe hypophyso-surrénalien pourrait relever d'un mécanisme d'adaptation au stress. Deux types d'études vont dans ce sens : d'une part, des études chez l'animal ont montré que l'exposition et l'adaptation à des stress chroniques s'accompagnent d'une diminution des taux de cortisol; d'autre part, une étude menée chez des parents d'enfants atteints de leucémie a montré des taux bas de 17 OH stéroïdes, ces taux étant encore plus bas chez les parents les plus dans le déni de la maladie de leur enfant, et chez les parents dont l'enfant décédait. Les liens bidirectionnels entre facteurs psychologiques et hormonaux ont été mis en évidence par de nombreux travaux de psycho-endocrinologie. Cependant, on en ignore encore les mécanismes « neuro-psycho-chimiques » précis. Ici, la question de fond est la suivante : les modifications métaboliques observées dans le stress post-traumatique sont-elles uniquement la continuation des réponses aiguës au stress initial, ou relèvent-elles de modifications neurostructurales plus profondes? Et dans ce cas, ces modifications neurostructurales sont-elles antérieures (vulnérabilité prémorbide?) ou postérieures au traumatisme?

On a également impliqué des centres cérébraux dans le stress post-traumatique : les centres cérébraux qui sont en charge du repérage des dangers, des réactions d'éveil et du déclenchement des comportements d'alarme sont nommés « centres traumatiques ». Le plus important d'entre eux est le locus cœruleus, qui intervient dans la régulation des affects, de l'irritabilité, des conduites motrices, de l'éveil, de l'attention et des comportements d'alarme. La mise en évidence du dysfonctionnement d'une telle structure dans le stress post-traumatique serait en faveur de modifications neurostructurales profondes dans cette pathologie. Or de tels dysfonctionnements ont été retrouvés dans des études. En particulier, on a mis en évidence une désensibilisation des récepteurs alpha2 noradrénergiques (« fatigue » des récepteurs alpha2).

Cependant, ces modifications neurostructurales sont-elles :

– préexistantes au stress post-traumatique ? Elles pourraient alors constituer un facteur de vulnérabilité, exposant certains sujets plus que d'autres à cette pathologie. Mais alors, ces modifications préexistantes des centres traumatiques peuvent encore être de deux natures : génétique, ou développementale (c'est-à-dire acquises, très tôt, par exemple en cas d'exposition à des traumatismes très précoces);

– acquises lors du développement du stress post-traumatique ?

Nous ne disposons pas encore des réponses à toutes ces questions, mais la recherche tente d'étudier :

– d'éventuelles anomalies génétiques enzymatiques (hypothèse génétique), qui altéreraient la qualité ou la quantité des réponses physiologiques aux stresseurs;

– et des anomalies causées par des traumatismes précoces (hypothèse développementale), qui altéreraient les capacités hormonales (dysfonctionnement de l'axe hypophyso-surrénalien) et psychologiques de gérer le stress.

POINT DE VUE COMPORTEMENTAL ET COGNITIF

Sur le plan comportemental, il se développe, chez ces patients, un processus de conditionnement secondaire au *stimulus* traumatique. Ce conditionnement se traduit par un ensemble de comportements qui s'imposent au patient et qui comprennent, entre autres, les conduites d'évitement et le syndrome de répétition. Il existe ainsi un tableau d'hypervigilance, avec comparaisons permanentes entre la situation actuelle et les circonstances du traumatisme. L'univers personnel est donc restreint, réduisant les occasions de satisfaction et d'épanouissement, et pouvant conduire à des affects dépressifs.

Sur le plan cognitif on observe, chez les patients atteints de stress post-traumatique, un ensemble de croyances irrationnelles, qui constituent des « distorsions cognitives » : impression généralisée de dangerosité du monde (et donc évaluation fausse des notions de danger et de sécurité); impression d'avoir une capacité de réponse au danger diminuée; polarisation de la pensée sur le traumatisme ou des thèmes s'y rapportant; pensées automatiques négatives, etc.

ASPECTS THÉRAPEUTIQUES

Beaucoup soulignent l'importance de la prévention (Crocq, Doutheau, 1995).

Prévention primaire

Ce sont les mesures d'information, d'éducation, et d'entraînement qu'un gouvernement peut mettre en place concernant certains risques, notamment dans le domaine des catastrophes naturelles. Par exemple, au Japon, dès l'école maternelle, les enfants sont habitués à recevoir des informations et un entraînement en cas de tremblement de terre. Ces mesures peuvent limiter l'impact traumatique d'une catastrophe en offrant un certain degré de préparation et de familiarisation à la population.

Prévention secondaire

Lorsqu'un traumatisme a lieu chez un individu, on sait dorénavant que toute approche d'étayage et d'aide à la verbalisation précoce peut enrayer le développement d'une névrose traumatique. Il convient donc de mettre en place les conditions d'une telle verbalisation dès que l'on a connaissance d'un événement traumatique. C'est ainsi que se sont développées les « cellules de crise médico-psychologiques », qui interviennent parallèlement aux autres types de secours (pompiers, Samu, etc.), sur les lieux d'événements catastrophiques. Lorsqu'un grand nombre d'individus est concerné par une catastrophe (par exemple : attentat), ces cellules de crise organisent des groupes de parole collectifs, afin de permettre au plus grand nombre une première verbalisation, un partage des émotions ressenties et des mécanismes d'identification. Au cours de ces séances collectives, les individus les plus en difficulté peuvent être repérés et éventuellement dirigés vers une consultation spécialisée dans un second temps.

Prévention spécifique à la psychiatrie militaire

Mise en place d'une « psychiatrie de l'avant » : unités proches des zones de combat, permettant la mise à l'abri des soldats en état de choc dans un cadre rassurant. Un soutien psychothérapique précoce est apporté avec aide à la verbalisation et à la mentalisation.

Les psychothérapies psychodynamiques

Elles sont de plusieurs types, mais ont en commun les principes suivants (Crocq et coll., 1983; Lebigot, 1998) :

– permettre la verbalisation du traumatisme, ce qui passe en général par une phase d'abréaction : l'abréaction consiste à faire revivre l'événement par le sujet, à travers une description très complète de ce qui s'y est déroulé. Les circonstances, les émotions ressenties, les pensées survenues, etc. seront ainsi remémorées. Ce récit s'accompagne en général d'une charge émotionnelle intense, comme si le sujet revivait l'événement. S'en suit une sensation d'épuisement physique et de soulagement mental. Janet dénommait ce phénomène d'abréaction « désinfection morale » dans son ouvrage de 1919 sur les médications psychologiques;

– puis, à travers le travail associatif, libérer le matériel inconscient sous-jacent à la souffrance psychique actuelle, c'est-à-dire, aider le patient à faire un travail de liaison entre son état actuel et son histoire;

– cela dans le cadre d'une relation de confiance avec le praticien, sur laquelle le patient va s'appuyer pour reprendre confiance en lui et en « l'humanité » d'une façon plus générale.

Diverses approches existent :

– psychothérapie d'inspiration psychanalytique « classique », le plus couramment utilisée : thérapie par la parole avec travail des liens et des aspects transféro-contre-transférentiels;

– narco-analyse amphétaminée (beaucoup moins pratiquée qu'autrefois) : injection rapide d'amobarbital sodique (barbiturique qui entraîne une moindre vigilance, une levée des inhibitions, une résurgence de souvenirs, une abréaction et une levée de l'angoisse) et d'amphétamine (qui stimule la mémoire, facilite l'expression des émotions, précipite l'abréaction et procure une sensation d'euphorie de détente). Après ce premier temps de narcose, suit un entretien psychothérapique au sens plus classique du terme : aide à la mentalisation, au dépassement des conflits, étayage sur la relation thérapeutique (Lejoyeux, Ades, 1995);

– hypnose (Bellet, 1999) : elle est encore utilisée, notamment pour son intérêt dans le processus d'abréaction. La encore, ce type de prise en charge s'accompagne d'un travail d'étayage psychothérapique.

Les psychothérapies cognitivo-comportementales

Elles sont de plusieurs types (Cordier et coll., 1994) :

– l'approche comportementale est centrée sur deux grands types de techniques :

- les techniques d'exposition : dans le cadre de la relation thérapeutique rassurante, le patient est mis en présence du stimulus anxiogène de façon répétée, jusqu'à ce qu'il s'y désensibilise. Par exemple, on peut lui projeter une vidéo de l'événement traumatique qu'il a vécu (si ce dernier a été médiatisé) ; ou, en cas d'événement plus personnel, on lui demande de réaliser une cassette audio décrivant précisément l'événement : la thérapie consistera à la lui faire écouter jusqu'à amendement des réactions d'angoisse massive,

- les techniques de gestion du stress : destinées à aider le patient à modifier ses réactions face aux situations anxiogènes. Sont utilisées des techniques de relaxation, d'arrêt de la pensée, de résolution de problèmes, d'entraînement à la communication ;

– l'approche cognitive « représente une application systématique de la notion ancienne selon laquelle on ne souffre pas tant des événements en eux-mêmes que du regard qu'on porte sur eux » (B. Cordier et coll., 1994). Cette approche tente donc d'aider le patient à prendre conscience de ses schémas de pensée distordus (croyances irrationnelles, etc.), puis à les modifier, en s'appuyant sur ses expériences positives dans la réalité;

– bien entendu, les approches comportementale et cognitive peuvent être couplées au sein d'une même thérapie.

Certains médicaments peuvent être envisagés (Lejoyeux, Ades, 1995). Il ne faut pas nécessairement les prescrire en première intention, et il convient de veiller aux effets d'accoutumance, ainsi qu'aux effets secondaires à type de modification des phases de sommeil paradoxal :

– bêtabloquants et clonidine : agents adrénobloqueurs, ils ont montré une efficacité sur les troubles du sommeil, les réactions d'hypervigilance, les pensées obsédantes et les cauchemars;

– antidépresseurs tricycliques et sérotoninergiques : ils agissent sur les symptômes anxieux, l'irritabilité et la tendance à l'évitement des situations phobogènes, indépendamment de tout effet antidépresseur;

– benzodiazépines : elles ont montré une efficacité sur l'anxiété générale, mais pas sur les symptômes spécifiques du stress post-traumatique;

– lithium et carbamazépine : ils ont montré une efficacité sur l'irritabilité, les réactions de colère et l'impulsivité.

Aspects médico-légaux

Enfin il faut citer pour ce problème les aspects médico-légaux (Cordier et coll., 1994; Crocq et coll., 1983; Leyrie, 1996). La névrose traumatique est reconnue dans les barèmes d'invalidité civils et militaires. Il arrive donc régulièrement que des victimes de traumatisme réclament une « réparation » juridique de leur préjudice. C'est alors le rôle de l'expert d'évaluer l'état actuel du sujet, son état antérieur, et la réalité d'un lien entre le traumatisme et le handicap que revendique le sujet. Ceci débouche en général sur une indemnisation financière.

Tout ce processus comporte des ambiguïtés. Tout d'abord, on imagine bien qu'une indemnisation financière ne « répare » jamais intégralement le préjudice vécu lors d'un traumatisme. D'autre part, ce phénomène est encore aggravé par les remaniements psychiques propres à la névrose traumatique : ces patients ont « le sentiment marqué d'une perte énorme » (comme le décrit Abraham, dans *Contribution à la psychanalyse des névroses de guerre*, en 1918) et leur régression narcissique les conforte dans des revendications difficiles à satisfaire.

Il convient d'être vigilant, lorsque l'on a en charge de tels patients, au risque d'enkystement de ces revendications, lors des procédures judiciaires. C'est-à-dire, préparer ces patients à l'idée que la réparation n'effacera pas leur traumatisme et sera probablement vécue comme insuffisante; et les aider à ne pas perdre de vue le rôle personnel qu'ils ont, eux, à jouer en vue de leur amélioration clinique : une procédure en indemnisation n'est pas une thérapie et ne viendra pas guérir miraculeusement leurs plaies psychiques; ils ne doivent pas tout en attendre.

SCHIZOPHRÉNIE ET AUTRES TROUBLES PSYCHOTIQUES DE L'ADULTE

Compte tenu des liens historiques étroits entre la psychiatrie et la « folie », autrement dit les psychoses, nous avons donné ici un point de vue purement psychiatrique.

POINT DE VUE PSYCHIATRIQUE

Il reprend les grands noms qui ont décrit et tenté d'expliquer les psychoses et en particulier la schizophrénie.

Eugène Bleuler, psychiatre suisse (1857-1939), n'a pas seulement donné une entité clinique à la schizophrénie, il l'a également pourvue d'une armature psychopathologique. Le choix terminologique même n'est pas dénué de sens : *schizo* = fendre; *phen* = esprit. Refusant l'idée d'une évolution nécessairement déficitaire ou démentielle de cette forme de psychose (la démence précoce de Kraepelin), il soutient au contraire le maintien quasiment intact des fonctions intellectuelles (on dirait maintenant cognitives), ainsi que de l'existence d'une vie intérieure riche. Au centre de la psychopathologie bleulerienne se trouve la notion de *Spaltung,* « dissociation ou dislocation » dont les symptômes primaires sont l'expression directe (voir Clinique dissociation), et les symptômes secondaires, en quelque sorte produit des symptômes primaires et tentative d'adaptation au processus pathologique essentiel; figurent parmi ceux-ci l'autisme, le délire et les hallucinations, ainsi que certaines postures catatoniques. Quant à l'origine même des symptômes primaires, Bleuler reste résolument organiciste, considérant que le cerveau des schizophrènes est porteur de lésions anatomo-pathologiques absentes dans les autres psychoses.

Pour Bleuler, il y a donc deux dimensions dans la schizophrénie : l'une fondamentale, négative ou déficitaire dominée par la dislocation, et l'autre accessoire ou positive etconséquence de la première (délire et hallucination). On pourra remarquer que la théorie de Bleuler est assez facilement transposable, au moins dans sa dimension processuelle, avec l'idée freudienne du délire comme deuxième temps du processus psychotique après le désinvestissement objectal et le retrait narcissique.

Karl Jaspers (1883-1969), à la fois psychiatre et philosophe allemand, propose dans son traité de psychopathologie générale de distinguer deux niveaux dans l'appréhension de la psychopathologie :

– l'explication causale naturaliste : dans ce registre figurent tous les éléments considérés comme organiques de certaines pathologies mentales dont fait partie la schizophrénie;

– l'analyse psychologique qui est le domaine de la compréhension de symptômes psychiques (on pourrait dire des phénomènes psychiatriques car Jaspers s'inscrit dans le courant de la phénoménologie).

Il considère ainsi que, dans la schizophrénie, il y a une part de processus pathologique inaccessible à la compréhension tout en proposant de bien distinguer tous les réaménagements psychologiques secondaires qui eux peuvent être soumis à l'analyse phénoménologique.

Henri Ey (1900-1977) est le psychiatre français exerçant à l'hôpital psychiatrique de Bonneval (Eure-et-Loir) à qui on doit une vision psychopathologique des maladies mentales assez originale et en tout cas très personnelle. Partisan de l'« organo-dynamisme », cette théorie a notamment le mérite d'éclairer les différences psychopathologiques entre les schizophrénies et les psychoses chroniques non schizophréniques (il reste en cela fidèle à l'école française qui distingue sur un point nosographique ces deux entités cliniques).

Directement inspiré des idées de Jackson, neurologue anglais, et dans une moindre mesure de celles de Janet, le modèle « néo-jacksonien » d'H. Ey s'appuie sur trois principes :

– la hiérarchie des fonctions cérébrales;

– la dissolution ou désorganisation (dite involution) à l'œuvre dans toute maladie mentale;

– la distinction entre symptômes négatifs et positifs, découlant des deux premiers principes.

Ainsi, pour toute maladie mentale, il existe des signes négatifs marquant l'atteinte d'une fonction cérébrale spécifique et des signes positifs traduisant la libération de fonctions inférieures jusque-là contrôlées ou inhibées par cette première fonction qui leur était supérieure. Notons que dans le cas des psychoses, les signes négatifs et positifs ne se superposent pas aux signes primaires et secondaires décrits par Bleuler. Par exemple, le trouble des associations considéré par Bleuler comme primaire doit être considéré comme négatif dans la mesure où la fonction de cohérence de la pensée est atteinte, et positif du fait de l'apparition d'associations paradoxales. De cette distinction entre Bleuler et Jackson, Ey élabore l'idée d'une double dissolution, répondant ainsi à la vision incomplète de la théorie de la dissociation de Janet, et au réductionnisme organiciste jacksonien : à la dissolution de la Conscience considérée par Jackson comme la fonction la plus élevée des fonctions cérébrales, il faut maintenant envisager selon H. Ey la dissolution du corps psychique.

En 1955, H. Ey aborde la psychopathologie des psychoses par le délire : ce dernier a une structure complexe : aspect négatif dans le sens d'une désorganisation de la structure de la conscience, aspect positif dans le vécu délirant. Ce qui constitue le genre (par opposition à l'espèce) dans la psychose, ce sont les formes d'organisations délirantes différentes qui sont la résultante de la désorganisation de la vie psychique. Ainsi, dans la schizophrénie, la désorganisation est en quelque sorte la plus forte et conduit à une désagrégation intense et autistique et le délire y est « enfoui, submergé sous les progrès de la détérioration ». Dans les délires chroniques, la désorganisation est minimale et c'est le délire qui submerge cette dernière : prodigieuse prolifération de l'imaginaire dans le cas des paraphrénies, construction « raisonnante » et pseudo-logique dans la paranoïa.

Eugène Minkowski (1885-1972), psychiatre français d'origine polonaise, injustement méconnu, peut être considéré comme le fondateur de la phénoménologie psychopathologique. Fortement imprégné de la philosophie de Bergson qui, au début du XXe siècle, s'oppose au courant épistémologique mécaniste et rationnel (le physicalisme allemand et le positivisme anglais et français), en faisant d'une certaine façon l'éloge de l'irrationalité, Minkowski emprunte à ce dernier le concept d'élan vital, processus créateur imprévisible et foncièrement anti-mécaniste. Il développe en 1927 une approche originale de la psychopathologie schizophrénique. Contrairement à Bleuler qui voit dans le relâchement des associations le trouble initial de la schizophrénie, il considère que c'est autour de la perte du contact vital avec la réalité que s'agencent les symptômes cardinaux de la schizophrénie. Le contact vital avec la réalité peut aussi s'appeler harmonie avec la vie : elle est le résultat de la synthèse de l'instinct opposé à l'intelligence : « Dans la vie, l'intelligence et l'instinct ou, en d'autres termes, les facteurs de notre psychisme se rapportant au solide, à l'inertie, à l'espace, d'une part, et ceux se rapportant à la durée vécue, au dynamisme, de l'autre, s'entre-pénètrent et forment un tout harmonieux. Insuffisant à lui seul pour assurer l'existence de l'individu, chacun de ces deux groupes de facteurs vient compléter l'autre, en limitant en même temps, d'une façon naturelle et appropriée, son champ d'action ». Cette perte dans la schizophrénie est plus qu'une impossibilité à percevoir le monde qui l'entoure (les cognitivistes parleraient d'incapacité à saisir le contexte), elle concerne finalement toute la dynamique des contacts qui font que l'être est au monde, et notamment ses rapports spatiaux et temporels. Incapable de s'imprégner notamment de tout ce qui est mouvement et durée, correspondant à l'instinct, le schizophrène compense ce déficit par l'hypertrophie de l'intelligence : c'est la pensée spatiale du schizophrène et le rationalisme morbide. Le sujet « tend à construire son comportement de facteurs et critères dont le domaine propre, dans la vie normale, est uniquement la logique et les mathématiques ». Proche du rationalisme morbide, l'attitude antithétique est le fait que « tout acte de la vie est envisagé du point de vue de l'antithèse rationnelle du oui et du non, ou plutôt du bien et du mal, ou du permis et du défendu, ou de l'utile et du nuisible ». Ce qu'il faut comprendre, c'est que cette construction logique éminemment personnelle ne peut être remise en cause, sauf à risquer la désagrégation psychotique, car elle est la façon correctrice de l'être pour s'ancrer au monde.

APPROCHE PSYCHANALYTIQUE

Si la psychose s'exprime cliniquement par des altérations majeures de la perception de la réalité et du contrôle de soi (hallucinations, délires, retrait autistique, comportements bizarres), la position freudienne concernant le traitement psychanalytique des psychoses est tout à fait opposée à celle concernant les psychonévroses : il faut y renoncer. Freud laissera à ses successeurs le soin de surmonter les obstacles qui lui étaient apparus, ce que ces derniers ne manqueront pas, du reste, d'entreprendre.

Pour le fondateur de la psychanalyse, l'explication fondamentale repose sur le fait que le refoulement du psychotique est, au contraire du névrosé, défaillant. Le Moi et le Surmoi du psychotique contrôlent insuffisamment les exigences de l'Inconscient ou du Çà qui, trouvant alors peu d'obstacles, laissent transparaître le désir de réalisation des représentations inconscientes. L'objet est majoritairement sous la dépendance de la pulsion destructrice. Pour s'en défendre le Moi utilise de façon privilégiée le mécanisme de la projection, attribuant ainsi à autrui une haine qu'il ne veut pas reconnaître comme sienne. S'y associe donc systématiquement un autre mécanisme de défense, le déni. Les deux mécanismes de défense privilégiés de la psychose sont donc :

– la projection qui attribue à l'objet des particularités du sujet qu'il refuse de reconnaître comme siennes;

– le déni qui consiste à refuser de reconnaître le refoulé comme faisant parti de son psychisme.

Ici l'objet investi par la libido est le Moi lui-même. La cure analytique ayant comme support la relation transférentielle avec l'analyste, les « névroses narcissiques » sont tout naturellement considérées par Freud comme inaccessibles à sa technique.

Cette position réservée de Freud n'a pas été partagée par nombre de ses successeurs. Plusieurs courants peuvent schématiquement être repérés. Le premier s'appuie sur l'idée que les psychoses sont avant tout des « maladies du Moi ». Il existe une insuffisance de la libido du Moi, le trouble fondateur est alors un affaiblissement des frontières du Moi (Federn). Dans cette lignée, plusieurs travaux se penchent sur le concept de soi et sur le fait que le trouble fondamental du psychotique peut être conceptualisé en termes d'indifférenciation soi/non-soi, de peurs concernant la cohésion et l'intégrité de soi (Freeman, Pollack). Le second est représenté par M. Klein et ses successeurs. Comme le rappelle V. Kapsambelis, pour le courant kleinien, « l'univers psychotique reproduit la façon dont le nourrisson conçoit le monde environnant en tant que monde peuplé d'objets dangereux, d'autant plus dangereux qu'il ne cesse de diriger contre eux des attaques sadiques ». Les angoisses surgissant au cours de cette première période sont celles constatées dans les états psychotiques. Les différentes variétés de ces derniers peuvent être considérées comme des modalités de défense contre les principales phases de développement de ce sadisme. Elles conduisent le « Moi du premier âge » à mettre en place des mécanismes de défense, tels que le clivage de l'objet en « bon » et « mauvais » (séparation de l'amour et de la haine), le Moi primitif étant lui aussi clivé en « bon » et « mauvais ». Dès lors toute une problématique d'introjections et de projections règle ce rapport entre ce Moi et ses « objets ». Un troisième courant associe d'une certaine façon les deux premiers, il aborde la question de l'inachèvement de l'autonomie psychique. La psychose est conçue comme une fixation précoce du développement à un stade d'indifférenciation Moi-objet : phase autistique ou symbiotique du développement (M. Mahler, Searles). La perspective lacanienne constitue un autre courant important concernant la compréhension des psychoses. Ici la carence foncière est celle de l'imaginaire : il existe chez le psychotique une « subjectivité retranchée dans une négation primitive de toute identification imaginaire maîtrisée » (S. Leclaire). Il faut enfin citer tout le courant psychanalytique contemporain qui a considéré la psychose comme essentiellement un trouble de la subjectivation (R. Cahn et B. Dalle). La question n'est plus celle du plaisir aussi primaire soit-il mais celle de l'être. Comme le dit alors P. Racamier, la modalité générale du fonctionnement psychique n'est plus la conflictualité mais la paradoxalité, par exemple être tout-puissant et incapable, être immortel et jamais né, etc. La paradoxalité constitue une organisation défensive contre le fantasme spécifique du schizophrène, celui d'auto-engendrement.

Freud a donc initialement désigné l'ensemble des psychoses fonctionnelles, c'est-à-dire celles qui n'ont pas une étiologie organique, par l'expression de « névroses narcissiques », marquant par là l'importance du retrait de la libido sur le Moi dans ce type d'affections. Ce n'est qu'en 1924 qu'il proposera une modification terminologique qu'il ne développera pas de façon détaillée. Le terme de névrose narcissique est désormais attribué à la seule psychose maniaco-dépressive, affection d'un conflit entre le Moi et le Surmoi, les psychoses (schizophrénie et paranoïa) traduisant un conflit entre le Moi et le monde extérieur. Nous avons vu au décours des différents courants qui se sont, à la suite de Freud, penchés sur une conceptualisation psychodynamique des psychoses plusieurs distinctions introduites par les uns ou par les autres : les positions de M. Klein amènent tout naturellement à reprendre la distinction entre psychose paranoïde et psychose maniaco-dépressive, celles de M. Mahler entre psychose autistique et psychose symbiotique. D'autres ont préféré garder le concept de psychose pour décrire l'ensemble des sujets qui manifestaient les troubles psychiques qui leur paraissaient pathognomoniques, généralement en décrivant ceux que la nosologie non strictement psychanalytique appelle les schizophrènes.

Reprenons les positions les plus importantes.

Sigmund Freud

« Je me suis finalement avoué que je n'aimais pas ces malades, et que je leur en voulais d'être si différents de moi et de tout ce qu'il y a d'humain » (lettre à Holos, 1928). Parlant ainsi des malades psychotiques, Freud ne cache pas ainsi sa déception qui résulte sûrement des difficultés, voire des impossibilités de traiter la psychose par la méthode analytique. Toutefois, malgré ce constat quelque peu amer, l'intérêt théorique de Freud pour les psychoses a toujours été présent tout au fil de ses écrits. Pour éviter toute confusion dans la lecture des textes freudiens, il faut rappeler que Freud oppose dans la première partie de son œuvre névrose de transfert et névrose narcissique, cette dernière catégorie regroupant schizophrénie et paranoïa. Ensuite, à partir de 1924, Freud emploie souvent un terme unique « la psychose », la distinguant de la mélancolie qui reste le prototype de la névrose narcissique. Rappelons enfin que Freud préférait le terme de paraphrénie en lieu et place de la schizophrénie de Bleuler qui s'imposera finalement.

Narcissisme et processus psychotique

Il est en fait difficile d'appréhender le processus psychotique sans parler d'un concept clé introduit par Freud en 1914 qu'est le narcissisme. À partir du texte sur le président Schreber, il met en évidence une nouvelle « étape » libidinale, entre l'auto-érotisme et l'amour d'objet. Le narcissisme correspond donc à un investissement de la libido sur le corps à prendre au sens large (psyché et zones non érogènes comprises). D'où la possibilité d'un nouveau type de régression ou fixation qui intéresse particulièrement la psychose.

Le détachement libidinal est pour Freud le mécanisme premier de la psychose, annonciateur de la catastrophe psychique. Analogue au refoulement névrotique, mais finalement foncièrement différent dans la mesure où dans la régression narcissique il n'y a pas de refoulement mais abolition d'un désir (marquant sur ce point son désaccord avec Jung qui ne fait pas cette distinction).

La deuxième étape dans la psychose est la reconstruction délirante, connotée par Freud de façon nettement moins négative que ce que peut en dire la psychiatrie qui voit dans le délire l'expression même de la folie pour lui, il s'agit quasiment d'une guérison, ou en tout cas d'une tentative de guérison dans le sens ou il signe le mouvement opposé à la régression narcissique, celui d'un réinvestissement objectal par le truchement d'une création d'une néo-réalité.

Freud fait une différence à la fois quantitative et qualitative dans le déroulement psychopathologique de la paranoïa et de la schizophrénie. Dans la première, il y a fixation au stade narcissique, le détachement libidinal est partiel, et se met en place la projection (le retour de l'extérieur de ce qui a été aboli à l'intérieur) et la reconstruction délirante. Le mécanisme du délire de persécution (auquel peuvent s'ajouter délire érotomaniaque et délire de jalousie) est la projection ou le rejet de désirs homosexuels trop menaçants dans la sphère narcissique pour qu'ils puissent accéder à la conscience autrement que sous une forme doublement inversée : je l'aime se transforme en : je le hais, puis : il me hait.

Dans la seconde, la régression va jusqu'à l'auto-érotisme infantile, le détachement de la libido est total, le retour de ce qui a été aboli se fait principalement par l'hallucination et enfin la reconstruction délirante est moindre.

La psychose à l'épreuve de la réalité

Comment Freud explique-t-il la désadaptation à la réalité des patients psychotiques, caractéristique évidente et mise en valeur par certains psychiatres de l'époque comme Janet ?

À partir de l'opposition entre principe de plaisir et principe de réalité, le Moi psychotique peut au préalable (c'est-à-dire avant la deuxième topique) se décrire sous le joug du principe de plaisir et comparable au rêve : l'épreuve de réalité est abolie dans ces deux cas, ainsi la conscience ne distingue pas la perception de la représentation et est en proie à l'hallucination. Si la cause de l'abandon de la réalité est évidente dans le rêve, elle reste à expliciter dans le cas de la psychose. Freud avancera au fil de ses écrits plusieurs hypothèses à ce sujet. L'idée princeps est en tout cas que la psychose découle d'un conflit majeur entre Moi et réalité. Première hypothèse : le psychotique dénie (*Verleugnung*) une partie de la réalité qui inflige au Moi une blessure intolérable selon le modèle défensif où le Moi réaffirme la suprématie du désir. Deuxième hypothèse : il y a effraction dans un système de pare-excitations en partie inopérant du fait de traumatismes précoces qui modèlent le narcissisme primaire.

Psychose et deuxième topique

Alors que la névrose de transfert correspond à un conflit entre le Moi et le Ça, la névrose narcissique (mélancolie) entre le Moi et le Surmoi, la psychose résulte d'un conflit entre le Moi et le monde extérieur. Dans la psychose, le Surmoi, fruit de l'introjection des objets parentaux mais aussi lieu ou la pulsion de mort se manifeste, est en grande partie absent ou en tout cas défaillant. Il ne s'agit donc pas tant d'un conflit entre instances comme dans la mélancolie que d'une tension pulsionnelle, entre pulsion libidinale et agressive. Le sentiment de culpabilité est ainsi absent et laisse place soit à l'auto-punition, soit à la persécution : Surmoi défaillant donc et désintrication pulsionnelle par retrait des composantes libidinales rendant compte de la destructivité des patients psychotiques. Freud introduira finalement la notion (ambiguë chez lui) de clivage dans la psychose, mécanisme défensif du Moi qui lui permet de ne jamais être totalement détaché de la réalité.

Mélanie Klein

À la suite de Freud, l'apport de Mélanie Klein dans la compréhension psychopathologique des psychoses est majeur et unanimement reconnu même si elle ne se situe plus, notamment à partir de 1940, dans l'orthodoxie freudienne. Se plaçant dans une perspective clairement génétique, elle décrit dans le développement psychique normal du petit enfant deux types d'organisation psychique définis par le type de relation d'objet ainsi que les mécanismes de défense mis en place qui se succèdent dans le temps : la position schizoparanoïde et la position dépressive. Ces deux positions deviennent pathologiques si elles régissent majoritairement le fonctionnement psychique à l'âge adulte (sous la forme de la régression) ou si elles n'évoluent pas chez l'enfant (fixation).

La position dépressive est postérieure à la position schizoparanoïde, plus précisément consécutive à cette première dans la mesure; elle est la plus facile à appréhender d'un point de vue conceptuel et recouvre grossièrement l'âge de 4 mois à un an. L'objet (la mère) est perçu comme objet total et comme séparée du Moi, et les sentiments liés à cette « individuation » sont conservés dans le Moi, le ou les objets acquièrent un caractère moins concret ou symbolique. L'angoisse dépressive repose sur la crainte de détruire l'objet du fait des pulsions de destruction de l'enfant. Les mécanismes de défense pour juguler cette angoisse sont des défenses maniaques, ou plus appropriées, l'inhibition de l'agressivité et la réparation. La position schizoparanoïde, recouvrant grossièrement les quatre premiers mois de la vie, se définit par un lien à l'objet typiquement narcissique. L'objet est partiel (le sein), clivé en bon et mauvais objets lesquels sont appréhendés comme relativement autonomes l'un par rapport à l'autre. La qualité de l'objet (bon ou mauvais) dépend certes de la gratification ou de la frustration, mais résulte plus encore de la projection des pulsions libidinales ou agressives qui, d'après M. Klein sont fortes, d'emblée présentes et liées. L'angoisse, de nature persécutive est en partie jugulée par le jeu des introjections et des projections successives (introjection du bon objet, projection du mauvais objet). Les mécanismes en jeu sont : le déni, l'identification projective et le clivage. On retrouve ici les défenses prévalentes décrites dans les psychoses. Le schizophrène et le paranoïaque ont recours principalement à ces mécanismes, les maintenant dans un monde d'objets partiels.

Deux remarques semblent utiles pour mettre en relief théories freudienne et kleinienne :

– bien plus que chez Freud, M. Klein perçoit le psyché comme modulable, transformable entre fonctionnement psychotique et non psychotique, et dans une perspective non structurale;

– la question du rapport à la réalité dans la psychose, essentielle dans la deuxième topique freudienne et résumée par Freud comme un conflit entre le Moi et le monde extérieur, se transpose chez M. Klein, à la lumière de la position paranoïde, à la question des rapports entre réalité interne et réalité externe. Ce qui est en jeu dans la psychose pour cet auteur, c'est cette perturbation de la distinction réalité interne et réalité externe, intimement liée à la perturbation des identifications du Moi. D'une certaine façon, on peut considérer que la définition freudienne métapsychologique est impropre ou imprécise dans la mesure où Moi et monde extérieur ne sont pas clairement reconnus ou repérés comme distincts l'un de l'autre chez le sujet psychotique.

Heinz Kohut

Selon toujours Kohut et les tenants de la théorie du *self*, on ne devrait pas, lorsqu'on étudie les désordres psychotiques, se limiter (ou peut-être même accorder la préférence) à l'étude du parcours de leur régression, de l'amour objectal en passant par le narcissisme à la fragmentation auto-érotique et la restauration secondaire (délirante) de la réalité. On aura avantage à examiner la psychopathologie des psychoses — tenant compte de l'hypothèse selon laquelle le narcissisme suit une ligne de développement indépendante — en retraçant leur régression le long d'un chemin partiellement différent dont les étapes sont :

– la désintégration des formes plus élevées du narcissisme;

– la régression à des positions narcissiques archaïques;

– la perte des positions narcissiques archaïques (incluant la perte des objets archaïques narcissiquement investis) et par conséquent la fragmentation du soi et des soi-objets archaïques;

– le retour dans un but de restauration du soi archaïque et des objets narcissiques archaïques sous une forme manifestement psychotique.

Jacques Lacan

La forclusion, mécanisme considéré comme spécifique de la psychose chez Lacan, peut se définir comme le rejet d'un signifiant primordial, signant l'échec de la mise en place de la métaphore paternelle dans l'Œdipe (voir *Jacques Lacan*, p. 68). Dit ainsi, on peut à juste titre se demander, concernant cet auteur qui a tenu à marquer son œuvre dans un mouvement de retour à Freud, quels sont les rapports avec les écrits de Freud sur la psychose. Le terme de forclusion est la traduction personnelle de Lacan de la *Verwerfung* freudienne, terme utilisé notamment dans « l'Homme aux loups » pour évoquer le rejet de la castration. La *Verwerfung* est à distinguer pour Lacan de la *Verleugnung* (le déni) et surtout de la *Verdrangung* (le refoulement). Le refoulement a pour effet de supprimer une représentation à la conscience; cette représentation est susceptible — et c'est l'un des objectifs de la psychanalyse — de réapparaître au lieu même où elle a disparu. Ce qu'il important de comprendre, c'est que la forclusion est un mécanisme de rejet beaucoup plus radical, car ce qui a été rejeté est expulsé du registre symbolique, du langage (c'est une abolition symbolique) et ne fera retour que sous une forme radicalement autre. En l'occurrence pour les psychoses et le rejet de la castration, le retour se fera dans le réel sous la forme d'hallucination. L'opposition entre *Verwerfung* et *Verdrangung*, nettement moins marquée chez Freud que chez Lacan, n'a de sens que dans la mesure où ce dernier distingue le registre symbolique du réel.

POINT DE VUE COGNITIF ET COMPORTEMENTAL

La psychologie cognitive, qui s'attache à l'étude de l'activité mentale et utilise la méthode expérimentale au moyen de tests sollicitant certaines fonctions mentales, se dégage du débat organogenèse ou psychogenèse de la psychose. Il est en fait plus judicieux de parler ici de schizophrénie, puisque les études portent sur des patients répondant aux critères nosographiques type DSM de la schizophrénie.

Le modèle de Christopher D. Frith

L'idée princeps pour les patients schizophrènes est celle d'un déficit du *self-monitoring* ou trouble du *monitoring* des intentions d'action autogénérées. En fait, le *monitoring* englobe : le contrôle d'une action mais aussi la capacité à distinguer l'origine d'une action ou d'une intention d'action (venant de l'extérieur ou auto-initiée), ainsi que la prise de conscience des intentions d'autrui.

Le concept de méta-représentations développé par Leslie insiste sur ce dernier point. Ces méta-représentations permettent finalement une perception ou conscience de ses propres buts, croyances ou intentions ainsi qu'une perception de ces mêmes contenus à autrui.

Ainsi, toujours selon Frith, l'ensemble des symptômes cliniques schizophréniques peut s'expliquer selon l'hypothèse du déficit de *monitoring* :

– dans le cas des schizophrénies déficitaires, l'anomalie se situerait entre l'organisation des buts et l'intention volontaire, d'où la difficulté à engendrer spontanément des actions;

– dans le cas des schizophrénies délirantes, l'anomalie est à situer entre l'organisation des buts et l'intention initiée par la situation; ainsi, l'hallucination est une incapacité à repérer le discours intérieur comme venant de lui-même. Les idées de référence ou tout phénomène délirant « intrusif » (automatisme mental par exemple) s'expliquent également par ce défaut et l'incapacité d'attribuer des états mentaux à autrui;

– en France, dans la lignée de ces élaborations théoriques, M.-C. Hardy-Baylé s'attache à préciser, études à l'appui, la nature des troubles de la communication et de l'attribution à autrui d'états mentaux chez les patients schizophrènes.

POINT DE VUE FAMILIAL ET SYSTÉMIQUE

Pour les systémiciens, l'origine des symptômes du schizophrène est à situer au niveau familial, plus exactement au niveau des relations familiales perturbées. Bateson, qui a développé le concept du double-lien, envisage la symptomatologie schizophrénique comme le résultat d'un compromis dans un conflit de groupe (conflit intrafamilial mais aussi conflit entre société et famille). Il serait ainsi plus judicieux de parler de schizophrénie familiale avec un patient désigné (schizophrénie manifeste) et les autres membres de la famille porteurs d'une schizophrénie latente.

Le *double-bind* ou double-lien est un processus fréquemment rencontré dans les familles de schizophrènes. Il concerne au moins deux personnes, typiquement la constellation mère/enfant à laquelle peut s'adjoindre père, frère ou sœurs. Il s'agit d'une expérience traumatique et répétée régulièrement dans le temps. Elle comporte :

– une injonction négative primaire assortie d'une menace de sanction;

– une injonction négative secondaire qui commente la première injonction en s'y opposant, toujours assortie d'une menace de sanction. Cette deuxième injonction est communiquée généralement de façon analogique (c'est-à-dire un moyen de communication non-verbal);

– une injonction tertiaire qui interdit à l'enfant toute échappatoire.

Dans la suite du concept de « double-lien », J. Haley et M. Selvini se sont attachés à décrire les interactions typiques des familles à transaction schizophrénique, où prédominent la disqualification des propos énoncés par soi-même ou tout membre de la famille, l'absence d'alliance, la rigidité des règles à la fois non modifiables et non définies.

POINT DE VUE GÉNÉTIQUE ET NEUROBIOLOGIQUE

Depuis l'apparition du premier neuroleptique en 1952 et ses résultats spectaculaires sur les symptômes positifs (délire et hallucinations) de la schizophrénie, depuis la mise en évidence de psychoses aiguës induites par certains toxiques (amphétamines, cocaïne par exemple), il n'est plus possible d'envisager la prise en charge de patients psychotiques sans traitement médicamenteux, sans que pour autant il faille conclure à une origine biologique étiopathogénique des troubles psychotiques.

La dopamine

Classiquement, ce neurotransmetteur est incriminé dans les troubles schizophréniques. Les arguments principaux sont : les amphétamines et la L-dopa (utilisée dans la maladie de Parkinson), deux substances augmentant la sécrétion dopaminergique peuvent, donner des tableaux d'allure schizophrénique. À l'inverse, les neuroleptiques bloquent probablement, au moins en partie, les récepteurs dopaminergiques.

En fait des hypothèses plus récentes, plus complexes, seraient en faveur d'un déséquilibre global des voies dopaminergiques : hypodopaminergie corticale (frontale et préfrontale) responsable principalement des symptômes négatifs associés à une hyperdopaminergie dans certaines structures sous-corticales, notamment le système limbique.

La sérotonine

Cet autre neurotransmetteur incriminé dans les dépressions aurait également un rôle dans les schizophrénies. En faveur de cette hypothèse, les effets hallucinogènes du LSD apparenté à la sérotonine, ainsi que l'efficacité démontrée de certains neuroleptiques (clozapine, olanzapine et risperidone, etc.) qui bloquent certains récepteurs sérotoninergiques (les 5-HT2). Ces derniers, présents dans le cortex frontal, auraient un effet modulateur sur les neurones dopaminergiques.

Aspects génétiques

Il semble que les recherches actuelles concernant les anomalies génétiques aient définitivement abandonné l'idée simpliste de découvrir le gène de la schizophrénie. En revanche, le risque d'émergence de la schizophrénie lié à une anomalie génétique met en cause deux gènes du chromosome 22, de même que les études familiales mettent en évidence un risque accru de la prévalence dans les familles de patients schizophrènes. Le risque de morbidité étant environ de 1 % dans la population générale, il atteint à peu près 10 % pour un frère, une sœur ou l'enfant d'un patient schizophrène (et près de 50 % si les deux parents sont schizophrènes). Par ailleurs, les études concernant les jumeaux et les adoptions confortent l'idée d'une participation génétique (les résultats précédents pourraient se justifier par des facteurs extérieurs, environnementaux) : il y a un risque cinq fois plus élevé (50 %) pour les jumeaux monozygotes par rapport aux dizygotes (10 %) de développer une schizophrénie quand l'un deux est malade.

Les études génétiques se heurtent toutefois à des difficultés : « nébuleuse » nosographique des diagnostics de psychose et distinction entre facteurs extérieurs (sociaux, environnementaux classiquement incriminés comme facteurs de risque) et facteurs purement génétiques. Quoi qu'il en soit, il est maintenant admis une certaine vulnérabilité génétique dans la schizophrénie, qui reste encore à préciser.

POINT DE VUE NEURODÉVELOPPEMENTAL

La schizophrénie serait liée à des séquelles d'agressions précoces intervenues *in utero* ou en période périnatale (complications obstétricales, infections virales, carences nutritionnelles), sources des anomalies structurelles cérébrales constatées par les techniques d'imagerie cérébrale. Cette hypothèse nous ramène à la clinique qui distinguerait, avant la phase de début caractéristique, une phase « prémorbide », avec des signes discrets de déficits en particulier cognitifs dans l'enfance et une phase prodromique marquée à l'adolescence (le sujet se plaint de ne plus pouvoir diriger ses pensées : difficulté récente de concentration, vide de la pensée; l'adolescent se plaint de ne pouvoir contrôler ses actes : allant de l'inertie désagréable à l'agitation désorganisée; l'adolescent se plaint de ne plus ressentir ses émotions : allant de la froideur inappropriée aux colères incontrôlables; enfin l'adolescent a le sentiment fréquent et pénible d'être observé).

ASPECTS THÉRAPEUTIQUES

Traitement médicamenteux

Les neuroleptiques sont désormais inévitables notamment dans les périodes aiguës, avec une efficacité non contestée principalement sur les symptômes positifs de la schizophrénie, quelques semaines après l'instauration du traitement. L'intérêt de la prescription continue de neuroleptiques à moyen et long termes se heurte à des difficultés d'évaluation, même s'il est admis maintenant que, sur plusieurs années, ces médicaments diminuent le risque de rechutes et d'hospitalisations.

Parmi les effets secondaires des neuroleptiques, deux d'entre eux sont à signaler sur la prescription au long cours chez les patients schizophrènes :

– les dyskinésies tardives fréquemment rencontrées chez les patients ayant reçu des neuroleptiques dits « classiques », particulièrement invalidantes et ne cédant pas dans une majorité des cas après l'arrêt du traitement;
– l'apparition d'état d'indifférence, d'apathie, de ralentissement, le risque étant de les confondre avec des symptômes déficitaires propres à la pathologie, voire des symptômes dépressifs.

Les neuroleptiques « atypiques » sont des médicaments de deuxième génération, appelés également « antipsychotiques », et présenteraient moins d'effets secondaires que les neuroleptiques classiques, tout en gardant la même efficacité. Ils sont de plus en plus prescrits en première intention par les psychiatres.

Psychothérapies

Psychanalyse

Plusieurs psychanalystes ont été partisans d'un traitement psychanalytique pour les patients psychotiques malgré le pessimisme de Freud sur cette question : Fromm-Reichmann aux États-Unis, Rosenfeld en Angleterre, Benedetti en Italie ou encore Racamier en France, avec une efficacité qu'il est impossible d'apprécier avec les échelles d'évaluation clinique actuelles. Sans rentrer dans les détails, ces traitements font l'objet d'aménagements spécifiques par rapport à la cure type.

Thérapies familiales

D'inspiration psychanalytique ou systémique, elles ont le mérite d'aborder les troubles sur un autre plan et d'éviter au moins les distorsions relationnelles familiales consécutives à l'apparition de troubles chez un des membres de la famille (pour la question de l'étiopathogénie familiale de la schizophrénie et de ses conséquences curatrices directes (voir *Thérapies familiales*). Elles se heurtent comme quasiment toutes les psychothérapies à des difficultés d'évaluation thérapeutique, les échelles d'évaluation psychiatrique symptomatiques et consensuelles se montrant inadéquates.

Thérapies cognitivo-comportementales

S'appuyant sur le support théorique cognitif du traitement de l'information, elles s'attachent à diminuer les symptômes manifestes, notamment les effets délétères des facteurs de stress physiques, sociaux ou psychologiques, avec des effets positifs sur la réinsertion sociale. Du fait même de leurs objectifs, elles s'adaptent particulièrement aux évaluations d'échelles symptomatiques psychiatriques.

Traitements institutionnels

Plus qu'une technique thérapeutique, il s'agit bien sûr de moyens structurels permettant de soigner les patients psychotiques dans les meilleures conditions, impliquant souvent des « moyens lourds ». Depuis les années 1970, en partie sous l'impulsion du courant de l'antipsychiatrie, l'institution ne se résume plus à l'ancien asile, l'hôpital psychiatrique, mais se décline en diverses structures extra-hospitalières (hôpital de jour, atelier thérapeutique, CATTP, CAT, foyer thérapeutique...) favorisant l'insertion communautaire, « dans la ville » ou professionnelle, de ces patients autrefois souvent isolés à l'hôpital. En France, c'est bien souvent la psychiatrie de secteur réunissant toutes ces structures qui permet de soigner au mieux, à l'échelle d'une vie, les patients psychotiques.

Il faut faire une place à part au mouvement de la psychothérapie institutionnelle qui a tenté de théoriser et d'analyser la place que vient prendre l'institution dans l'économie psychique du sujet traité.

LES TROUBLES DE LA PERSONNALITÉ

APPROCHE PSYCHANALYTIQUE

Les conceptions psychodynamiques de la personnalité reposant sur la psychanalyse appréhendent l'étude de la personnalité et s'appuient sur quatre principales positions théoriques différentes qui se sont avec Freud et depuis développées :

– la première est constituée par la théorie psychosexuelle de Freud qui représente une tentative de comprendre les différents types de caractère ou de personnalité sur la base d'une fixation et d'une régression à un stade psychosexuel du développement;

– la seconde repose sur l'importance accordée à la psychologie du Moi, dont Freud fut le précurseur. La personnalité est ici conçue comme un type d'organisation constituée à partir d'un équilibre dynamique entre le niveau d'angoisse mis en jeu et les mécanismes de défense habituellement déployés chez un même sujet pour y faire face. Il faut signaler que cette seconde théorie n'est pas antinomique à la première; elle ajoute simplement un point de vue processuel et métaphorique différent mettant en valeur les aspects adaptatifs et défensifs de la personne;

– la troisième, dite théorie de la relation d'objet, repose sur l'idée que le besoin du sujet n'est pas tant de réduire la tension pulsionnelle, que l'objet n'est pas tant moyen de satisfaction mais qu'il s'agit plutôt d'établir une relation à l'autre. En d'autres termes le problème n'est pas tant que le bébé s'apaise par le suçotement du sein de sa mère mais plutôt qu'il intériorise l'expérience d'être nourri convenablement avec le sentiment de chaleur et d'attachement qui est alors associé. Ainsi différentes « positions » apparaissent dans le développement de l'enfant, comme tribulations de ces relations à l'objet. La personnalité s'établit par séquence successive de modalités de relation d'objet, elle peut là aussi rester fixée et régresser à une étape de ce développement, par exemple dans la personnalité psychotique à la phase schizoparanoïde ou dans les personnalités « limites » à la phase de séparation/individuation;

– la quatrième, moins connue en France en dehors des travaux de H. Kohut, est désignée sous le terme de *self psychology*. L'accent est ici mis sur le développement de la représentation de soi. Les processus défensifs de chaque personnalité ne sont pas ici seulement conceptualisés par rapport à la lutte contre tel ou tel type d'angoisse du Ça, du Surmoi ou du Moi mais ils sont surtout évalués par rapport à leur utilité pour maintenir la cohésion, la continuité et l'estime de soi. Ce courant s'est particulièrement intéressé aux différents types de personnalité narcissique. Mais ne faut-il pas mieux parler alors de dimension narcissique de la personnalité plutôt que de personnalité narcissique (J. Manzano, F. Palacio Espaza, 2005).

Il est intéressant de constater que ces différentes théories restent pour une grande part freudienne par au moins l'importance que chacune accorde aux processus de fixation si ce n'est de régression dans l'explication des différents types de personnalité. Les processus de fixation et de régression s'appliquent aussi bien au développement des pulsions qu'à celui des systèmes défensifs, des systèmes interactifs entre le sujet et l'objet ou encore aux représentations de soi. On pense plus aisément au premier parce que c'est à son propos que ces processus ont été individualisés par Freud. Mais nous avons appris à connaître les suivants grâce à l'étude des psychoses et de certains troubles graves de la personnalité. Nous verrons d'ailleurs que tous affectent également le développement normal. La fixation des pulsions se définit par la persistance d'un type de lien anachronique par rapport au développement général. C'est surtout aux pulsions libidinales que s'applique le processus. La fixation n'est jamais totale et, même chez les sujets psychotiques, la persistance d'une organisation de type oral s'accompagne de traits en rapport avec les autres modes d'organisation. La fixation partielle se caractérise par un lien isolé mais net. À la limite, on observe de telles fixations au cours de tout développement. Chaque individu conserve ainsi des traits archaïques qui se manifesteront par des attitudes ou des actions spécifiques. Lorsqu'une telle fixation mobilise une part importante de l'« énergie libidinale », c'est-à-dire quand, dans l'économie des désirs et de la jouissance inconsciente, elle joue un grand rôle, elle peut demeurer apparente et donner à la vie affective du sujet une coloration particulière comme on peut le voir par exemple chez les personnalités obsessives-compulsives au caractère anal si marqué, ou bien elle entre en conflit avec les autres pulsions libidinales plus évoluées et tombe sous le coup de la répression, mécanisme qui dans la théorie psychanalytique des névroses joue, on le sait, un rôle décisif. Parfois une pulsion partielle devient la condition nécessaire de la jouissance sexuelle créant une véritable composante « perverse » de la sexualité amenant alors à parler *stricto sensu* de personnalité perverse. Plus souvent, il s'agit d'une fixation réprimée de « perversions » de type infantile comme nous la fournit l'observation des névrotiques, la recherche de plaisirs sexués oraux ou anaux n'intervenant pas directement dans les conditions du plaisir génital. Un exemple nous est donc tout particulièrement donné par les fixations orales et anales qui s'expriment par des intérêts impliquant une relation d'objet de type oral ou anal (avidité, égoïsme, ou parcimonie, avarice) ou par une sensibilité particulière des zones corporelles correspondantes. L'investigation psychanalytique des sujets non névrotiques montre d'ailleurs que de telles fixations s'observent de manière très générale, comme en témoigne par exemple l'analyse des rêves ou de certains fantasmes. Les fixations portent aussi sur l'activité du Moi et du Surmoi et du Ça ainsi que sur les relations à l'objet. Ces fixations constituent un domaine très vaste de la psychopathologie. La personnalité de l'enfant ou de l'adulte psychotique, autistique ou symbiotique, celle du sujet limite ou antisocial montrent non seulement une fixation des intérêts archaïques, un rapport avec l'objet également demeuré à un stade précoce, mais aussi un style de fonctionnement du Moi qui est demeuré fixé à des étapes plus ou moins précoces du développement. Quant aux fixations portant sur l'organisation d'un Surmoi trop sévère ou sur son absence de développement, elles s'observent chez les personnalités dépressives et chez les personnalités antisociales. Des fixations plus segmentaires peuvent également s'observer. Tels ces enfants qui, après un développement normal au cours des premières années, arrêtent tout progrès de leur intérêt intellectuel à la suite d'une situation traumatique comme on le rencontre souvent dans l'enfance ou à l'adolescence, pseudotroubles de l'attention en fait d'origine affective. De telles fixations sont évidemment très différentes des retards de développement instrumental. La fixation peut aussi se traduire par des altérations du caractère qui montrent un arrêt dans l'évolution des modes de contrôle de l'angoisse et d'adaptation du Moi.

Quant aux processus de régression, A. Freud l'a amplement montré, ils participent certes à des formations pathologiques mais aussi au développement de la personnalité normale. On opposera à cet égard les régressions massives aux régressions partielles, mais surtout les régressions permanentes à des régressions transitoires qui accompagnent habituellement le développement. Oppositions que l'on retrouve tant à propos du développement de la libido que de celui des structures de la personnalité. Les régressions massives dans le domaine libidinal s'observent par exemple au moment de la puberté, quand des adolescents ou des adolescentes, effrayés devant les mutations qui s'annoncent, retournent à des positions infantiles, celles de la période de latence (ce que l'on observe chez certains adolescents phobiques ou « schizoïdes »). Un autre exemple, plus amplement décrit, est la régression à l'organisation sadique anale face au conflit œdipien ou au début de l'adolescence. Les régressions partielles sont plus fréquentes : l'enfant, l'adolescent ou l'adulte remobilise partiellement des intérêts qui semblaient avoir été abandonnés. Telles les préoccupations anales au début de la puberté. En fait, on peut se demander s'il existe vraiment des régressions totales ou s'il ne vaudrait pas mieux parler de régressions partielles plus ou moins étendues. Lors des régressions psychotiques où les troubles débordent de très loin le domaine libidinal, le retour progressif à des intérêts archaïques prévalents n'entraîne pas la disparition de préoccupations sexuelles plus matures. Il est plus intéressant de distinguer les régressions permanentes qui s'inscrivent toujours dans un cadre de personnalité pathologique et celles, transitoires, qui accompagnent le développement de tout sujet humain. Il peut s'agir de mouvements régressifs temporaires, d'un retour très épisodique à des intérêts dépassés. C'est ce que l'on observe dès l'enfance à la naissance d'un puîné quand l'aîné reprend plaisir à des formes d'attention maternelle depuis longtemps délaissées. Mais surtout on observera très généralement que le développement libidinal de l'enfant ne se fait pas d'une seule tenue et que pour deux pas en avant il y a toujours un pas en arrière, le sujet alternativement s'intéressant à des buts nouveaux et revenant pour un temps à ses intérêts passés. Cette alternance est très visible dans toutes les périodes de mutation : au moment du sevrage, à l'acmé œdipien de la phase phallique et au début de l'adolescence. Dans certains cas ce mouvement régressif porte simplement sur les buts pulsionnels : le garçon renonce par exemple à posséder sa mère à l'imitation du père et retourne à une attitude possessive exigeante, capricieuse, ambivalente, de style anal. Dans d'autres cas c'est le mode de relation à l'objet qui se transforme, l'homme renonce à voir en sa femme une personne autonome et totale, il se comporte comme si alternativement elle était pour lui une source de gratification et de déplaisir mobilisant son amour ou sa haine sans mélanges et sans nuances. Enfin c'est le mode de décharge qui peut régresser et, comme A. Freud le souligne, devant la même situation, tel garçon réagira par une érection, tel autre par un besoin impérieux d'uriner ou de déféquer; ou encore telle adolescente par une compulsion boulimique à la place d'un émoi sexuel. Les régressions peuvent affecter l'organisation du Moi et le lien de dépendance envers autrui. Pour illustrer la première éventualité, il n'est que de rappeler combien le mode de fonctionnement d'un Moi angoissé est sujet à des régressions transitoires. La crise de colère sera ainsi considérée souvent comme l'expression incontrôlée de l'angoisse de séparation ou de castration. Pour illustrer la seconde éventualité, il n'est que de se rappeler la manière dont les « personnalités dépendantes » peuvent renoncer à leur indépendance et à leur évolution vers l'autonomie pour renforcer une situation de dépendance. Un échec dans l'adaptation au milieu scolaire, des difficultés d'autonomisation souvent exprimées sous des formes paradoxales au cours de l'adolescence, des plaintes somatiques multiples à l'âge adulte seront l'occasion de tels mouvements. La multiplicité des modalités de la régression libidinale, du Moi, de la relation à l'objet et même du soi doit nous inciter à éviter en ce domaine toute schématisation, toute simplification. Les mécanismes de la régression ne diffèrent pas sensiblement de ceux qui sont à l'origine des fixations. Les régressions pulsionnelles témoignent avant tout d'un retour à des formes de liens aux objets qui ont été précédemment une source de plaisir. Un double mouvement de désinvestissement et d'investissement marque cette transformation qui porte tout autant sur le style de but psychosexuel et la qualité des plaisirs recherchés que sur le rapport à l'objet lui-même et sur la relation d'individuation.

Du point de vue génétique, la fixation et la régression nous montrent que le développement n'est pas linéaire et que des « styles d'actions » ou même de véritables « programmes d'actions » intrapsychiques et interrelationnels demeurent vivants, actifs. La personnalité de l'adulte ne correspond pas à un stade achevé du développement. Elle regroupe des styles différents d'organisation, présents à l'état potentiel, organisés sous forme de programmes d'actions « sédimentés » mais susceptibles d'être réactivés dans un contexte qui les active. Plus ils sont réduits en nombre et plus ils sont inadaptés à la situation, plus le sujet a la liberté nécessaire pour faire face aux exigences de l'existence et moins la personnalité peut être considérée comme pathologique.

Nous ferons un commentaire particulier sur la personnalité paranoïaque. L'étude de la paranoïa (Freud et le président Schreber, Lacan et le cas Aimée) a largement contribué à la théorie psychanalytique des psychoses. En revanche, l'étude des personnalités a été peu approfondie, et ce vraisemblablement pour plusieurs raisons : la médiocre accessibilité de ces patients à la cure, le caractère assez flou de la distinction entre psychose et personnalité sous-jacente et enfin la relative indistinction entre les termes de psychose paranoïaque et psychose paranoïde dans la littérature psychanalytique anglo-américaine. Si Freud a distingué les deux états dans la régression psychotique, autant dans le mécanisme de formation des symptômes (projection des affects homosexuels refoulés dans la paranoïa et retour hallucinatoire dans la schizophrénie) que par le stade de fixation prédisposante plus archaïque dans la schizophrénie, par la suite la position de M. Klein considérant que la fixation était la même dans les deux psychoses (position schizoparanoïde) semble avoir pris le dessus.

Depuis Freud, ont été reconnus l'importance de l'homosexualité inconsciente et refoulée dans la genèse des symptômes paranoïaques, le rôle de la projection de l'affect et des représentations homosexuelles comme principale défense dans la lutte entre celle-ci et le jeu des déplacements et retournements qui contribuent à la constitution du délire (Freud, Ferenczi et Abraham). C'est aussi à ces auteurs que l'on doit la reconnaissance des liens entre paranoïa et érotisme anal.

Lacan concevra quant à lui la forclusion comme mécanisme spécifique de la paranoïa. Bergeret rejoindra des positions plus proches de celles de Freud, considérant que les fixations/régressions correspondant aux structures paranoïaques sont les moins archaïques des structures psychotiques.

POINT DE VUE COGNITIF ET COMPORTEMENTAL

Le but est ici de repérer les schémas cognitifs centraux ainsi que les distorsions cognitives, les pensées automatiques, les pensées dysfonctionnelles et les comportements qui caractérisent chaque type de personnalité. Par exemple la personnalité paranoïaque présentera une verbalisation interne de son schéma central : « je dois me méfier de tout le monde », la personnalité dépendante : « seul je suis impuissant ». Autre exemple, le style cognitif du sujet « limite » se caractérise par un traitement dichotomique des informations, source de sa pensée contrastée en noir ou blanc, etc.

APPROCHE GÉNÉTIQUE ET NEUROBIOLOGIQUE

Bien que certains prétendent que la part jouée par les gènes dans notre personnalité serait de 40 à 50 % (S. Pinker, 2005), les données dans ce domaine concernent plus quelques traits de personnalité que les personnalités dans leur ensemble ou leurs troubles. L'introversion par exemple est probablement à ce jour le trait de caractère soumis à la plus forte influence génétique. On estime aussi que le patrimoine génétique est responsable pour le trait « névrose » à hauteur de 0,31 % (J.C. Loehlin, 1992). De même l'hypothèse de liens entre certains traits de caractère (évitement de la douleur, besoin de récompense et recherche de nouveauté) et le niveau de neurotransmetteur (sérotonine, noradrénaline, dopamine) est avancée (R. Cloninger, 1993).

LES ÉTATS LIMITES

D'un point de vue psychopathologique, un état limite, forme frontière entre l'organisation névrotique et l'organisation psychotique, peut se rencontrer dès l'enfance (voir l'ouvrage *Enfance et psychopathologie* de D. Marcelli) mais nous n'aborderons ici que les conceptions psychopathologiques concernant l'adolescent et l'adulte.

APPROCHE PSYCHANALYTIQUE

Les travaux d'Otto Kernberg

Il retient pour définir l'état limite trois notions essentielles : la faiblesse non spécifique du Moi, l'incidence des processus primaires de pensée, l'existence de mécanismes de défense primitifs et spécifiques : clivage, idéalisation primitive, formes précoces de projection, identification projective, déni, omnipotence.

L'analyse structurelle le conduit à fonder la spécificité des états limites sur la pathologie des relations d'objet intériorisées. Les états limites sont expliqués par la fixation à la problématique de la séparation/individuation, donc de la différenciation du *self* et de l'objet. L'analyse génétique et dynamique, inspirée des théories de M. Klein et P. Heimanr (1952), le conduit à adopter le point de vue selon lequel « dans les deux sexes, le développement excessif de l'agressivité prégénitale, surtout orale, tend à induire un développement prématuré des conflits œdipiens avec pour conséquence une condensation pathologique particulière entre les buts génitaux et prégénitaux sous l'excessive influence des besoins agressifs ». Enfin, pour cet auteur, le mode de communication avec l'analyste est indicatif du diagnostic. Le patient limite typiquement n'entend pas l'interprétation comme telle mais comme un jugement, un conseil. Celle-ci n'a pas d'effet désorganisant, ni d'*insight*, ni de développement des résistances, mais l'interprétation apparemment non entendue comme telle a des effets sur le matériel qui tend à se structurer davantage. Le principal risque de décompensation par régression transférentielle est lié à l'identification projective comme « forme primitive de projections destinée à externaliser les images de soi et les images d'objet agressives ». Le patient garde la notion qu'il est différent du thérapeute mais qu'ils peuvent échanger leur personnalité. Pour Kenberg, la théorie des relations d'objet lié à la psychologie du Moi entend souligner que, même dans ses mises en acte transférentielles relativement simples, l'activation d'une relation d'objet porte toujours sur des unités duelles fondamentales comportant représentation de soi et représentation d'objet liées par un affect. Ces unités reflètent aussi bien les aspects défensifs que pulsionnels du conflit. Plus précisément, un fantasme inconscient, exprimant une organisation centrée sur la liaison pulsion/défense, est activé généralement en premier, sous la forme d'une relation d'objet qui figure le pôle défensif du conflit, avant de figurer le versant pulsionnel par une relation d'objet plus profonde et contraire. Kernberg part donc de l'analyse du transfert qui occupe pour lui une place centrale dans l'approche technique des troubles de la personnalité. Par analyse du transfert, il entend l'analyse des réactivations dans le « ici-et-maintenant » des relations d'objet intériorisées du passé. Les relations d'objet intériorisées ne sont pas l'expression de relations d'objet réelles qui se sont manifestées dans le passé, mais une combinaison d'intériorisation de relations d'objet du passé réelles, fantasmatiques (ces dernières revêtant une déformation importante) et des défenses contre ces deux types. On peut ainsi comprendre et interpréter les régressions transférentielles complexes qui se développent. Chez les patients présentant une psychopathologie sévère, l'interprétation du transfert diffère selon la nature de la psychopathologie. Une dissociation primaire de nature défensive et le clivage des relations d'objet intériorisées expliquent pour Kernberg la plus grande complexité de l'analyse des relations d'objet intériorisés dans le transfert observé chez des patients présentant des troubles sévères de la personnalité. La tolérance envers l'ambivalence qui était la caractéristique des relations d'objet de type névrotique cède la place à une désintégration défensive des représentations de soi et d'objet. Il en résulte des relations d'objet partiel investies sur un mode libidinal ou agressif. Ainsi s'établissent des représentations de soi et des représentations d'objet très éloignées des expériences de la réalité, tantôt idéalisées, tantôt agressivement investies, voire de manière persécutive. Ces représentations ne permettent pas d'être rattachées immédiatement aux relations réelles ou fantasmatiques du passé. Tantôt ce sont des relations d'objet partiel extrêmement idéalisées qui sont activées sous l'effet d'états émotionnels intenses, diffus, envahissants et de nature extatique. Tantôt ce sont des états émotionnels, tout aussi intenses mais douloureux et effrayants qui témoignent de l'activation de relations agressives ou persécutives entre le soi et l'objet. La non-intégration de ces relations d'objet intériorisées se reconnaît dans la disposition des patients à des inversions rapides dans leur instabilité affective et dans la mise en acte des rôles du soi et de l'objet.

En même temps, le patient projette sur le thérapeute une représentation complémentaire du soi ou de l'objet. Tout ceci contribue au développement d'un transfert en apparence chaotique. Ces oscillations rapides, aussi bien que la dissociation marquée entre haine et amour adressés au même objet se compliquent encore par la condensation défensive de diverses relations objectales sous l'influence d'un même affect primitif. Par exemple, dit Kernberg, des images « père/mère combinés » condensent de manière confuse des aspects agressivement perçus du père et de la mère. De même, des aspects idéalisés ou dévalués de soi résultent d'une condensation de différents niveaux d'expérience du passé. En se référant au cadre théorique de la relation d'objet, le thérapeute peut comprendre et organiser ce qui apparaît comme un complet chaos. Il peut éclairer les relations d'objet partiel diversement condensées dans le transfert. Il peut ainsi favoriser leur intégration et le développement d'un transfert plus évolué de type névrotique. L'activation des relations objectales primaires empêche la consolidation du Moi, du Surmoi et du Ça, et ceci est observable dans le transfert en tant qu'il laisse voir des états affectifs chaotiques. L'interprétation des transferts primitifs conduit à une transformation de relations d'objet partiel en relations d'objet total, de transfert primitif reflétant des étapes de développement qui précèdent la constance de l'objet en des transferts de type œdipien avancés. Dans les cas de psychopathologie sévère, les mécanismes de clivage permettent à des aspects contraires de conflits intrapsychiques de rester conscients, au moins partiellement, sous la forme de transferts primitifs. Les relations d'objet intériorisées primitives sont constituées par des représentations de soi partiel, liées à des représentations d'objet partiel dans le cadre d'états affectifs primitifs, en « tout bon, tout mauvais ». Le clivage peut se voir aussi entre traits contraires comme l'omnipotent et le faible, le sadique et le masochiste, etc. On peut parler de relations d'objet partiel parce que la représentation de soi et la représentation d'objet ont été clivées en une composante idéalisée et une composante persécutive, contrairement à ce que l'on observe normalement, dans des représentations de soi et d'autrui qui intègrent ce qui est bon ou digne d'être aimé et ce qui est mauvais ou haïssable. Ces relations d'objet partiel primitives se développent dans la relation thérapeutique sous la forme de transferts primitifs caractérisés par l'activation de telles représentations et de l'affect qui leur est lié. Représentations du Soi et des objets et affects constituent une « unité » de transfert mise en acte de manière défensive contre une « unité » de transfert primitif opposée obéissant à une charge d'affect contraire. L'interprétation de transfert dans le traitement des organisations limites de la personnalité répond donc aux principes généraux suivants :

– diagnostiquer la relation d'objet dominante au sein de la situation de transfert chaotique;

– distinguer ce qui est représentation de Soi, représentation de l'objet intériorisé et affect dominant qui les relie;

– interpréter le lien entre cette relation d'objet dominante primitive et ce dont elle est clivée.

Bion

Bion a utilisé des notations algébriques qui ménagent la part de l'inconnaissable, comme celles d'éléments bêta et de fonction alpha de la mère. La fonction alpha, devenue celle de l'enfant, a pour fonction normalement le traitement des éléments bêta, faute de quoi ils reviennent en boomerang : les siens et ceux de sa mère. Le défaut de fonction alpha, par exemple par manque de disponibilité affective et d'empathie de la mère, rend les rapports à l'autre dangereux, d'où retrait et isolement et surtout difficultés des relations affectives et sexuelles.

Par l'accueil et le traitement que fait la mère des projections inintégrables expulsées par le bébé, elle rend normalement possible qu'il le fasse ultérieurement lui-même. Ainsi se constitue le monde interne par la capacité d'identification de l'enfant à la fonction introjectée de la mère contenante, calmante, protectrice, fonction de gestion des tensions internes, des affects violents, mais aussi d'élaboration symbolisante et subjectivante, de métabolisation pulsionnelle, en un mot de régulation narcissique.

On conçoit que la préoccupation maternelle primaire induise chez la mère un vécu de fusion dont les qualités dépendent de sa problématique personnelle, et qu'elle attende de son bébé la réparation de ses propres failles narcissiques, qu'il soit un double d'elle même ou le substitut du père. Elle peut aussi redouter cette tentation et le maintenir à distance ou se sentir impuissante à donner ce qu'elle-même n'a pas reçu.

Les auteurs français

Le propre de la conception de Bergeret est de donner, à défaut de structure, un modèle étiopathogénique de l'état limite, c'est-à-dire d'en décrire la genèse en référence à la notion de traumatisme. Selon lui, le patient limite a subi, enfant, un traumatisme réel dont les effets ont été désorganisants. Pour Bergeret la carence de l'imaginaire, laissant les rapports du symbolique et du réel sans médiation, fait place aux mécanismes de forclusion, aux défenses maniaques, à l'identification projective.

Pour finir, Green a insisté sur l'importance des apports théoriques de Winnicott et Bion, lesquels peuvent être articulés avec bien des aspects de l'œuvre de Freud : « Les cas limites sont caractérisés par l'incapacité fonctionnelle à créer des dérivés de l'espace potentiel; au lieu des phénomènes transitionnels, ils créent des symptômes qui en remplissent la fonction, d'où la ressemblance entre la logique contradictoire des phénomènes transitionnels de l'aire intermédiaire de Winnicott et celle de l'activité de pensée sous-jacente aux symptômes des cas limites » (1990). Il a évoqué les craintes archaïques contradictoires auxquelles sont soumis ces patients qui, en deçà de l'angoisse de castration névrotique, alternent entre angoisse de séparation et angoisse d'intrusion.

Différences entre troubles narcissiques et troubles limites de la personnalité

Selon H. Kohut, un des principaux représentants de ce courant, les troubles narcissiques de la personnalité sont repérables et traitables si l'on prend en compte une théorie élaborée sur les concepts de Soi, de Soi grandiose et de transfert idéalisant. Pour ce courant psychodynamique, il existe des patients qui souffrent de troubles spécifiques dans le domaine du soi, et des objets archaïques investis de libido narcissique (Soi-objets), étant encore intimement reliés au soi archaïque qui ne sont pas sentis comme séparés et indépendants du soi. Les points de fixation de ces cas se situent à une étape relativement primitive du développement psychique ; il importe donc pour Kohut de souligner non seulement les déficiences mais également les atouts de l'organisation psychique de ces patients.

Les déficiences de ces patients proviennent de ce qu'ils sont demeurés fixés à des configurations archaïques du soi grandioses et/ou à des objets archaïques, surestimés et narcissiquement investis. Deux conséquences importantes découlent de ce que ces configurations archaïques ne se sont pas intégrées au reste de la personnalité :

– la personnalité adulte et ses fonctions parvenues à maturité sont appauvries parce que privées des énergies investies dans les structures anciennes, et/ou ;

– les activités adultes, réelles, de ces patients sont gênées par la percée et l'intrusion de ces structures archaïques et par leurs exigences archaïques.

Autrement dit, l'effet pathogène produit par l'investissement de ces configurations archaïques est sous certains aspects analogue à celui qu'exerce l'investissement instinctuel d'objets incestueux, inconscients et refoulés, dans les névroses de transfert classiques. Pour Kohut, aussi inquiétante que soit leur psychopathologie, il importe de réaliser que ces patients possèdent des atouts particuliers qui les différencient des cas limites. À la différence de ces derniers, les patients qui souffrent de troubles narcissiques de la personnalité ont essentiellement atteint à une cohésion du soi et ont élaboré des objets archaïques idéalisés doués également de cohésion. De plus, ils ne sont pas menacés par la possibilité d'une désintégration irréversible du soi archaïque ou des objets archaïques narcissiquement investis. Parce qu'ils sont parvenus à ces configurations psychiques intégrées et stables, ils sont capables d'établir des transferts narcissiques spécifiques et stables qui permettent la résurgence thérapeutique des structures archaïques sans le danger de les voir fragmentées par une régression plus profonde : ils sont par conséquent analysables. On peut ajouter ici que l'établissement spontané de l'un des transferts narcissiques stables est le meilleur et le plus sûr des signes diagnostiques qui distinguent ces patients des cas limites, d'un côté, et des névroses de transfert ordinaires, de l'autre. C'est dire que l'évaluation fournie par une période d'essai en analyse permet un diagnostic et un pronostic plus valables que ne le feraient des conclusions provenant de l'étude du comportement et des symptômes.

Théorisations psychanalytiques générales des états limites

Au-delà des références historiques déjà évoquées, on peut ici reprendre certaines conceptions.

Pathologie de l'intériorité

Le défaut d'intériorité, d'investissement de l'espace psychique interne, qui sous-tend l'incapacité d'être seul, la dépendance, l'appétence addictive, l'impulsivité et les passages à l'acte, la relation d'objet anaclitique, le besoin d'étayage du Moi ou du fonctionnement psychique sur celui d'autrui est très généralement reconnu dans les troubles limites. Ce défaut d'espace psychique propre, de monde interne, donc d'autonomie d'être, de ressentir ou de penser peut résulter, de manière directe ou indirecte, de l'inefficacité du refoulement, et des défenses par déni, par expulsion hors psyché, par identification projective, par somatisation ou mise en acte.

Activité fantasmatique

Elle est plus liée à un télescopage des différents stades du développement libidinal, avec souvent une condensation des thèmes fantasmatique, qu'à des fixations à des stades archaïques. Les télescopages sont tels que l'on ne peut retrouver, comme dans la névrose, le jeu des régressions et fixations, par exemple à partir des formations réactionnelles qu'elles suscitent, lesquelles témoignent de l'activité du Moi. Les fantasmes tendent à être déconnectés des représentations du soi. L'inefficacité de l'activité du Moi, les mécanismes archaïques de déni, de clivage et d'idéalisation au cours du développement entraîne cette organisation chaotique du développement libidinal.

Prédominance de la destructivité : liaison et déliaison

Dans les cas limites, il y a une désintrication (ou désunion) pulsionnelle, une non-intrication avec prédominance de la destructivité, soit directe (états de rage destructrice), soit sur un mode projeté avec angoisse de persécution.

La destructivité « sans colère » peut se manifester aussi dans des défenses de type autistique et surtout elle implique la perte d'objet, d'où le risque dépressif dont celui de la dépression psychotique : le trou noir, le désinvestissement.

La prédominance de la destructivité compromet le lien à l'objet, la séquence typique étant : absence de l'objet = perte d'objet = destruction de l'objet = culpabilité = réparation ou effondrement. La relation d'objet, intense et destructrice, est toujours très angoissante pour le sujet. La destruction de l'objet, en raison de la dépendance à l'objet réel actuel, et à défaut des déplacements qui rendraient sa métaphorisation et sa symbolisation, a pour conséquence la destruction de soi.

Rapport à l'objet et autoérotisme

C'est la persistance de l'attraction exercée par l'objet et l'inefficacité des mécanismes de défense qui entraînent le recours à diverses stratégies comportementales antipsychiques, à différentes sortes de barrières défensives, aux conduites addictives, aux positions masochiques et sacrificielles, mais aussi au retrait de l'investissement dans la logique mortifère du narcissisme primaire absolu.

En résumé

L'état limite demeure dans une situation seulement « aménagée » mais non structurellement fixée (Bergeret).

L'état limite se situe avant tout comme une maladie du narcissisme. Le sujet ayant dépassé le danger de morcellement, le Moi n'a pu accéder cependant à une relation d'objet génitale, c'est-à-dire au niveau des conflits névrotiques entre le Ça et le Surmoi. La relation d'objet est demeurée centrée sur une dépendance anaclitique à l'autre. Le danger immédiat contre lequel se défend l'état limite, c'est essentiellement la dépression.

L'angoisse du psychotique, c'est l'angoisse de morcellement; c'est une angoisse sinistre, de repli et de mort. L'angoisse du névrotique, c'est l'angoisse de castration; c'est une angoisse de culpabilité, vécue dans le présent mais centrée sur un passé qu'on devine très érotisé. L'angoisse de l'état limite, c'est une angoisse de perte d'objet et de dépressivité qui concerne à la fois un vécu passé malheureux sur le plan plus narcissique qu'érotique et, en même temps, reste centrée sur un avenir meilleur, teinté d'espérance et de sauvetage, et investie dans la relation de dépendance vis-à-vis de l'autre.

La relation d'objet psychotique demeure fusionnelle à l'objet maternelle; elle est de type narcissique intégral en ce sens qu'elle est incluse dans le narcissisme de la mère ou de son représentant; elle conduit à l'autisme : désinvestissement des objets de réalité et à une néoconstruction objectale. La relation d'objet névrotique suppose une triangulation connotant le conflit œdipien et nécessitant un potentiel génital suffisant. La relation d'objets de l'état limite demeure une relation à deux, mais différente de la dyade primitive rencontrée dans les psychoses. Il s'agit d'être aimé de l'autre, le fort, le grand, en étant à la fois séparé de lui en objet distinct, et à la fois en « s'appuyant contre lui ». Souvent c'est même des deux parents (non génitaux) dont il faut se trouver aimé à la fois et nous arrivons ainsi à une triade narcissique (B. Grunberger) souvent confondue, à tort, avec la véritable triangulation génitale œdipienne, pourtant fort différente.

De nombreux auteurs (W.D. Fairbain, H. Hartmann, O. Kernberg, M. Gressot, A. Green, etc.) ont décrit chez l'état limite une division du champ relationnel en deux secteurs distincts, l'un conservant une évaluation correcte de la réalité, l'autre fonctionnant sur un mode moins réaliste, plus idéaliste et plus « utilitaire » à la fois. Une telle division du champ des images ne constitue nullement un éclatement consommé (ni même commencé) du Moi, mais simplement un mode de défense contre une menace d'éclatement ainsi que S. Freud l'a lui-même défini en 1924 : pour ne pas avoir à se morceler, le Moi se déforme sans éclater pour autant et va fonctionner avec le monde extérieur en distinguant dans celui-ci deux secteurs : un secteur adaptatif et un secteur anaclitique.

Le refoulement, mécanisme de défense plus tardif et plus élaboré, joue dans les états limites un rôle moindre que dans les névroses au profit du clivage des imagos, des réactions projectives, de l'omnipotence et de son inverse la déception, de la forclusion et d'autres mécanismes accessoires qui s'avèrent tous plus archaïques, moins réussis, mais aussi moins exigeants en formations réactionnelles que le refoulement. Le besoin de séparer les objets extérieurs en objets rassurants d'un côté et objets inquiétants de l'autre nous rapproche des attitudes de clivage de l'objet, de l'identification projective de M. Klein et de l'idéalisation prédépressive de O. Kernberg.

Pour conclure, il semble que dans la problématique de l'organisation psychique limite, l'essentiel soit d'une part le caractère inintégrable de l'ambivalence pulsionnelle, laquelle rend impossible l'élaboration du deuil de l'objet primaire maternel, d'autre part l'échec de la constitution de la sexualité génitale et de la structuration œdipienne de la différence des sexes et des générations. Il en résulte des rapports aux objets et à soi-même qui sont une menace narcissique insupportable, ce dont doit rendre compte la métapsychologie.

Sur le plan topique, il s'agit de l'hétérogénéité des lieux psychiques ; sur le plan dynamique de l'échec du refoulement au profit du déni et du clivage ; sur le plan économique de la faiblesse du travail d'élaboration et de symbolisation, du risque de débordement traumatique, d'effondrement dépressif, de perte du sentiment d'identité et du sentiment de continuité et de valeur d'expérience de soi.

Enfin, sur le plan des rapports aux objets, le clivage, la projection et l'identification se conjuguent dans le champ de l'identification projective.

POINT DE VUE COMPORTEMENTAL ET COGNITIF

Le modèle comportemental de Linehan (1993) décrit comment, chez certaines personnes, des événements développementaux particuliers, tel un « environnement invalidant », et un certain degré de dysrégulation émotionnelle, peuvent entretenir une influence réciproque pour aboutir à ce type de « désordre ».

Le modèle de Stone (1993) décrit chez les patients présentant des troubles limites une tendance générale aux « réponses comportementales non modulées », qu'il relie à l'hyper-irritabilité selon lui sous-jacente à ce type de trouble. Cette prédisposition constitutionnelle correspondrait à un dysfonctionnement limbique.

Le style cognitif des personnalités *borderline* partage certaines caractéristiques avec d'autres troubles de la personnalité. Il s'agit de distorsions cognitives comme l'abstraction sélective, les inférences arbitraires, la maximisation et la minimisation. Particulièrement évocateur est le traitement dichotomique des informations, c'est-à-dire le classement des perceptions en termes manichéens mutuellement exclusifs : « tout bon ou tout mauvais »... avec, comme caractéristiques principales du style de pensée, des schémas de rejet, de vulnérabilité sans recours, de manque de valeur et d'amour d'autrui.

Pour certains auteurs, certains déficits cognitifs dans le registre de l'abstraction caractériseraient les personnalités *borderline* et justifieraient certaines modalités d'abord psychothérapeutique préférentielles.

ASPECTS THÉRAPEUTIQUES

Psychothérapie analytique

La cure analytique, lorsqu'elle est possible, reste la thérapeutique de choix. Elle est centrée sur l'analyse des relations d'objet primitives du sujet, permettant l'intégration du Moi. Deux obstacles principaux sont classiquement décrits dans les cures de patients limites : d'une part l'intensité du « transfert négatif », d'autre part la tendance importante à l'agir de ces patients.

Le cadre de la cure doit souvent être adapté. Kernberg a proposé l'instauration d'un contrat avant la cure afin de limiter les comportements destructeurs de ces patients. Le maintien de ce cadre, par des interventions dans la réalité interne (interprétations) et externe du patient pourrait favoriser le bon déroulement de la cure, et éviter en particulier l'apparition de la « psychose de transfert ».

Les aménagements du cadre de la cure analytique des patients *borderline* sont décrits par divers auteurs, et sont à l'heure actuelle source de nombreux écrits et réflexions, eux-mêmes à l'origine de l'évolution des techniques et des théorisations métapsychologiques.

Techniques comportementales et cognitives

Linehan, citée plus haut, a mis au point un modèle de thérapie en particulier pour les patients suicidaires.

Inspirées de la théorie de Beck, les thérapies essentiellement cognitives se basent sur l'importance du contrat préalable établi avec le patient et fixent un cadre thérapeutique précis afin de « renforcer la coopération thérapeutique ».

Trois grands axes sont à retenir dans cet abord thérapeutique :

– l'affaiblissement de la pensée dichotomique par la méthode du continuum : classement hiérarchique des individus, situations et émotions selon les pôles de confiance ou de défiance, de plaisir ou déplaisir ;
– l'amélioration du contrôle des émotions et de l'impulsivité ;

– l'abord des schémas passe par la prise de conscience par le patient de certains succès remportés dans les épreuves de la réalité qui viennent progressivement invalider certaines croyances antérieures concernant les thèmes d'abandon, de dévalorisation, d'échec et de solitude.

Thérapeutique médicamenteuse

Utiles sur de courtes durées, les prescriptions de psychotropes voient en général leur efficacité se réduire dans les prescriptions au long cours. En tout état de cause, ces prescriptions sont à réévaluer régulièrement et toujours à replacer dans la relation patient/thérapeute.

Les *anxiolytiques benzodiazépines* : le risque d'accoutumance ou d'intoxication médicamenteuse volontaire est grand, et leur utilisation doit se faire avec parcimonie.

Les thymorégulateurs peuvent voir une utilité dans le contrôle des troubles du comportement de type impulsif, mais également dans l'instabilité thymique parfois majeure que présentent ces patients.

Les *antipsychotiques* sont efficaces sur divers symptômes, allant de l'angoisse aux éléments plus spécifiquement psychotiques comme les idées de référence ou la pensée persécutoire. L'évaluation bénéfice/risque dans cette indication doit être régulière.

Les *antidépresseurs* sont réservés aux états dépressifs des troubles limites. Les antidépresseurs sérotoninergiques sont les plus couramment prescrits.

L'hospitalisation

Les hospitalisations peuvent être fréquentes, faisant suite à des tentatives de suicide, des décompensations psychotiques aiguës, d'un passage à l'acte agressif. L'amélioration symptomatique est souvent rapide. L'hospitalisation doit, autant que faire se peut, être de courte durée, afin de favoriser rapidement la réinsertion du patient dans sa réalité, mais surtout s'inscrire dans la continuité d'une prise en charge ambulatoire globale, afin de déjouer ce que ces patients peuvent agir de leurs conflits internes avec les différents thérapeutes et/ou institutions.

LES TROUBLES PSYCHOPATHIQUES

Pour ces troubles, il est particulièrement difficile de faire la part des choses entre le social et le psychologique. Il a été cependant permis d'identifier plusieurs manifestations biologiques, familiales, événementielles, psychologiques qui distinguent les psychopathes. Les liens entre ces différents éléments restent néanmoins encore obscurs. Ceci explique, au moins pour une part, les difficultés d'articulation dans les mesures proposées pour prendre en charge ces sujets.

Comme pour les formes frontières entre névrose et psychose, les troubles psychopathiques peuvent se rencontrer dès l'enfance (voir *Enfance et Psychopathologie* de D. Marcelli). Nous n'aborderons ici que ceux concernant l'adolescent et l'adulte.

POINT DE VUE PSYCHANALYTIQUE

Sigmund Freud ne s'est guère intéressé aux délinquants et aux criminels probablement du fait du peu d'adéquation des conduites psychopathiques avec le cadre de la cure type. Mais depuis les travaux psychanalytiques se sont multipliés et demeurent d'un grand intérêt car même si les psychopathes ne sont pas « analysables », cette conclusion demeure la conséquence de nombreuses études et travaux qui apportent beaucoup à la compréhension du psychopathe et laisse la place à d'autres modalités de soins. Freud avait pu, il est vrai, parler du poids de la culpabilité chez le criminel : *Les criminels par sentiment de culpabilité.* Théorie névrotique d'une certaine frange de la population délinquante, il décrit par-là des sujets pour qui le châtiment sert à satisfaire le besoin de punition inconsciente qui a poussé en fait la personne à commettre un acte délictueux.

Ses élèves par la suite argueront d'un déficit ou d'une faiblesse du Surmoi face aux pulsions sexuelles et agressives. Reik (1926) poursuivra dans ce sens en donnant une vision névrotique à la psychopathie ainsi qu'Auguste Aichhorn (1925) qui devient même le pionner de l'utilisation de la théorie analytique comme outil de rééducation des adolescents délinquants en centre d'accueil de réhabilitation.

Cependant *M. Klein* changera fortement la compréhension du fonctionnement psychopathique; pour elle en effet le psychopathe n'est pas dépourvu d'instance surmoïque, mais possède un Surmoi rigide prégénital, persécutant et cruel fixé au stade archaïque de son développement, en proie à des pulsions sadiques cruelles. Les post-kleiniens poursuivent l'étude des différents modes de défenses du psychopathe tel que le clivage et le déni.

Le chevalier de l'industrie de K. Abraham ou le cas Jimmy décrit par H. Deutsch sont tous les deux des cas d'imposteurs.

René Spitz met au point un test prédictif de l'apparition de la psychopathie chez les enfants. Il explique par la carence affective comment un enfant privé d'amour va s'attacher toute sa vie à détruire l'ordre social dont il a été victime.

Donald W. Winnicott parle de la « tendance antisociale », il en fait un mouvement qui va porter l'enfant à obtenir une réparation de sa mère du fait du dommage qu'elle lui a causé en ne satisfaisant pas ses exigences initiales. Du fait de l'effondrement successif de l'entourage, l'enfant recherche un environnement capable de le contenir toujours plus vaste. Mais les faillites successives ne vont qu'augmenter les blessures narcissiques et renforcer les défenses du sujet.

Hubert Flavigny décrit des périodes dépressives de courte durée en relation avec la peur de la perte d'objet, mêlé d'un sentiment de vide et d'incomplétude, conséquence de l'échec d'élaboration de la position dépressive, avec subsistance de défenses maniaques.

Plus tard les auteurs évoqueront la culpabilité comme très secondaire en rapport à la fragilité narcissique. Généralement les différentes théorisations contemporaines ont en commun la défaillance de la structuration du Moi et de l'élaboration du narcissisme et donnent une origine développementale commune avec les pathologies narcissiques et limites.

La perturbation dans les choix d'objectaux, du fait entre autres des conditions concrètes de la prime enfance, viendra étayer ces thèses : traumatismes et désorganisations précoces, dépressions maternelles, les absences réelles ou psychiques de mères.

Otto Kernberg fait de la psychopathie une variante grave des personnalités narcissiques correspondant au niveau inférieur de sa classification des troubles du caractère. On retrouve d'ailleurs des items communs aux deux personnalités tels que le charme superficiel. Il en fait une entité qui avoisine des aménagements psychotiques et pervers. Le clivage, l'identification projective sont leurs modes principaux de défenses.

Dans cette même école américaine *Heinz Kohut* et *Melmoy* insistent sur une identification au « Soi grandiose ». La mégalomanie de l'Idéal du Moi conséquence d'une mauvaise élaboration du conflit œdipien met en place un autre conflit archaïque. Le Moi se trouve démuni du fait de carences identificatoires (notamment parentales) pour satisfaire face à la réalité les exigences d'un précurseur sadique du Surmoi. Le sujet se trouve alors tenter d'être au plus proche de son Idéal du Moi omnipotent pour se protéger son Moi faible et les exigences de la réalité.

De même le patient psychopathe, par sa relation envieuse envers les objets, se montre prêt à tout pour obtenir ce qu'il veut (tromperie, duperie, imitation, simulation), puis incapable de s'empêcher de gaspiller ou d'abîmer ce qu'il a obtenu, renforçant en retour son avidité.

Pour Bergeret la violence du lien affectif et la dépendance aux objets investis signent cette économie narcissique du sujet psychopathe.

On a affaire à une véritable pathologie du lien et de l'attachement (Bolwby) que la coexistence de détachement et de recherche de liens agressifs vient signer.

L'école de *Jacques Lacan* qui ne parle pas d'« état limite », insiste sur les défauts d'interdits fondamentaux notamment œdipiens, il existe un échec de la métaphore paternelle, que le père soit absent, disqualifié, trop violent. De toute façon pour le psychopathe « La loi ne le concerne pas ».

Paul-Claude Racamier avec les « pervers narcissiques » décrit un mode de fonctionnement où l'altérité est déniée car il n'existe pas d'image positive d'eux-mêmes. L'autre n'est perçu que comme le prolongement de son Soi qu'il voudrait grandiose.

Il est important aussi de noter la fréquence des fonctionnements opératoires et traits alexithymiques décrits.

En conclusion il se trouve que les auteurs psychanalytiques évoquent rarement un « pur psychopathe » mais plutôt l'existence d'un secteur psychopathique qui cohabiterait avec d'autres modalités de fonctionnement : états limite, *as-if*, psychotique, ou névrotique quand existe un secteur mentalisé. Le trouble peut aussi se comprendre, dans certains cas, comme cicatrisation de psychose infantile ou de dysharmonie de l'enfance.

POINT DE VUE GÉNÉTIQUE ET NEUROBIOLOGIQUE

Des études ont permis de montrer des dysfonctions frontales et temporales, ainsi qu'un hypofonctionnement sérotoninergique. Des travaux au sujet des troubles des conduites chez des jumeaux ont permis d'estimer jusqu'à 50 % héritabilité génétique (père et ou mère ayant des tendances psychopathiques) sans pour autant repérer un gène ou des gènes précis. C'est donc la vulnérabilité génétique en interaction avec des facteurs environnementaux qui produiront le trouble psychopathique.

APPROCHES COMPORTEMENTALE, COGNITIVE ET NEUROPSYCHOLOGIQUE

Nombreuses expériences ont été réalisées selon des protocoles standardisés et ont montré là encore des traits communs : apprentissage par évitement passif, expérience réduite de la peur, attention sélective. Par exemple les psychopathes sont moins susceptibles que les autres délinquants de retarder la récompense dans les tâches d'apprentissage et plus susceptibles de persévérer dans une tâche en dépit de la punition. Ils réagissent de même moins aux signaux de détresse ou de peur et aux stimuli aversifs.

Les auteurs notent de plus des troubles du langage et du traitement des émotions. La personne psychopathe semble connaître le sens superficiel du vocabulaire émotionnel sans en saisir le sens profond.

APPROCHE FAMILIALE ET SYSTÉMIQUE

Bien que des hypothèses neurologiques et psychologiques aient été avancées pour expliquer l'éthiopathogénie de la psychopathie, la contribution environnementale paraît essentielle principalement en ce qui concerne la qualité de l'environnement familial. Quelques études laissent croire à un lien entre les variables familiales et la psychopathie : notamment la prévalence du trouble de la personnalité antisociale chez les pères ou la fratrie. On note tout d'abord une tendance des jeunes antisociaux à provenir de famille de bas niveau social. Ensuite plusieurs études identifient des liens entre la qualité médiocre des relations parent/enfants et la délinquance révélée ou officielle chez les adolescents tant au niveau affectif qu'éducatif : le manque de communication verbale ou non verbale, le manque d'attachement, le manque d'attention affectueuse et de contrôle, le rejet parental et le peu d'activités communes seraient des facteurs à prendre en compte. Nombre de courants théoriques sociologiques et psychologiques suggèrent que la délinquance est acquise. Les liens entre les pratiques éducatives des parents et la délinquance juvénile ont été maintes fois établis. Les plus connus sont la supervision déficiente, la discipline sévère et inconstante et les règles mal établies ou absentes, engendrant un milieu insécure et violent.

ASPECTS THÉRAPEUTIQUES

Depuis longtemps le débat s'est joué autour de la question prison ou hôpital, punition ou soin. Une chose est certaine, c'est la difficulté de la prise en charge.

L'âge et le vieillissement classiquement voient la symptomatologie s'amoindrir. On observe alors une sorte d'adaptation sociale au trouble. La surmortalité est bien réelle du fait des multiples complications sociales, médicales et chirurgicales.

Des voies de réussites de la psychopathie existent, par exemple dans certains groupes qui vont lui permettre de ne pas envier ce qui appartient à tous tout en lui apportant un étayage narcissique ou lorsque l'environnement va accepter ce que le psychopathe exige de lui. Il peut parfois aussi servir l'ordre (le psychopathe n'en est pas à une contradiction de plus) en prenant les apparats du milicien ou du dictateur.

L'idéal serait une prévention chez l'enfant et l'adolescent en portant un diagnostic précoce et éventuellement en repérant les familles à risque. Actuellement les structures proposant une réponse psycho-éducative représentent cette voie en tentant d'établir un système relationnel plus stable ainsi qu'une meilleure socialisation.

Du fait du peu de demandes et de la mise à mal des relations, c'est souvent à l'occasion d'un séjour en institution, hôpital ou en prison, que la rencontre se fait. Lors d'incarcérations une relation plus durable peut s'opérer sous forme de programmes thérapeutiques dans les pays anglo-saxons ou au sein d'une équipe de soins pluridisciplinaires dans les SMPR français.

Médicaments

Il n'existe pas de traitements spécifiques, mais symptomatiques au coup par coup : recours aux antidépresseurs si dépression, aux neuroleptiques sédatifs en cas d'agitation, etc. L'appétence aux psychotropes benzodiazépines est à prendre en compte, tout particulièrement.

Psychothérapies

La plupart des auteurs proposent une attitude psychothérapeutique active, dans le concret, tout en se fixant des objectifs réalistes. D'aucuns pensent le sujet psychopathe intraitable si l'intensité de son trouble est trop élevée.

Mais des transformations et des changements ont été régulièrement décrits dans les différentes descriptions des prises en charges psychothérapeutiques, notamment chez les enfants et adolescents en internat spécialisé.

Psychothérapie psychanalytique

Le qualificatif de psychopathes attribué à certains comportements de l'enfant est employé dans deux registres différents.

L'un est le registre de la « perversité ». Il s'agit de comportements antisociaux organisés, impliquant un investissement important de cette conduite, d'actes de cruauté commis sur d'autres enfants ou des animaux. Ces comportements peuvent hélas parfois laisser présager d'une évolution psychotique.

L'autre peut être observé, comme l'a montré Winnicott, chez tout enfant mais peut devenir la manifestation symptomatique majeure. Winnicott a montré le fond dépressif, le besoin de récupération objectale sous-jacent à la conduite antisociale. Il est important d'y ajouter que beaucoup de ces comportements visent non seulement à retrouver sur le mode régressif quelque chose de bon, d'ordre maternel, mais encore tendent à forcer la rencontre avec un élément tiers, d'ordre paternel. Le comportement des mères d'enfants délinquants dénote leur propre besoin d'exclure le rôle effectif d'un tiers dans la relation qu'elles ont à leur enfant. Elles semblent souvent ne se plaindre de lui que pour mettre l'interlocuteur à l'écart, pour démontrer par avance l'inutilité de son intervention, et elles renversent leur attitude dès que leur interlocuteur marque un souci d'intervenir, faisant alors cause commune avec leur enfant. C'est le degré de contre-investissement dont la conduite antisociale est l'objet de la part de l'enfant qui en fait l'importance. Un vol isolé, survenu au cours d'une période de séparation, ou clairement dirigé contre un personnage très investi lors d'une crise dans la relation, telle conduite apparue dans un contexte dépressif très apparent, n'ont pas de commune mesure avec des comportements antisociaux répétés ayant perdu toute signification relationnelle et comportant une abolition réussie des affects dépressifs.

Du fait de la grande difficulté à rentrer en relation de manière durable et authentique, la psychothérapie psychanalytique classique demeure impossible et oblige à aménager largement le cadre.

Le travail doit prendre en compte la répétition des agressions et des troubles du comportement envers le nouvel entourage. Le comportement agressif devient alors l'occasion de nouer de nouvelles formes de relations et de faire revivre par ses attaques un partenaire perdu.

Une telle prise en charge tente de rendre possible une mobilisation interne des représentations, des identifications, et de permettre l'émergence de la pensée par un travail d'élaboration en restaurant la parole au lieu de l'agir. Habituellement ce travail ne sera possible qu'au sein d'un établissement où se livre une thérapie institutionnelle.

Les investissements seront répartis sur les différents membres de l'équipe avec l'aide de partenaires ou de relais extérieurs afin d'éviter le cercle fusion/rupture, punition/abandon.

Un travail sur le cadre, les limites, ainsi que sur le contre-transfert est nécessaire.

Psychothérapie comportementale et cognitiviste

Les TCC sont employés pour le traitement de divers troubles de la personnalité mais rarement pour la psychopathie.

Il semble nécessaire de proposer l'utilisation d'une association de plusieurs traitements simultanément : amélioration de la fonction de planification, contrôle de l'impulsivité, formation aux aptitudes sociales, négociation de conflits interpersonnels, gestion de la colère, etc.

7 SOIGNER ET PRENDRE SOIN

Nous avons vu tout au long des différents problèmes psychopathologiques abordés plusieurs approches possibles et connues à ce jour : psychanalytiques, cognitives, comportementales, systémiques, pharmacologiques. Nous renvoyons le lecteur à chacun de ces chapitres.

Prendre soin de quelqu'un, c'est partager les mêmes buts avec lui, que ces buts soient thérapeutiques ou simplement d'aide. Il est utile de distinguer différents types et différents contenus de but. Il s'agit ainsi de différencier les buts immédiats, à moyen et long terme, de même que les buts spécifiques et globaux.

En ce qui concerne les buts immédiats, à moyen et long termes, la distinction que cite Huber selon les différentes écoles mérite ici d'être reprise (tableau 7-I). L'aspect global ou spécifique du changement est probablement le plus important : le but du changement visé cherche-t-il dans les modifications de la structure de la personnalité comparables à l'objectif fixé par Freud : « où était le Ça, le Moi doit advenir », ou consiste-t-il seulement dans la modification d'attitudes dispositionnelles, d'habitudes relativement périphériques, dans un changement partiel de la structure ?

Une description précise des buts du traitement est difficile ; divers auteurs décrivent des buts de différentes façons, même à l'intérieur d'une même école.

Il semble alors préférable de proposer le concept d'un continuum allant de buts de soins, c'est-à-dire aider le patient à être soulagé de ses symptômes, à se confronter à la réalité, à anticiper les conséquences négatives de ses actions et par là même à améliorer son jugement, à atténuer ses tensions psychiques et à gérer ses contradictions jusqu'à des buts de traitement strictement psychanalytiques, c'est-à-dire l'acquisition d'un *insight* défini par la capacité à comprendre la signification à l'origine de ses comportements et de ses symptômes, en un mot de rendre conscient ce qui est inconscient.

Pour atteindre ces buts, quels qu'ils soient, il est nécessaire d'avoir établi une bonne relation thérapeutique initiale interpersonnelle. Elle constitue le socle sur lequel repose tout traitement. Toutes les formes de thérapie lui donnent une importance centrale. Si la cure type psychanalytique fait de l'analyse du transfert et du contre-transfert l'usage le plus différencié et le plus important, l'analyse de cette relation interpersonnelle n'est pas absente des autres approches, même si le transfert n'est pas la référence

TABLEAU 7-I. – *Buts des différentes écoles thérapeutiques.*

Écoles de thérapie	Buts à court terme ou buts de méthode	Buts à moyen terme ou critères de réussite thérapeutique	Buts à long terme ou concepts de santé publique
Psychanalyse	Association libre Travail avec des interprétations, la situation de transfert et l'épreuve de la réalité	Prise de conscience de besoins, affects et cognitions refoulés Satisfaction de besoins actuels et recherche de nouvelles possibilités de satisfaction	Force du Moi (capacité de perception adéquate de la réalité) Action guidée par la compréhension de la situation Capacité de remettre à plus tard la satisfaction des besoins et désirs
Thérapie non directive	Expérience vécue (*experiencing*) Exploration de soi Différenciation entre expériences anciennes et nouvelles Intégration des expériences nouvelles (modification du concept de soi)	Acceptation de l'expérience propre Perception différenciée de soi de l'entourage Changement de la structure de soi Augmentation de la flexibilité Diminution de la tension interne	Développement de soi actif et orienté Développement du jugement personnel Ouverture à la réalité
Thérapie comportementale	Changements écologiques Déstructuration des comportements inadéquats (en partant des problèmes de fond) Acquisition de comportements nouveaux Passage du renforcement par autrui au renforcement par soi-même	Restructuration du répertoire comportemental : élimination des comportements inadéquats et stabilisation des comportements adéquats nouveaux Autocontrôle	Compréhension des conditions occasionnant les problèmes personnels Élargissement des compétences Changement de la perception de soi et de l'entourage Liberté, compréhension, autonomie

(D'après Lohmann, Ziele und Strategien psychotherapeutischer Verfahren.
In : Handbuch der Klinischen Psychologie, *W Wittling (éd.). Hoffmann & Campe, 1980)*

clé et l'outil essentiel du changement. Ceci signifie que tout traitement nécessite avant tout une alliance thérapeutique. La mise en place de l'alliance thérapeutique de travail nécessite d'être précisée. Greenson a défini cette alliance thérapeutique de travail comme le rapport relativement rationnel que le patient a avec son thérapeute, il doit comprendre la technique utilisée par le clinicien et y adhérer consciemment.

L'investigation diagnostique du clinicien et les réactions initiales du patient à la situation, au contrat établi, au plaisir d'être soigné, écouté ou à sa frustration de ne pas être immédiatement soulagé constituent les premiers repères de l'alliance thérapeutique.

Mais, l'alliance thérapeutique de travail ne peut s'établir que si le clinicien n'est ni froid, ni distant, ni arbitraire (y compris dans la cure type psychanalytique). Le silence et l'abstinence ne doivent avoir pour seul intérêt à ce stade que de créer un environnement thérapeutique qui permet au patient de s'exprimer au-delà de ce qu'il fait habituellement et ainsi l'amener à prendre peu à peu confiance en son thérapeute et en sa capacité propre à exprimer des désirs et des problèmes cachés. Ce dernier tente d'élargir les possibilités qu'a le patient à s'exprimer, à s'interroger sur lui-même mais doit en même temps maintenir un profond respect de la liberté et de l'autonomie de son patient en évitant un investissement trop intense de son désir de soigner, de guérir rapidement les symptômes ou les comportements pathologiques.

Parallèlement, le clinicien doit assumer et accepter les sentiments et les expériences subjectives que provoquent chez lui les comportements du patient. Il ne doit pas les décharger dans ses réactions ou dans ses éventuelles interventions. Il doit les contrôler pour les soumettre au travail thérapeutique, comme il le fait pour le matériel du patient.

Quel que soit le type de traitement, les références théoriques, les méthodes, les convenances implicites ou explicites ne sont généralement pas familières au patient. Dès le début, mais tout au long du processus, le clinicien utilise des références théoriques, dispose d'attitudes et se comporte de façon spécifique qu'il doit plus ou moins expliciter et que le patient peu à peu assimile, parfois par mimétisme, plus heureusement par identification.

Cette compréhension progressive permet au patient d'expérimenter ses problèmes, son comportement et son fonctionnement comme un état qu'il peut modifier plutôt que comme un destin inaccessible au changement.

LES DIFFÉRENTS TYPES D'INTERVENTION DU PSYCHOTHÉRAPEUTE

Nous avons évoqué précédemment l'idée d'un continuum entre la psychanalyse proprement dite, c'est-à-dire la cure type et l'ensemble des traitements psychothérapiques, même ceux dont le caractère « de soutien » est le plus marqué, en passant évidemment par les approches cognitivo-comportementales. À ce continuum, pourrait se superposer celui du type d'intervention du thérapeute qui variera selon le type de traitement envisagé et l'organisation psychopathologique du sujet. En pratique, une grande majorité des psychothérapies, quels qu'elles soient, contient toutes ces interventions à un moment ou à un autre du traitement. Néanmoins, on pourrait classer ces processus selon le type d'intervention qui prédomine. Différents modèles ont été proposés. Citons à titre d'exemple le continuum que propose Gabbard (fig. 7.1).

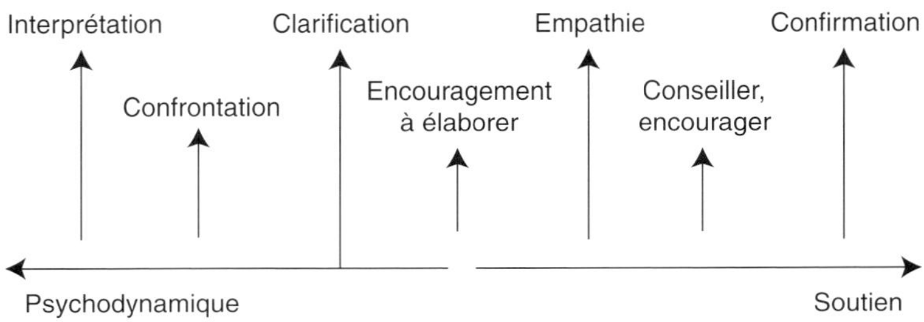

FIG. 7-1. — *Les différentes interventions du psychothérapeute (d'après O. Gabbard.* Psychodynamic psychiatry in clinical practice. *American Psychiatre Press, Washington DC, 1990).*

Ces interventions, quelles qu'elles soient, ne sont pas systématiquement source de changement. Elles se confrontent aux troubles névrotiques et encore plus psychotiques. Elles requièrent leur répétition fréquente par le thérapeute dans différents moments du processus : bien que les efforts du thérapeute soient nécessaires, le patient a fait cependant une certaine partie du travail, le plus souvent à son insu, ce qui l'amène à faire à un moment donné preuve d'un insight parfois inattendu, mais source seulement alors de mutations internes et mêmes externes.

Ainsi, la description des règles d'action caractérisant les traitements découle de ce qui vient d'être dit. Il n'y a pas aujourd'hui, et peut-être moins qu'hier, de description unitaire de ces règles. Il faut se contenter d'une description développée à partir de plusieurs critères dont la présence et surtout le degré d'importance varient.

En dégageant les grandes orientations de l'effet thérapeutique des traitements, on n'échappe pas à un certain arbitraire. Encore faut-il, que lorsqu'un sujet vient demander une aide à un thérapeute, ce dernier puisse se dire qu'il donne le mieux qu'il puisse offrir par rapport à la demande et qu'il confronte sa pratique aux effets qu'il observe. La psychanalyse elle-même est une discipline qui est à la fois une philosophie de la vie et une médecine (E. Roudinesco, 1999).

Ceci ne veut pas dire que l'approche psychothérapique est « a-scientifique ». Entre autres, on connaît de mieux en mieux comment les psychothérapies peuvent agir au niveau du comportement, des pensées, des relations familiales mais aussi au niveau du cerveau en se référant à la plasticité neuronale et synaptique. Selon le type de psychothérapie, comportementale, cognitive, psychanalytique, les effets pourraient se situer à des niveaux cérébraux différents (D.Y. Liggan et coll., 1999).

BIBLIOGRAPHIE

CHAPITRE 1

ANZIEU D. : *Le groupe et l'inconscient. L'imaginaire groupal*. Dunod, Paris, 1981.

BRACONNIER A. : *Psychologie dynamique et psychanalyse*. Masson, Paris, 1998.

DAMASIO A. : *L'erreur de Descartes*. Odile Jacob, Paris, 1995.

DELAY J., PICHOT P. : *Abrégé de psychologie*. Masson, Paris, 1967.

JAMES W. : *The principles of Psychology*. Henry Holt, New York, 1890; réédité par Dover, 1950.

LAPLANCHE J. : *Problématiques*. PUF, Paris, 1980-1987, cinq tomes.

PEWZNER-APELOIG E. : Psychologie universelle, psychologie plurielle : la psychologie est-elle une production culturelle? *Annales Médico-psychologiques*, 2005, *163*, 2, 105-117.

SCHMID-KITSIKIS E. : *Pour introduire la psychologie clinique*. Dunod, Paris, 1999.

VAN CRANACH M. et coll. : *Goal-directed action*. Academic press, London, 1982.

WIDLÖCHER D. : *Métapsychologie du sens*. PUF, Paris, 1986.

CHAPITRE 2

Le modèle psychanalytique

Principales traductions des œuvres de Freud en français

1887-1902 : *La naissance de la psychanalyse*. PUF, Paris, 1956.

1895 : *Études sur l'hystérie*. PUF, Paris, 1956.

1895 : *Névrose, psychose et perversion*. PUF, 1973.

1900 : *L'interprétation des rêves*. Traduit par MEYERSON I., revu par BERGER D. PUF, Paris, 1967.

1901 : *Psychopathologie de la vie quotidienne.* Traduit par JANKÉLÉVITCH S. Payot, Paris, 1973.

1905 : *Le Mot d'esprit dans ses rapports avec l'inconscient*. Traduit par BONAPARTE M., NATHAN M. Gallimard, Paris, 1969.

1905 : *Trois essais sur la théorie sexuelle*. Traduit par REVERCHON B., revu par LAPLANCHE J., PONTALIS J.-B. Gallimard, Paris, 1968.

1910 : *Cinq Leçons sur la Psychanalyse*. Traduit par JANKÉLÉVITCH S. Payot, Paris, 1973.

1910 : *Un Souvenir d'enfance de Léonard de Vinci*. Traduit par BONAPARTE M. Gallimard, Paris, 1927.

1913 : *Totem et tabou*. Traduit par JANKÉLÉVITCH S. Payot, Paris, 1973.

1914 : Pour introduire le narcissisme. *In : La vie sexuelle*. Traduit par LAPLANCHE J. PUF, Paris, 1969.

1916-1917 : *Introduction à la psychanalyse*. Traduit par JANKÉLÉVITCH S. Payot, Paris, 1973.

1917 : *Métapsychologie*. Traduit par LAPLANCHE J., PONTALIS J.-B.. Collection « Folio Essais », Gallimard, Paris, 1985.

1920 : Au-delà du principe de plaisir. *In : Essais de psychanalyse*. Traduit par LAPLANCHE J., PONTALIS J.-B. Payot, Paris, 1981.

1921 : *Psychologie des foules et analyse du Moi*. Traduit par ALTOUNIAN J. et coll. Payot, Paris, 1951.

1923 : *Le Moi et le Ça*. Traduit par BONAPARTE M., LOEWENSTEIN R. PUF, Paris, 1975.

1925 : *S. Freud présenté par lui-même*. Traduit par CAMBON F. Gallimard, Paris, 1984.

1926 : *Inhibition, symptôme, angoisse*. Traduit par TORT M. PUF, Paris, 1968.

1927 : *L'avenir d'une illusion*. Traduit par BONAPARTE M., NATHAN M. Gallimard, Paris, 1937.

1930 : *Malaise dans la civilisation*. Traduit par ODIER M., ODIER C. PUF, Paris, 1971.

1933 : *Nouvelles conférences d'introduction à la psychanalyse*. Traduit par ZEITLIN R., ZEITLIN M. Gallimard, Paris, 1984.

1939 : *Moise et le monothéisme*. Traduit par BERMAN A. Gallimard, Paris, 1968.

Une édition des œuvres complètes est en cours de publication aux PUF sous la direction de LAPLANCHE J., BOURGUIGNON A., COTTET P.

Quelques travaux sur Freud

ANZIEU D. : *L'auto-analyse de Freud*. PUF, Paris, 1975, 2 vol.

DELRIEU A. : *Sigmund Freud, index thématique*. Anthropos, Paris, 1997.

JONES E. : *La vie et l'œuvre de Sigmund Freud*. PUF, Paris, 1958, 3 vol.

MANNONI O. : *Freud*. Collection « Écrivains de toujours », Le Seuil, Paris, 1968.

RICŒUR P. : *De l'interprétation, essai sur Freud*. Le Seuil, Paris, 1965.

ROBERT M. : *La révolution psychanalytique, la vie et l'œuvre de Freud*. Petite Bibliothèque, Payot, Paris, 1964.

Autres travaux sur la psychanalyse

ALEXANDER F., FRENCH T.H. : *Psychothérapie psychanalytique. Principes et applications*. PUF, Paris, 1959.

ANZIEU D. : DOREY D., LAPLANCHE J., WIDLÖCHER D. *In : La pulsion pour quoi faire* ? APF, Paris, 1984.

ANZIEU D. : *Le Moi-peau*. Dunod, Paris, 1985.

ASSOUN P.L. : *Psychanalyse*. PUF, Paris, 1997.

ASSOUN P.L. : *La métapsychologie*. Collection « Que sais-je ? », PUF, Paris, 2000.

BALINT M. : *Les voies de la régression*. Payot, Paris, I972.

BERGERET J. : *Psychologie pathologique théorique et clinique*. 9e édition, Masson, Paris, 2005.

BION W.R. : *Attention et interprétation*. Payot, Paris, 1974.

BONNET G. : *Les voies d'accés de l'inconscient*. Éditions Universitaires, Paris, 1987.

BRACONNIER A. : *Psychologie dynamique et psychanalyse*. Masson, Paris, 1998.

BRUSSET B. : *Psychanalyse du lien*. Le Centurion, Paris, 1988.

CHARTIER J.-P. : *Introduction à la pensée freudienne*. Payot, Paris, 1993.

ENGEL P. : *Philosophie et psychologie*. Gallimard, Paris, 1996.

FEDIDA P. : *Communication et représentation*. Sous la direction de Fedida P. PUF, Paris, 1986

FERENCZI S. *Journal clinique*. Payot, Paris, 1985.

FERRARI P. : Psychothérapies analytiques des névroses. *In : Psychanalyse et psychothérapies*, Widlöcher D., Braconnier A. (eds). Flammarion, Paris, 1996.

FREUD A. : *Le Moi et les mécanismes de défense*. PUF, Paris, 1949.

FREUD A. : *Traitement psychanalytique des enfants*. PUF, Paris, 1959.

FREUD S. : *The standard edition of the complete psychological works of Sigmund Freud*. The Hogarth Press, London, I955.

GABBARD O. : *Psychodynamic psychiatry in clinical practice*. American Psychiatry Press, Washington DC, 1990.

GIBEAULT A. : Pulsion et langage. *Les cahiers du centre de psychanalyse et de psychothérapie*, 1983, *7*, 87-160.

GOLSE B., BURSZTEJN C. : *Penser, parler, représenter*. Masson, Paris, 1990.

GOLSE B. : *Le développement affectif et intellectuel de l'enfant*. 3e édition, Masson, Paris, 2003 nouvelle présentation.

GREEN A. : *Les chaînes d'éros*. Odile Jacob, Paris, 1997.

GREENSON R. : *Technique et pratique de la psychanalyse*. PUF, Paris, 1977.

GUTTON P. : Psychopathologie des âges de la vie. *In : Psychanalyse*, sous la direction de de Mijolla A., de Mijolla-Mellor S. PUF, Paris, 1996.

HUBER W. : *Les psychothérapies. Quelle thérapie pour quel patient* ? Nathan, Paris, 1993.

IONESCU S., JACQUET M.M., LHOTE C. : *Les mécanismes de défense*. Nathan, Paris, 1997.

JACCARD R. : *Freud*. Collection « Que sais-je ? », PUF, Paris, 1986.

JEAMMET PH., REYNAUD M., CONSOLI S. : *Psychologie médicale*. Masson, Paris, 1980.

KERNBERG O. : *La thérapie psychodynamique des personnalités limites.* PUF, Paris, 1995.

KLEIN M. : *Essais de psychanalyse 1921-1945.* Collection « Science de l'homme », Payot, Paris, 1972.

KLEIN M. : *L'amour et la haine.* Payot, Paris, 1968.

KLEIN M. : *Envie et gratitude.* Gallimard, Paris, 1968.

KOHUT H. : *Le soi.* PUF, Paris, 1974.

KRISTEVA J. : *Le génie féminin*, tome II, Mélanie Klein. Fayard, Paris, 2000.

LACAN J. : *Écrits.* Le Seuil, Paris, 1966.

LAGACHE D. : *Œuvres complètes.* PUF, Paris, 1977-1984, VI tomes.

LAPLANCHE J. : *Problématiques.* PUF, Paris, 1981-1987, V tomes.

LEBOVICI.S., DIATKINE R., SOULE M. : *Nouveau traité de psychiatrie de l'enfant et de l'adolescent.* PUF, Paris, 1996.

LUCAS G. et coll. : *Folies D'enfance.* PUF, Paris, 1997.

DE MIJOLLA A. : La psychanalyse et le XXe siècle. *Encycl. Med. Chir., Traité de Psychiatrie*, 37-801-A-10, 2002, 10p.

Nouvelle revue de psychanalyse. Gallimard, Paris, 1970-1994, numéros 1 à 49.

OPPENHEIMER A. : *Kohut et la psychologie du self.* PUF, Paris, 1996.

PERRON-BORELLI M., PERRON R. : *Fantasme, action, pensée.* Semailles, Paris, 1997.

RANK O. : *Le traumatisme de la naissance.* Payot, Paris, 1968.

ROSOLATO G. : *Essais sur le symbolique.* Gallimard, Paris, 1969.

ROSOLATO G. : *La portée du désir.* PUF, Paris, 1996.

SEGAL H. : *Introduction à l'œuvre de Mélanie Klein.* PUF, Paris, 1969.

STRACHEY J. : The nature of the therapeutic action of pychoanalysis. *Int. J. Psychoanal.*, 1934, *15*, 127-159.

TYSON P., TYSON R.l. : *Les théories psychanalytiques du développement de l'enfant et de l'adolescent.* PUF, Paris, 1996.

VIDERMAN S. : *La construction de l'espace analytique.* Denoël, Paris, 1970.

WALLERSTEIN R.S. : The psychotherapy research project of the Menninger foundation : on overview. *J. Clin. Psycol.* 1980, *57*, 195-205.

WIDLÖCHER D. : *Freud et le problème du changement.* PUF, Paris, 1970.

WIDLÖCHER D. : *Métapsychologie du sens.* PUF, Paris, 1986.

WIDLÖCHER D. : *Traité de psychopathologie.* PUF, Paris, 1994.

WIDLÖCHER D., BRACONNIER A. : *Psychanalyse et psychothérapie.* Flammarion, Paris, 1996.

WINNICOTT D.W. : *De la pédiatrie à la psychanalyse.* Payot, Paris, 1969.

WINNICOTT D.W. : *Jeu et réalité.* Gallimard, Paris, 1975.

WOLBERG L.R. : *The technique of psychotherapy.* Grune and Stratton, New York, 1967.

Le développement du *self* et la théorie de l'attachement

BOWLBY J. : *Attachement et perte*. PUF, Paris, 1969, 1978, 1984, vol. 1, 2, 3.

FONAGY P., TARGET M., GERGELY G., JURIST E.L. : *Affect regulation, mentalization, and the development of the self*. Other Press, London, 2002.

GUEDENEY N., GUEDENEY A. : *L'attachement*. 2e édition, Masson, Paris, 2006.

MARTY P. : A major process of somatization : the progressive disorganization. *Int. J. Psychoanal.*, 1968, *49*, 246-249.

Le modèle cognitif et comportemental

ANDRÉ C. : *Psychologie de la peur*. Odile Jacob, Paris, 2004.

BESCHE-RICHARD C. : *La psychopathologie cognitive*. PUF, Paris, 2000.

DE BONIS M., FARGEAS X. : Les modèles computationnels. *In : Traité de psychopathologie*, Widlöcher (ed.). PUF, Paris, 1994.

COTTRAUX J. : *Les thérapies comportementales et cognitives*. 4e édition, Masson, Paris, 2004.

DEBRAY Q., GRANGER B., AZAÏS F. : *Psychopathologie de l'adulte*. 3e édition, Paris, Masson, 2005.

FREUD S. : Esquisse d'une psychologie scientifique. *In : La naissance de la psychanalyse*. PUF, Paris, 1991.

GREGORY R. : *Le cerveau, un inconnu. Dictionnaire encyclopédique*. Robert Laffont, Paris, 1993, 963-967.

HARDY-BAYLÉ M.-C., BRONNEC C. : *Jusqu'où la psychiatrie peut-elle soigner*? Odile Jacob, Paris, 2003.

MCCULLOCH W., PITTS G. : A logical calculus immanent in nervous activity. *Bull. Math. Biophysics*, 1943, *5*.

TIBERGHIEN G., ABOI H., DESCLES J.-P., GEORGIEFF N. et coll. : *Dictionnaire des sciences cognitives*. A. Colin, Paris, 2002.

VARELA F.J. : *Invitation aux sciences cognitives*. Le seuil, Paris, 1996.

WIDLÖCHER D. : *Le ralentissement dépressif*. PUF, Paris, 1983.

WIDLÖCHER D. : *Traité de psychopathologie*. PUF, Paris, 1994.

Le modèle systémique

ACKERMAN N.W. : The family as a social and emotional unit. *Bull. Kansas Mental Hygiene Society*, 1937, *12*, 2.

ALBERNHE T., ALBERNHE H. : *Les thérapies familiales systémiques*. 2e édition, Masson, Paris, 2004.

ALEXANDER J.F., SEXTON T. L. : Functional family therapy as an integrative, mature clinical model for treating high risk, acting out youth. Wiley Series in couple and family dynamics and treatment. *In : Comprehensive handbook of psychotherapy*, vol. 4 : *Integrative therapies*, Lebow J.L. (éd.). Wiley, New York, 2003.

ALEXANDER J.F., SEXTON T.L. : *Functional family therapy. A mature clinical model for working with at-risk adolescents and their families. Handbook of family therapy.* Brunner-Routledge, New York and Hove, 2003.

ANDERSEN T. : The reflecting team. Dialogue and meta-dialogue in clinical work. *Fam. Process*, 1987, *26*, 4, 415-428.

ANDERSEN T. : *The reflecting team. Dialogues and dialogues about the dialogues.* Norton & Company, New York-London, 1991.

ANDERSEN T. : Parler n'est pas innocent. *Générations*, 1996, *6*, 55-57.

ANDERSON H., GOOLISHIAN, H.A. : Human systems or linguistic systems : Preliminary and evolving ideas about the implications for clinical theory. *Fam. Process*, 1988, *27*, 371-394.

BARRETT P.M., TREPPER T.S., FISH L.S. : Feminist-informed family therapy for the treatment of intrafamily child sexual abuse : Response. *J. Family Psychology*, 1991, *4*, 4, 513-514.

BATESON G., JACKSON D.D., HALEY J., WEAKLAND J.H. : Toward a theory of schizophrenia. *Behavioral Science*, 1956, *1*, 251-264.

BATESON G. : *Vers une écologie de l'esprit.* Le Seuil, Paris, 1978.

VON BERTALANFFY L. : *General systems theory.* George Braziller, New York, 1968. Traduction française : *Théorie générale des systèmes.* Dunod, Paris, 1993.

BOSZORMENYI-NAGY I., SPARK G. : *Invisible loyalties. Reciprocity in intergenerational family therapy.* Hardcover, New York, 1973.

BOSZORMENYI-NAGY I., GRUNEBAUM J., ULRICH D. : Contextual Therapy. *In : Handbook of family therapy*, Gurman A.S., Kniskern D.P. (eds), vol. 2. Brunner/Mazel, New York, 1991, 200-238.

BOWEN M. : *Family therapy in clinical practice.* Jason Aronson, New York, 1978. Traduction française partielle : *La différenciation du soi, les triangles et les systèmes émotifs familiaux.* ESF, Paris, 1984.

BREUNLIN D.C. : Toward a theory of constraints. *J. Marital Fam. Ther.*, 1999, *25*, 3, 365-382.

BREUNLIN D.C., Schwartz R.C., Mackune-Karrer B. : *Metaframeworks. Transcending the models of family therapy.* Jossey-Boss, San Francisco.

BUBER M. : *I, Thou* (2nd ed. Trad. R.G. Smith). Scriber, New York, 1958. Traduction française : *Je et tu* (traducteur Bianquis G.), Aubier Montaigne, Paris, 1992.

BURGESS E. : The family as a unity of interacting personalities. *In : Family therapy : An introduction to theory and technique*, Erikson G.D., Hogan T.P. (eds.). Brooks/Cole, Monterey, CA, 1926, 1972, 6, 7.

CABIÉ M.-C. : Adolescence et cycle familial existentiel. *In : L'adolescence, crise familiale. Thérapie familiale par phase*, Gammer C., Cabié M.-C. (eds). Erès, Paris, 1992.

DUCOMMMUN-NAGY C. : La thérapie contextuelle. *In : Panorama des thérapies familiales*, Elkaïm M. (éd.). Le Seuil, Paris, 1995, 97-114.

ELKAÏM M. : Autoréférence et système thérapeutique. *In : Systèmes, éthique, perspectives en thérapie familiale*, Rey Y., Prieur B. (eds). ESF, Paris, 1990 : 183-184.

ELKAÏM M. : *Panorama des thérapies familiales*. Le Seuil, Paris, 1995.

ELKAÏM M. : De la double contrainte au constructionnisme : quelques étapes dans le développement des thérapies familiales. *In : Guérir les souffrances familiales*, Angel P., Mazet Ph. (eds). PUF, Paris, 2004, 827-832.

ENGEL G.L. : The need for a new medical model : A challenge for biomedicine. *Science*, 1977, *196*, 129-136.

ENGEL G.L. : The clinical application of the biopsychosocial model. *Am. J. Psychiatry*, 1980, *137*, 535-544.

FALLOON I.R.H. : Stress management and schizophrenia. *Br. J. Psychiatry*, 2001, *179*, 76-77.

VON FOERSTER H. : On constructing a reality. *In : Environmental design research*, Preiser F.E. (éd.), Vol. 2. Dowden, Hutchinson & Ross, Stroudberg, 1973, 35-46. Traduction française : La construction d'une réalité, *In : L'invention de la réalité*, Watzlawick P. (éd). Le Seuil, Paris, 1988.

FROMM-REICHMANN F. : *Principles of intensive psychotherapy*. University of Chicago Press, Chicago, 1950. Traduction française : *Principes de psychothérapie intensive*. Erès, Paris, 1999.

GERGEN K.J. : *The Concept of self*. Holt, Rinehart and Winston, New York, 1971.

GERGEN K.J. : The social constructionist movement in modern psychology. *Am. Psychol.*, 1985, *40*, 266-275.

GERGEN K.J. : *Realities and relationships : Soundings in social construction*. Harvard University Press, Cambridge, MA, 1994.

GRANJON E. : Perspective psychanalytique : souffrance familiale et thérapie familiale psychanalytique. *In : Guérir les souffrances familiales*, Angel P., Mazet Ph. (eds). PUF, Paris, 79-94.

HALEY J. : *Problem-Solving Therapy. New strategies for effective family therapy*. Jossey-Bass Inc., San Francisco, 1976.

HALEY J. : *Leaving home : The therapy of disturbed young people*. McGraw-Hill, New York, 1980. Traduction française : *Leaving home. Quand le jeune adulte quitte sa famille*. ESF, Paris, 1991.

HALEY J. : *Problem-solving therapy. New strategies for effective family therapy*. Jossey-Bass, 1976.

JOHNSON S. : Emotionally focused couples therapy. *In : Comparative treatments for relationship dysfunction*, Dattilio F.M., Bevilacqua L.J. (eds). Springer series on comparative treatments for psychological disorders, Springer, New York, 2000, 163-185.

KASLOW N.J., BASKIN M.L., WYCKOFF S.C. : A biopsychosocial treatment approach for depressed children and adolescents. *In : Comprehensive handbook of psychotherapy,* vol. 4 : *Integrative/eclectic*, Lebow J.L. (vol. éd.), Kaslow F.W. (series éd.). Wiley, New York, 2002, 31-58.

KOURILSKY-BELLIARD F. : *Du désir au plaisir de changer.* InterEditions, Paris, 1995.

LEBOW J.L. : Integrative approaches to couple and family therapy. *In : Handbook of family therapy,* Sexton et T. coll. (eds). Brunner-Routledge, New York, 2003.

LE GOFF J.-F. : *L'enfant, parent de ses parents. Parentification et thérapie familiale.* L'Harmattan, Paris, 2000.

LIDDLE H.A. : Theory development in a family-based therapy for adolescent drug abuse. *J. Clin. Child Psychol.*, 1999, 28, 521-532.

MADANES C. : *Strategic family therapy.* Jossey-Bass Inc., San Francisco, 1981.

MATURANA H., VARELA F. : *Autopoiesis and cognition : The realization of the living.* Studies of Science, Boston, 1980.

MATURANA H., VARELA F. : *The tree of knowledge, The biological roots of human understanding.* New Science Library, Boston, 1987. Traduction française : *L'arbre de la connaissance. Les racines biologiques de la compréhension humaine.* Addison-Wesley, Paris, 1994.

MCDANIEL S.H., HEPWORTH J., DOHERTY W. : *Medical family therapy. A biopsychosocial approach to families with health problems.* Basic Books, New York, 1992.

MCGOLDRICK M., GERSON R. : *Génogramme et entretien familial.* ESF, Paris, 1990.

MINUCHIN S., MONTALVO B., GUERNEY B.G., ROSMAN B.L., SCHUMER F. : *Families of the slums. An exploration of their structure and treatment.* Basic Books, Boston, 1967.

MINUCHIN S. : *Families and family therapy.* Harvard University Press, Cambridge, MA, 1974. Traduction française : *Familles en thérapie*, traduit par du Ranquet M., Wajeman M. Erès, Paris, 1998.

MINUCHIN S., BAKER L., ROSMAN B.L., LIEBMAN R., MILMAN L., TODD, T.C. : A conceptual model of psychosomatic illness in children : Family organization and family therapy. *Arch. Gen. Psychiatry*, 1975, *32*, 1031-1038.

MINUCHIN S., ROSMAN B.L., BAKER L. : *Psychosomatic families : Anorexia nervosa in context.* Harvard University Press, Cambridge, MA, 1978.

PINSOF W. : *Integrative problem-centered therapy : A synthesis of family, individual, and biological therapies.* Basic Books, New York, 1995.

RICHTER H.-E. : *Patient familie. Entstehung, Struktur und Therapie von Konfliften in Ehe und Familie.* Rowohlt TB-V., Reinbek, 1970. Traduction française : *Psychanalyse de la famille. Naissance, structure et thérapie de conflits conjugaux et familiaux*, traduit par Southers L.. Mercure de France, Paris, 1971.

RICHTER H.-E. : *Eltern, Kind und Neurose. Die Rolle des Kindes in der Familie.* Rowohlt TB-V., Reinbek, Stuttgart, 1963. Traduction française : *Parents, enfant et névrose : psychanalyse du rôle de l'enfant*, traduit par Marcou L. Mercure de France, Paris, 1972.

ROLLAND J.S. : Chronic illness and the family life cycle. *In : The changing family life cycle. A framework for family therapy*, Carter B., McGoldrick M. (eds). Allyn and Bacon, Boston, 1989, 2e édition, 433-456.

SCHEINBERG M., FRAENKEL P. : *The relational trauma of incest. A family-based approach to treatment*. Guilford Press, New York, 2001.

SCHWARTZ R. : *Internal family systems therapy*. The Guilford Press, New York, 1997.

SEXTON T., ALEXANDER J.F. : *Functional family therapy. Principles of clinical intervention, assessment and implementation*. NV RCH Enterprises, Henderson, 1999.

SEXTON T., ALEXANDER J.F. : *Functional family therapy*. U.S. Dept. of Justice, Office of Justice Programs, Office of Juvenile Justice and Delinquency Prevention, 2000.

SULLIVAN H.S. : *The Interpersonal theory of psychiatry*. Norton, New York, 1953.

STIERLIN H. : *Delegation und Familie*. Surkamp Verlag, Frankfurt, 1978.

VARELA F.J. : *Autonomie et connaissance. Essai sur le vivant*. Le Seuil, Paris, 1980.

WATZLAWICK P., HELMICK-BEAVIN J., JACKSON D.D. : *Une logique de la communication*. Le Seuil, Paris, 1972.

WALSH F. : *Strengthening family resilience*. Guilford Press, New York, 1998.

WERTH N. : *Le livre noir du communisme*. Robert Laffont, Paris, 1999.

WIENER N. : *Cybernetics. Control and communication in animal and machine*. Wiley, New York, 1948.

WHITE M., EPSON D. : *Narrative means to therapeutic ends*. Norton, New York, 1990.

WOOD B.L. : A developmental biopsychosocial approach to the treatment of chronic illness in children and adolescents. *In : Integrating family therapy. Handbook of family psychology and systems theory*, Mikesell R.H., Lusterman D.D., McDaniel S.H. (eds). American Psychological Association, Washington, 1995.

CHAPITRES 3 ET 6 : L'ENFANT

BARON-COHEN S., LESLIE A.M., FRITH U. : Does the autistic child have a "theory of mind"? *Cognition*, 1985, 37-46.

BETTELHEIM B. : *La forteresse vide*. Gallimard, Paris, 1969.

BIRMAHER B., RYAN N.D., WILLIAMSON D.E., BRENT D.A., KAUFMAN J., DAHL R.E., PEREL J., NELSON B. : Childhood and adolescent depression : a review of the past ten years. Part I. *J. Am. Acad. Child Adolesc. Psychiatry*, 1996, *35*, 1427-1439.

EMSLIE G.H., MAYES T.L. : Moods disorders in children and adolescents : psychopharmacological treatment. *Biol. Psychiatry*, 2001, *49*, 1082-1090.

DESPINOY M. : *Psychopathologie de l'enfant et de l'adolescent*. Armand Colin, Paris, 2002.

GEORGE G., VERA L. : *La timidité de l'enfant et de l'adolescent*. Paris, Dunod, 1999.

GOLSE B. : *Le développement affectif et intellectuel de l'enfant*. 3e édition, Masson, Paris, 2003 nouvelle présentation.

GOLSE B., DELION P. et coll. : Autisme : état des lieux et horizons. *Le Carnet Psy*, 2002, *75*.

GOLSE B., BRACONNIER A. et coll. : *L'hyperactivité en question*. Réunion du 26 septembre 2003 à Necker, Paris. AUPPE.

FERRARI P. : Dépression maternelle et autisme infantile. *Le Carnet Psy*, 2002, *75*.

KASHANI J.H., SHERMAN D.I. : Childhood dépression : epidemiology, ethological modes, and treatment implications. *Integrative Psychiatry*, 1988, *6*, 1-8.

KLEIN M. : *Essais de psychanalyse*. Payot, Paris, 1972.

KOVACS M., PAULAUSKAS S., GATSONIS C. : Depressive disorders in childhood. : A longitudinal study of comorbidity with and risk for conduct disorders. *J. Affec. Disord.*, 1988, *15*, 205-217.

KOVACS M., GOLDSTON D., GATSONIS C. : Suicidal behaviors and childhood-onset depressive disorder : a longitudinal investigation. *J. Am. Acad. Child Adolesc. Psychiatry*, 1996, *35*, 705-715.

LEBOVICI S., DIATKINE R., SOULÉ M. : *Traité de psychiatrie de l'enfant et de l'adolescent*. PUF, Paris, 1985.

MANZANO J., PALACIO-ESPASA F., ZILKHA N. : *Scénarios narcissiques de la parentalité*. Collection « Le fil rouge », PUF, Paris, 1999.

MARCELLI D. : *Enfance et psychopathologie*. 7e édition, Masson, Paris, 2006.

MAZET PH., STOLERU S. : *Psychopathologie du nourrisson et du jeune enfant*. 3e édition, Masson, Paris, 2003.

MISSONNIER S. : *La consultation thérapeutique périnatale*. Erès, Ramonville Saint-Agne, 2003.

MILJKOVITCH R., DE LAJUDIE M. : *Psychopathologies : l'enfant et l'adolescent*. Armand Colin, Paris, 2003.

MISÈS R. : Évolution de l'autisme et des psychoses précoces à l'adolescence et à l'âge adulte. *Le Carnet Psy*, 2002, *76*.

PARK R.J., GOODYER I.M. : Clinical guidelines for depressive disorders in childhood and adolescence. *Eur. Child Adolesc. Psychiatry*, 2000, *9*, 147-161.

TUSTIN F. : *Autisme et psychose de l'enfant*. Le Seuil, Paris, 1972.

VANECK L. : Réflexions à propos de quelques psychothérapies d'adolescents et adolescentes dépressifs et suicidaires. *Rev. Neuropsychiatr. Infant.*, 1978, *26*, 359-392.

WELLER E.B., Weller R.A. : Mood disorders. *In : Child and adolescent psychiatry*, Lewis M. (éd.). Williams and Wilkins, Baltimore, 1991, 646-664.

WINNICOTT D.W. : *De la pédiatrie à la psychanalyse*. Payot, Paris, 1958.

WINNICOTT D.W. : *Jeu et réalité*. Gallimard, Paris, 1975.

CHAPITRES 4 ET 6 : L'ADOLESCENT

AGMAN G., CORCOS M., JEAMMET PH. : *Les troubles des conduites alimentaires. Encycl. Med. Chir., Traité de Psychiatrie*, 1994, 37 350 A-10, 16p.

ALVIN P., ZOGHEIB J., REY C., LOSAY J. : Complications graves et mortalité au cours des dysorexies mentales à l'adolescence. À partir de 99 patients hospitalisés. *Arch. Fr. Pediatr.*, 1993, *50*, 755-762.

ANGEL P., Angel S. : *Les toxicomanes et leur famille*. Armand Colin, Paris, 2003.

ANZIEU D. : « Le moi-peau ». *Nouv. Rev. Psychiat.*, 1974, *9*, 195-208.

BERGERET J. : *Le psychanalyste à l'écoute du toxicomane*. Dunod, Paris, 1981.

BRACONNIER A., FERRARI P. : Moment dépressif chez les adolescents présentant une organisation névrotique phobique ou obsessionnelle. *Rev. Neuropsychiatr. Infant.*, 1976, *24* : 329-349.

BRACONNIER A. : La dépression à l'adolescence, un avatar de la transformation de l'objet d'amour. *Adolescence* 1986, *4*, 2, 263-273.

BRACONNIER A. : La menace dépressive. Une transformation à l'adolescence de l'angoisse de séparation. *Confrontations Psychiatriques* 1987, *29*, 141-159.

BRUCH H. : Eating disturbances in Adolescense. *In : American hand book of psychiatry*. Basic Books, New York, 1964, vol. 2, 18, 275-286.

BRUSSET B., COUVREUR C. : *La boulimie*. Monographie de la Revue Française de Psychanalyse, PUF, Paris, 1991, 1 vol.

BULLIK C. et coll. : The relation between eating disorders and components of perefectionism. *Am. J. Psychiatry*, 2003, *160*, 2, 366-368.

CARLSON G.A., CANTWELL D.P. : A survey of dépressive symptoms in a child and adolescent psychiatric population. *J. Am. Acad. Child. Psychiatry*, 1979, *18*, 587-599.

CHOQUET M., LEDOUX S. : « *Adolescents : enquête nationale* », *Analyses et prospective*. INSERM, 1994.

CARSKADON M.A., VIEIRA C., ACEBO C. : Association between puberty and delayed phase preference. *Sleep*, 1993, *16*, 3, 258-262.

CORCOS M., JEAMMET PH., FLAMENT M. : *Les conduites de dépendances*. Masson, Paris, 2003.

DANTCHEV N., LANCRENON S., JEAMMET PH. : L'impulsivité dans les conduites boulimiques. *Neuropsych. Enf. Ado.*, 1993, *41*, 8-9, 520-530.

FACHS H., MARCELLI D., LAFAY N., SENON J.L., PERIVIER E. : Les états dépressifs de l'adolescent scolarisé. Une étude épidémiologique chez les jeunes scolarisés (12-20 ans). *Annales psychiatriques*, 1998, *13*, 1, 16-23.

FERGUSSON D.M., BEAUTRAIS A.L., HORWOOD L.J. : Vulnerability and resiliency to suicidal behaviours in young people. *Psychol. Med.*, 2003, *33*, 61-73.

FLAMENT M., REMY B. : Les troubles des conduites alimentaires chez le garçon. *In : Adolescentes, Adolescents, psychopathologie différentielle*,

Braconnier A., Chiland C., Choquet M., Pommarede R. (eds). Bayard, Paris 1995, 92-114.

GANTHERET F. : De l'emprise à la pulsion d'emprise. *Nouv. Rev. Psychiat.*, 1981, *24*, 103-116.

IGOIN L. : *La boulimie et son infortune*. PUF, Paris, 1979, 1 vol.

JEAMMET PH. : L'approche psychanalytique des troubles des conduites alimentaires. *Neuropsych. Enf. Ado.*, 1993, *41*, 5-6, 235-244.

JEAMMET PH., CORCOS M. : *Évolution des problématiques à l'adolescence*. Doin, Paris, 2001.

KESTEMBERG E., KESTEMBERG J., DECOBERT S. : *La faim et le corps*. PUF, Paris, 1972, 1 vol.

LEDOUX S., CHOQUET M. : *Les troubles des conduites alimentaires*. Inserm, Paris, 1991, 1 vol.

LE HEUZEY M.-F. : Faut-il encore isoler les jeunes anorexiques mentales? *Ann. Med. Psychol.*, 2002, *160*, 327-331.

MARCELLI D., BERTHAUT E. : *Dépressions et tentatives de suicide à l'adolescence*. Masson, Paris, 2001.

MARCELLI D., BRACONNIER A. : *Adolescence et psychopathologie*. 6e édition, Masson, Paris, 2004.

MARCELLI D., FACHS H. : Relation entre dépression et suicide à l'adolescence. *Nervure*, 1995, *8*, 1, 26-34.

MASTERSON J. : Les troubles limites de la personnalité chez l'adolescent. Diagnostic et traitement. *In : Conflictualités,* Braconnier A. (éd.). CTNERHI, Paris, 1989, 49-58.

MAZET PH., SIBERTIN-BLANC D. : Dépression de l'adolescence et carence précoce de soins maternels. *Rev. Neuropsychiat. Infant.*, 1976, *24* : 309-318.

MOGUL S.L. : Ascetism in adolescence and anorexia nervosa. *Psychoanal. Study Child*, 1980, *35*, 155-175.

MYERS K., MC CAULEY E., CALDERON R., TREDER R. : The 3-year longitudinal course of suicidality and predictive factors for subsequent suicidality in youths with major depressive disorder. *J. Am. Child Adolesc. Psychiatry*, 1991, *30*, 804-810.

NICOT E. : Une lecture systémique du traitement de l'anorexie mentale en psychiatrie. *La lettre du psychiatre*, 1, 3, 76-81.

OUALID J.C. : Conduites suicidaires et entretiens familiaux. *La lettre du psychiatre*, 1, 3, 82-83.

PATTON G.C. : Mortality in eating disorders. *Psychol. Med.*, 1981, *18*, 947-951.

PEDINELLI J.-L., ROUAN G., BERTAGNE P. : *Psychopathologie des addictions*. PUF, Paris, 1999.

ROSENBERG M.L. : *In : Suicide among youth : perspectives on risk and prevention*, Pfeffer C.R. (éd.). American Psychiatric Press, Washington, 1989, 203-225.

RUSSEL G.F. : Bulimia nervosa : an omnius variant of anorexia nervosa. *Psychol. Med.*, 1979, *9*, 429-448.

SANCHEZ-GARDENAS M. : *Le comportement boulimique*. Masson, Paris, 1991, 1 vol.

SCHILDER P. : *L'image du corps*. Gallimard, Paris, 1971, 1 vol.

SELVINI M. : *L'anorexie mentale*. Feltrinelli, Milan, 1963.

SOURS J.A. : Anorexia nervosa : nosology, diagnosis developmental. Batterns and power. Control dynamics. *In : Adolescence psychosocial perspectives*. Caplan G., Lebovici S. (eds). Basic Books, New York, 1969, 185-212.

STROBER M., MORREL W., BURROUGHS J., SALKIN B., JACOBS C. : A controlled family study of anorexia nervosa. *J. Psychiat. Res.*, 1985, *19*, 2-3, 239-246.

STROBER M., MORELL W., BURROUGHS J., LAMPERT C., DANFORTH H., FREEMAN R. : A family study of bipolar I disorder in adolescence. Early onset symptoms linked to increased famililal loading and lithium resistance. *J. Affec. Disord.*, 1988, *15*, 255-268.

TIMMERMAN M.G. et coll. : Bulimia nervosa and associated alcohol abuse among secondary school students. *J. Am. Acad. Child Adolesc. Psychiatry*, 1990, *29*, 1, 112-123.

VALLEUR M., MATYSIAK J.-C. : *Les addictions*. Armand Colin, Paris, 2002.

VENISSE J.-L., BAILLY D., REYNAUD M. : *Conduites addictives, conduites à risques : Quels risques, Quelles préventions ?* Masson, Paris, 2002.

WULFF M. : Sur un intéressant complexe symptomatique oral et sa relation à l'addiction (1932). *In : La boulimie*. PUF, Paris, 1991, 47-62.

CHAPITRES 5 ET 6 : L'ADULTE

Dépression

ABRAHAM K. : Préliminaires à l'investigation et au traitement psychanalytique de la folie maniaco-dépressive et des états voisins. *In : Œuvres complètes*. Payot, Paris, 1965.

FREUD S. : Deuil et mélancolie. *In : Métapsychologie*. Gallimard, Paris, 1968.

HOLLANDE C. : L'humeur dépressive comme défense contre la dépression. *Rev. Fr. Psychanal.*, 1976, *40*, 1081-1091.

JAFFEE S., MOFFITT T., CASPI A. : Differences in early childhood risk factor for juvenile-onset and adult-onset depression. *Arch. Gen. Psychiatry*, 2002, *59*, 215-220.

JOUVENT R., HARDY P., BOUVARD M. et coll. : L'hétérogénéité de l'humeur dépressive. Construction d'une échelle polydimensionnelle. *L'Encéphale*, 1987, *13*, 233-237.

MIERMONT J. : *Dictionnaires de thérapies familiales*. Payot, Paris, 1987.

PASCHE F. : De la dépression. *Rev. Fr. Psychanal.*, 1963, *27*, 191-222.

WEISSMAN N., GORWOOD P. : Pertinence de la dichotomie dépression endogène versus névrotico-réactionnelle. *Nervure*, 2005, *17*, 9, 11-13.

WIDLÖCHER D. : *Les logiques de la dépression*. Paris, Fayard, 1983.

WIDLÖCHER D. : *Le ralentissement dépressif*. Collection « Nodules », PUF, Paris, 1983.

Névrose

BARROIS C. : Action du traumatisme, traumatisme en action, action sur le traumatisme. Les actes. *Nouvelle Revue de Psychanalyse*, 1985, *31*.

BARROIS C. : S. Ferenczi et les névroses traumatiques. *Psychiatrie Française*, 1986, *5*, 669-678.

BELLET P. : Hypnose et victimologie. *Santé Mentale*, 1999, *39*.

BERGERET J. : *Psychologie pathologique théorique et clinique*. 9e édition, Masson, Paris, 2005.

BONNET C., FOURNIAL M. : La psychiatrie face à l'exigence actuelle d'intervention psycho-sociale. *L'Information Psychiatrique*, 1999, *8*, 805-813.

BRACONNIER A. : *Psychologie dynamique et psychanalyse*. Collection « Abrégés », Masson, Paris, 1998.

CORDIER B., SYLVESTRE M., LEYRIE J. : Pathologies psychiatriques post-traumatiques. *Encycl. Méd. Chir., Traité de Psychiatrie*, 37-329-A-10, 1994, 6p.

CROCQ L. : Critique du concept d'état de stress post-traumatique. *Perspectives Psy.*, 1996, *35*, 5, 363-376.

CROCQ L., DOUTHEAU C. : Psychiatrie de catastrophe. *In : Thérapeutique psychiatrique*. Hermann, Paris, 1995, 989-1002.

CROCQ L., SAILHAN M., BARROIS C. : Névroses traumatiques (névrose d'effroi, névrose de guerre). *Encycl. Méd. Chir., Traité de Psychiatrie*, 37329 A10, 2-1983.

EY H., BERNARD P., BRISSET CH. : *Manuel de Psychiatrie*. Masson, Paris, 1967.

FASSIN A. : La souffrance du monde. Considérations anthropologiques sur les politiques modernes de la compassion. *Évolution Psychiatrique*, 2002, *67*, 676-689.

FERRERO A. : Notes sur la genèse de la psychiatrie de guerre. *Psychiatrie Française*, 1986, *5*,665-667.

FREUD S., BREUER J. : *Études sur l'hystérie*. PUF, Paris, 1893.

FREUD S. : Au-delà du principe de plaisir. 1920. *In : Essais de Psychanalyse*. Petite bibliothèque Payot, Payot et Rivages, Paris, 2001.

FREUD S. : *Introduction à la Psychanalyse*. Payot, Paris, 1922.

FREUD S. : *Essais de Psychanalyse*. Traduit en 1981. Payot, Paris.

HANTOUCHE A., BROCHIER T. : Aspects neurobiologiques du trouble stress post-traumatique. *Synapse*, 1994, *107*, 39-43.

LAPLANCHE J., PONTALIS J.-B. : *Vocabulaire de la psychanalyse*. PUF, Paris, 3e édition.

LEBIGOT F. : Le debriefing individuel du traumatisé psychique. *Annales Médico-psychologiques*, 1998, 156, *6*, 417-421.

LEJOYEUX M., ADES J. : Stress post-traumatique. *In : Thérapeutique psychiatrique*. Hermann, Paris, 1995, 667-672.

LEVY-SOUSSAN P. : *Psychiatrie*. Estem, Paris, 2000.

LEYRIE J. : La réparation. De l'ambiguïté de la demande des victimes et du système d'indemnisation. *Perspectives Psy.*, 1996, *35*, 5, 377-384.

MANUS A. : *Psychoses et névroses de l'adulte*. Collection « Que sais-je ? » PUF, Paris, 1987.

RECHTMAN R. : Être victime : généalogie d'une condition clinique. *Évolution Psychiatrique*, 2002, *67*, 775-795.

SUTTER J. : Les névroses traumatiques de guerre, évolution des idées. *Psychiatrie Française*, 1986, *5*, 649-659.

Troubles de la personnalité et états limites

ANDRÉ J., CHABERT C., DONNET J.L., FÉDIDA P., GREEN A., WIDLÖCHER D. : *Les états limites*. Petite bibliothèque de psychanalyse, PUF, 2002.

BERGERET J., REID W. et coll. : *Narcissisme et états limites*. Dunod, Paris, 2000.

CHABERT C., BRUSSET B., BRELET-FOULARD F. : *Névroses et fonctionnements limites*. Dunod, Paris, 1999.

CHAINE F., GUELFI J. : États limites. *Encycl. Méd. Chir., Traité de Psychiatrie*, 37-395-A-10, 1999, 10 p.

CLONINGER R. : *Personality and psychopathology*. APA series, Washington, 1999

DEBRAY Q., NOLLET D. : *Les personnalités pathologiques, approche cognitive et thérapeutique*. 4e édition, Masson, Paris, 2005.

GREEN A. : *La folie privée. Psychanalyse des cas-limites*. Gallimard, Paris, 1990.

KERNBERG O. : *Les troubles limites de la personnalité*. Dunod, Paris, 1992.

KERNBERG O. : *Les troubles graves de la personnalité. Stratégies psychothérapiques*. Collection « Le fil rouge », PUF, Paris, 1989.

KESTEMBERG E. : *La psychose froide*. Collection « Le fil rouge », PUF, Paris, 2001.

LANSIER C., OLIVIER-MARTIN R. : Personnalités pathologiques. *Encycl. Méd. Chir., Traité de Psychiatrie*, 37-320-A-10, 1993, 16p.

LOEHLIN J.C. : *Genes and environment in personality development*. Sage, Newburypark, 1992.

MANZANO J., PALACIO-ESPAZA F. : *La dimension narcissique de la personnalité*. PUF, Paris, 2005.

PHAM-SCOTTEZ A., GUELFI J.D. : Troubles de la personnalité : aspects cliniques et limites diagnostiques. *Annales médico-psychologiques*, 2003, *161*, 727-732.

PICHOT P. : Les personnalités pathologiques. *Bull. Psychol.*, 1965 ; 18.

Les troubles psychopathiques

CHARTIER J.-P. : *Guérir après Freud : psychopathe et psychopathie*. Dunod, Paris, 2003.

DIATKINE G. : *Les transformations de la psychopathie*. PUF, Paris, 1998.

MELOY J.R., ZAGURY D. : *Les psychopathes*. Frison Roche, Paris, 2000.

PHAM T. : Psychopathie : théorie et recherche. Septemtrion, 2000.

CHAPITRE 7 : SOIGNER ET PRENDRE SOIN

GABBARD O. : *Psychodynamic psychiatry in clinical practice.* American Psychiatry Press, Washington DC, 1990.

HUBER W. : *Les psychothérapies. Quelle thérapie pour quel patient.* Nathan, Paris, 1993.

WIDLÖCHER D., HARIF-CARDINE H., BRACONNIER A., HANIN B. (eds) : *Choisir sa psychothérapie, les écoles, les méthodes, les traitements*. Odile Jacob, Paris, 2006.

INDEX DES NOMS ET DES ŒUVRES

L

M

N

O

P

R

S

INDEX DES MATIÈRES

B

C

F

G

H

R

401501 - I - (2,5) - CSBM90 - SNE

MASSON Éditeur
62, rue Camille-Desmoulins
92442 Issy-les-Moulineaux Cedex
Dépôt légal : juin 2006

Achevé d'imprimer sur les presses de
SNEL Grafics sa
rue Saint-Vincent 12 – B-4020 Liège
Tél +32(0)4 344 65 60 - Fax +32(0)4 341 48 41
mai 2006 – 37287

Imprimé en Belgique